BIBLIOTHEK ULLSTEIN

1691 – 1723

Die Memoiren des Herzogs von Saint-Simon

VOLLSTÄNDIGE AUSGABE IN 4 BÄNDEN
ZUSAMMEN 1427 SEITEN

HERAUSGEGEBEN UND ÜBERSETZT VON
SIGRID VON MASSENBACH

ERSTER BAND
1691–1704

ZWEITER BAND
1705–1709

DRITTER BAND
1710–1715

VIERTER BAND
1715–1723

ZEITTAFEL UND
BIOGRAPHISCHES PERSONENREGISTER

BIBLIOTHEK ULLSTEIN

BAND II

Die Memoiren
des Herzogs von
Saint-Simon
1705 - 1709

Übersetzt und herausgegeben von
Sigrid von Massenbach

BIBLIOTHEK ULLSTEIN

BIBLIOTHEK ULLSTEIN
Ullstein Buch Nr. 26215
im Verlag Ullstein GmbH, Frankfurt/M – Berlin

Ungekürzte Ausgabe in vier Bänden

Umschlag- und Kassettengestaltung:
Theodor Bayer-Eynck unter Verwendung
eines Gemäldes von Jean-Baptiste Pater,
© Archiv für Kunst und Geschichte, Berlin
Idee für die Bildrückenkonzeption:
Monika Handschuch
Alle Rechte vorbehalten
Französischer Originaltitel: ›Memoires‹
© 1977 by Verlag Ullstein GmbH, Frankfurt/M – Berlin
Printed in Germany 1991
Verlag Ullstein GmbH, Frankfurt/M – Berlin
Druck und Verarbeitung: Ebner Ulm
ISBN 3 548 26215 5

Oktober 1991

Die Deutsche Bibliothek – CIP-Einheitsaufnahme

Saint-Simon, Louis de Rouvroy Duc de:
[Die Memoiren]
Die Memoiren des Herzogs von Saint-Simon / übers. und hrsg.
von Sigrid von Massenbach. – Ungekürzte Ausg. in 4 Bd. –
Frankfurt/M; Berlin: Ullstein.
Einheitssacht.: Mémoires <dt.>
ISBN 3-548-26218-X
Ungekürzte Ausg. in 4 Bd.
Bd. 2. 1705–1709. – 1991
(Ullstein-Buch; Nr. 26215: Bibliothek Ullstein)
ISBN 3-548-26215-5
NE: GT

Inhalt

(1705). – Mme. des Ursins darf sich in Versailles rechtfertigen. 11

Antijansenistische Haltung des Hofes. – Enttäuschte Hoffnungen Saint-Pierres. – Mme. des Ursins verlangt die Rückberufung Orrys nach Spanien. – Tod des Duc de Bretagne. – Bouchu. 15

Die Princesse d'Harcourt verheiratet ihren Sohn mit einer reichen Erbin, Mlle. de Montjeu. – Maulévrier aus Spanien abberufen. – Tod Kaiser Leopolds. – Verschwörungen in Spanien aufgedeckt. – Man drängt Mme. des Ursins zur Rückkehr dorthin. 20

Tod der Präsidentin Lamoignon. – Ihres Mannes unehrenhafte Taten. – Tod der Ninon de Lenclos. – Die Schweizer als Spitzel des Königs. – Skandal um den Bischof von Metz. – Der Abbé Polignac. 24

(1706). – Neue Aushebungen für den Krieg in Italien. – Verzweiflung der Betroffenen, Blindheit des Königs. – Pläne zur Beendigung des Krieges. – Charmel. 33

Porträt Vendômes. – Alberonis Aufstieg bei Vendôme. – Vendôme kehrt aus Italien zurück an den Hof. – Allgemeiner Begeisterungstaumel. – Ernennung zum Generalfeldmarschall. 38

Maulévriers Ende. – Polignacs Aufbruch. – Kriegsvorhaben. 46

Belagerung von Turin unter La Feuillade. – Flandernfeldzug unter Villeroy. – Dessen Nichtbefolgung der Order führt zur Niederlage. – Villeroy schickt keinen Bericht. – Der König schickt Chamillart nach Flandern. – Villeroy wird durch Vendôme abgelöst, der Duc d'Orléans nach Italien geschickt. 51

Beziehung Saint-Simons zum Duc d'Orléans. – Mlle. de Séry, Orléans' Mätresse, wird zur Comtesse d'Argenton ernannt. – Zukunftsbilder im Glas eines Zauberers. 58

Schwierigkeiten in Italien mit La Feuillade. – Ablösung im Kommando: Marcin und Orléans in Italien, Vendôme in Versailles. – Villeroys Demütigung. 63

Kompetenzstreitigkeiten zwischen dem Duc d'Orléans, Marcin und La Feuillade führen zur Niederlage von Turin. – Orléans verzweifelt, Marcin tot. 66

Mme. d'Argenton und Mme. de Nancré besuchen den verwundeten Duc d'Orléans, was unliebsames Aufsehen erregt. – Bericht des zurückgekehrten Orléans gegenüber Saint-Simon. – La Feuillade in Ungnade. – Courcillon. 73

(1707). – Finanzlage infolge der Kriegsverluste prekär. – Geburt des Duc de Bretagne. – Tod des Comte de Gramont. – Schottland mit dem Königreich England vereint. 77

Bälle. – Die Zukunft des Duc de Villeroy von seines Vaters Ungnade überschattet. 79

Chamillarts Überlastung. – Widerstand gegen die Steuer auf Taufen und Hochzeiten. – Vaubans und Boisguilberts Pläne für ein gerechteres Steuersystem von der Finanzbürokratie boykottiert. 81

Entführung des Ersten Stallmeisters. – Mesalliance im Hause Bouillon. – Die Banknotenschwemme und der Verfall der Staatsfinanzen. – Harlays allzu freie Rede vor dem Parlament führt zu seinem freiwilligen Rücktritt. – Porträt Harlays. – Rangelei um seine Nachfolge: Peletier. – Verwandtschaft des Kardinals Mazarin. – Der »Parvulo« von Meudon um die Mätresse Monseigneurs, Mlle. Choin. 87

Der Duc d'Orléans in Spanien. – Luxus auch bei der Armee. – Militärische Situation in Italien: Rückzug der Truppen Frankreichs und Spaniens. – Die Duchesse de Bourgogne erfährt von Mme. de Maintenons Spionagenetz. 100

Der intrigante Zirkel um Monseigneur, den zukünftigen König von Frankreich. – Porträt des Duc du Maine. – Verhältnis zu seinem Bruder, dem Comte de Toulouse. 106

Tod der Mme. de Montespan. – Porträt ihres legitimen Sohnes: d'Antin. – Das verschwundene Testament. 109

Naturkatastrophen. – D'Antins beginnender Aufstieg bei Hofe. 116

(1708). – Chamillart verheiratet seinen Sohn mit Mlle. de Mortemart, der Nichte Desmaretz', den er als gefügigen Nachfolger für das Amt des Finanzministers ins Auge faßt, was auch gelingt. – Des Königs wachsende Abneigung gegen die Jansenisten. 118

Der Duc de Chevreuse heimlicher Staatsminister. – Fehlgeburt der Duchesse de Bourgogne. – Der Duc de Bourgogne zum Befehlshaber für Flandern ausersehen. 125

Saint-Simons Gespräch mit Beauvillier über die angebliche staatspolitische Notwendigkeit, den Duc de Bourgogne für Flandern zu nominieren. – Saint-Simon wittert die Absicht der Kabale um Monseigneur, den Duc de Bourgogne zugrunde zu richten. – Vendômes unverfrorene Nachlässigkeit und des Königs stete Nachsicht ihm gegenüber. – Der König zeichnet in Marly beim Spaziergang den Bankier Samuel Bernard durch ein persönliches Gespräch aus. – Die Staatskasse füllt sich wieder ... 129

Tod Mansarts d. J. – Vorausgegangene Querelen mit Desmaretz um die Verwendung der Geldmittel. – Rangelei um Mansarts Nachfolge im Garten- und Bauamt: d'Antin obsiegt. 137

Aufbruch des Duc de Bourgogne nach Flandern. 143

Der Duc d'Orléans in Spanien erbost über die Versäumnisse bei den Kriegsvorbereitungen. – Er beleidigt sowohl Mme. des Ursins wie Mme. de Maintenon. – Quelle ewiger Feindschaft. – In Flandern erleidet die französische Armee dank Vendômes Unfähigkeit eine schwere Niederlage. 145

Das Ausbleiben genauer Nachrichten vom Kriegsschauplatz ermöglicht es der Kabale, dem Duc de Bourgogne schamlos alle Schuld an der Niederlage zuzuschieben. 150

Rolle des Comte d'Evreux innerhalb der sich verschärfenden Kabale gegen den Duc de Bourgogne. – Der König versucht die Kabale zu zerschlagen. 155

Nebenintrigen. – Porträt von Madame la Duchesse. 163

Lage auf den Kriegsschauplätzen. – Lille eingeschlossen. – Die erwartete Schlacht findet nicht statt: Vendôme rührt sich nicht. 169

Die Kabale gegen den Duc de Bourgogne erneut auf dem Höhepunkt. – Boufflers als Verteidiger Lilles sehr angesehen. 175

Mangels Entsatz: Kapitulation in Lille. – Tod Lionnes. – Tod Noailles'. 179

Der Kriegsschauplatz in Spanien. – Tod und Porträt der Comtesse de Soissons. 182

In Flandern passieren die Feinde die Schelde. – Die Prinzen erhalten Order zurückzukehren. 185

Empfang des Duc de Bourgogne in Versailles. – Mit dem Eintreffen der übrigen Kriegsteilnehmer kommt die Wahrheit über Vendômes Versagen ans Tageslicht. – Pläne zur Wiedereroberung Lilles unter des Königs persönlichem Oberbefehl. 188

(1708). – Mme. de Maintenon hintertreibt das Projekt der Wiedereroberung Lilles. – Vendôme entmachtet. – La Chastres Anfälle. – Tod des Paters de la Chaise. – Tellier, sein Nachfolger, als Beichtvater des Königs. 192

Tod des Prince de Conti. 199

D'Harcourts Aufnahme in den Staatsrat scheitert. – Rouillé zu Friedensverhandlungen in Flandern. – Die Unterhändler Chamillarts und Torcys behindern sich gegenseitig. 203

Strenger Winter. – Teuerung, vor allem für Getreide. – Unterschleife. – Die Parlamente machtlos. – Allgemeine Zahlungsunfähigkeit. – Bankier Bernard bankrott. 211

Tod von Monsiur le Prince. – Porträt. 217

Vendôme in Ungnade. – Der Duc de La Rochefoucauld zieht sich erblindet in die Einsamkeit zurück. 225

Tod Saumerys. – Porträt. 236

Sold der Leibgarden und anderer Regimenter nicht ausgezahlt. – Unruhen auf den Märkten von Paris. – Schmähschriften gegen den König. – Der Hofadel stiftet sein Silbergeschirr. 239

Chamillarts Sturz bereitet sich vor. 248

Voysin, eine Kreatur Mme. de Maintenons, wird Chamillarts Nachfolger. – Porträt. 252

Saint-Simon spürt die veränderte Haltung des Königs gegen ihn und beschließt, sich demnächst mehrere Jahre aufs Land zurückzuziehen. – Die Parteiungen am Hofe. 259

Der Duc d'Orléans der Verschwörung gegen Philipp V. von Spanien verdächtigt. 265

Die Witwe des Herzogs von Mantua von der Gesellschaft geschnitten. – Aufruhr in Paris wegen der Hungersnot. – Durch die persönliche Intervention des alten Marschall de Boufflers geschlichtet. – Waffenstillstandsverhandlungen in Flandern. – Tournai kapituliert kampflos. – Boufflers geht freiwillig zur Unterstützung von Villars nach Flandern.
274

Schlacht in Flandern verloren. – Mons ergibt sich. – Unterschiedliche Aufnahme von Villars und Boufflers bei Hofe. 282

Tod des Kardinals Portocarrero. – Tod des Bischofs von Chartres, Godet. – Port-Royals Geschichte und nunmehriger Untergang.   289

Saint-Simons Entschluß, den Hof endgültig aufzugeben, gerät ins Wanken. – Er nimmt sich vor, den in Ungnade gefallenen Duc d'Orléans von der Notwendigkeit zu überzeugen, seine Mätresse aufzugeben, um wieder zu Ansehen zu gelangen.   298

(1705). – Mme. des Ursins darf sich in Versailles rechtfertigen.

Maulévrier hatte es, wie wir wissen, übernommen, zahlreiche wichtige Briefe von Mme. de Maintenon an Mme. des Ursins und Briefe der Duchesse de Bourgogne an die Königin von Spanien zu befördern. Er hatte nicht verabsäumt, sich bei Mme. des Ursins in den Vordergrund zu spielen, und sie wußte recht gut Bescheid, wie oft Mme. de Maintenon und die Duchesse de Bourgogne unter dem Vorwand, seine Frau zu besuchen, bei ihm in Marly gewesen waren. So schenkte sie ihm dasselbe Vertrauen wie Tessé und versicherte beiden, daß sie auch das des Königs und der Königin von Spanien finden würden. Sie beherrschte von Toulouse aus deren Denken und den Gang der Staatsgeschäfte noch despotischer und unumschränkter, als der aus Frankreich verbannte Kardinal Mazarin seinerzeit die Königinmutter und die französischen Staatsgeschäfte von Köln aus beherrscht hatte.

Dergestalt in Madrid angekündigt und überdies noch mit Briefen der Mme. des Ursins versehen wurde Tessé und Maulévrier beim König und der Königin von Spanien der freundlichste Empfang zuteil. Tessé konnte, da er, nachdem er sich mit Berwick besprochen hatte, wieder an die Grenze zurück mußte, nicht länger in Madrid verweilen. Maulévrier, der – wie ein Kranker in ein Bad – nach Spanien gereist war, blieb in der Hauptstadt, um seinen Schwiegervater in dessen Abwesenheit in allem, was die enge Beziehung zwischen dem Schloß und Mme. des Ursins betraf, zu vertreten. Er wußte es sich zunutze zu machen, daß die Königin niemand hatte, mit dem sie sich nach Herzenslust aussprechen konnte, und erst recht niemanden, der besser unterrichtet und zuverlässiger gewesen wäre als er. Sie fand soviel Gefallen an diesen geheimen Unterredungen, daß sie den König bat, Maulévrier freien Zutritt zu gewähren, so konnte er nun durch die Gemächer des Königs jederzeit bei der Königin eintreten. Da er seinen Schwiegervater, die Duchesse de Bourgogne und Mme. des Ursins als Bürgen und Rückhalt hatte, verstand er es, seine Privataudienzen nach Belieben auszudehnen. Von ihm beeinflußt, verlangte die Königin die Abberufung des Duc de Gramont, weil dieser sich des in ihren Augen unverzeihlichen Verbrechens von Einwänden gegen die Rückkehr der Mme. des Ursins schuldig gemacht hatte und dieser bei seinem Besuch unterwegs nur frostig begegnet war. Deshalb war er dem König und der Königin von Spanien unerträglich geworden. Die dringlichsten Angelegenheiten scheiterten fortan, ja schlimmer noch: die Königin von Spanien hatte ihren Gemahl überredet, den Wünschen des Königs, seines Großvaters, fortan Widerstand entgegenzusetzen und dessen Ratschläge in aller Freundlichkeit geflissentlich zu überhören. Der König beklagte sich bitter darüber, aber sie hatte sich vorgenommen, ihn auf diese Weise mürbe zu machen, und wollte ihm zu verstehen geben, daß nur eine gut behandelte und wieder in alle Vollmachten eingesetzte Ursins die Dinge wieder ins Lot zu bringen und ihm den früheren Gehorsam in Spanien zu verschaffen vermöchte. Einstweilen jedoch hütete man sich wohlweislich, ihn merken zu lassen, daß man selbst oder gar Mme. des Ursins auch nur im entferntesten ihre Rückkehr nach Spanien plante. Aber nicht allein Harcourt, der sich mit List und Tücke stets die Freiheit bewahrte, den König auf die Angelegenheit in Spanien anzusprechen, sondern auch Mme. de Maintenon wiesen den König unablässig darauf hin, welch grenzenlose Macht die Königin von Spanien über ihren Gemahl ausübe; sie gaben dem Monarchen zu bedenken, daß ihre ständige Gereiztheit und die krasse Ablehnung all seiner Ratschläge nur ihm selbst zum Nachteil gereiche; man müsse, sagten sie, die Königin jetzt unbedingt beruhigen und ihr, um sie zufriedenzustellen, ein Zugeständnis machen, das nichts mit Staatsgeschäften zu tun hätte und auf nichts Einfluß habe: man müsse Mme. des Ursins erlauben, an den Hof zu kommen, damit sie sich dort nach Belieben rechtfertigen könne.

Cosnac, der Erzbischof von Aix, ein Meister der Intrige und ein kühner, unternehmungslustiger Mann, der den König genau kannte und sich ihm gegenüber immer eine gewisse Unabhängigkeit bewahrt hatte, brach als erster das Eis; er sprach nur von dem Mißgeschick der Mme. des Ursins und von der unentschuldbaren Torheit – er bezog sich damit auf den mit Randbemerkungen versehenen Brief –, durch die sie sich in diesen Abgrund der Erniedrigung gestürzt habe. In lebhaften Farben schilderte er, wie sehr es sie gräme, mißfallen zu haben und nicht angehört werden zu können, obwohl sie in Spanien stets und ständig versucht habe, König Ludwig Gehorsam zu verschaffen und ihm alles recht zu machen. Der König, der in seinem selbst gewählten Gefängnis die

Wahrheit niemals zu hören bekam, war wohl in beiden Reichen der einzige, der nicht ahnte, daß Mme. des Ursins an seinem Hof die sicherste Gewähr für ihre Rückkehr nach Spanien und das Wachsen ihrer Machtbefugnisse bedeutete. Er war der Schwierigkeiten, die man ihm in Spanien machte, überdrüssig; ihre möglicherweise gefährlichen Auswirkungen auf die Außenpolitik beunruhigten ihn, und er hatte es satt, täglich mit dieser Angelegenheit belästigt zu werden! So bewilligte er zur großen Bestürzung vieler diese Gunst, die man so dringend von ihm erbat. Man schickte einen Boten nach Toulouse zu Mme. des Ursins, um ihr mitzuteilen, daß sie Erlaubnis habe, jederzeit nach Paris und an den Hof zu kommen.

Der Kurier war kaum aufgebrochen, da verbreitete sich das Gerücht von ihrer Ankunft. Der Wirbel, den diese Nachricht bei Hofe auslöste, war schier unglaublich. Nur die engeren Freunde der Mme. des Ursins verhielten sich ruhig und gelassen. Jeder war hellwach, jeder begriff, daß das Auftreten einer so bedeutenden Persönlichkeit etwas zu sagen habe. Es schien, als erwarte man eine Art Sonnenaufgang, der vieles in der Natur verändern und erneuern würde.

Am Sonntag, den 4. Januar, traf sie dann ein. Der Herzog von Alba, der es für ratsam gehalten hatte, sich eng an die d'Estrées zu binden, hoffte, sich nun von dieser Verfehlung reinzuwaschen, indem er Mme. des Ursins mit allen möglichen Ehrenbezeigungen überschüttete. Er fuhr ihr zusammen mit seiner Gemahlin bis weit vor Paris entgegen, brachte sie in sein Haus, wo er sie zur Übernachtung einlud und ein Fest für sie veranstaltete. Zahlreiche Standespersonen eilten von nah und fern zu ihrem Willkommen herbei. Mme. des Ursins hatte Grund, über einen so triumphalen Einzug erstaunt zu sein. Sie fügte sich in alles, aber sie gedachte das Haus des Herzogs von Alba sobald wie möglich zu verlassen, denn es war ihr daran gelegen, sich in aller Freiheit bewegen zu können.

Der König weilte in Marly, und wir, Mme. de Saint-Simon und ich, waren auch dort. Während dieser Zeit strömten die Höflinge nur so zu Mme. des Ursins, die jedoch unter dem Vorwand, der Ruhe zu bedürfen, das Haus nicht verließ und die Türen verschloß. Neugier, Hoffnung, Furcht und Mode lockten alle diese Leute an, von denen mehr als drei Viertel nicht empfangen wurden. Der König hatte Torcy befohlen, Mme. des Ursins zu besuchen, worüber jener sehr verblüfft war; aber da er sah, daß die Würfel gefallen waren und der Sieg außer Zweifel stand, entgegnete er nichts und gehorchte. Zu diesem Zeitpunkt hielt Mme. des Ursins es für angebracht, den Ton zu ändern: war sie bislang als bescheidene, fast schamhafte Bittstellerin erschienen, kam sie nunmehr zu dem Schluß, daß sie sehr wohl zur Anklägerin werden und Gerechtigkeit fordern könnte gegen jene, die ihr, das Vertrauen des Königs mißbrauchend, eine so peinliche und langwährende Demütigung eingebracht und sie zum Spott beider Königreiche gemacht hatten.

Der König kam am Samstag, den 10. Januar, nach Versailles zurück. Am gleichen Tag traf auch Mme. des Ursins dort ein. Sie wohnte in der Stadt bei Alègre. Da ich Marly wegen der allabendlichen Bälle nicht hatte verlassen können, besuchte ich sie jetzt erst. Ich hatte die Verbindung zu ihr stets aufrechterhalten, und sie hatte mir immer wieder ihre Freundschaft bezeugt, ich wurde also sehr gut empfangen. Sonntag vormittag, genau acht Tage nach ihrer Ankunft in Paris, aß sie allein zu Hause, legte dann das Staatsgewand an und begab sich zum König, der mehr als zwei Stunden mit ihr in seinem Arbeitszimmer verbrachte. Von dort ging sie zur Duchesse de Bourgogne, mit der sie ebenfalls lange unter vier Augen sprach. Am anderen Tag machte sie einen ausführlichen Besuch bei Mme. de Maintenon, am Dienstag ging sie abermals zu ihr, und danach hatten die beiden noch eine lange Unterredung mit dem König.

Es stand bald fest, daß sie noch bis April bleiben würde. Niemand zweifelte an ihrer Rückkehr nach Spanien; doch war das entscheidende Wort noch nicht gefallen. Sie ihrerseits vermied jede Äußerung dazu, und man kann sich denken, daß sie alle indiskreten Fragen abwies. Lassen wir sie ihren Triumph nach Herzenslust auskosten, und wenden wir uns noch einmal nach Spanien zurück. Die Art, wie der König Mme. des Ursins empfing – für deren Rückkehr Tessé sich bedingungslos eingesetzt hatte – gefiel dem König und der Königin von Spanien so sehr, daß sie Tessé alle militärischen Machtbefugnisse und Auszeichnungen und seinem Schwiegersohn die entsprechende höfischen gewährten.

Antijansenistische Haltung des Hofes. – Enttäuschte Hoffnungen Saint-Pierres. – Mme. des Ursins verlangt die Rückberufung Orrys nach Spanien. – Tod des Duc de Bretagne. – Bouchu.

Sosehr Mme. de Maintenon auch mit dem Empfang der Mme. des Ursins beschäftigt sein mochte, es gab nichts, was sie von der antijansenistischen Krankheit hätte ablenken können. Mme. de Caylus hatte die Zeit ihres Exils nützlich verwandt: sie war aufrichtigen Herzens wieder zu Gott zurückgekehrt. Sie hatte sich dem Pater La Tour anvertraut, der dann später, wenn er es nicht schon damals war, General der Oratorianer wurde. Dieser Pater La Tour war ein großer gutgewachsener Mann mit einem eindrucksvollen Gesicht. Er war durch sein Einfühlungsvermögen sowie durch seine Entschlossenheit, seine Predigten und die Art seiner Seelenführung sehr bekannt geworden. Er galt, wie übrigens die Mehrzahl der Mitglieder seiner Kongregation, als jansenistisch, das heißt, sie galten alle als übergenau, pedantisch, eng in ihrer Lebensführung, emsig und bußfertig: verhaßt bei Saint-Sulpice wie bei den Jesuiten und folglich mit keinem von beiden verbunden, wurden sie von den ersteren aus Unwissenheit beneidet und von den letzteren aus Eifersucht auf die wenigen Kollegien und Seminare, die sie leiteten, und auf die stattliche Anzahl ihrer übrigens berühmten Freunde, die ihnen den Vorzug gaben. Seit der Pater La Tour Mme. de Caylus Beichtvater war, füllten Gebete und gute Werke ihren Tag aus und ließen ihr keine Zeit für die Gesellschaft: Fasten war ihr zur Gewohnheit geworden, und vom Hochamt am Gründonnerstag bis zum Abend des Karsamstag ging sie keinen Schritt aus ihrem Pfarrsprengel heraus. Bei alledem war sie heiter und gelassen und verkehrte nur noch mit Leuten, die sich ganz der Frömmigkeit zugewandt hatten, und auch mit diesen nur sehr selten. Gott gewährte ihr soviel Gnaden, daß die weltzugewandte, so ganz für das Vergnügen und zum Vergnügen der Gesellschaft geschaffene Frau sich bei diesem so eintönigen Leben, das aus unablässigem Gebet und aus Buße bestand, keinen einzigen Augenblick langweilte, sondern einzig und allein bedauerte, die Gesellschaft nicht schon viel eher verlassen zu haben. Dieser Zustand vollkommenen Glücks fand nur durch die Torheit und den närrischen Eifer ihrer Tante ein Ende. Mme. de Maintenon teilte ihr mit, weder der König noch sie selber könnten sich mit der Seelenführung des Paters La Tour länger einverstanden erklären. Er sei ein Jansenist, der sie verdürbe. Es gebe in Paris gelehrte und fromme Priester genug, deren Einstellung in keiner Weise verdächtig sei. Man lasse ihr die Wahl unter all diesen; es sei nur zu ihrem Besten und zu ihrem Heil, wenn man dieses Zugeständnis von ihr verlange. Sie könne dem König die Gehorsamspflicht schwerlich verweigern; sie sei doch seit dem Tode ihres Mannes ganz verarmt, und wenn sie sich freiwillig diesem Wunsch füge, würde ihre Pension von sechs- auf zehntausend Pfund erhöht werden. Es fiel Mme. de Caylus sehr schwer, sich zu entschließen. Doch die Furcht, weiterhin behelligt und geplagt zu werden, verwirrte sie und war entscheidender als die Gelübde: sie gab den Pater La Tour auf, nahm einen dem Hof genehmen Beichtvater und war bald darauf nicht mehr die gleiche: das Gebet langweilte sie, die guten Werke ermüdeten sie, die Einsamkeit wurde ihr unerträglich. Da sie ihre geistige Wendigkeit bewahrt hatte, fand sie leicht Zugang zu den amüsantesten Gesellschaften, in deren Mitte sie binnen kurzem wieder ganz die wurde, die sie gewesen. Auch knüpfte sie die Beziehungen zum Duc de Villeroy, dessentwegen sie vom Hofe verwiesen worden war, wieder an. Aber wie man bald sehen wird, war eine solche Unziemlichkeit in den Augen des Königs und in denen der Mme. de Maintenon nichts im Vergleich zu der Ungeheuerlichkeit, sein Leben unter der Leitung eines Jansenisten zu heiligen. Der Pater La Tour, der sich durch Weisheit, Mäßigung und tadelloses Verhalten auszeichnete, wurde mit nimmermüder Wachsamkeit belauert und bespitzelt, ohne daß man ihm jemals das geringste hätte nachweisen können.

Ich muß noch einen Streit erwähnen, der sich zwischen dem Duc und der Duchesse d'Orléans abspielte. Saint-Pierre, geistreicher und durchtriebener, dazu ein vorzüglicher Seemann, war abgesetzt worden, weil er sich den Anordnungen des Kleinen Renau nicht hatte fügen wollen; er hatte seine Frau, die noch intriganter war als er, aus Brest mitgebracht. In jungen Jahren war sie sehr hübsch und ganz mannstoll gewesen. Ich weiß nicht, wer sie der Duchesse d'Orléans vorstellte, jedenfalls wurde sie ihre Favoritin, nistete sich, obwohl sie kein Amt bei ihr versah, in ihrem Gefolge ein und lebte im übrigen genau wie in Brest. Sie war gescheit, heiter und sanft; sie gefiel und schmeichelte sich unter der Protektion ihrer Prinzessin in der Gesellschaft ein. Saint-Pierre war ein kühler Kopf, der sich etwas auf seine Belesenheit, seine Weisheit und

Philosophie zugute tat. Der Duc d'Orléans mochte die beiden nicht, er fand den Ehemann zu wichtigtuerisch, die Keckheit und niedere Herkunft der Frau zu unpassend, als daß sie als Favoritin der Duchesse d'Orléans hätte auftreten dürfen. Nun wollten aber beide um jeden Preis einen Posten erlangen, der etwas hergab. Da starb plötzlich Liscouet, der Orléans' Schweizer unter sich hatte, und das ist ein lukrativer Posten: Saint-Pierre und seine Frau angelten also danach; die Duchesse d'Orléans behauptete, der Herzog habe ihnen diesen versprochen. Doch sie hatten Nancré vergessen, einen gescheiten, umgänglichen Burschen, der aus Ärger den Dienst quittiert hatte und häufig in Paris bei den Gelagen des Duc d'Orléans zugegen war; er wurde von dem Abbé Dubois und von Canillac unterstützt, die ihm das Amt zuschanzten; worob die Saint-Pierre großes Gezeter erhob, ihr Ehemann trug eine verächtliche Miene zur Schau und meinte, das gehe zu Lasten der Duchesse d'Orléans, die deshalb mit dem Duc d'Orléans in Streit geriet. Nie hat sie Nancré das verziehen, und niemals – es ist lächerlich, aber wahr – hat Saint-Pierre dem Duc d'Orléans verziehen. Dieses Detail aus dem Palais Royal scheint im Augenblick recht belanglos und unangebracht, doch die Folgen werden beweisen, daß es erwähnt werden mußte.

In Paris feierte Mme. des Ursins nach wie vor die größten Triumphe. Man begab sich wieder nach Marly, wo zahllose Bälle stattfanden und wo Mme. des Ursins die *Perspektive* bewohnte. Kaum daß sie auftauchte, zeigte sich der König nur noch bestrebt, sie zu unterhalten, sie auf dieses oder jenes aufmerksam zu machen und mit einer nie ermüdenden Galanterie, ja sogar Schmeichelei, ihre Billigung und ihren Beifall zu finden. Wo sie auch ging und stand, wurde sie von Prinzessinnen umringt, die sie bis in ihre Zimmer verfolgten. Jeder ihrer freundlichen Blicke wurde gezählt, und selbst die angesehensten Damen waren entzückt, wenn sie mit ihnen sprach.

Ich besuchte sie beinahe jeden Morgen. Sie stand sehr früh auf, kleidete sich alsbald an und frisierte sich unmittelbar darauf, so daß sie sehr rasch bereit war, Leute zu empfangen. Ich erschien, bevor die offiziellen Besucher kamen, und wir plauderten mit der gleichen Ungezwungenheit wie in alten Zeiten. Ich erfuhr von ihr etliche Einzelheiten, vieles über die Regierungsgeschäfte, auch was sie über den König, und besonders was sie über Mme. de Maintenon und über manche anderen Personen dachte. Und wir spotteten zusammen über die Beflissenheit, die ihr seitens der höchstgestellten Persönlichkeiten bekundet wurde, und lachten über die Verachtung, die sich jene bei ihr dadurch zuzogen, oder über die Verlogenheit mancher angesehenen Personen, die, nachdem sie ihr noch unlängst das Schlimmste zugedacht hatten, sie nun mit Huldigungen überschütteten und bestrebt waren, ihr ihre unwandelbare Zuneigung sowie den Wert ihrer Dienste anzupreisen. Ich fühlte mich geschmeichelt durch das Vertrauen, das mir diese Beherrscherin des Hofes entgegenbrachte.

Es stand nunmehr außer Zweifel, daß sie nach Spanien zurückkehren würde. Der Duc de Gramont bat von sich aus um seine Abberufung, die Königin von Spanien hatte ihn dazu gedrängt. Der König und Mme. de Maintenon, die sich persönlich von ihm gekränkt fühlten, und mit seiner Tätigkeit in Spanien recht unzufrieden waren, widersetzten sich dem nicht. Aber es galt, einen anderen Gesandten zu finden; Amelot wurde in Erwägung gezogen. Er war ein Ehrenmann, der viel Überblick besaß, sehr arbeitsam und gescheit war; er war als Gesandter in Portugal, in Venedig und in der Schweiz gewesen. Seine Ernennung erfolgte, sobald man den Entschluß gefaßt hatte. Mme. des Ursins erreichte, da der König sich durchgerungen, ihr nichts zu verweigern, noch etwas weit Schwierigeres, nämlich die Rückberufung Orrys nach Spanien; er habe, sagte sie, so große Kenntnisse auf dem Gebiet der Finanzen und so umfassende Einsichten, daß Amelots Aufsicht nicht abermals in jene Nachlässigkeiten verfallen könne, die ihn zusammen mit seinen Lügen schuldig gemacht hatten. Es wurde ihm also verziehen. Amelot machte sich Ende April auf den Weg und unmittelbar nach ihm Orry.

Ganz überraschend starb der Duc de Bretagne, worüber der Duc und zumal die Duchesse de Bourgogne tief betrübt waren. Der König bekundete fromme Ergebung und Resignation.

Bouchu, der schwer von der Gicht geplagte, aber immer noch sehr lebenslustige Staatsrat und Intendant der Dauphiné, wollte sein Amt niederlegen. Es wurde an Angervilliers vergeben. Bouchu indes setzte seine Mitmenschen durch sein Verhalten in Erstaunen. Er betrug sich plötzlich so seltsam, wie es einem Mann seines Standes nur möglich war. Er hatte ein freundliches Gesicht, und freundlich war auch sein Wesen. Während des vorigen und auch im letzten Krieges war er Armeeintendant in der Dauphiné in Savoyen und in Italien, wobei er sich sagenhaft bereichert hatte, was zwar nicht von der Öffentlichkeit, aber vom Ministerium zu spät erkannt worden war. Er und seine Frau, eine Rouillé – Schwester der letzten Duchesse de Richelieu – konnten gut ohne einander auskommen. Sie war stets in Paris geblieben, und ihm war wenig daran gelegen, sie wiederzusehen. Auch verspürte er, nachdem er so lange Jahre in einem glanzvolleren und unterhaltsameren Amt zugebracht hatte, keinerlei Neigung, sich nun in die Büros und in den Staatsrat zu begeben. Gleichviel mußte er wohl oder übel zurückkehren. Er wollte nicht warten, bis er gezwungen würde. Er machte sich also so spät als möglich auf den Weg und legte immer nur kleine Tagesreisen zurück. Als er durch Paray kam, das zu der Abtei von Cluny gehört, machte er dort halt. Um es kurz zu sagen, er blieb zwei Monate im Gästehaus. Ich weiß nicht, welcher Dämon ihn dort festhielt; aber er kaufte sich ein Stück Land, legte sich einen Garten an, baute sich ein Haus, ließ sich dort nieder und rührte sich nicht mehr von der Stelle, weder seine Freunde noch seine Familie vermochten, ihn von dort wegzulocken. Er blieb bis zu seinem Tode im Dorf, wo er außer dem Haus, das er sich gebaut hatte, nichts besaß und weit und breit niemanden kannte; er lebte mit den ortsansässigen Leuten, bewirtete diese sehr gut, ganz wie ein schlichter Bürger von Paray.

Die Princesse d'Harcourt verheiratet ihren Sohn mit einer reichen Erbin, Mlle. de Montjeu. – Maulévrier aus Spanien abberufen. – Tod Kaiser Leopolds. – Verschwörungen in Spanien aufgedeckt. – Man drängt Mme. des Ursins zur Rückkehr dorthin.

Ende Februar kam es zu einer Heirat, die einige Unstimmigkeiten im Hause Lothringen verursachte. Die Princesse d'Harcourt hatte einen Sohn in Italien verloren, ein zweiter war vor zwei Monaten nach Wien gegangen und in den Dienst des Kaisers getreten, sie hatte ihn abgeschrieben und spielte nun bei Mme. de Maintenon das Klageweib. Töchter besaß sie keine. Es blieb ihr nur noch ein Sohn, der übrigens der älteste war; infolge einer Gehirnerschütterung war er sehr schwerhörig. Sie liebte ihn nicht, er war ihr immer gleichgültig gewesen, und sie hatte ihn, solange sie noch andere Kinder besaß, fromm wie sie war, gezwungen, die kleinen Weihen zu nehmen, denn sie gedachte einen reichen Kirchenfürsten aus ihm zu machen, was ihr auch fast zu gelingen schien. Doch als er sah, daß er allein übriggeblieben war, setzte er sich zur Wehr. Also plante sie nun, ihn zu verheiraten; indes wollten weder sie noch ihr Ehemann etwas für ihn hergeben; sie suchte also vergebens. Endlich nahm sie mit dem vorlieb, was sich ihr bot. Sie weilte häufig in Sceaux bei Mme. du Maine, der jede Gesellschaft recht war, vorausgesetzt, daß man ihre Feste, ihre schlaflosen Nächte, ihre Komödien und Phantastereien mitmachte. In diesen Kreis hatte sich eine Mlle. de Montjeu eingeschlichen, eine kleine Spaßmacherin, die sich sehr geehrt fühlte, dort wohlgelitten zu sein; ihre Haut war gelblich, ihr Haar schwarz, sie war häßlich wie die Nacht, klug wie ein Teufel, von einem Temperament wie deren zwanzig; und sie war die reiche Erbin eines Finanzmannes. Der Vater unserer Heiratskandidatin hatte nach einer schönen Länderei, die er gekauft, den Namen Montjeu angenommen. Unter Foucquets Protektion gelang es ihm, seinen ererbten Reichtümern viel hinzuzufügen; Foucquets Sturz setzte ihn schachmatt. Als die Feinde des Oberintendanten die Hoffnung auf mehr als lebenslängliches Gefängnis verloren, begannen sie, die Finanzleute seines Regimes zu verfolgen. Dieser hier wurde besonders hart in die Zange genommen;

man ersparte ihm nichts. Er hatte lange Zeit im Gefängnis gesessen, man drohte ihm, ihn wieder hineinzuwerfen, aber er hielt stand. Man schlug einen Mittelweg ein und verbannte ihn in sein Haus in Burgund. Schließlich gab man ihm die Erlaubnis, wieder nach Paris zurückzukehren, wo er 1688 starb.

Mme. du Maine stiftete die Ehe und richtete die Hochzeit aus. Der Duc de Lorraine zerstritt sich darüber mit dem Prince und der Princesse d'Harcourt und ließ ihrem Sohn und ihrer Schwiegertochter verbieten, sich je vor ihm blicken zu lassen oder auch nur einen Fuß in seinen Staat zu setzten. Das war nicht das einzige Ungemach, das der Princesse d'Harcourt beschieden war. Sie sollte am Ende fast noch vor Ärger platzen. Zunächst ließ sich alles prächtig an, dann ging es schief; es kam zu Meinungsverschiedenheiten, darauf folgten Ermahnungen. Geschmeidiges Einlenken brachte alles wieder ins Gleis; aber da ereignete sich ein Malheur: die Schwiegertochter schrieb voller Zärtlichkeit und Unterwerfung von Paris aus an ihre Schwiegermutter nach Versailles; gleichzeitig schickte sie einer ihrer Freundinnen einen Klagebrief, sie sei, schrieb sie, einer wütenden Megäre zum Opfer gefallen, deren schwiegermütterliche Tyrannei, deren Launen und Narrheiten unerträglich wären und mit der weder ihre Kinder noch die Dienerschaft es jemals aushalten könnten. Alles, was die Prinzessin je getan und gesagt hatte, wurde hart kritisiert; das Ganze sehr geistreich mit Witz und Bosheit dargestellt von einer Person, die sich Unterhaltung und Erleichterung verschaffen wollte. Die Freundin empfing den an die Schwiegermutter gerichteten und diese den an die Freundin gerichteten Brief; die Schreiberin hatte die Umschläge verwechselt. Die Princesse d'Harcourt geriet in Raserei. Sie hatte sich zuwenig in der Gewalt, um die Sache verschweigen zu können, und so kam das Abenteuer in aller Munde. Sie wurde bei Hof gefürchtet und gehaßt, und man ergötzte sich also höchlichst darüber. Auch bei den Lothringern, die über die unstandesgemäße Heirat erzürnt waren, fand sie keinen Trost. Sie fiel grausam über ihre Schwiegertochter her, die ganz fassungslos war, jedoch ihre Fassung nach einigen Monaten wiedergewann und, als sie sah, daß weder eine wirkliche noch eine scheinbare Versöhnung zu erhoffen sei, zog sie ihren Ehemann, der des Joches genauso überdrüssig war wie sie, auf ihre Seite; beide hielten ihre Taler, mit denen sie die Alte oft zu besänftigen versuchten, fortan zurück, nahmen die Maske ab und machten sich über sie lustig. Der Prince d'Harcourt, ganz in seiner Düsternis und seiner Ausschweifung versunken, kümmerte sich weder um die beiden noch um seine Frau und mischte sich in nichts ein.

In Spanien ereignete sich unterdessen vielerlei. Maulévrier genoß, wie ich schon sagte, das volle Vertrauen der Königin. Es hieß, er habe es darauf angelegt, insbesondere der Königin zu gefallen, und das sei ihm glänzend gelungen; die täglichen ausgedehnten Privataudienzen gaben in der Tat so manches zu bedenken und vor allem zu reden. Nach einer so glücklichen Aussaat, sei es, meinte Maulévrier, nun Zeit zur Ernte: er sann auf nichts anderes als auf die Würde eines Granden; aber er war zu eitel, um nicht indiskret zu sein. Der Duc de Gramont bekam Wind von der Sache; mißtrauisch wie jeder, den man verjagen will und den ein neuer Favorit nicht eben schont, beeilte er sich, den König und die Minister darauf aufmerksam zu machen, daß Maulévriers kühnes Verhalten gegenüber der Königin Anstoß zu erregen begann. Die Spanier fühlten sich in der Tat durch diese Taktlosigkeit beleidigt. Die Eifersucht des ganzen Hofes und all das Gemunkel beunruhigten Tessé, der an der Grenze gleichfalls davon erfuhr. Er fürchtete ärgerliche Folgen an beiden Höfen, zumal am französischen. Er rief also seinen Schwiegersohn nach Gibraltar. Zur gleichen Zeit traf ein Kurier in Madrid ein, Torcy teilte Maulévrier mit, der König verbiete ihm ausdrücklich, die Grandenwürde oder sonst eine Gunst des Königs von Spanien anzunehmen, und befehle ihm, sich auf der Stelle nach Gibraltar zu Tessé zu begeben. Das war ein harter Schlag für den Ehrgeizigen, der sich, nachdem er seinen Faden so fein gesponnen, nun um den Lohn gebracht sah. Doch Zorn und Enttäuschung machten schließlich erneuter Hoffnung Platz. Vergebens versuchte sein Schwiegervater ihn an der Belagerung von Gibraltar zu beteiligen; seine Ermahnungen und selbst sein Machtwort blieben wirkungslos. Nach einem kurzen Aufenthalt vor Gibraltar kehrte Maulévrier unter dem Vorwand wieder nach Madrid zurück, dort über den Stand der Belagerung Bericht erstatten zu müssen, in Wirklichkeit jedoch nur, um den König und die Königin von Spanien zu bitten, sie ihrerseits möchten den König von Frankreich veranlassen, ihm zu erlauben, die Grandenwürde annehmen zu dürfen. Zu seinem Unglück traf der den Gramont noch in Madrid, der nun nichts Eiligeres zu tun hatte, als Maulévriers Rückkehr an den spanischen Hof nach Paris zu melden. Dieser Ungehorsam wurde unverzüglich bestraft, man beauftragte Torcy, an Maulévrier einen Kurier zu senden mit dem strikten Befehl, sofort nach Frankreich zurückzukehren. Nun gab es keinen Ausweg mehr. Ehrlich verzweifelt nahm Maulévrier Abschied vom König und der Königin von Spanien und machte sich auf den Weg. Als er in Paris eintraf, befanden sich der Hof und auch seine Frau in Marly.

Während der Aufstände in Ungarn und in den Nachbarprovinzen starb in Wien am Abend des 5. Mai Kaiser Leopold nach einer ziemlich langen Krankheit. Er hatte von seiner dritten Gemahlin, der Schwester des Kurfürsten von der Pfalz, zwei Söhne und drei Töchter. Joseph war bereits König von Ungarn und Böhmen, und Karl weilte in Portugal, da er Anspruch erhob, der rechtmäßige König von Spanien zu sein; beide Söhne folgten ihrem Vater nacheinander auf dem Thron.

Noch ehe der Duc de Gramont Madrid verließ, wurde eine Verschwörung in Granada und eine andere in Madrid aufgedeckt, die beide für Fronleichnam geplant waren. Man wollte hier wie da alle Franzosen umbringen und sich des Königs wie der Königin bemächtigen.

Es gab also Gründe genug, Mme. des Ursins zum Aufbruch zu bewegen. Sie selbst spürte das, und Mme. de Maintenon begann ungeduldig auf die Abreise zu warten. Dieses ständige Zögern war ihr verdächtig, sie sah keinen vernünftigen Grund dafür. Deshalb wirkte man also auf die Prinzessin ein; darauf hatte sie nur gewartet. Nun erging sie sich lang und breit über die Schwierigkeiten und Mühen, die ihr bevorstünden in einem Lande, das sie wie eine Verbrecherin habe verlassen müssen; um dort jetzt in Ehren wieder zu erscheinen und gar mit dem Ansehen, dessen sie bedürfe, um den beiden Königen recht zu dienen, müsse eine öffentliche Verlautbarung das Vertrauen, das man in sie setze, unmißverständlich zum Ausdruck bringen; denn obwohl sie hier vom König mit reichlichen Gunstbezeigungen bedacht worden sei, könne die Kunde davon doch noch nicht bis nach Spanien gedrungen sein. Solle sie also dort für Frankreich etwas bewirken, müsse offiziell bekanntgegeben werden, daß sie stets und in allem nur im Auftrag handele. Beredsamkeit, wendige Strategie, List und Schmeichelei, all das wurde scheinbar ganz ungezwungen mit der größten Selbstverständlichkeit angesetzt: die Wirkung überstieg noch die kühnsten Erwartungen.

Mitte Juli also brach sie dann endlich auf. Die Zuwendungen des Königs waren überreich. Sie bekam 20000 Livres Pension und 30000 Livres Reisespesen.

Tod der Präsidentin Lamoignon. – Ihres Mannes unehrenhafte Taten. – Tod der Ninon de Lenclos. – Die Schweizer als Spitzel des Königs. – Skandal um den Bischof von Metz. – Der Abbé Polignac.

Fast zur gleichen Zeit starben zwei sehr verschiedene Frauen: die Präsidentin Lamoignon und Ninon von Lenclos. Mme. de Lamoignon war eine Portier, Tochter des Staatsrats Ocquerre, Tante des Ersten Präsidenten Novion und Witwe Lamoignons, der 1658 Novions Posten eingenommen hatte und 1677 gestorben war. Er hatte sich einen Ruf erworben, der noch heute andauert und für seine Kinder von rechtem Nutzen gewesen ist. Doch begann mit ihm die Korruption dieses Amtes, eine Korruption, an der sich bis auf den heutigen Tag nichts geändert hat.

Ich möchte von Lamoignon nur eine einzige Geschichte erzählen, weil diese besonders bemerkenswert und überdies historisch belegt ist. In Saint-Germain fand eine große Jagd statt. Damals waren es die Hunde, und nicht die Menschen, die den Hirsch erlegten. Auch kannte man diese ungeheure Menge von Hunden, Pferden, Poststationen und Fahrwegen noch nicht. Die Jagd führte in die Gegend von Dourdan und dehnte sich so lange aus, daß der König sehr spät zurückkam und die Jagd schließlich aufgab. Der Comte de Guiche, der nachmalige Duc du Lude, Vardes und M. de Lauzun, der es mir später erzählte, hatten sich verirrt. Da standen sie nun mitten in dunkler Nacht, wußten nicht, wo sie waren. Endlich erspähten sie, nachdem sie auf ihren völlig erschöpften Pferden kreuz und quer geritten waren, in der Ferne ein Licht; sie ritten darauf zu und gelangten schließlich an das Tor eines Gebäudes, das wie ein Schloß aussah. Sie klopften an, sie riefen, sie nannten ihre Namen und baten um Gastfreundschaft. Es war im Spätherbst und ungefähr zwischen zehn und elf Uhr abends; der Hausherr kam ihnen entgegen, ließ ihnen die Stiefel ausziehen, ihre Pferde in seinen Stall bringen, führte seine Gäste an den Kamin, damit sie sich wärmen könnten und bestellte in der Küche ein Abendessen, dessen sie bedurften. Die Mahlzeit war ausgezeichnet und der Wein, von dem mehrere Sorten ausgeschenkt wurden, gleichfalls. Der Hausherr höflich, respektvoll, weder zeremoniell noch aufdringlich, ganz das Gehaben und die Manieren der großen Welt. Sie erfuhren, daß er Fargues hieß, daß er sich in dieses Haus zurückgezogen habe, seit etlichen Jahren fast niemals ausging, nur ab und an einige Freunde empfing und weder Frau noch Kinder besaß. Die Dienerschaft erschien ihnen sehr umsichtig, und das Haus machte ihnen den Eindruck von Wohlhabenheit. Nachdem sie gut gegessen, suchten sie bald ihr Nachtlager auf: jeder von ihnen fand ein vorzügliches Bett, jeder hatte ein Zimmer für sich, und Fargues' Diener betreuten sie aufmerksam. Sie waren sehr müde und schliefen lange. Als sie sich angekleidet hatten, wurde ihnen ein ausgezeichnetes Frühstück serviert, und als sie vom Tisch aufstanden, fanden sie ihre Pferde bereit, ebenso wohlversorgt und ausgeruht wie sie selbst. Entzückt über die Höflichkeit und die Manieren Fargues' und gerührt über die Gastfreundschaft, die er ihnen hatte zuteil werden lassen, boten sie ihm an, ihm jederzeit zu Diensten zu sein und begaben sich nach Saint-Germain.

Ihre Abwesenheit hatte einiges Aufsehen erregt, ihre Rückkehr und das, was ihnen in der Nacht widerfahren war, hatten sich rasch herumgesprochen. Diese Herren waren die Blüte des Hofes, sie glänzten in allen Liebeshändeln, und alle standen damals auf bestem Fuß mit dem König. Sie erzählten ihm von ihrem Abenteuer, von dem erstaunlichen Empfang, den man ihnen bereitet hatte, und sie sprachen in höchsten Lobestönen von dem Hausherrn und seiner Gastfreundschaft. Der König fragte sie nach dem Namen dieses Mannes. Kaum hatte er ihn vernommen, rief er aus: »Wie denn! Fargues wohnt in dieser Nähe?« Die Herren redeten noch weiter, aber der König erwiderte nichts mehr. Als er bei der Königin-Mutter war, erzählte er ihr, was er gehört hatte, und beide meinten, daß es eine Kühnheit von Fargues sei, so nahe beim Hof zu wohnen. Sie fanden es sehr seltsam, daß sie das erst durch dieses Jagdabenteuer erfahren hatten, obwohl er doch schon jahrelang da wohnte. Fargues hatte sich bei dem Pariser Aufruhr gegen den Hof und gegen Mazarin sehr hervorgetan. Wenn er nicht gehenkt worden war, so nicht, weil man darauf verzichtete, sich an ihm zu rächen, sondern weil er von seiner Partei geschützt worden war und dann später unter die Amnestie fiel. Doch der Haß, den er sich zugezogen und dem zu erliegen er fürchtete, ließ ihn zu dem Entschluß kommen, Paris für immer zu verlassen und sich, um jeder Unannehmlichkeit zu entgehen, stillschweigend auf seine Güter zurückzuziehen; tatsächlich war er bis zu diesem Zeitpunkt unbemerkt geblieben.

Der König und die Königin-Mutter, die ihm nur notgedrungen verziehen hatten, ließen nun den Ersten Präsidenten Lamoignon zu sich rufen und beauftragten ihn, Fargues' Akten durchzusehen, ihm heimlich nachzuspionieren und genau zu untersuchen, ob sich nicht doch Rechtsmittel fänden, seine früheren Vergehen zu ahnden und ihn zur Reue darüber zu veranlassen, daß er sich so wohlbegütert und unbekümmert unmittelbar neben den Hof gesetzt hatte. Habgierig und als guter Höfling, der er war, entschloß sich Lamoignon alsbald, sie zufriedenzustellen und sein Schäfchen ins trockene zu bringen. Er stellte seine Nachforschungen an, berichtete darüber und stöberte so lange und so gründlich, bis er eine Möglichkeit fand, Fargues einen Mord zur Last zu legen, der in Paris begangen worden war, als der Aufstand seinen Höhepunkt erreicht hatte. Darauf ließ er Fargues von seinen Häschern ergreifen und ins Gefängnis bringen. Fargues, der sich seit der Amnestie ganz sicher fühlte und wußte, daß ihm nichts vorgeworfen werden konnte, war äußerst überrascht, aber er war es noch mehr, als er beim Verhör erfuhr, um was es sich handelte. Er verteidigte sich sehr geschickt gegen das, was man ihm zur Last legte, machte überdies geltend, daß der besagte Mord mitten im wildesten Aufruhr begangen worden sei und daß die darauffolgende Amnestie jede Erinnerung an das, was sich damals abgespielt, ausgelöscht habe. Die vornehmen Höflinge, die von diesem unglücklichen Mann so vorzüglich beherbergt worden waren, bemühten sich in jeder Weise, seine Richter und den König umzustimmen; doch vergebens. Fargues wurde bald darauf geköpft, und sein eingezogener Besitz wurde dem Ersten Präsidenten zur Belohnung gegeben. Das Haus war ganz nach dessen Geschmack und fiel später seinem zweiten Sohn Bâville zu. So bereicherten sich in ein und demselben Amt nacheinander der Schwiegervater Lamoignon und sein Schwiegersohn Harlay, der eine durch das Blut eines Unschuldigen, der andere, indem er das ihm anvertraute Gut eines Freundes für sich nahm.

Ninon, die berühmte Kurtisane, die, als das Alter ihr nicht mehr gestattete, ihrem Handwerk nachzugehen, den Namen Lenclos annahm, war wieder einmal ein Beispiel für den Triumph des mit Geist betriebenen und durch einige Tugend gemilderten Lasters. Das Aufsehen, das sie erregte, und mehr noch die Verwirrung, die sie unter den vornehmsten und aussichtsreichsten jungen Männern anrichtete, zwang die Königin-Mutter trotz der außerordentlichen Nachsicht, mit der sie nicht ohne Grund den galanten und mehr als galanten Personen entgegenkam, Ninon den Befehl zustellen zu lassen, sich in ein Kloster zurückzuziehen. Einer der Pariser Polizeioffiziere überbrachte ihr die *Lettre de cachet.* Sie las das Schreiben, und als sie feststellte, daß kein Kloster im besonderen bezeichnet war, sagte sie in aller Ruhe zu dem Offizier: »Monsieur, da die Königin so gütig ist, mir die Wahl des Klosters zu überlassen, in das ich mich ihren Anordnungen nach zurückziehen soll, bitte ich Sie, ihr mitzuteilen, daß ich das der Pariser Bettelmönche gewählt habe.« Und sie gab ihm die *Lettre de cachet* mit einer eleganten Verbeugung zurück. Der Polizeioffizier war sprachlos über diese beispiellose Dreistigkeit, und die Königin-Mutter fand diese Replik so köstlich, daß sie Ninon fortan unbehelligt ließ.

Ninon hatte immer eine Menge Anbeter, aber immer nur einen Geliebten. Wenn sie ihres Erwählten überdrüssig war, sagte sie es frei heraus und nahm sich einen anderen. Der Verschmähte mochte noch so viel klagen und jammern: die Entscheidung war unwiderruflich, und dieses Wesen verfügte über solche Macht, daß kein Mann es gewagt hätte, sich an seinem Nachfolger zu rächen; im Gegenteil, er war noch glücklich, auch weiterhin als Freund in Ninons Haus zugelassen zu werden. Zuweilen hat sie ihm, wenn er ihr sehr gut gefiel, während eines ganzen Feldzuges die Treue gehalten. La Chastre behauptete, als er in den Krieg zog, er gehöre zu jenen Auserwählten. Offenbar hatte Ninon ihm vage Hoffnungen gemacht: er war ein rechter Tor und dementsprechend anmaßend, so daß er sie um eine schriftliche Zusage bat. Sie gab sie ihm. Er nahm den Zettel mit und brüstete sich damit. Die Zusage wurde nicht eingehalten, und jedesmal wenn sie dagegen fehlte, rief sie aus: »Ach, der Zettel, den La Chastre mit sich herumträgt!« Ihr derzeitiger Günstling fragte sie schließlich, was sie damit sagen wolle. Sie erklärte es ihm, er erzählte es jedermann und gab La Chastre einer Lächerlichkeit preis, die sogar in dessen Armee bekannt wurde.

Ninon hatte illustre Freunde aller Art. Sie besaß soviel Geist, daß sie sie sich alle zu erhalten wußte, und daß sogar Einigkeit unter ihnen herrschte, zumindest gab es nie den geringsten Zwist. Alles vollzog sich bei ihr mit einer Zurückhaltung und einem äußeren Anstand, wie ihn vornehme Prinzessinnen bei ihren Seitensprüngen nur allzuoft vermissen lassen. Sie hatte deshalb die erlesensten und besterzogensten Leute des Hofes zu Freunden, dergestalt daß es Mode wurde, bei ihr empfangen zu werden, und man hatte guten Grund, danach zu trachten wegen der Verbindungen, die sich dort anknüpfen ließen. Es gab in ihrem Salon kein Spiel, kein lautes Gelächter, keinen Streit, auch keine Diskussionen über Religion oder Regierung. Dafür viel Geist, viel Belesenheit; es wurde über vergangene und gegenwärtige Liebesgeschichten gesprochen, aber ohne alle üble Nachrede. Auch als ihre Reize nachließen und die Schicklichkeit und die Mode es ihr verboten, Körper und Geist zu mischen, verstand es Ninon, sich ihre Freunde weiterhin zu erhalten. Sie war bezaubernd im Umgang, selbstlos, treu, verschwiegen, sehr zuverlässig, und man könnte sagen, daß sie bei all ihren Schwächen tugendhaft und voller Rechtschaffenheit war. All das trug ihr einen ganz ungewöhnlichen Ruhm und eine erstaunliche Achtung ein. Sie hat oft Freunden mit Geld und Kredit ausgeholfen und ist in wichtigen Fragen für sie eingetreten, hat Geld und schwere Geheimnisse treulich bewahrt. Übrigens war sie sehr eng mit Mme. de Maintenon befreundet gewesen zu der Zeit, als jene sich noch in Paris aufhielt. Mme. de Maintenon wurde nicht gern daran erinnert, aber sie wagte es nicht, Ninon zu verleugnen.

Ninon wurde weit über achtzig Jahre, erfreute sich stets bester Gesundheit, hatte ständig Besuch und genoß größte Achtung. In den letzten Jahren wandte sie sich Gott zu. Ihr Tod war ein Ereignis.

Kurze Zeit nachdem man in Fontainebleau angelangt war, beging Courtenvaux eine schreckliche Torheit. Er war der älteste Sohn Louvois' der ihm zunächst seine Amtsnachfolge geben wollte, sie ihm dann aber hatte wegnehmen lassen, weil er sah, daß er völlig unfähig war. Statt dessen ließ er das Amt an Barbezieux, seinen dritten Sohn, übergehen und tröstete den ältesten mit der Nachfolge seines Vetters Tallardet, dem er die Schweizer Hundertschaft abkaufte. Courtenvaux war ein winziges Männchen, heimlich der Ausschweifung ergeben; er hatte eine lächerliche Stimme, nur kurz und mit recht wenig Erfolg Kriegsdienste getan, wurde von seiner Familie verachtet und bei Hofe, wo er fast mit niemandem verkehrte, gering geschätzt; er war geizig und streitsüchtig und, obwohl bescheiden und ehrerbietig, sehr jähzornig und unbeherrscht, wenn ihn eine Laune überkam. Kurzum, ein recht törichter Mensch, der als solcher behandelt wurde, sogar von seiner Schwester, der Duchesse de Villeroy, und seiner Schwägerin der Marschallin Cœuvres.

Der König, der erpicht darauf war, alles, was vor sich ging, zu erfahren, und noch versessener auf die neuesten Klatschgeschichten, hatte Bontemps und dann Blouin, die Gouverneure in Versailles, bevollmächtigt, eine Anzahl Schweizer für sich zu nehmen (abgesehen von denen, die an den Pforten der Parkanlagen und Gärten Dienst taten, und jenen, die sich in der Galerie, dem großen Appartement von Versailles sowie den Salons von Marly und Trianon befanden), und sie in eine Livrée des Königs zu kleiden. Diese Schweizer, die nur Blouin unterstanden, hatten den geheimen Auftrag, des Abends, des Nachts und in den frühen Morgenstunden in allen Korridoren, Durchgängen und Abtritten umherzustreichen, und, wenn es schön war, in den Alleen und Gärten zu patrouillieren, sich dort zu verbergen auf die Lauer zu legen, die Leute zu beobachten, ihnen zu folgen, aufzupassen, wohin sie gingen, zu wem sie gingen, wie lange sie dort blieben, alles aufzuschnappen und zu erlauschen, was sie erlauschen konnten, und dann genauestens Bericht über ihre Entdeckungen zu erstatten. Dieser Spitzeldienst, an dem auch Subalterne und Diener beteiligt waren, wurde in Versailles, in Marly, Trianon und Fontainebleau und überall, wo der König weilte, fleißig durchgeführt. Aber diese Schweizer mißfielen Courtenvaux ungemein, weil sie ihn nicht anerkannten und weil sie seiner Schweizer Hundertschaft die Posten und ihm die Einkünfte wegnahmen, so daß er sie des öfteren anherrschte. Zwischen dem großen Aufenthaltsraum der Schweizer und der *Salle des gardes* in Fontainebleau liegt ein enger Durchgang, anschließend ein viereckiger Raum; durch diesen Raum müssen alle Leute, die ins Schloß wollen; er ist folglich sehr geeignet, Kommende und Gehende zu beobachten. Bislang hatten dort immer einige Soldaten der Garde und einige der Schweizer Hundertschaft genächtigt. Dieses Jahr gedachte der König, statt ihrer Blouins Schweizer dort nächtigen zu lassen. Courtenvaux war so töricht, diese Veränderung für einen neuen Übergriff jener Schweizer auf die seinen zu halten, und geriet in solchen Zorn, daß er sie mit wüstesten Schmähreden überschüttete. Sie ließen ihn ungerührt kläffen: sie hatten ihre Order und waren klug genug, nichts zu erwidern. Der König, der erst am Abend davon erfuhr, als er, von seiner Familie und den Damen der Prinzessinnen gefolgt, sein großes ovales Gemach betrat, ließ Courtenvaux auf der Stelle herbeirufen. Kaum war er erschienen, da herrschte der König ihn an, ohne ihm Zeit zum Nähertreten zu lassen, und zwar in einem so furchtbaren und für Courtenvaux ganz ungewohnten, außerordentlichen Zorn, daß nicht nur Courtenvaux, sondern auch die Prinzen, Prinzessinnen, kurz alle im Raum Anwesenden erbebten. Drohungen, ihn seiner Charge zu entheben, die härtesten, in des Königs Mund ungebräuchlichen Worte hagelten auf Courtenvaux nieder, der, schreckensbleich und dem Umsinken nahe, weder Zeit noch Möglichkeit fand, auch nur ein Wort herauszubringen. Die Strafpredigt endete mit dem ungestümen Befehl: »Verlassen Sie sofort den Raum!« Die Ursache der seltsamen Szene war die Tatsache, daß Courtenvaux mit seinem Gelärm den ganzen Hof auf eine Veränderung aufmerksam gemacht hatte, deren Motiv nun, da man Bescheid wußte, nur allzu offensichtlich war. Der König, der diese Spionage mit äußerster Sorgfalt geheimhielt und überzeugt war, daß diese Veränderung unbemerkt bliebe, geriet also in größten Zorn, weil Courtenvaux mit seinem Spektakel die Sache publik gemacht hatte. Hätte er nicht seine Familie im Hintergrund gehabt, wäre Courtenvaux zweifellos davongejagt worden.

Trotz denkbar ungünstiger Umstände war man nach wie vor zur Belagerung von Turin entschlossen. So ablehnend der König sich auch La Feuillade gegenüber verhielt, war ihm doch vor allem daran gelegen, seinem Minister entgegenzukommen. Und so schlug er selbst Chamillart vor, er möge seinen Schwiegersohn mit der Leitung dieses großen Unternehmens beauftragen.

Mit einem grausigen Skandal über Coislin, den Bischof von Metz, endete dieses und begann das nächste Jahr. Als sich der Bischof, während seine Dienstboten beim Essen waren, allein in seinem Gemach befand, stürzte ein Chorknabe, Sohn eines Gardereiters, der später Domherr von Metz werden sollte, laut heulend aus diesem Gemach und beklagte sich bei seiner Mutter, er sei von dem Bischof aufs grausamste ausgepeitscht worden. Aus dieser sehr indiskreten Peitsche, die, sofern sie wirklich existierte, recht wenig dem Stil eines Bischofs entsprach, wollten barmherzige Leute Schlimmeres machen und das Kapitel zum Eingreifen bewegen. Der Gardereiter eilte mit der Post nach Versailles, wo er sich dem König zu Füßen warf und Gerechtigkeit und Wiedergutmachung erflehte. Inzwischen hatte die Marschallin Rochefort mich überall suchen lassen, um mir die Geschichte zu erzählen. Sie bat mich, Chamillart, der Metz in seinem Departement hatte, zu benachrichtigen und ihn zu veranlassen, sich für den Bischof von Metz in einer so gräßlichen Sache zu verwenden, die seine Feinde ihm angehängt hätten und die die Ehre seiner ganzen Familie treffe. Ich tat, was ich konnte, und der von Haus aus verbindliche Chamillart setzte alles in Bewegung.; er ließ sich vom König beauftragen, dem Intendanten von Metz mitzuteilen, er möge die Affäre niederschlagen, und zwar dergestalt, daß fortan nie mehr darüber gesprochen würde. Aber der Kardinal Coislin – der die Ehre, Lauterkeit und Frömmigkeit in Person war – hatte in Orléans von der Affäre zu hören bekommen, eilte augenblicks herbei und bat den König in seinem und seines Neffen Namen, die Affäre aufzuklären. Man solle diejenigen bestrafen, die Strafe verdient hätten, und wenn es sein Neffe wäre, so solle er sein Bistum aufgeben und seines Amtes, dessen er unwürdig sei, verlustig gehen; wenn er sich allerdings als unschuldig erweise, sei es nur gerecht, daß die Verleumdung entsprechend der Bosheit, die man ihm hatte antun wollen öffentlich wiedergutgemacht würde. Die Affäre dauerte von Weihnachten, dem Eintreffen des Kardinals, bis zum 18. Januar, dem Zeitpunkt, als der König befahl, der Gardereiter solle mit seiner ganzen Familie den Bischof von Metz aufsuchen und öffentliche Abbitte leisten, die Register des Kapitels sollten durchgesehen und alles gelöscht werden, was auf die Angelegenheit Bezug nehme, dergestalt daß der gewaltige Wirbel sich sehr bald in Dunst auflöste. Das Seltsame ist, daß der Bischof von Metz im Einvernehmen mit seinem Onkel Priester geworden war, wider Willen und ohne Wissen seines Vaters, der ihn, als er sah, daß sich sein ältester Sohn, der Marquis de Coislin, seit seiner Heirat als impotent erwies, hatte verheiraten wollen. Man glaubte also, der Abbé Coislin, der eine kleine Abtei hatte und die Nachfolge seines Onkels antreten sollte, habe sich, da er sich ebenso impotent fühlte wie sein Bruder, nicht wie dieser der Heirat aussetzen wollen. Zwar hatte er so wenig Barthaare, daß es schien, als hätte er gar keine, aber man hätte ihn, auch wenn seine Lebensführung nicht besonders fromm und maßvoll war, doch niemals irgendwelcher Sittenlosigkeit bezichtigen können.

Ehe das Jahr zu Ende geht, muß ich noch eine Anekdote erzählen. Der Abbé Polignac hatte nach seiner Erfolglosigkeit als Gesandter in Polen und dem darauffolgenden Exil endlich wieder Oberwasser bekommen. Er hatte eine sehr gute Figur, ein sehr schönes Gesicht, war sehr geistreich, besaß bestechende Manieren. Niemand kannte sich besser in der Literatur aus als er; er war bezaubernd, wenn er die abstraktesten Themen allgemein verständlich machte, und überaus unterhaltend, wenn er Geschichten erzählte. In allen Künsten und Handwerken kannte er sich ein wenig aus. Doch auf seinem eigenen Gebiet, der Theologie, war er am wenigsten versiert. Er legte es stets darauf an, Gemüt, Verstand und Augen gefangenzunehmen, und sein sanfter Umgangston, seine Gefälligkeit bewirkten, daß man ihm zugetan war und seine Talente bewunderte. Im übrigen war er einzig und allein von seinem Ehrgeiz besessen, kannte weder Freundschaft noch Dankbarkeit und Gefühle nur, soweit sie ihn selbst betrafen; hinterhältig, ein Verschwender, wahllos in den Mitteln, seine Ziele zu erreichen, ohne Bescheidenheit gegenüber Gott und den Menschen, jedoch hinter einer Maske und mit einem Feinsinn, auf den die Leute hereinfielen; aber wenn das Herz falsch und die Seele unaufrichtig waren, sein Urteilsvermögen nun gar war gleich null, seine Maßstäbe waren falsch und das Denken ungenau, wodurch trotz aller bestechenden Manieren die ihm übertragenen Staatsgeschäfte stets scheiterten. Der Kardinalspurpur war sein höchstes Ziel. Er strebte nach Großem, nach Staatsgeschäften und nach Intrige.

Bei allen Ausflügen nach Marly war er zugegen; dort entfaltete er seinen ganzen Charme. Aber bei all seinem Scharfsinn entschlüpfte ihm eines Tages eine Schmeichelei, deren Erbärmlichkeit allzu deutlich war und die als verächtliches Höflingszitat in der Erinnerung haftenblieb. Er folgte dem König in den Garten von Marly. Es begann zu regnen. Der König machte eine liebenswürdige Bemerkung über sein Gewand, das wenig geeignet sei, dem Regen standzuhalten. »Oh, Sire,«, erwiderte er, »das tut nichts, der Regen von Marly dringt nicht ein.« Man lachte schallend, aber der Ausspruch wurde ihm sehr übelgenommen. Wiewohl er so hoch im Kurs stand, erfüllten ihn die Privilegien, die er Nangis schon so lange und Maulévrier eine Weile hatte genießen sehen, mit Neid. Er wollte desselben Glücks teilhaftig werden und schlug denselben Weg ein. Mme. d'O und die Marschallin Cœuvres wurden seine Freundinnen; er suchte Gehör zu finden, und er fand Gehör. Bald trotzte er in den schönen Nächten der Gefahr der Schweizer. Nangis erblaßte darob; Maulévrier geriet, wiewohl er seit seiner Rückkehr abseits stand, außer sich. Auch der Abbé teilte ihr Los; alles wurde aufgedeckt und wisperte darüber, im übrigen aber wahrte man strenges Schweigen. Über sein Alter zu triumphieren, genügte Polignac nicht; er strebte nach Höherem ...

(1706). – Neue Aushebungen für den Krieg in Italien. – Verzweiflung der Betroffenen, Blindheit des Königs. – Pläne zur Beendigung des Krieges. – Charmel.

Die Menschenverluste in Deutschland und Italiern waren sehr groß, und es starben mehr Verwundete in den Hospitälern als Soldaten auf den Schlachtfeldern, so daß es notwendig wurde, jede Kompanie um fünf Mann zu verstärken und eine Aushebung von fünfundzwanzigtausend Mann durchzuführen. Das zeitigte in den Provinzen den Ruin und tiefste Trostlosigkeit. Man gaukelte dem König vor, daß das Volk mit Begeisterung in den Krieg ziehe. Man zeigte ihm, wenn er in Marly zur Messe ging, zwei, vier oder auch fünf Musterbeispiele, Leute, die gut abgerichtet waren und über deren freudigen Eifer man ihm die unglaublichsten Märchen aufgetischt hatte. Ich habe mehr als einmal erlebt, wie der König sie entließ und sich hinterher beglückwünschte; während ich durch meine Bauern und durch das, was allenthalben zu hören war, nur allzugut wußte, welche Verzweiflung diese Aushebung hervorrief. Das ging soweit, daß zahllose Männer sich selbst verstümmelten, um diesem Schicksal zu entgehen. Sie schrien und klagten, man führe sie ins Verderben; und tatsächlich schickte man sie fast alle nach Italien, von wo kein einziger je zurückkam. Das wußte jedermann bei Hofe; man schlug die Augen nieder, wenn man die Lügengeschichten vernahm und die Leichtgläubigkeit des Königs mit ansah, hernach flüsterte man sich zu, was man über eine so verderbliche Schmeichelei dachte.

Ich besuchte damals häufig Callières. Er hatte sich mit mir befreundet, und ich erfuhr eine Menge von ihm. Höchstädt, Gibraltar, Barcelona, Tessés trauriger Feldzug, die Revolte in Katalonien und in den Nachbarländern, die kläglichen Erfolge in Italien, die Erschöpfung Spaniens und die immer fühlbarer werdende Erschöpfung Frankreichs, der Mangel an Soldaten und Geld, die Unfähigkeit unserer Generale, die durch die Machenschaften des Hofes dennoch immer in Schutz genommen wurden – alle diese Dinge brachten mich dazu, einige Überlegungen anzustellen. Ich dachte mir, es wäre an der Zeit, den Krieg zu beenden, ehe man Gefahr lief, noch tiefer zu sinken; und daß der Krieg sehr wohl beendet werden könne, wenn man dem Erzherzog das gäbe, was wir schwerlich würden halten können, also eine Teilung vornähme, die nicht den Nachteil des zuvor in England geschossenen und bis zum Testament Karls II. angenommenen Teilungsvertrages hätte; eine Teilung nämlich, die Philipp V. weiterhin einen großen König sein ließe, ihm ganz Italien zugestände mit Ausnahme dessen, was der Großherzog, was die Republiken Venedig und Genua, was der Kirchenstaat, was Neapel und Sizilien besaßen. Der König von Frankreich müßte als Abrundung Lothringen bekommen, und die Herzöge von Savoyen, Lothringen, Parma und Modena müßten dafür anders entschädigt werden. Ich erwog diesen Plan in meinem Kopf und legte ihn Callières dar, eigentlich mehr, um mich zu unterrichten als in der Meinung, etwas wirklich Durchführbares ersonnen zu haben. Ich war überrascht über Callières' Zustimmung; er veranlaßte mich, den Plan schriftlich niederzulegen und ihn den drei Ministern zu unterbreiten, mit denen ich eng verbunden war.

Zu meinem Leidwesen erfuhr ich Anfang des Jahres von der Verbannung Charmels, mit dem mich seit langem eine aufrichtige Freundschaft verband. Die Hintergründe dieses Exils verdienen hier erwähnt zu werden. Man muß sich freilich an das erinnern, was ich früher über Charmel erzählt habe, über sein Leben in der Gesellschaft, bei Hofe, über sein Spiel mit hohem Einsatz und über seinen daraufffolgenden Verzicht auf all das und seine Abkehr von der Welt. Er war wie geschaffen für das Büßerhemd, für Marterwerkzeuge und alle Art Kasteiungen. Er verbrachte die Fastenzeit in La Trappe, abends und morgens bei der Kost der Mönche und ohne tags oder nachts einen ihrer Gottesdienste zu versäumen. Bei alledem war er heiter und gelassen und von unbeugsamer Treue zu dem, was er sich vornahm. Außer dem bißchen Latein, das er aus der Schule behalten hatte, wußte er nichts anderes, als was die Erbauungsbücher ihn gelehrt hatte, und da er ohnehin zur Askese neigte, fühlte er sich begreiflicherweise vom Jansenismus angezogen. Er verband sich eng mit den bedeutendsten Leuten, die er in diesem Kreise kennenlernte. Er stand gut mit Nicole und vielleicht noch besser mit Boileau; mit eben jenem Boileau, den der Bischof von Paris, der nunmehrige Kardinal Noailles, als er Bischof wurde, in sein Haus aufgenommen und bewirtet hatte und der ihm dann so schmählich mit dem *Problème* in den Rücken gefallen war.

Charmel, der den Kardinal häufig besuchte und der von diesem geliebt und ausgezeichnet wurde, gab es plötzlich auf, ihn weiter zu besuchen, unterhielt jedoch nach wie vor engste freundschaftliche Beziehungen zu Boileau. Der Kardinal Noailles fühlte sich dadurch zwar ein wenig verletzt, vor allem aber war er besorgt um Charmel. Er ließ diesen zu sich bitten und redete lange mit ihm. Aber all sein Entgegenkommen blieb vergebens; Charmel versteifte sich mehr und mehr auf seine neuen Glaubensmeinungen. Die Jansenisten, die ohnehin verärgert waren, daß der Kardinal ihre Ideen nicht restlos bejahte, gingen nun bis zum Äußersten; sie hatten ihren Proselyten derart eingewickelt, daß er sich der Undankbarkeit, des Verrates und der Verblendung, deren sie sich schuldig machten, niemals bewußt wurde. So weit brachten sein geringer Verstand, seine mangelnden Kenntnisse und seine blinde Auslieferung an die vermeintlichen Heiligen einen im übrigen so lauteren und selber beinahe heiligmäßigen Mann. Dies also war Charmels unentschuldbare Verfehlung gegenüber dem Kardinal Noailles; sprechen wir nun von jener, die er gegenüber dem König beging.

Ich erzählte bereits, daß der König Troisvilles Aufnahme in die Akademie verhinderte und wie verärgert er war über Leute, die sich zurückzogen und ihn nicht mehr aufsuchten. Ich habe mir vorbehalten, in diesem Zusammenhang zu erwähnen, daß er sich am selben Tag, als er Troisville ablehnte, beim Spaziergang in den Gärten von Marly mit bitteren Worten über dieses Thema verbreitete. Er äußerte sich anerkennend über Saint-Louis, über dessen Tapferkeit im Holländischen Feldzug und über das Leben, das er in La Trappe führe; er finde es, sagte er, nicht weiter schlimm, wenn diese Art Einsiedler in ihrer ländlichen Abgeschiedenheit blieben, ohne ihn zu besuchen. Als er dann wieder auf jene Leute zu sprechen kam, die sich nach Paris oder in die Umgebung zurückgezogen hatten, lobte er Peletier, Fieubet und Gesvres, die ihm zwei oder dreimal im Jahr ihre Aufwartung machten und weit mehr wert seien als Troisvilles und Charmel, die er mit scharfen Worten rügte und von denen er meinte, sie seien in viel stärkerem Maße in Intrigen und Affären verwickelt als während ihres vorherigen weltlichen Lebens und sie würden ihre Frömmigkeit nur vorschützen, um ihm nicht mehr ihre Aufwartung machen zu müssen. Der Duc de Tresmes, der gut mit Charmel befreundet war, lachte hämisch und trat von einem Bein aufs andere. Cavoye, auch ein Freund Charmels, mischte sich ins Gespräch, schwatzte viel schmeichlerischen Unsinn und fiel, um sich als guter Diener zu erweisen, über seinen Freund her. Man würde es nicht erraten, wer Charmel verteidigte. Es war d'Harcourt, und er tat das so vornehm und geistvoll, daß der König alsbald das Thema wechselte. D'Harcourt schrieb dann an Charmel, berichtete ihm, was in Marly vor sich gegangen, und riet ihm, er möge ihm ein paar Zeilen schreiben, aus denen hervorginge, daß er nach so langen Jahren der Abwesenheit um die Ehre bäte, sich dem König wieder vorstellen zu dürfen.

Charmel zeigte mir den Brief; ich entgegnete ihm, da gebe es kein Zaudern und er dürfte keine Zeit mehr verlieren; ich versuchte, ihn bei der Religion zu packen, bei der Pflicht und dem Respekt, die ein Untertan seinem König schulde, den er nicht zu erzürnen, sondern dem er zu gefallen habe; es sei, sagte ich, eine unumgängliche Notwendigkeit einerseits und eine weise Vorsichtsmaßnahme andererseits, diese Gelegenheit zu ergreifen, um das Unwetter, das er durch seine absichtlichen Indiskretionen über den Jansenismus heraufbeschworen habe, abzuwenden, und sich aus der fortgesetzten Verbitterung des Königs durch eine Verhaltensweise, die diesem angenehm sei und die er offensichtlich von ihm erwarte, ein Gegengift und einen Schutzschild zu schaffen; aber ich vermochte nicht, ihn dazu zu bewegen. Er hatte zuviel Angst vor sich selbst; er fürchtete einen zu freundlichen Empfang, denn nach soviel Jahren der Buße fühlte er sich von der Neigung zu seinen einstigen Vergnügungen noch immer nicht ganz frei.

Zu Beginn dieses Jahres war Père Quesnel aus den spanischen Niederlanden verbannt worden; wie durch ein Wunder gelang es ihm, nach Brüssel zu fliehen und sich nach Holland zurückzuziehen. Von dort aus schickte er ständig Leute nach Paris. Man wußte davon; man hinterbrachte dem Kardinal Noailles, daß diese Leute zu Charmel in Beziehung ständen. Der Kardinal nahm an, daß sie etwas gegen ihn im Schilde führten. Die Verärgerung über das *Problème* wurde wieder wach. Leute, die das beobachtet hatten und nun hofften, dem einen Schaden zufügen und den Ruf des anderen schmälern zu können, hetzten den Kardinal gegen Charmel auf. Sie überzeugten ihn, daß Charmel diese Botschafter bei sich empfing; man setzte Spione an, die das bestätigten, und diese Berichte erbosten den Kardinal vollends.

Wir waren in Marly, als Pontchartrain mir eines Morgens mitteilte, der König habe ihm befohlen, eine *Lettre de cachet* gegen Charmel auszustellen, um ihn in sein Haus bei Château-Thierry zu verbannen. Am Abend vertraute die Comtesse de Mailly mir an, dies sei ein Schlag des Kardinals Noailles, der dem König mitgeteilt habe, Charmel sei ein Jansenist und Wirrkopf, der die Leute erhobenen Hauptes zum Jansenismus aufstacheln würde, kurzum ein Mann, den man aus Paris verbannen müsse.

Es ist kaum zu glauben, mit welcher Demut und Milde dieser von

Natur aus ungestüme Charmel die *Lettre de cachet* in Empfang nahm und mit welcher Pünktlichkeit er gehorchte. Der Duc de Lorraine bot ihm an, beim König für ihn vorstellig zu werden; Charmel dankte ihm, bat ihn jedoch, ihn in dem Zustand zu lassen, in den Gott ihn versetzt habe.

Porträt Vendômes. – Alberonis Aufstieg bei Vendôme. – Vendôme kehrt aus Italien zurück an den Hof. – Allgemeiner Begeisterungstaumel. – Ernennung zum Generalfeldmarschall.

Der Hof von Paris bekam zu jener Zeit ein ungewöhnliches Schauspiel zu sehen. M. de Vendôme hatte, seit er die Nachfolge des Marschalls Villeroy angetreten, Italien nicht mehr verlassen. Die kleinen Schlachten die er dort geliefert, die Festungen die er eingenommen, die Machtbefugnisse die er an sich gerissen, die Reputation, die er sich angemaßt, der unbegreifliche Einfluß, den er über das Denken und die Entscheidungen des Königs gewonnen hatte, das Bewußtsein, in Versailles einen festen Rückhalt zu haben, all das ließ den Wunsch in ihm wach werden, einmal bei Hofe seine glänzende Stellung auszukosten, die alles übertraf, was er hätte erwarten können. Doch ehe dieser Mann, der einem so unglaublichen Aufstieg entgegenging und den ich bisher nur gelegentlich erwähnt habe, dort in Erscheinung tritt, will ich ihn näher beschreiben und sogar auf Einzelheiten eingehen, die zwar ein wenig verblüffend sein mögen, ihn jedoch besonders gut charakterisieren.

Er war mittelgroß, ein wenig vierschrötig, aber behende und kräftig; sein Gesicht war edel gebildet, der Ausdruck hochmütig, er besaß natürliche Grazie in den Gesten und in der Sprache, viel angeborenen Verstand, den er aber niemals ausgebildet hatte, eine Redegewandtheit, die sich, von natürlicher Kühnheit unterstützt, allmählich in verwegenste Dreistigkeit verwandelte; genaue Kenntnis der Gesellschaft und des Hofes und eine präzise Einschätzung der Persönlichkeiten, bei scheinbarer Gleichgültigkeit eine stete Wachsamkeit, ein unermüdliches Streben, aus dieser Kenntnis in jeder Weise Nutzen zu ziehen; vor allem war er ein bewundernswerter Höfling, der sich unter Ausnutzung der Schwäche, die der König für seine illegitime Abstammung hegte, sogar seine ärgsten Laster zunutze zu machen verstand: höflich aus List, doch stets nur gezielt und mit geizigem Maßhalten, aber unverschämt bis zum Exzeß, sobald er glaubte, es ungestraft wagen zu können, dabei leutselig und volkstümlich im Umgang mit einfachen Leuten, wo er ein Gehaben an den Tag legte, das seine Eitelkeit verschleierte und ihn beim kleinen Mann beliebt machte: im Grunde aber der Dünkel selbst, von einem Dünkel, der alles haben wollte und der alles verschlang. Je höher er aufstieg und je mehr seine Gunst zunahm, desto mehr steigerte sich sein Hochmut; seine Rücksichtslosigkeit und seine Halsstarrigkeit, die bis zur Verbohrtheit ging, reichten so weit, daß sich jede Meinungsäußerung erübrigte und daß er nur noch für eine ganz kleine Zahl von Vertrauten und Dienern erreichbar war. Lobeskundgebungen und schließlich Anbetung waren die einzigen Wege, über die man sich diesem Halbgott nähern konnte, der die ungereimtesten Behauptungen aufstellte, ohne daß irgend jemand es gewagt hätte, ihm nicht zuzustimmen, geschweige denn ihm zu widersprechen. Mehr als irgend jemand kannte und mißbrauchte er die Unterwürfigkeit des Franzosen. Allmählich gewöhnte er denn auch nach und nach seine ganze Armee daran, ihn nur noch »Monsieur« und »Euer Hoheit« anzureden.

Was jeden, der wußte, daß der König lange Zeit seines Lebens ein Frauenheld gewesen und dann ein Frömmler geworden war, aber zu jeder Zeit einen ganz besonderen Abscheu vor den Bewohnern Sodoms, ja schon vor dem leisesten Anzeichen jenes Lasters gehegt hatte, besonders wunderte, war die Tatsache, daß Vendôme, der diesem Laster, von dem er nicht mehr Aufhebens machte als von dem harmlosesten und gängigsten Liebeshandel, sein Lebtag in aller Öffentlichkeit frönte, ohne daß der König, welchem das von jeher bekannt gewesen, jemals daran Anstoß genommen hätte oder weniger entgegenkommend zu ihm gewesen wäre. Dieser Skandal begleitete Vendôme Zeit seines Lebens bei Hofe, in Anet und bei der Armee. Seine Diener und seine subalternen Offiziere pflegten jene gräßlichen Begierden zu befriedigen, waren dafür bekannt und wurden als solche von der nächsten Umgebung Vendômes und von jedem, der etwas bei ihm erreichen wollte, hofiert. Man muß mit angesehen haben, mit welch dreister Unverfrorenheit er sich zweimal freiwillig der Quecksilberkur unterzog, Urlaub nahm, um sich ausheilen zu lassen; er war der erste, der so etwas gewagt hatte, seine Genesung wurde offiziel bekanntgegeben, und man weiß, mit welch niederer Unterwürfigkeit der Hof hier dem Beispiel des Königs folgte, der seinerseits das, was er bei Vendôme mit einer so auffälligen und seltsamen Sache duldete, keinem seiner Enkel und Söhne verziehen hätte.

Vendômes Trägheit war schier unvorstellbar: er wäre mehrfach um Haaresbreite entführt worden, weil er sich darauf versteift hatte, in einer

Unterkunft zu bleiben, die zwar bequem, aber zu weit von der Truppe entfernt war, und mehrfach hat er die Erfolge seiner Feldzüge aufs Spiel gesetzt, ja sogar dem Feind beträchtliche Chancen eingeräumt, weil er sich nicht entschließen konnte, ein Lager aufzugeben, in dem er sich wohl fühlte. Kaum jemals besichtigte er die Armee persönlich: das überließ er seinem Vertrauten. Sein Tageslauf, den er ganz und gar beibehalten wollte, erlaubte ihm nicht, anders zu verfahren. Seine Unreinlichkeit war unüberbietbar. Er tat sich noch etwas darauf zugute; die Einfaltspinsel fanden, er sei ein schlichter Mann. In seinem Bett wimmelte es von Hunden und Hündinnen, die es neben ihm miteinander trieben und ihre Jungen warfen. Er selbst legte sich niemals den geringsten Zwang an. Er pflegte zu behaupten, daß jedermann dieselben Gewohnheiten habe, aber nicht so aufrichtig sei wie er, es zuzugeben. Er stand, wenn er bei der Armee war, ziemlich spät auf, setzte sich auf seinen Nachtstuhl, erledigte dort seine Post und erteilte von dort seine Tagesbefehle. Für jeden, der mit ihm zu tun hatte, das heißt für die Generale und die hochgestellten Persönlichkeiten war das die gegebene Zeit, um mit ihm zu reden. Er hatte die Armee an diese Peinlichkeit gewöhnt. Auf dem Nachtstuhl pflegte er, meist in Gesellschaft von zwei oder drei seiner nächsten Vertrauten, ein ausgiebiges Frühstück einzunehmen und sich, sei es beim Essen oder auch beim Zuhören oder beim Erteilen seiner Befehle, ebenso ausgiebig zu entleeren: und immer stand eine Menge von Zuschauern um ihn herum. Man muß diese beschämenden Einzelheiten erwähnen, um sich ein rechtes Bild von ihm machen zu können. Er entleerte sich gründlich: wenn das Becken bis zum Überlaufen voll war, zog man es weg und trug es unter den Augen der ganzen Gesellschaft vorbei, um es auszuschütten, und das oft mehrmals hintereinander. Wenn er rasiert wurde, diente dasselbe Becken als Rasierschüssel. Das war seiner Ansicht nach eine Sittlichkeit, die den vornehmsten alten Römern Ehre gemacht hätte und womit er den ganzen Prunk und Aufwand der anderen verurteilte. Sobald alles beendet war, kleidete er sich an, spielte mit hohem Einsatz Piket oder Lhombre oder stieg, sofern es aus irgendeinem Grund sein mußte, zu Pferd. Hatte er bei seiner Rückkehr die notwendigen Befehle erteilt, so war sein Tagwerk getan. Er aß im engsten Kreis üppig zu Abend; er war ein großer Esser, ein außerordentlicher Vielfraß, besonders gerne aß er Fisch, und am liebsten, wenn er schon leicht in Verwesung überging, ja fast am Verwesen war. Nach dem Essen erging man sich in Thesen und Disputen, vor allem aber in Lobsprüchen. Er ließ sich den lieben langen Tag lobpreisen und huldigen, und er hätte niemandem auch nur den geringsten Tadel verziehen: er wollte als der erste Feldherr seines Jahrhunderts gelten und äußerte sich recht abfällig und ungebührlich über den Prinzen Eugen und all die anderen: der leiseste Widerspruch wäre ein Verbrechen gewesen. Der Soldat und der kleine Offizier beteten ihn wegen seiner Leutseligkeit an, auch wegen der Ungezwungenheit, die er, um sich die Herzen zu gewinnen, bei ihnen duldete, wofür er sich durch ein maßloses hochfahrendes Wesen gegenüber jenen, die einen höheren Rang innehatten oder von Stand waren, schadlos hielt. So behandelte er alle höhergestellten Persönlichkeiten in Italien, die oft genug mit ihm zu tun hatten.

Eben dadurch machte der berühmte Alberoni sein Glück. Der Herzog von Parma hatte mit M. de Vendôme zu verhandeln: er schickte ihm den Bischof von Parma, der einigermaßen überrascht war, von Vendôme auf dem Nachtstuhl empfangen zu werden, und noch überraschter zu sehen, wie jener sich mitten in der Verhandlung erhob und sich vor seinen Augen den Hintern abwischte. Er war darüber dermaßen entrüstet, daß er, ohne Bescheid zu hinterlassen und ohne die Angelegenheit, derentwegen er gekommen, zu Ende zu führen, nach Parma zurückkehrte und seinem Herrscher erklärte, er würde sich, nachdem was er erlebt habe, nie mehr in seinem Leben dorthin begeben. Alberoni war der Sohn eines Gärtners, der sich, weil er sich für befähigt hielt, die niederen Weihen hatte geben lassen, um im Gewand des Abbés das zu erreichen, was er in seinem Bauernkittel nicht hatte erreichen können. Er war ein echter Hanswurst; er gefiel dem Herzog von Parma als ein Diener, über den er sich belustigen konnte: doch während er sich über ihn belustigte fand er heraus, daß Alberoni recht scharfsinnig war und daß er vielleicht für politische Verhandlungen nicht unbegabt wäre. Er glaubte durchaus nicht, daß der Nachtstuhl des M. de Vendôme einen anderen Gesandten erforderlich machte: er erteilte Alberoni den Auftrag, die von dem Bischof begonnenen Verhandlungen fortzuführen und zum Abschluß zu bringen. Alberoni, der keine Standesehre zu wahren hatte und der sehr wohl wußte, was es mit Vendôme auf sich hatte, war entschlossen, diesem um jeden Preis zu gefallen und seinen Auftrag zur Zufriedenheit seines Herrn zu Ende zu führen und sich dadurch bei ihm verdient zu machen. Er verhandelte also mit M. de Vendôme, der auf dem Nachtstuhl saß, würzte das Gespräch mit allerlei Späßen, die den General um so leichter zum Lachen brachten, als Alberoni ihn schon mit unzähligen Lobhudeleien eingewickelt hatte. Vendôme verhielt sich Alberoni gegenüber nicht anders als gegenüber dem Bischof, er erhob sich und wischte sich auch in seiner Gegenwart den Hintern ab. Bei diesem Anblick rief Alberoni aus: »O culo di angelo!«, lief hin, um diesen Hintern zu küssen. Nichts brachte seine Angelegenheiten schneller voran als diese üble Harlekinade. Der Herzog von Parma, der auf Grund seiner Stellung mehr als eine Angelegenheit mit Vendôme auszuhandeln hatte, bediente sich nach diesem glücklichen Anfang nun stets Alberonis, und jener machte es sich zur Aufgabe, den wichtigsten Dienern zu gefallen, sich mit allen anzubiedern und seine Reisen immer länger auszudehnen. Er bereitete für M. de Vendôme, der eine Vorliebe für ausgefallene Gerichte hatte, alle möglichen Käsesuppen und allerlei seltsame Ragouts, die Vendôme sehr trefflich mundeten. Der General wünschte nun, daß Alberoni mit ihm davon äße, und dadurch kam Alberoni mit ihm auf so guten Fuß zu stehen, daß er es, in der Hoffnung, er könne es bei einem liederlichen Herrn schneller zu etwas bringen als an dem Hof seines Herrschers, wo er sich zu niedrig eingeschätzt fand, so weit trieb, sich mit Vendôme der Ausschweifung zu ergeben, um den General glauben zu machen, die Bewunderung und Neigung, die er für ihn empfände, veranlasse ihn, ihm alles, was er an Vorteilen und Aufstiegsmöglichkeiten in Parma erhoffen konnte, zum Opfer zu bringen. Er wechselte also den Herrn und steckte, ohne deshalb seine Tätigkeit als Hanswurst und Suppenkoch aufzugeben, bald darauf seine Nase in die Akten Vendômes; da er diese Arbeit zu dessen Zufriedenheit erledigte, wurde er sein Erster Sekretär und der Mann, dem Vendôme die geheimsten und vertraulichsten Dinge mitteilte. Das mißfiel den anderen ganz außerordentlich: die Eifersucht nahm solche Formen an, daß Alberoni, als er unterwegs während eines Marsches in Streitereien geriet, angesichts der ganzen Armee tausend Schritte lang kräftigste Stockschläge bezog. M. de Vendôme fand den Vorfall sehr tadelnswert, aber das war auch alles, und Alberoni, der nicht der Mann war, wegen einer solchen Geringfügigkeit davonzugehen – schon gar nicht bei so guten Chancen – ließ sich diese Stockschläge hoch anrechnen bei seinem Herrn, der ihm alles anvertraute, und ihn, da er ihm zusehends mehr geneigt war, zu all seinen Lustbarkeiten mitnahm, und zwar weniger als Diener denn als nahen Freund, dem selbst die nächste Umgebung, ja sogar die hochgestochensten Leute den Hof machten.

Man hat gesehen, welchen Eindruck die illegitime Abstammung Vendômes auf den König machte und welchen Vorteil Vendôme mit Hilfe des Duc du Maine und später der Mme. de Maintenon daraus zu ziehen verstand, wie er sich alsdann Chamillart zuwandte und welches Interesse Vaudémont und seine geschickten Nichten daran fanden, sich mit ihm zu verbünden. Mit Monseigneur hatte er durch gemeinsame Jagd und gemeinsame Jugenderlebnisse allezeit auf gutem Fuß gestanden. Er war der Nebenbuhler des Prince de Conti, und das gefiel dem König, der den Prinzen haßte und der, wie wir wissen, eine Neigung zu Vendôme gefaßt hatte, der ihm durch seine Vorliebe für das Landleben, seine häufige Anwesenheit bei Hofe und seine Abneigung gegen Paris, wohin er sich fast niemals begab, zu schmeicheln verstand. Wir wissen überdies, mit welcher List und Verwegenheit er dem König Sand in die Augen zu streuen verstand, mit der Darstellung von Projekten, Unternehmungen und kleinen Gefechten, die überhöht wurden; und die tatsächlichen Gefechte, die sehr zweifelhaft waren, wurden als entscheidende Schlachten hingestellt, und dies mit unerhörter Dreistigkeit, da sie sich bei näherer Besichtigung als null und nichtig erwiesen.

Vendôme begab sich also nun geradenwegs nach Marly, wo wir uns am 12. Februar aufhielten. Seine Ankunft verursachte ein erschreckendes Getöse: die Küchenjungen, die Sänftenträger, sämtliche Diener ließen alles stehen und liegen, um an seine Postkutsche zu eilen. Kaum war er in seinem Zimmer angelangt, schon stürzte alles dorthin. Die Prinzen von Geblüt, die über die Bevorzugung Vendômes beim Dienst und auch über etliche andere Dinge so sehr verärgert waren, erschienen als erste. Man kann sich denken, daß die beiden Bastarde nicht auf sich warten ließen, auch die Minister waren alsbald zur Stelle und so jeder Höfling, dergestalt, daß im Salon nur noch die Damen zurückblieben. Beauvillier hielt sich in Vaucresson auf, und was mich betrifft, so blieb ich Zuschauer und bequemte mich nicht zur Anbetung des Idols. Der König und Monseigneur ließen ihn eigens zu sich bitten. Sobald er sich, von der Menge belagert, hatte ankleiden können, begab er sich, mehr von ihr getragen als umringt, in den Salon. Dort gebot Monseigneur den Musikern Schweigen, um ihn zu umarmen. Der König, der noch bei Mme. de Maintenon mit Chamillart arbeitete, ließ abermals nach ihm schicken, kam dann in das große Kabinett, wo er Vendôme mehrmals umarmte, sich einige Zeit mit ihm unterhielt und ihm sagte, er würde am nächsten Morgen ausführlich mit ihm sprechen. In der Tat redete er bei Mme. de Maintenon über zwei Stunden mit ihm. Unter dem Vorwand, im Etang größere Ruhe für die Besprechungen mit ihm zu haben, veranstaltete Chamillart zwei Tage hindurch ein prachtvolles Fest für ihn. Seinem Beispiel folgend glaubten Pontchartrain, Torcy sowie die vornehmsten Herren des Hofes es sich schuldig zu sein, das gleiche zu tun: jeder wollte besonders hervorstechen. Von allen Seiten belagert und in Beschlag genommen, vermochte Vendôme den Einladungen kaum nachzukommen. Man wetteiferte, ihm Feste zu geben, man lechzte danach, zusammen mit ihm eingeladen zu werden. Sein Triumph war unvergleichlich, und jeder Schritt, den er tat, beschied ihm einen neuen Triumph. Es ist nicht übertrieben, daß alles vor ihm verblaßte; die Prinzen von Geblüt, die Minister und die größten Herren erschienen nur, um ihn zur Geltung zu bringen, und der König blieb offensichtlich nur König, um ihn noch höher zu erheben und in noch hellerem Licht erstrahlen zu lassen. Das Volk strömte in Versailles und in Paris zusammen, wo er, unter dem Vorwand, die Oper zu besuchen, diese seltsame Begeisterung auskosten wollte. Man begrüßte ihn auf den Straßen mit Befallskundgebungen; er wurde angekündigt; in der Oper war schon lange im voraus alles ausverkauft, man drängte sich dort, und die Plätze waren wie bei Premieren doppelt so teuer. Vendôme, der alle diese Huldigungen mit äußerster Lässigkeit entgegennahm, war über diesen allgemeinen Taumel dennoch erstaunt: so kurz er seinen Aufenthalt auch angesetzt hatte, er fürchtete, daß diese Stimmung nicht dauern könne. Um sich rar zu machen, bat er den König, ihm zu erlauben, sich zwischen den Aufenthalten in Marly nach Anet begeben zu dürfen.

Kaum war er mit einigen wenigen auserwählten Leuten in Anet angelangt, da verödete der Hof, und Schloß und Dorf Anet steckten bis unters Dach voller Leute. Monseigneur ging dort zur Jagd, auch die Prinzen von Geblüt und die Minister; es war eine Mode, die jeder mitmachen wollte. Von Stolz gebläht über diesen überwältigenden und so lange andauernden Empfang, behandelte Vendôme diese ganze Menschenmenge in Anet, als seien sie alle seine Höflinge, und die Kriecherei war derart, daß man das als ländliche Ungezwungenheit hinnahm, ohne sich darüber zu beklagen, und daß man unablässig weiter dorthin strömte. Der König, der sonst so beleidigt war, wenn er wegen irgendeiner anderen Angelegenheit allein gelassen wurde, fand Vergnügen an der Vereinsamung Versailles zugunsten Anets und fragte die einen, ob sie schon dort gewesen, und die anderen, wann sie denn hinführen. Alles zeigte, daß man aus freiem Entschluß Vendôme unter die Heroen einzureihen gedachte. Er spürte das sehr wohl und wollte seinen Nutzen daraus ziehen. Er sprach also abermals den Wunsch aus, zum Generalfeldmarschall von Frankreich ernannt zu werden. Man hatte ihn zum Kriegsgott erhoben, wie also konnte man ihm die Generalfeldmarschallswürde verweigern?

In ähnlicher Weise wie bei Turenne, seit dessen Zeit es keinen Generalfeldmarschall gegeben hatte, wurde ihm das Patent stillschweigend, mit denselben Einschränkungen zugebilligt. Das jedoch entsprach keineswegs den Vorstellungen Vendômes, noch denen des Duc du Maine. Das Patent war nur bewilligt worden, um Schlimmeres zu vermeiden, und es wurde nur angenommen mangels Besserem.

Maulévriers Ende. – Polignacs Aufbruch. – Kriegsvorhaben.

Maulévrier begab sich, wie ich bereits gesagt habe, als er aus Spanien zurückgekehrt war, nach Marly, weil seine Frau sich dort aufhielt. Dort sah er auch noch die Princesse des Ursins im hellsten Glanz ihres Triumphes sowie Mme. de Maintenon, die einerseits von ihr bezaubert war, andererseits voller Ungeduld darauf wartete, sie wieder nach Madrid abreisen zu sehen. Unser Schlaukopf ergriff die Gelegenheit; er hatte einige Schriftsücke von der Königin von Spanien und Tessé bei sich; er machte sich die Erinnerung an die erste Begegnung und die daher rührende Dankbarkeit zunutze; er hofierte Mme. des Ursins und ließ es sich angelegen sein, durchblicken zu lassen, welche Freiheiten er sich der Duchesse de Bourgogne gegenüber gestatten durfte und was ihm der Duc de Bourgogne, der ihn sehr geistreich gefunden, vor seiner Reise an Vergünstigungen eingeräumt hatte: er versäumte nicht, all das gewaltig zu übertreiben, um sich in den Augen seiner bedeutenden Freundin, der er in Toulouse so viele und geheime Dinge mitgeteilt und die ihm bereitwillig glaubte, ins rechte Licht zu setzen. Die Geheimnisse, die sie in Toulouse einander anvertraut hatten, und jene, die er aus Spanien mitbrachte, verbanden die beiden miteinander. Maulévrier machte aus seinem Wissen den Schlüssel zum Gemach der Mme. de Maintenon, die auf alles, was sich am Hofe von Spanien abspielte, vor Neugier brannte; er wurde also zu einem Gespräch unter vier Augen gebeten, diese Gespräche wiederholten sich und dauerten zuweilen mehr als drei Stunden. Mme. de Maintenon, die von neuen Bekannten stets sehr eingenommen war, bewunderte Maulévrier und brachte den König soweit, daß er bald an allem, was dieser ihm vermittelte, Gefallen fand. Maulévrier, der als Gescheiterter zurückgekehrt war und sich plötzlich wieder derart im Wert steigen sah, begann den Boden unter den Füßen zu verlieren, die Minister zu verachten und die Ratschläge seines Schwiegervaters in den Wind zu schlagen. Die Regierungsgeschäfte, die durch seine Hände gingen, die Geheimverbindungen, die er in Spanien unterhielt, gaben ihm ständig Gelegenheit, mit dem Duc und der Duchesse de Bourgogne unter vier Augen zu sprechen, und zwar mit jedem allein, wobei die Herzogin ihn schonte, er jedoch immer dreistere Ansprüche stellte. Nangis brachte ihn zur Verzweifelung, der Abbé Polignac gleichfalls; er verlangte, daß man ihm jedes Opfer brachte, aber man brachte ihm keines. Seine Frau, die verärgert über ihn war, begann Nangis Avancen zu machen. Dieser ging, um sich zu tarnen, auch darauf ein, Maulévrier merkte es; er wußte, wie unverfroren seine Frau war, und er fürchtete sie; so viele und so heftige Gemütsbewegungen und Geiteserschütterungen brachten ihn außer sich.

Er ließ sich nunmehr nur noch selten bei Hofe blicken und hielt sich meist nur in Paris auf. Er ging oft zu ganz seltsamen Stunden allein aus dem Haus, nahm weit von seiner Wohnung entfernt eine Mietkutsche, ließ sich hinter die Kartause oder an andere abgelegene Plätze fahren. Dort stieg er aus, ging ganz allein zu Fuß weiter und pfiff vor sich hin; bald tauchte aus einem Winkel eine Gestalt auf, übergab ihm Pakete; bald wurden ihm aus einem Fenster Pakete zugeworfen, oder er hob in der Nähe einer Quelle eine Schachtel auf, die voller Depeschen war. Daraufhin schrieb er an Mme. de Maintenon und die Duchesse de Bourgogne. Aber am Ende fast ausschließlich an die letztere, immer durch Vermittlung der Mme. Quantin. Ich kenne Leute, unter anderem M. de Lorge, denen Maulévrier seine Kisten mit den Briefen und Antworten zeigte. Einen dieser Briefe, den Mme. Quantin ihm geschickt hatte, las er M. de Lorge vor, sie versuchte, ihn wegen der Duchesse de Bourgogne zu beschwichtigen, in deren Namen sie ihm in deutlichsten und überzeugendsten Worten mitteilte, daß er immer auf sie zählen dürfe.

Er unternahm eine letzte Reise nach Versailles, wo er sie unter vier Augen sprach und ihr eine furchtbare Szene machte. Er aß an jenem Tag bei Torcy, mit dem er in loser Verbindung geblieben, zu Mittag, und er war verrückt genug, seinem Zorn Luft zu machen und dem Abbé Caumartin von seiner eben geführten Unterhaltung zu erzählen. Dann begab er sich nach Paris. Zerrissen von tausendfachem Liebeskummer, den er allmählich tatsächlich empfand, gequält von Eifersucht, gepeinigt von Ehrgeiz, verwirrte sich nun sein Kopf so sehr, daß man Ärzte zuziehen mußte, er durfte nur noch einige wenige Leute sehen, und dies auch nur zu Stunden, wo es ihm etwas besser ging. Unzählige Wahnvorstellungen geisterten durch sein Hirn, einmal sprach er wie ein Rasender ausschließlich von Spanien oder von der Duchesse de Bourgogne oder von Nangis, den er töten oder ermorden lassen wollte; ein andermal wieder stellte er voller Gewissensbisse wegen der Freundschaft mit dem Duc de Bourgogne, den er so schmählich hintergangen hatte, derart seltsame Überlegungen an, daß man Furcht hatte, ihm zuzuhören, es nicht wagte, bei ihm zu bleiben, und ihn allein ließ; dann wieder war er sanft, ganz weltabgekehrt und, erfüllt von Vorstellungen, die ihm aus seiner früheren klösterlichen Erziehung geblieben waren, hegte er nur den Wunsch nach Zurückgezogenheit und Buße. In diesen Augenblicken bedurfte er eines Beichtvaters, um ihn aufzurichten und ihn aus seiner Verdüsterung, seinem Zweifel an der Barmherzigkeit Gottes herauszureißen. Häufig meinte er auch, sehr krank und dem Tode nahe zu sein. Die Gesellschaft jedoch, ja seine nächsten Anverwandten waren überzeugt, daß all das nur Theater sei, und in der Hoffnung, dem ein Ende zu bereiten, erklärten sie ihm, er gelte in der Gesellschaft als irre und täte also gut daran, diesen absonderlichen Zustand aufzugeben und sich wieder unter den Leuten blicken zu lassen. Das war der letzte Schlag, der ihn vollends zu Boden warf. Außer sich vor Wut, weil er wußte, daß diese Art Einschätzung all seine ehrgeizigen Pläne – und der Ehrgeiz war seine beherrschende Eigenschaft – unwiderruflich zerstörte, überließ er sich gänzlich der Verzweiflung, und obwohl er von seiner Frau, von einigen sehr nahen Freunden sowie von seinen Dienern mit größter Sorgfalt bewacht wurde, gelang es ihm am Karfreitag eben jenes Jahres, sich ihnen um acht Uhr morgens zu entziehen. Er schlich sich auf einen Gang, der hinter der Wohnung lag, öffnete das Fenster, stürzte sich auf den Hof, wo sein Kopf auf dem Pflaster zerschellte.

Das war die Katastrophe eines Ehrgeizigen, den die aberwitzigsten und die gefährlichsten, bis zum Äußersten gesteigerten Leidenschaften um den Verstand und ums Leben brachten, ein tragisches Opfer seiner selbst. Noch am gleichen Tage bei der Abenddämmerung erfuhr die Duchesse de Bourgogne diese Neuigkeit in Gegenwart des Königs und des ganzen Hofes. In der Öffentlichkeit zeigte sie keinerlei Anteilnahme, in ihren Gemächern jedoch ließ sie ihren Tränen freien Lauf, diese Tränen konnten dem Mitleid entstammen, wurden aber keineswegs auf so barmherzige Weise ausgelegt. Man fand es seltsam, daß sich Mme. Quantin schon am Karsamstag nach Paris zu dem unglücklichen Opfer begab. Der Vorwand war, Mme. de Maulévrier zu trösten, doch man glaubte, daß es andere wichtige Gründe für diese Reise gab. Die Trauer hatte die Geistesgegenwart der Witwe nicht zu beeinträchtigen vermocht, man war überzeugt, daß sie alle Papiere an sich gerafft hatte, ehe sie sich ins Kloster zurückzog, wo sie das erste Trauerjahr verbrachte. Unmittelbar nach Ostern waren wir in Marly. Mme. de Maintenon schien betrübt zu sein, sorgenvoll und, ganz gegen ihre Gewohnheit, streng und kurz angebunden zur Duchesse de Bourgogne. Die beiden führten oft lange Gespräche unter vier Augen, und die Prinzessin kam jedesmal tränenüberströmt aus dem Gemach. Man war gewiß, daß auch Mme. de Maintenon endlich erfahren hatte, was jeder seit langem schon wußte. Indessen begannen die tiefe Traurigkeit und die häufig geröteten Augen der Herzogin auch den Duc de Bourgogne zu beunruhigen, und es fehlte nicht viel, und er hätte mehr erfahren, als ihm zu wissen guttat: doch die Liebe ist leichtgläubig; vertrauensvoll nahm er die Gründe hin, die man ihm angab. Die Gerüchte verstummten allmählich oder wurden zumindest spärlicher, und die Prinzessin begriff, wie dringend notwendig es war, wieder eine heitere Miene aufzusetzen.

Schließen wir dieses heikle Kapitel endgültig ab. Der Abbé Polignac war von Torcy zum Aufbruch gedrängt worden, konnte sich jedoch nicht dazu entschließen, obwohl jenes Abenteuer, das aller Blicke so sehr auf ihn lenkte, ihn eigentlich hätte überzeugen müssen. Schließlich war er gezwungen, wohl oder übel Abschied zu nehmen. Es fiel allgemein auf, daß die Duchesse de Bourgogne ihm glückliche Reise wünschte, und zwar auf eine ganz andere Art, als sie sich sonst von Leuten zu verabschieden pflegte. Kein Mensch glaubte an die Migräne, die sie an jenem Tag fortwährend auf dem Ruhebett bei Mme. de Maintenon festhielt, die Fenster blieben geschlossen, und sie schluchzte herzzerreißend. Es war das erstemal, daß man sie nicht schonte. Als Madame einige Tage später im Park von Versailles spazierenging, fand sie an einer Balustrade sowie an einigen Pfeilern Zettelchen angeheftet, auf denen zwei ebenso unverschämte wie unmißverständliche Verse zu lesen standen, und Madame war weder so gütig noch so diskret, darüber Stillschweigen zu bewahren. Doch alle Welt liebte die Duchesse de Bourgogne; die Verse erregten kaum Aufsehen, weil niemand sie erwähnte.

Die Pläne für den bevorstehenden Feldzug entsprachen den glanzvollen Jahren des Königs, den glücklichen Zeiten des Überflusses an Soldaten und Geld; den Zeiten jener Minister und Generale, die aufgrund ihrer Befähigung Europa das Gesetz diktiert hatten. Der König gedachte mit zwei Schlachten den Anfang zu machen; mit einer in Italien und einer in Flandern. Er plante, das Gros der kaiserlichen Armee über den Rhein zurückzuwerfen, die feindlichen Linien zurückzudrängen und schließlich Barcelona sowie Turin zu belagern. Die vollkommene Erschöpfung Spaniens und die beginnende Frankreichs war solch ungeheuren Projekten kaum förderlich. Der von den doppelten Ministerien – demjenigen Colberts sowie dem Louvois' – überlastete Chamillart glich diesen beiden Ministern recht wenig, und die Generale der Armeen glichen weder Monsieur le Prince noch Turenne, ja nicht einmal den Schülern dieser Helden. Es waren Generale, die nach Neigung, Laune, Gunst ausgewählt worden waren und denen der König, genau wie seinen Ministern, mit dem Patent auch die entsprechenden Fähigkeiten zu verleihen wähnte.

In der Absicht, das Königreich Valencia einzunehmen, war der König von Spanien Ende Februar aufgebrochen; aber auf Befehl des Königs änderte er seine Marschroute, um die Belagerung von Barcelona nicht zu verzögern. Der Comte de Toulouse und der Marschall Cœuvres befehligten dort eine recht mittelmäßige Flotte, und Tessé hatte unter dem König von Spanien den Befehl über alle Landstreitkräfte. Berwick war Anfang April in Estremadura angelangt.

Belagerung von Turin unter La Feuillade. – Flandernfeldzug unter Villeroy. – Dessen Nichtbefolgung der Order führt zur Niederlage. – Villeroy schickt keinen Bericht. – Der König schickt Chamillart nach Flandern. – Villeroy wird durch Vendôme abgelöst, der Duc d'Orléans nach Italien geschickt.

All das, was man im Vorjahr unternommen hatte, um die Belagerung von Turin durchzuführen, die dann doch nicht erfolgt war, verkürzte die Vorbereitungen in diesem Jahr ganz ungemein. Der so gerechte Zorn auf den Herzog von Savoyen, der neue Erfolg von Calcinato, die Hoffnungen, die man auf dessen Wirkung setzte, die Begierde, den Herzog von Savoyen zu schädigen, bewogen den König zu diesem Plan. Chamillart, der, wie sich zeigte, behutsamer war, als man angenommen, war sich der Tragweite dieses Unternehmens bewußt, was ihn in Gedanken an seinen Schwiegersohn, dem es zugedacht war, erschreckte. Er wollte noch alles mit Vauban und dem König durchsprechen. Der König hatte ehemals den Fehler gemacht, Vauban dem Herzog von Savoyen auszuleihen, damit dieser Turin befestige oder vielmehr dessen Festungen verbessere. Es wäre also nur natürlich gewesen, nun Vauban die Belagerung von Turin zu übertragen. Vauban warnte den König sehr nachdrücklich und erklärte ihm in Gegenwart seines Ministers und Mme. de Maintenons, daß Turin sich nur sehr schwer würde einnehmen lassen. Das unglaubliche ist, daß der König trotz seines Vertrauens in Vauban – ein Vertrauen, das sich auf jahrelange Erfahrung stützte – und trotz des Schweigens und der sichtlichen Verwirrung, mit der Chamillart auf die Warnung Vaubans reagierte, diese Aufgabe auf der Stelle La Feuillade übertrug oder vielmehr anvertraute. Welch ein Unterschied zwischen diesen beiden Männern, und welch ein Feld für mancherlei Überlegung! Ist es nicht offenkundig, daß Gott die Menschen mit Blindheit schlägt, wenn Er sie züchtigen will? Das wird sich im Lauf dieses Krieges wieder und wieder erweisen, aber nirgends springt es so sehr in die Augen wie gerade in diesem Fall. Nun also war La Feuillade nicht mehr ein x-beliebiger General, nicht mehr ein Pappgeneral, sondern General einer Armee, auf die ganz Europa mit Spannung blickte.

Elitetruppen, soviel wie möglich, ausgewählte Offiziere, Munition im Überfluß, eine prächtige Artillerie und genügend Geld! Mit einem Wort, es ging um den vielgeliebten Schwiegersohn des allmächtigen Ministers der Finanzen und des Krieges, der alles Wohlwollen seines Schwiegervaters genoß, denn jener setzte all seine Hoffnungen auf ihn, sah in ihm die Stütze seiner Familie: man kann sich denken, daß man nichts unterließ, um La Feuillade in Stand zu setzen, eine für den Staat so bedeutsame und für das persönliche Ansehen der Familie so wichtige Eroberung bewerkstelligen zu können.

Am 13. Mai langte La Feuillade in Turin an und begann mit der Aufstellung seiner Soldaten und der Errichtung von Brücken.

Der König spürte die immer drückender werdende Last des Krieges. Er hatte nunmehr den Wunsch, ihn zu beenden; aber er wollte den Frieden diktieren, nicht ihn diktiert bekommen. Er erhoffte alles von seinen Generalen und seinen Truppen. Die Erfolge in Italien und am Rhein schienen denen seiner anderen Unternehmungen zu entsprechen: er liebte Villeroy zu sehr, als daß er diesen nicht auch gerne Lorbeeren gegönnt hätte. Villeroy brach also Mitte April wieder nach Flandern auf, und von dem Augenblick, da er aufgebrochen, bis zur Zusammenziehung seiner Armee drängte der König ihn unaufhörlich, genauestens das auszuführen, was er ihm vorgeschrieben hatte. Der kurze Verstand und der Dünkel Villeroys stießen sich an diesem so eindeutigen Befehlen: er bildete sich ein, der König zweifle an seinem Mut, weil er es für nötig hielt, ihn dermaßen anzustacheln; er beschloß also, vor nichts zurückzuschrecken, um ihn zufriedenzustellen und ihm zu beweisen, daß er so harte Verdächtigungen nicht verdiene.

Der König, der diese Schlacht in Flandern wollte, setzte alles daran, sie zu gewinnen. Er schickte Marcin den Befehl, achtzehn Bataillone und zwanzig Schwadronen seiner Armee mitzunehmen, den Rest Villars zu überlassen, an die Mosel zu marschieren, wo er weitere zwanzig Schwadronen finden werde, und sich dann mit dem Ganzen nach Flandern zu begeben, um sich mit dem Marschall Villeroy zu vereinigen. Diesem befahl er, nichts zu unternehmen, bevor die Vereinigung stattgefunden hätte. Dieses strikte Verbot wurde dem Marschall Villeroy durch vier verschiedene Kuriere überbracht. Doch entgegen den Befehlen, Marcin abzuwarten, stieß Villeroy dennoch vor. Marlborough hatte beizeiten das Meer überquert; noch hatten ihn nicht all seine Truppenteile erreicht; Villeroy war ihm zahlenmäßig überlegen, diese Tatsache flößte ihm Vertrauen ein; er zweifelte nicht am Erfolg, er wollte die Ehre mit niemandem teilen, weder mit Marcin und den Truppen, die dieser ihm zuführte, noch mit dem Kurfürsten, der immer noch die Armee befehligte und den der Marschall in Brüssel zurückgelassen, ohne ihm seine Absicht mitzuteilen. Er setzte sich also am 21. Mai in Bewegung, legte die Truppen der Königlichen Leibgarde und zwei Kavalleriebrigaden zwischen die Dörfer Taviers und Ramillies. Taviers deckte die Flanke der Königlichen Leibgarde. Er stellte vierundzwanzig Kanonen samt zwanzig Bataillonen in Ramillies auf und nahm den Rest, um das Gelände zu besetzen; ließ die Rechte seiner zweiten Linie in ihrer natürlichen Aufstellung und brachte seinen linken Flügel vor einen Sumpf, der sich oberhalb dieses Flügels hinzog. Als er seine Anordnungen getroffen hatte, kam der gerade noch rechtzeitig benachrichtigte Kurfürst aus Brüssel herbei; er hatte allen Grund, sich zu beklagen und vielleicht sogar zu tadeln, was hier vor sich ging, aber es war keine Zeit mehr; man konnte nur das, was bereits in Gang gesetzt war, vollenden, wozu er sich ohne böse Laune anschickte.

Es war zwei Uhr nachmittags, als die feindliche Armee, die in guter Ordnung aufmarschiert war, sich dem Feuer von Ramillies aussetzte. Die Kanonade dauerte fast eine Stunde, dann marschierten sie auf Taviers zu. Sie fanden dort weniger Widerstand als auf ihrer Rechten, sie bemächtigten sich des Ortes. Nun setzten sie ihre Kavallerie ein. Sie hatten beizeiten bemerkt, daß der Sumpf, der unsere Linke deckte, die Flügel der beiden Armeen hindern würde, sich zu vereinigen. Sie hatten ihre ganze Armee hinter ihrer Mitte aufmarschieren lassen, hatten also ihre gesamte Kavallerie unserer Rechten gegenüber stehen, die auf diese Weise einsatzbereit war, während die Hälfte der unsrigen unverwendbar auf einem Posten verharrte, wo sie nichts ausrichten konnte. Die Feinde hatten sich des Dorfs Taviers bemächtigt und bedienten sich sogar noch unserer Kanonen, um auf uns zu schießen, und Dorf Ramillies war zu weit entfernt. Unsere Truppen mußten also versuchen, den kleinen Sumpf wieder zu überqueren. Die Truppen, die zusammengeblieben waren, kämpften hinter Ramillies weiter, das Feuer war hier sehr heftig. Die unsrigen drangen bis in die Mitte der Feinde durch, aber deren große Überzahl schlug sie bald zurück, überrannte Ramillies und nahm alle Kanonen, die wir dort abgestellt hatten. Unsere ganze Linke verharrte nutzlos, die Nase im Sumpf, ohne Gegenüber und ohne sich von diesem Posten wegzurühren; unsere Rechte war ganz und gar aufgerieben, die Mitte eingedrückt. Die Infanterie, fast völlig geschlagen, war zurückgeworfen. Der Kurfürst bewies allenthalben äußerste Tapferkeit. Der Marschall Villeroy irrte wie vor den Kopf geschlagen umher und wußte nicht, wie er das Schlag auf Schlag hereinbrechende Unheil abwenden sollte. Er hielt sich tapfer, aber das war auch alles; man zweifelte nicht daran, aber man zweifelte auch nicht daran, daß er hier hätte etwas anderes tun müssen. Es blieb also nichts weiter übrig als der Rückzug; er begann in großer Ordnung, doch bald darauf brach die Nacht an und damit die Verwirrung. Die Kavallerie der Linken störte die Infanterie, weil sie deren Marsch, der die ganze Nacht dauerte, zu sehr beschleunigte. Allmählich kam die Armee in Löwen an.

Der König erfuhr von dieser Katastrophe erst am 26. Mai bei seinem Erwachen. Man staunte über die Plattheit des Marschalls Villeroy, der mit dem gleichen Kurier einen Brief an Dangeau schickte, in dem er alles mögliche über die Heldentaten seines Sohne berichtete und daß dessen Verwundung belanglos sei; das übrige vergaß er. Ich war in Versailles. Niemals sah man eine solche Verblüffung, niemals dergleichen Bestürzung. Das Schlimmste war, daß man nur ganz Allgemeines erfuhr, man bekam sechs Tage lang keinerlei Kuriernachrichten, sogar die Postzustellung hatte aufgehört. In der Unwissenheit über die Tatsachen und die Folgen einer so unheilvollen Schlacht und in der Unruhe eines jeden hinsichtlich seiner Nächsten und Freunde schienen die Tage zu Jahren zu werden. Der König war gezwungen, jeden nach Neuigkeiten zu fragen, ohne daß jemand ihm hätte Bericht erstatten können. Aufgebracht über ein so hartnäckiges Schweigen entschloß er sich, Chamillart nach Flandern zu schicken, um durch ihn wenigstens sichere Nachrichten zu bekommen über den Zustand der Armee, das Vordringen der Feinde und das Ergebnis der Unterredungen, die er mit dem Kurfürsten und dem Marschall Villeroy führen sollte. Am Sonntag, den 30. Mai, stieg Chamillart, nachdem er bis fünf Uhr mit dem König gearbeitet hatte, in die Postkutsche, indes er behauptete, er begäbe sich nach Etang.

Einen Mann, der sowohl die Finanzen wie die Kriegsgeschäfte zu verwalten hatte und der all die verschiedenen fortwährenden und in einer so kritischen Situation unmittelbaren Befehle erteilen mußte, verschwinden zu sehen löste bei Hofe neues ungeheures Erstaunen aus. Chamillarts Erscheinen bei der Armee zeitigte dort nicht weniger Überraschung. Er traf sie bei Courtray, wohin ihm der Marschall Villeroy, sobald er von seiner Ankunft erfahren hatte, entgegenkam. Seitdem bemerkte man zwischen ihnen eine gewisse Abkühlung. Am nächsten Tag suchte er den Kurfürsten auf, der ihn als unglücklicher Fürst empfing. Chamillart unterhielt sich mit etlichen Generalstabsoffizieren unter vier Augen. Nachdem er von Flandern aus fast jeden Tag einen Kurier an den König geschickt hatte, langte er selbst am 4. Juni um 8 Uhr abends wieder in Versailles an, besuchte sofort den König bei Mme. de Maintenon und berichtete ihm dort bis zum Abendessen über seine Reise.

Man erfuhr also endlich, daß die Armee sich nun nach einigen überstürzten Märschen unterhalb von Gent befand, der Kurfürst hatte darauf bestanden, daß sie dort bleibe. Villeroy wollte auf niemanden hören. Nach wie vor starrköpfig, machte er aus seiner Autorität und der Besorgnis um seine Gunst eine Heimsuchung für den Staat, die so unheilvoll wurde, daß sie diesen bis zwei Finger breit vor den Abgrund brachte. Nie gab es eine Schlacht, deren Verluste geringfügiger waren, aber auch nie eine Schlacht, deren unmittelbare Folgen hätten schwerwiegender sein können. So gelassen der König diesen Schicksalsschlag auch hinnahm, er war sich seiner Bedeutung nur allzu bewußt.

Diese Niederlage fiel allein dem Marschall Villeroy zur Last. Die unverhohlene Kritik der Armee, die allen Respekt vor ihm verloren hatte, und die berechtigte Unzufriedenheit des Kurfürsten brachten den König endlich zu der Überzeugung, daß es an der Zeit sei, die Gunst geringer zu werten als den Erfolg. Ein General der kaiserlichen Armee wäre unter diesen Umständen zweifellos von einem Kriegsgericht zum Tode verurteilt worden. Doch der König bedauerte Villeroy, verteidigte ihn, schrieb ihm eigenhändig, er habe zu wenig Glück im Krieg und er bäte ihn als Freund, er möge von sich aus um seine Verabschiedung nachsuchen, und zwar so, daß es aussehe, als würde man ihn auf sein eigenes Drängen aus der Verantwortung entlassen. Er, der König, verspreche ihm, niemand solle erfahren, daß er ihn darum gebeten hätte, auch könne er unbesorgt an seinen Hof zurückkommen. Bei dem ersten jener eigenhändigen Briefe des Königs fühlte Villeroy angesichts der Lage, in der er sich befand, nur eine erstaunliche Gunstbezeigung, und diese Gunst verblendete ihn. Er glaubte, sich halten zu können, wenn er nur standhaft bliebe; antwortete also dem König, er fühle sich durchaus nicht fehl am Platz, er sei weder verwundet noch krank, und wenn er auch unglücklich sei, so sei er doch nicht gescheitert: er habe keinen wirklichen Grund, seinen Abschied zu erbitten, auch könne er sich nicht entehren, indem er sich durch dieses Vorgehen selbst des Kommandos seiner Armeen für unfähig erkläre. Diese erste Antwort verärgerte den König, ohne ihn jedoch zu erzürnen. Er verdoppelte, er verdreifachte, er vervierfachte seine Bitten immer in demselben Stil, und er erhielt nur stes dieselben Antworten. Schließlich verlor er die Geduld und die Hoffnung, einen derart verwirrten Menschen zur Vernunft zu bringen.

Während dieser Verhandlungsversuche mit Villeroy hatte der König einen Eilboten an Vendôme geschickt, um ihm vorzuschlagen, das Kommando der flandrischen Armee zu übernehmen. Es war Vendômes

Schicksal, die Fehlgriffe des Marschalls Villeroy wiedergutzumachen, zumindesten dazu auserwählt zu werden: auf diese Weise war er nach der Affäre von Cremona an die Spitze der Italienarmee gekommen. Trotz seiner befremdlichen Thesen, seiner Halsstarrigkeit und seines Rückhaltes hatte Vendôme mittlerweile bemerkt, wie schwierig es war, in Turin zu Erfolgen zu kommen und in Italien durchzuhalten. Prinz Eugen und seine bald nach der Schlacht von Calcinato eingetroffenen Truppenverstärkungen hatten das Gesicht und die Szenerie des Krieges dort verändert. Der bisher siegreiche und unternehmende Vendôme war in die Verteidigung gedrängt und fühlte sich bei seiner Ruhmredigkeit also in dieser Lage unbehaglich: der ihm gemachte Vorschlag, Italien zu verlassen, erschien ihm gleichsam als eine Erlösung, auch schmeichelte es ihm sehr, als *ultima ratio* betrachtet zu werden, und das Amt, zu dem er gerufen wurde, kam ihm sehr gelegen. In Flandern hatte man alles so gut wie verlorengegeben: was da nicht gehalten oder nicht wiedergutgemacht werden könnte, würde auf denjenigen zurückfallen, der dort alles verloren hatte, und das Wenige, was er noch ausrichten könnte – sofern überhaupt noch etwas zu machen war – würde als ein Wunder gepriesen werden. Zudem verstand er es, diesen ihm so willkommenen Ausweg als eine Opfertat hinzustellen, und wirklich wurde das angebliche Opfer als echtes Opfer angesehen, für das ihm der König aufrichtigen Dank wußte. Während man diese Beschlüsse in aller Heimlichkeit faßte, galt es zur selben Zeit, die Wahl eines Generals für Italien zu treffen. Chamillart, den das Unheil, von dem sein Ministerium begleitet wurde, sehr in die Enge getrieben hatte, ahnte, was die Gegenwart eines Prinzen von Geblüt in einer Armee von Franzosen vermocht hätte. Er hatte schon einmal den Prince de Conti für Flandern vorgeschlagen: er wollte sich mit dem Prinzen aussöhnen und durch sie mit der Öffentlichkeit, indem er dieser bewies, daß er, einzig um das Wohl des Staates besorgt, von sich aus einen Vorschlag wagte, den seine Vorgänger am meisten gefürchtet und gemieden hatten. Er fand den Widerstand des Königs gegen Conti unüberwindbar, aus Eifersucht für M. du Maine hatte der König diesem Prinzen seine Verdienste sowie die allgemeine öffentliche Wertschätzung und Liebe noch weniger verziehen als seine Reise nach Ungarn, so daß Chamillart den Prince de Conti jetzt gar nicht erst in Erwägung zog. Was Monsieur le Duc anlangte, fürchtete er mit gutem Grund dessen unmäßige Zornesausbrüche und fortwährende Gewalttätigkeit; er schlug also den Duc d'Orléans vor als denjenigen, dessen Rang und Alter es den Prinzen von Geblüt unmöglich machte, sich über eine Bevorzugung zu beklagen. Der König, der es bisher stets vermieden hatte, seinen Familienangehörigen das Kommando einer Armee zu übertragen – einmal, um jene nicht zu groß werden zu lassen, zum anderen aber aus Rücksicht auf M. du Maine, von dem er zu seinem größten Bedauern wußte, daß er unfähig war – der König also ließ sich in dieser Notlage und unter dem erdrückenden Gewicht der Umstände nun von seinem bevorzugten Minister, der alles eingesetzt hatte, um Mme. de Maintenon auf seine Seite zu bringen, tatsächlich überzeugen.

Nachdem der König am 22. Juni in Marly allen in seinem Arbeitszimmer ›Gute Nacht‹ gesagt hatte, rief er den Duc d'Orléans, der mit den anderen hinausging zu sich und unterhielt sich noch eine gute Viertelstunde mit ihm allein. Ich saß an jenem Abend plaudernd im Salon, wo sich plötzlich eine große Nervosität ausbreitete. Man blieb nicht lange im ungewissen: als der Duc de Orléans zusammen mit dem König aus dem Gemach kam, begab er sich zu Madame, kam alsbald wieder zurück und erfuhr nun, daß er die Armee in Italien befehligen sollte. M. de Vendôme, der ihn dort erwartete, würde sich dann unverzüglich auf den Weg machen, um das Kommando in Flandern zu übernehmen, dessen der Marschall Villeroy enthoben war.

Am gleichen Abend hatte der König, sosehr ihn Villeroys Unnachgiebigkeit auch verärgerte, die Güte zu behaupten, der Marschall habe ihn so inständig um seine Abberufung gebeten, daß er es nicht über sich brächte, ihm diese Bitte abzuschlagen. Das war die letzte Planke, die ihm des Königs noch verbliebene Freundschaft nach diesem Schiffbruch bescherte: Villeroy beging den Wahnwitz, sie zurückzustoßen; deshalb fiel er schließlich in Ungnade. Er bekam Befehl, auf der Stelle zurückzukehren, dann aber änderte der König seine Anordnung und ließ ihm mitteilen, er möge Vendôme in Flandern erwarten, wo inzwischen die Feinde überraschend Ostende und Nieuport einnahmen, worauf der Marschall Vauban nach Dünkirchen geschickt wurde.

Beziehung Saint-Simons zum Duc d'Orléans. – Mlle. de Séry, Orléans' Mätresse, wird zur Comtesse d'Argenton ernannt. – Zukunftsbilder im Glas eines Zauberers.

Fontaine-Martel, der erste Stallmeister der Duchesse d'Orléans war gestorben. Sie war ganz von den Saint-Pierre eingenommen und ihrethalben immer noch erbost wegen des Postens der Schweizer Garde, den statt ihrer Nancré bekommen hatte. Die beiden bearbeiteten sie derart, daß sie es sich angelegen sein ließ, Saint-Pierre zu ihrem ersten Stallmeister ernennen zu lassen; um Ruhe zu haben, willigte der Duc d'Orléans schließlich ein, allerdings unter der Bedingung, daß Saint-Pierre sich nicht vor ihm blicken lasse.

Wiewohl es noch nicht an der Zeit ist, die Persönlichkeit des Duc d'Orléans zu schildern, muß ich doch berichten, wie ich mit ihm stand, seitdem ich die Beziehung zu ihm wieder angeknüpft hatte. Seine Freundschaft und sein Vertrauen zu mir waren uneingeschränkt: ich erwiderte das mit der aufrichtigsten Zuneigung. Ich besuchte ihn fast jeden Nachmittag in Versailles in seinem Entresol, und er gestattete mir, in aller Freiheit mit ihm zu reden. Es gab kein Thema, über das wir nicht miteinander gesprochen hätten. Ich sah ihn allerdings nur in Versailles und in Marly, das heißt nur bei Hofe und niemals in Paris. Abgesehen davon, daß ich nur sehr selten und dann auch nur sehr kurz in Paris weilte, waren die Leute, mit denen er umging, seine Lustbarkeiten und das Leben, das er in Paris führte, nicht nach meinem Geschmack. Ich hatte mich von vorneherein darauf eingestellt, keinerlei Beziehung zu irgend jemanden im Palais-Royal anzuknüpfen, ich nahm nie an seinen Gesellschaften teil und hielt mich gänzlich von seinen Mätressen fern. Auch mit der Duchesse d'Orléans, die ich nur bei offiziellen Anlässen und seltenen unerläßlichen Pflichtbesuchen zu sehen bekam, wollte ich nichts zu tun haben, und ich mischte mich niemals in seine Familienangelegenheit ein.

An jenem Abend, an dem er zum General für Italien ernannt worden war, begleitete ich ihn vom Salon in seine Gemächer, wo wir uns lange unterhielten. Er teilte mir mit, man habe Marcin nach Flandern den Befehl geschickt, sich unverzüglich an den Rhein zu begeben, um dort das Kommando für die Armee zu übernehmen; gleichzeitig habe man Villars befohlen, sich von dort auf dem Weg über die Schweiz zu der Armee nach Italien zu begeben, die er, wie er sagte, nun unter Villars befehligen sollte. Er sei für dieses Kommando nur unter der Bedingung auserwählt worden, daß er nichts ohne Einwilligung Villars' unternähme, darauf habe der König ihm bei seiner Ernennung sein Wort abgenommen. Das bedrückte ihn nicht so sehr, denn er war vor allem erfreut, endlich erreicht zu haben, was er sein Leben lang ersehnt hatte, ohne daß er darum gebeten hatte, und zu einem Zeitpunkt, wo er es schon nicht mehr erhoffte und kaum mehr daran gedacht hatte.

Seit langem schon unterhielt er eine Liebschaft mit Mlle. de Séry. Sie war ein junges Mädchen von Stand, ohne jedes Vermögen, hübsch, anziehend, mit lebhaftem Gesichtsausdruck, kapriziös und amüsant. Mme. de Ventadour, deren Verwandte sie war, hatte sie zum Ehrenfräulein bei Madame gemacht; dort bekam sie von M. d'Orléans einen Sohn. Dieses Ereignis bewirkte, daß sie Madame verlassen mußte. Der Duc d'Orléans band sich immer enger an sie; sie war ungestüm und ließ es ihn spüren, er wurde zusehends verliebter und zusehends ergebener. Sie hatte im Palais-Royal einiges zu sagen: so versammelte sich ein kleiner Hof um sie, und Mme. de Ventadour verkehrte trotz all ihrer Frömmelei sehr eifrig und ganz offiziell mit ihr. Mlle. de Séry war gut beraten; sie ergriff diese für den Duc d'Orléans so glänzende Gelegenheit, um den Sohn, den sie von ihm hatte – der heute durch die Regentschaft seines Vaters zum Großprior von Frankreich geworden ist –, anerkennen und legitimieren zu lassen. Aber sie begnügte sich nicht mit dieser Legitimation; sie fand es unschicklich, öffentlich Mutter zu sein und sich ›Mademoiselle‹ zu nennen. Es gab jedoch kein Beispiel, ihr den Namen ›Madame‹ zu verleihen: das war eine nur den Königstöchtern, den Töchtern von Herzoginnen und, seit Ludwig XIII., auch den zu Dames d'atour ernannten Mädchen vorbehaltene Ehre. Doch diese Einwände bekümmerten weder die Mätresse noch ihren Liebhaber: er machte ihr die Domäne Argenton zum Geschenk und bedrängte den König, so daß dieser schließlich, wenn auch widerwillig, die Beglaubigungsurkunde ausstellen ließ, die Mlle. de Séry die Erlaubnis gab, sich Mme. und Comtesse d'Argenton zu nennen. Das war unerhört. Ich war recht verärgert über diese Angelegenheit und darüber, daß er seinen so glänzenden Aufbruch durch eine derart unangebrachte Absonderlichkeit beeinträchtigt hatte, und er wußte recht wohl, daß ich das, was er für diese

Mätresse getan hatte, nicht billigen würde, doch er hütete sich, mit mir darüber zu reden.

Aber nun kommt etwas Merkwürdiges, das er mir im Salon von Marly erzählte, als wir kurz vor seinem Aufbruch miteinander plauderten. Er kam aus Paris, und was er mir berichtete ist so einzigartig und wurde hernach durch verschiedene Ereignisse, die damals in keiner Weise vorauszusehen waren, bestätigt. Er war von jeher an aller Art Künsten und Wissenschaften interessiert, und trotz seines Verstandes hatte er sein Leben lang jene am Hofe der Kinder Heinrichs II. so verbreitete Schwäche gehabt, die Katharina Medici nebst anderen Übeln aus Italien mitgebracht hatte; war stets bemüht, des Teufels ansichtig zu werden, Verborgenes zu erblicken und etwas über die Zukunft in Erfahrung zu bringen, ohne daß ihm das je gelungen wäre. Im Hause der Séry wohnte ein kleines Mädchen von acht oder neun Jahren, sie war in diesem Hause geboren, hatte es niemals verlassen und besaß die ganze Unwissenheit und Schlichtheit ihres Alters und ihrer Erziehung. Der Duc d'Orléans hatte schon etliche Gaukler und Wahrsager kennengelernt, nun stellte man ihm bei seiner Mätresse einen vor, der behauptete, er könne in einem vollen Wasserglas alles sichtbar machen, was man zu wissen wünschte. Er verlangte nur eine unschuldige Person, die hineinschauen solle, wozu dieses kleine Mädchen sich vorzüglich eignete. Alle waren also voller Begierde zu erfahren, was sich zur Zeit an entfernten Orten ereignete, und das kleine Mädchen sah in das Glas und erzählte, was es da sah. Der Gaukler murmelte ganz leise ein paar Worte über dem vollen Glas, und alsbald erblickte man etwas darin. Die Betrügereien, denen der Duc d'Orléans oft erlegen war, bewogen ihn zu einer Probe, die ihm Gewißheit verschaffen könnte; er befahl unmerklich einem seiner Leute, sich auf der Stelle zu Mme. de Nancré zu begeben, die fast um die Ecke wohnte, um in Erfahrung zu bringen, wer dort anwesend sei, wie die Möbel im Zimmer aufgestellt und was sich dort zutrage; dann solle er, ohne einen Augenblick zu verlieren oder mit irgend jemandem zu sprechen, zurückkommen und ihm leise Bescheid geben. Im Handumdrehen war der Auftrag ausgeführt, ohne daß irgend jemand etwas davon bemerkt hätte und ohne daß das kleine Mädchen das Zimmer verlassen hatte. Nun bat der Duc d'Orléans das kleine Mädchen, in das Glas zu sehen und zu sagen, wer sich bei Mme. de Nancré aufhalte und was dort vor sich gehe. Alsbald berichtete die Kleine ihnen Wort für Wort all das, was jener Mann, den der Duc d'Orléans hingeschickt hatte, auch erzählt hatte. Sie beschrieb die Gesichter, die Gestalten, die Kleidung der Leute, die dort anwesend waren, ihre verschiedenen Positionen im Zimmer, sprach von Leuten, die an zwei verschiedenen Tischen spielten, von anderen, die zusahen oder die sitzend oder stehend miteinander plauderten, schilderte die Anordnung und das Aussehen der Möbel: mit einem Worte alles. Sofort schickte der Duc d'Orléans Nancré nach Hause; er kam zurück und berichtete, alles so vorgefunden zu haben, wie das kleine Mädchen es dargestellt habe und wie der Diener, der zuvor dagewesen, es dem Duc d'Orléans ins Ohr geflüstert habe. Er pflegte mir selten von derartigen Dingen zu erzählen, weil ich mir erlaubte, ihm Vorhaltungen zu machen: ich nahm mir nun die Freiheit, ihn wegen dieser Geschichte auszuschelten und ihm zu sagen, was ich davon hielt, solchem Firlefanz Glauben zu schenken und sich in einem Augenblick, wo sein Denken sich ernsteren Dingen zuwenden sollte, mit so abgeschmackten Albernheiten zu unterhalten. »Aber die Sache ist noch nicht zu Ende«, erwiderte er, »und ich habe Ihnen das nur erzählt, um auf das Folgende zu kommen«, und nun erklärte er mir, er habe, ermutigt durch die Genauigkeit dessen, was das kleine Mädchen in dem Zimmer der Mme. de Nancré gesehen, etwas Wichtigeres wissen wollen, nämlich, was sich beim Tode des Königs ereignen würde, freilich ohne nach dem Zeitpunkt zu fragen, der in diesem Glas nicht erscheinen konnte. Er wandte sich alsbald an das kleine Mädchen. Sie hatte niemals von Versailles reden hören noch irgendein Mitglied der königlichen Familie gesehen außer ihm. Sie blickte hin und erklärte den Anwesenden ausführlich alles, was sie sah. Sie beschrieb das Zimmer des Königs in Versailles, die Möbel, die sich tatsächlich bei seinem Tode darin befanden; sie schilderte ihn ganz genau, wie er in seinem Bett lag, beschrieb jeden, der um das Bett oder im Zimmer stand: da war ein kleines Kind mit dem Heilig-Geist-Orden, es wurde von Mme. de Ventadour an der Hand gehalten, bei deren Anblick das Mädchen aufschrie, weil sie diese bei Mlle. de Séry gesehen hatte; sie beschrieb den Anwesenden die Erscheinung der Mme. de Maintenon, das eigenartige Gesicht von Fagon, Madame, die Duchesse d'Orléans, Madame la Duchesse, die Princesse de Conti: sie schrie auf, als sie des Duc d'Orléans ansichtig wurde, mit einem Wort, sie bezeichnete jeden der Anwesenden, die Prinzen, die Standesherren und die Kammerdiener im Zimmer des Königs. Als sie alles gesagt hatte, fragte der Duc d'Orléans, der überrascht war, daß sie weder Monseigneur noch den Duc de Bourgogne, noch die Duchesse de Bourgogne, noch auch den Duc de Berry erwähnt hatte, ob sie keine derartigen Gestalten erblickt habe. Sie verneinte das hartnäckig und kam immer wieder auf die zu sprechen, die sie gesehen hatte. Das konnte der Duc d'Orléans nicht fassen, und eben darüber verwunderte er sich mir gegenüber sehr und suchte vergebens, sich die Ursache zu erklären. Die dann eintretenden Ereignisse sollten ihn aufklären: man schrieb damals das Jahr 1706, alle vier Personen standen damals im besten Alter und waren kerngesund, aber alle vier sollten vor dem König sterben. Ebenso verhielt es sich mit Monsieur le Prince, Monsieur le Duc und dem Prince de Conti, die sie auch nicht sah, wohingegen sie die Kinder der beiden letzteren sowie M. du Maine, dessen Kinder und dem Comte Toulouse sah. Doch bis zum Tode des Königs blieb das alles im Dunkeln. Nachdem diese Neugierde befriedigt war, wollte der Duc d'Orléans erfahren, was aus ihm würde. Das aber war nicht mehr in dem Glas. Jener Hellseher bot ihm an, es ihm auf der Zimmerwand darzustellen, vorausgesetzt daß er sich nicht fürchtete, sich selbst gegenüberzustehen. Nachdem der Magier eine Viertelstunde irgendwelche Zaubereien vollzogen hatte, erschien tatsächlich auf der Wand die Gestalt des Duc d'Orléans in natürlicher Größe, so gekleidet, wie er es später war, mit einer geschlossenen Krone auf dem Haupt; es war weder die Krone Spaniens, noch die Frankreichs oder Englands, noch die des Kaiserreiches; der Duc d'Orléans, der sie aufmerksam betrachtete, konnte sie nicht bestimmen, er hatte niemals dergleichen gesehen. Diese Krone setzte ihn in Verwirrung.

Diese rätselhafte Zweideutigkeit sowie die der vorhergehenden Geschichte gab mir Gelegenheit, ihm die Eitelkeit solcher Art Neugierde vorzuwerfen, sie als rechtes Trugbild des Teufels hinzustellen, das Gott zuläßt, um die Neugierde, die er verbietet, zu strafen, ich sprach von der Leere der Finsternis, die daraus folgt, statt des Lichtes und der Befriedigung, die man darin sucht. Er war damals zweifellos weit davon entfernt, Regent des Königreiches zu werden oder auch nur daran zu denken: das war es vielleicht, was diese seltsame Krone ihm ankündigte. Diese Geschichte ereignete sich in Paris bei seiner Mätresse, in Gegenwart ihres engsten Freundeskreises und einen Tag, bevor er sie mir erzählte. Ich fand die Sache so ungewöhnlich, daß ich sie erwähnen wollte, nicht weil ich sie billige, sondern um sie mitzuteilen.

Schwierigkeiten in Italien mit La Feuillade. – Ablösung im Kommando: Marcin und Orléans in Italien, Vendôme in Versailles. – Villeroys Demütigung.

Die Veränderung im Kommando der Italienarmee wurde bald bekannt. Villars wollte sich in nichts einmischen und sich keineswegs dorthin bequemen. Der König, gab er zur Antwort, könne ihm zwar den Befehl über die Rheinarmee nehmen, und es stünde ihm frei, ihn zu verwenden oder nicht zu verwenden, was jedoch Italien betreffe, so bäte er den König inständig, ihn davon zu befreien. Ein anderer als der glückhafte Villars wäre in Ungnade gefallen, bei ihm aber war man mit allem einverstanden. Man schickte einen Kurier an Marcin mit dem Befehl, daß er sich an Stelle Villars' durch die Schweiz nach Italien begeben solle; abermals nahm der König dem Duc d'Orléans das Versprechen ab, nichts ohne die Zustimmung Marcins zu unternehmen.

Die Herzoginnen von Savoyen hatten, wie gesagt, beizeiten Turin verlassen und sich nach Coni zurückgezogen. Der Herzog von Savoyen brachte seinen ganzen Hof, seine Equipagen, seine dreitausend Pferde fort und hinterließ nur fünfhundertzwanzig Husaren in der Stadt. Er selbst zog kreuz und quer durchs Land in der Hoffnung, La Feuillade würde von der Belagerung ablassen, um ihn zu verfolgen und zu ergreifen; eine Hoffnung, die sich in der Tat erfüllte. La Feuillade überließ seinem Freund Chamarade die Belagerung und machte sich auf den Weg. Diese Narrheit brachte seine ganze Kavallerie außer Atem, erschöpfte seine Infanterie durch all die Patrouillengänge, auf die er sie schickte. Ein heller Wahnsinn, kleine Streifzüge zu unternehmen, statt das Hauptziel, nämlich die Einnahme Turins, im Auge zu behalten, zumal bei der Furcht vor der Ankunft des Prinzen Eugen jede Stunde so kostbar war.

La Feuillade war ganz versessen auf die Gefangennahme des Herzogs von Savoyen, der jedoch spottete seiner. Soviel Kuriere man auch schicken mochte, um die Belagerung zu beschleunigen, die verlorene Zeit ließ sich nicht zurückgewinnen, und Chamillart sah sich gezwungen, seinem

Schwiegersohn mitzuteilen, welch schlechten Eindruck es mache, daß er ein Phantom verfolge, das sich nur zeige, um ihn zu verführen, um sich ihm immer wieder zu entziehen. Niemand wagte offen zu sagen, was er über La Feuillade dachte.

Der Duc d'Orléans traf bei der Belagerungsarmee ein. La Feuillade empfing ihn mit großem Pomp, zeigte ihm das, was man bereits getätigt hatte, führte ihn zu den Schanzen und ließ ihn alles besichtigen. Der Prinz war mit nichts zufrieden, dennoch schonte er La Feuillade. Da er jedoch nicht willens war, den Erfolg zu opfern, ordnete er alsbald mancherlei Veränderung an; doch kaum hatte er den Rücken gekehrt, versetzte La Feuillade kraft seiner Autorität alles wieder in den vorigen Stand und handelte ganz wie bisher nur nach seinem Gutdünken. Sein gebieterisches Verhalten, seine Unzugänglichkeit, seine hochfahrende Art gegenüber den Offizieren, ja sogar den Generalstabsoffizieren, sein harter Ton, verbunden mit der Unverfrorenheit eines Leichtsinnigen, der wähnt, durch seine Tapferkeit und als Schwiegersohn eines allmächtigen Ministers jedermann blenden zu können, machten ihn bei der ganzen Armee unbeliebt, versetzten die Offiziere, zumal die Generalstabsoffiziere, in Mißstimmung und bewogen sie aus Ärger, aus Überdruß, aber auch aus Furcht, daß man ihnen Einmischung zum Vorwurf machen können, sich an nichts als an ihre Pflicht zu halten, ohne darüberhinaus noch irgend etwas zu tun. Mit einem General, der einen solchen Rückhalt hatte, der indes alle Ratschläge Vaubans in den Wind schlug, war es unmöglich, Turin einzunehmen. Von Zeit zu Zeit stürmte man einige Außenforts, die Nachrichten darüber wurden bei Hofe freudig begrüßt, gaben immer wieder Anlaß zu neuen Hoffnungen. In Wirklichkeit klappte aber alles so schlecht, daß La Feuillade sich in den Briefen darüber beklagte.

Am 17. Juli traf der Duc d'Orléans Vendôme auf dem Mincio, er beriet sich mit ihm, so gut er konnte. Der angebliche Heros hatte einige nicht wiedergutzumachende Fehler begangen, es war dem Prinzen Eugen gelungen, vor seinen Augen den Po zu überqueren. Niemand wußte, was aus unseren jenseits des Po aufgestellten zwölf Bataillonen werden würde. Die Feinde hatten sich all unserer Schiffe bemächtigt, man mußte also eine Brücke schlagen, um mit der Armee überzusetzen und ihr zu folgen. Vendôme fürchtete nun, daß seine Versäumnisse offenbar würden, er hätte sie gern seinem Nachfolger zur Last gelegt; andererseits aber wollte er Marcin abwarten, um das Vergnügen auszukosten, einem Marschall von Frankreich Befehle zu erteilen. Während er so voller Ungeduld die Konferenzen vermied oder sie abkürzte, wenn er ihnen nicht zu entgehen vermochte, konnte er dem forschenden Blick des Prinzen nicht entgehen, der bestrebt war, die Situation zu erfassen, vor die er gestellt war und die nunmehr seine Ehre betraf. Er hatte zu dem, was er schon aus der Ferne bemerkt, an Ort und Stelle noch manches entdeckt, und es gesellten sich weitere Erkenntnisse hinzu, mit denen er, wiewohl in aller Bescheidenheit, nicht hinter dem Berge hielt. Endlich langte Marcin an, der in seiner Würde gekränkte Vendôme brach unverzüglich auf. Er kam am letzten Julitag in Versailles an; er begrüßte den König, sobald er aus seiner Karosse gestiegen; man empfing ihn wie einen Helden, der alles ins reine bringt. Er folgte dem König zu Mme. de Maintenon, wo er lange mit ihm und Chamillart sprach. Mit einer Frechheit ohnegleichen pries er den guten Zustand, in dem er alle Dinge in Italien zurückgelassen habe, und versicherte, daß der Prinz Eugen Turin niemals entsetzen könne. Gebläht von Zufriedenheit nahm er Abschied, übernachtete in Clichy, von wo aus er am anderen Morgen nach Valenciennes aufbrach.

Der Marschall Villeroy, der sich ganz versteckt in Saint-Amand aufgehalten hatte, erhielt zur gleichen Zeit seinen Abschied und machte sich alsbald auf den Rückweg. Der Empfang war recht verschieden von dem der vorhergehenden Jahre: er kam am Freitag, den 6. August, in Versailles an und sah den König bei Mme. de Maintenon; die Begegnung war kurz und frostig. Seiner Gunst und seines Armeekommandos beraubt ging Villeroy seines ganzen glänzenden Scheins verlustig; der Putz schwand, es blieb nichts als der rohe Stein. Den großen Gesten und den klangvollen Worten folgten Niedergeschlagenheit und Verlegenheit. Es fiel ihm schwer, seinen Vierteljahresdienst zu Ende zu führen: der König sprach mit ihm, um ihm einen Befehl zu geben; seine Gegenwart belastete ihn, und Villeroy litt es, daß jeder es wahrnahm; er wagte es nicht, den Mund aufzutun, er trug nichts mehr zur Unterhaltung bei, der Würfel war ihm aus der Hand gefallen. Seine Demütigung zeigte sich in seinem ganzen Benehmen, er war nur noch ein alter, verschrumpfter Ballon, aus dem nun alle Luft, die ihn rund gemacht, entwichen war. Sobald sein Vierteljahresdienst zu Ende war, ging er nach Paris, dann nach Villeroy, und bis zum Jahresbeginn sah man ihn nur selten und ganz kurz bei Hofe, wo der König nie mit ihm sprach. Mme. de Maintenon hatte Mitleid mit ihm; sie empfing ihn ab und zu bei sich, wenn er nach Versailles kam; diese kleine Auszeichnung hielt ihn über Wasser.

Kompetenzstreitigkeiten zwischen dem Duc d'Orléans, Marcin und La Feuillade führen zur Niederlage von Turin. – Orléans verzweifelt, Marcin tot.

Von Vendôme im Stich gelassen und, was schlimmer war, unter die Obhut des Marschalls Marcin gestellt, zog der Duc d'Orléans alles, was von seiner Armee getrennt war, zusammen, schickte zweimal zu La Feuillade, um ein Kavalleriekorps zu erbitten, was er nur mit großer Mühe durchsetzen konnte. Nachdem er die Feinde einige Tage beobachtet hatte, beschloß er, sich zwischen Alessandria und Valenza aufzustellen, um sie am Übergang des Tanaro zu hindern oder sie zu einem Kampf zu zwingen. Er unterbreitete dem Marschall Marcin diesen Vorschlag, aber er konnte ihn nicht überzeugen. Marcin wurde von La Feuillade beherrscht, und Marcin dachte nur daran, den Schwiegersohn des allmächtigen Ministers zufriedenzustellen und ihm zu gefallen. Beide sahen nicht, daß es hier selbst für den persönlichen Erfolg des Schwiegersohns darum ging, den Entsatz von Turin zu verhindern. Während der Prinz und der Marschall noch über die Sache diskutierten, wurde ein Kurier, den der Prinz Eugen an den Kaiser schickte, von einem der unsrigen aufgegriffen, aber seine Depeschen waren, wie man sich vorstellen kann, chiffriert. Der Duc d'Orléans mochte noch soviel in seinen Chiffren herumsuchen, er fand keine entsprechenden. Man mußte also einen Kurier an den König senden, der, wie sich herausstellte, die Chiffre in einer Kassette vergessen hatte. Schließlich brachte der Kurier den Brief zurück, aber zu spät. Erst am Abend der Schlacht von Turin.

Die in Versailles dechiffrierten Depeschen, die in der Chiffresprache des Königs zurückkamen, enthielten eine lange Darstellung des Prinzen Eugen für den Kaiser. Diese Situationsanalyse entsprach genau derjenigen, die der Duc d'Orléans Marcin gegeben hatte. Der Prinz Eugen erklärte, daß wenn der Duc d'Orléans sich dort aufstellte, wo sich aufzustellen er Marcin so dringend empfohlen hatte, es aberwitzig sei, den Übergang zu versuchen, und unmöglich, den Tanaro woanders zu überqueren; er sehe sich mithin gezwungen, Turin verlorenzugeben.

Das war die Rechtfertigung oder vielmehr das Lob, das der Prinz Eugen dem Duc d'Orléans in einer Geheimdepesche an den Kaiser zukommen ließ, einer Depesche, die der König und sein Minister als erste sahen, da sie ihnen in Ermangelung der Chiffren zum Dechiffrieren übersandt worden war; wie verzweifelt waren der König und sein Minister, daß sie einen Prinzen, der dessen nicht bedurfte, an ein solches Gängelband, und noch dazu an ein so schlechtes, gelegt hatten.

Da Marcin also nicht zu überzeugen war, sah sich der Duc d'Orléans gezwungen nachzugeben, sich allmählich Turin zu nähern, um die Belagerungsarmee zu erreichen. Er langte am 28. August des Abends dort an. La Feuillade, der jetzt zwei Herren dienen mußte, hätte nun umgänglicher werden müssen, aber, so rasch zum Kommandierenden General einer so wichtigen Armee aufgestiegen, war er nur darauf bedacht, seine effektive Autorität zu wahren. Im Grunde brauchte er niemanden als Marcin, ohne den, wie er wohl wußte, der Prinz nichts ausrichten konnte. Er war also einzig bestrebt, sich des Marschalls zu bemächtigen, und er hatte einen so starken Einfluß auf diesen, daß die letzte Entscheidung über einen Befehl, den Marcin vom Duc d'Orléans bekam, zum großen Unheil Frankreichs immer La Feuillade überlassen blieb. Zwar war es das gemeinsame Ziel, Turin einzunehmen; aber die Art und Weise und die einzusetzenden Mittel wurden zum ständigen Streitobjekt. Der Duc d'Orléans war bei seinen ersten Besichtigungen mit Recht empört, daß La Feuillade alle von ihm getroffenen Verbesserungen und Anordnungen wieder rückgängig gemacht hatte. Diese seine Maßnahmen erschienen ihm für den Erfolg so wesentlich, daß er sie, wiewohl behutsam, sämtlich wiederherstellen ließ.

Aber nichts rückte vorwärts und, was noch schlimmer ist, man wußte nicht, was man tun sollte, um voranzukommen. La Feuillade, der über seinen mangelnden Erfolg schlechter Laune und vollkommen unansprechbar geworden war, hatte sich einen solchen Haß bei den Generalstabsoffizieren zugezogen, daß keiner sich mehr um die Ereignisse kümmerte. Der Duc d'Orléans inspizierte die Posten und die Belagerungsarbeiten, er besichtigte die Linien und das Gelände, über das der Prinz Eugen kommen konnte. Er war sehr unzufrieden mit allem, was er da wahrnahm, er fand die Schanzen in schlechtem Zustand, zu breit auseinandergezogen und mangelhaft bewacht. Währenddessen trafen von allen Seiten Nachrichten ein, daß die kaiserliche Armee zum Einsatz entschlossen und im Vormarsch sei. Er wollte sich ihr entgegenwerfen und die Dora-Übergänge besetzen, aber er stieß auf dieselbe Opposition wie bei seinem ersten Vorschlag. Da die Feinde ständig näher rückten, drängte der Duc d'Orléans den Marschall, die Schanzgräben aufzugeben und dem Prinzen Eugen eine Schlacht zu liefern. Die Auseinandersetzungen über das, was zu tun sei, erhitzten sich derart, daß Marcin sich bereit erklärte, einen Kriegsrat einzuberufen, zu dem alle Generalsstabsoffiziere zugezogen wurden. Der Plan wurde durchgesprochen, aber La Feuillade, der begünstigte Schwiegersohn des Ministers und allmächtigen Kriegsherrn, sowie Marcin, der, wie es hieß, einen Geheimbefehl besaß, achteten darauf, daß der gefaßte Beschluß nicht befolgt würde. Alle zeigten sich unterwürfig, so, daß dieser Kriegsrat die Katastrophe vollends unheilbar machte. Angesichts all des bevorstehenden Unheils protestierte der Duc d'Orléans und erklärte, da er nichts mehr zu sagen habe, erschiene es ihm unbillig, wollte man ihm die Schuld an der über die Nation hereinbrechenden Schande zuschieben. Er verlangte nach einer Postkutsche, um unverzüglich die Armee zu verlassen, aber Marcin, La Feuillade und die hochgestellten Offiziere des Kriegsrates setzten alles in Bewegung, um ihn zurückzuhalten. Als sich seine erste Zornesaufwallung gelegt hatte, vielleicht auch zufrieden darüber, seine Festigkeit so deutlich zum Ausdruck gebracht zu haben, willigte er ein, zu bleiben, zugleich aber gab er zu verstehen, daß er sich nicht mehr in den Oberbefehl der Armee einmischen wolle, ja daß er sich sogar weigere, auch nur die geringste Anordnung zu erteilen, und alles Marcin und La Feuillade zu überlassen gedenke. Diese so unheilvolle Starrköpfigkeit beruhte einzig auf der aberwitzigen Hoffnung, Prinz Eugen würde es nicht wagen, die Schanzgräben zu stürmen, und Turin könne also, sobald er sich zurückgezogen habe, genommen werden, wenn auch nicht von der Armee des Duc d'Orléans, nicht also durch seinen Sieg, nicht durch seine Tat, sondern dank der Belagerungsarbeiten und Schanzen, über die La Feuillade als General bestimmte, der infolgedessen den Ruhm mit niemandem zu teilen brauchte.

Der Duc d'Orléans, der sich selbst des Kommandos enthoben hatte, hielt sich meistens in seinen Gemächern auf, ging zuweilen spazieren, schrieb dem König Briefe, in denen er sich heftig über den Marschall ereiferte und genaue Rechenschaft über den wahren Sachverhalt ablegte; er gab diesen Brief mit dem Auftrag Marcin zu lesen, ihn mit dem ersten Kurier, den er entsandte, abzuschicken, da er seinerseits in der Armee ja nichts mehr zu sagen habe und ihn deshalb nicht von sich aus abschicken wolle.

Die Nacht vom 6. zum 7. September, dem Tag, an dem die Schlacht stattfinden sollte, wurde der Duc d'Orléans, wiewohl er sich in nichts mehr einmischte, von einem Partisanen geweckt, der ihm mitteilte, daß Prinz Eugen das Schloß Pianezza angreife, um dort die Dora zu überschreiten. Trotz seiner Verärgerung und seines Entschlusses erhebt sich der Duc d'Orléans, kleidet sich in Eile an, begibt sich persönlich zu Marcin, der noch friedlich in seinem Bett schläft, weckt ihn auf, zeigt ihm den Zettel mit der Nachricht, die er gerade erhalten hat, schlägt ihm vor, auf der Stelle den Feinden entgegenzumarschieren, sie anzugreifen, sich ihre Überraschung und die schwierige Überquerung des Flusses zunutze zu machen. In diesem Augenblick kommt Saint-Nectaire, seit langem Ordensritter und sehr erfahren im Kriegshandwerk, von draußen herein; er bestätigt die Nachricht, die der Duc d'Orléans erhalten hat, und unterstützt dessen Vorschlag; aber es stand in den Sternen geschrieben, daß Frankreich noch am selben Tag geschlagen werden sollte. Der Marschall blieb unerschüttlich; er behauptete, die Nachricht sei falsch, Prinz Eugen könne nicht so unversehens über sie herfallen, und er riet dem Duc d'Orléans, sich wieder schlafen zu legen, ohne auch nur den geringsten Befehl erteilen zu wollen. Vollends verärgert und angewidert zog sich der Prinz zurück, fest entschlossen, alles diesen Blinden und Tauben, die weder sehen noch hören wollten, zu überlassen.

Kurz nachdem er in sein Zimmer zurückgekehrt war, vernahm man von allen Seiten, der Prinz Eugen sei im Anmarsch; aber das rührte ihn nicht mehr. Einige hohe Offiziere, die zu ihm kamen, zwangen ihn, aufs Pferd zu steigen. Die Ereignisse der letzten Tage hatten zuviel Aufsehen erregt, als daß nicht die ganze Armee bis zum letzten Soldaten davon unterrichtet gewesen wäre. Die alten Haudegen, von denen sich einige daran erinnerten, welche Heldentaten der Duc d'Orléans in Leuze, Steinkerk und Nerwinden vollbracht hatte, begannen zu murren, weil er die Armee nicht mehr befehligen wollte. Als er also an den Lagern vorbeiritt, rief ihn ein Soldat aus dem Piemont beim Namen an und fragte ihn, ob er ihnen tatsächlich seinen Degen zu verweigern gedächte. Diese Bemerkung vermochte mehr, als die hohen Offiziere über ihn vermocht hatten. Er war nun bereit, Marcin und La Feuillade wider deren Willen beizustehen, aber es war nicht mehr möglich, die Schanzen zu verlassen, auch wenn sie sich dazu bereit erklärt hätten: die feindliche Armee tauchte auf und rückte so geschickt vor, daß keine Zeit mehr blieb, irgendeine Disposition zu treffen.

Mehr tot als lebendig sah Marcin nun seine Hoffnung getäuscht. Er versank in einen Abgrund von Reflexionen, die nichts mehr mit der Gegenwart zu tun hatten; er schien wie ein Verdammter außerstande, irgendeinen Befehl zu erteilen. Der Duc d'Orléans schickte nach den sechsundvierzig Bataillonen Albergottis, die gleichermaßen entfernt wie nutzlos auf dem Hügel von Capucino verblieben waren, aber La Feuillade, der mehr gefürchtet wurde und dem man mehr gehorchte als dem Prinzen, hatte Albergotti verboten, sich von der Stelle zu rühren und so rührte er sich trotz der wiederholten Befehle des Duc d'Orléans nicht. Dieser schickte wiederum zu ihm, gleichzeitig aber erteilte La Feuillade abermals den Befehl, nicht zu marschieren, und so rührten sie sich noch immer nicht. Der Ungehorsam war derart, daß, als der Duc d'Orléans einem Offizier, der eine Schwadron von Anjou anführte, befahl, es in Marsch zu setzen, dieser ihm den Gehorsam verweigerte, worauf der Prinz dem Offizier ins Gesicht schlug und die Sache dem König mitteilen ließ.

Der Angriff, der um zehn Uhr früh begonnen hatte, wurde mit unglaublicher Kraft vorangetrieben und zunächst auch durchgehalten. Prinz Eugen drang als erster ein; durch Lücken, die man nicht ausfüllen konnte, kamen weitere Truppen nach. Mitten im Kampfgedränge wurde Marcin im Unterleib verwundet, ein Schuß zerschmetterte ihm die Lenden, er wurde gefangengenommen und in ein abseits gelegenes Blockhaus gebracht. La Feuillade lief ganz verstört umher, raufte sich die Haare und war nicht in der Lage, irgendeinen Befehl zu erteilen; das blieb dem Duc d'Orléans überlassen, aber man gehorchte ihm sehr schlecht. Immer im dichtesten Feuer vollbrachte er wahre Wunder mit einer Kaltblütigkeit, die alles wahrnahm und alles unterschied. Obwohl er leicht am Schenkel, alsdann sehr gefährlich und schmerzhaft am Handgelenk verwundet wurde, blieb er unerschütterlich. Als er schließlich überzeugt war, daß es unmöglich wäre, diesen unglückseligen Tag wiedergutzumachen, entschloß er sich, sowenig wie möglich zurückzulassen: er nahm seine leichte Artillerie zurück, seine Munition und alles, was er bei der Belagerung gebraucht hatte, dann versammelte er alle Generalstabsoffiziere, die er finden konnte, um sich, legte ihnen in Kürze und Genauigkeit dar, daß man nur noch an Rückzug denken könne und daß man den Weg nach Italien einschlagen müsse; wenn sie das täten, blieben sie dort die Herren, könnten die siegreiche Armee rings um Turin einschließen, ihr jede Rückkehr nach Italien verlegen und sie in einem vollkommen ruinierten und verarmten Land zugrunde gehen lassen; während sie, die Armee des Königs, die ihr die Verbindung zum Entsatz abschnitte, sich in einem reichen Lande befänden, wo sie die Stärkeren sein würden und in der Lage, alles mit Zeit und Muße zu planen. Dieser Vorschlag erschreckte die ohnehin beunruhigten Gemüter aufs äußerste; sie hofften, daß die Folge ihrer Niederlage ihnen wenigstens die so ersehnte Heimkehr nach Frankreich bescheren würde, um das Geld, das sie in Italien an sich gerafft hatten, in Sicherheit zu bringen. La Feuillade, der allen Grund gehabt hätte, den Mund zu halten, begann derart gegen den Plan zu eifern, daß der Prinz, von solch hartnäckiger Unverschämtheit aufs äußerste gereizt, ihm Schweigen gebot und die anderen aufforderte, sich zu äußern. Nur ein einziger Offizier unterstützte den Italienplan, die Debatte entsprach der Verwirrung des Tages und der Ermattung, in die die Verwundung den Duc d'Orléans versetzt hatte. Er beendete den Streit und sagte, daß weder Zeit noch Ort zu einem längeren Disput geeignet seien und daß er es nunmehr müde sei, so oft recht gehabt und so wenig Glauben gefunden zu haben. Er gab den Befehl, in Richtung Brücke zu marschieren und sich nach Italien zurückzuziehen. Er war am Ende seiner Kräfte; nachdem er kurze Zeit marschiert war, stieg er in seine Postkutsche. Während er den Po überquerte, hörte er noch hinter sich das Murren der Offiziere. Es stand also fest, daß Verblendung und Taumel unsere Armee zugrunde richten und somit die Alliierten retten sollten.

Als man die Brücke auf der italienischen Seite verließ, kam ein Generalmajor und Stabsoffizier mit verhängten Zügeln auf den Duc d'Orléans zu, er teilte ihm mit, daß die Feinde die Durchgänge besetzt hielten, die man passieren müsse. Auf die Fragen des Prinzen versicherte der Offizier, daß die Stellungen, deren Fahnen er erkannt und wo er den Herzog von Savoyen persönlich gesehen zu haben glaubte, sehr hart verteidigt würden. Trotz eines so eindeutigen Berichtes hegte der Prinz nach allem, was er über diesen Teil Italiens gesehen und gehört hatte, berechtigtes Mißtrauen. Er wollte, daß man den Marsch dennoch fortsetzte; wenn die Durchgänge tatsächlich besetzt seien, meinte er, könne man immer noch umkehren. Man marschierte also weiter und schickte Kundschafter aus, aber die Generalstabsoffiziere wollten nicht die Betrogenen sein. Der Weg auf unsere Alpen zu war gefahrlos; so befahlen sie kurzerhand, diesen einzuschlagen und alles, was sie an Lebensmitteln und Munition noch besaßen, mitzuführen; so daß man nach einem halben Marschtag und sehr zweifelhaften Berichten über den Zustand der Durchgänge dem Duc d'Orléans mitteilte, es seien weder Lebensmittel noch Munition mehr vorhanden, und da der größere Teil der Armee den Weg nach Frankreich eingeschlagen habe, sei der Weg nach Italien nun unmöglich geworden. Die Wut und Verzweiflung über soviel verbrecherischen Ungehorsam, um nicht zu sagen: solch wiederholten Verrat, dazu die Schmerzen seiner Verwundung und der Schwächezustand, in dem er sich befand, bewirkten, daß er in seine Kutsche zurücksank und erklärte, man möge hingehen, wo man wolle, ohne weiter mit ihm darüber zu reden. Das ist die Geschichte der Katastrophe von Italien. Man weiß seither, daß der Bericht jenes Offiziers vollkommen erfunden war, daß niemand auch nur einen Durchgang besetzt hielt, der uns den Rückzug nach Italien streitig gemacht hätte. Es gab nirgends das geringste Hindernis; und zu allem Leidwesen hätte der Vorsprung, den Médavy zwei Tage später errang, bewirkt, daß der Duc d'Orléans, wäre er dort gewesen, sich als unumschränkten Herrn über die ganze Lombardei hätte ansehen können. Diese Tatsache vermehrte den Schmerz des Prinzen, als er in Oulx mitten in den Alpen anlangte. Dort war er in Sicherheit, schlug sein Quartier auf, denn er war am Ende seiner Kräfte

Während Marcin in jenes abgelegene Blockhaus gebracht wurde, hatte er nur einmal danach gefragt, ob der Duc d'Orléans noch am Leben sei. Als er mit einem Obersten und einem oder zwei seiner Diener dort angelangt war, ließ er einen Beichtvater holen, diktierte ihm einiges über seinen Nachlaß und legte jenen Brief, den der Duc d'Orléans ihm zur Weiterbeförderung anvertraut hatte, in ein für den Prinzen bestimmtes Paket; dann wollte er von nichts mehr hören als nur von Gott, und er starb in der Nacht.

Mme. d'Argenton und Mme. de Nancré besuchen den verwundeten Duc d'Orléans, was unliebsames Aufsehen erregt. – Bericht des zurückgekehrten Orléans gegenüber Saint-Simon. – La Feuillade in Ungnade. – Courcillon.

Ich hatte mich für einen Monat nach La Ferté begeben. Dort empfing ich die Nachrichten, die der Duc d'Orléans mir aus Italien zugehen ließ. Ich war also über die Unglücksfälle, die sich dort vorbereiteten, unterrichtet und voller Sorge, als – während wir, Mme. de Saint-Simon und ich, mit einigen Gästen im Park spazierengingen – ein Edelmann, der aus Rouen von seinem Bruder zu mir geschickt wurde, anlangte. Er berichtete uns die Katastrophe von Turin. Ich war tief betroffen über dieses Mißgeschick, das sich unter der Führung des Duc d'Orléans ereignet hatte, obwohl dieser vollkommen unschuldig daran war. Ich bekam Fieber und fuhr, ohne mich in Versailles aufzuhalten, geradenwegs nach Paris, um mich dem Zugriff der Ärzte zu entziehen. Nancré, der über die Einzelheiten Bescheid wußte, traf ungefähr zur selben Zeit in Paris ein; ich ließ ihm, wiewohl ich ihn gar nicht kannte, sagen, ich sei außerstande, ihn aufzusuchen, und bäte ihn, zu mir zu kommen. Wir verbrachten etwa zwei Stunden miteinander. Er berichtete mir, der König habe seinem Neffen vollkommene Gerechtigkeit widerfahren lassen, und drängte mich, dem Duc d'Orléans ein paar Worte zu schreiben. Ich sah keine Notwendigkeit dazu: die Öffentlichkeit und der trotz aller Eifersüchteleien ebenfalls rechtlich denkende Hof krönten die Niederlage des Duc d'Orléans mit Lorbeeren und erhoben ihn ebensosehr, wie das Schicksal ihn hatte demütigen wollen. Diese Tatsache ist gleichermaßen bemerkenswert wie einzigartig, und ich glaube, daß es nur wenige Beispiele für solch einmütiges Lob im Unglück gibt. Aller Tadel wurde Marcin und – trotz Chamillart – La Feuillade zuteil. Niemals hat eine Schlacht weniger Soldaten gekostet als die von Turin, niemals ist ein Rückzug ruhiger vonstatten gegangen; aber noch niemals hat eine so arge und rasche Folgen gezeigt. Die leichte Niederlage von Ramillies kostete uns durch den Terror und die Kopflosigkeit des Marschall Villeroy den spanischen Teil der französischen Niederlande; und die

Niederlage von Turin kostete wegen des Ehrgeizes von La Feuillade, der Unterwürfigkeit Marcins, des Geizes, der Machenschaften und des Ungehorsams der hohen Offiziere ganz Italien.

Nachdem Nancré zu dem Duc d'Orléans, der sehr unter seiner Verwundung litt, zurückgekehrt war, machten sich die frisch gebackene Mme. d'Argenton und Mme. de Nancré – die Stiefmutter des Vorhergenannten – in aller Heimlichkeit auf den Weg nach Lyon und von da nach Grenoble, wo sie sich in einem Gasthaus verbargen. Der Duc d'Orléans war noch unterwegs dorthin, als er von dieser Reisegesellschaft erfuhr. Er war sehr verärgert und ließ den Frauen ausrichten, er wolle sie nicht sehen, sie möchten schleunigst umkehren. Aber von Paris nach Grenoble gefahren zu sein und auf der Stelle wieder heimzukehren, das war nicht nach ihrem Sinn; also warteten sie auf ihn. Seine Mätresse so nahe zu wissen und sie abzuweisen hätte die Liebe ihm niemals gestattet: um sieben oder acht Uhr abends, nach Beendigung der Tagesgeschäfte schloß er die Türen seines Appartements, die Frauen kamen über eine Hintertreppe hinauf und aßen mit ihm und einigen seiner Vertrauten zu Abend. Das währte fünf oder sechs Tage, dann schickte er sie zurück. Aber diese alberne Reise erzeugte viel Gerede, die Öffentlichkeit murrte darüber, man war tatsächlich enttäuscht über diesen Flecken auf seinem persönlichen Ruhm; die Neidischen waren entzückt, das Schweigen, zu dem sie gezwungen, brechen zu können; am lautesten taten sich Monsieur le Duc und Madame la Duchesse hervor.

Am Montag, den 8. November, als der König, der Medizin genommen hatte und, wie er es immer an solchen Tagen zu tun pflegte, um halb drei in seinem Bett speiste, kam der Duc d'Orléans, in Versailles an. Man konnte nicht besser vom König empfangen werden als er. Kurz darauf besuchte er Monseigneur in Meudon und aß wie gewöhnlich mit dem König zu Abend. Noch am selben Abend suchte ich ihn auf. Nancré paßte mich am Eingang ab und begann, ohne mir einen Augenblick Zeit zu lassen, sich zu entschuldigen, daß er die beklagenswerte Reise der Frauen vorgeschlagen und ins Werk gesetzt habe. Als er gegangen war und die Tür hinter sich geschlossen hatte, unterhielten wir uns ganz ungezwungen. Ich unterrichtete den Duc d'Orléans über die Zustände bei Hof, soweit sie ihn betrafen, dann erzählte er mir in großen Zügen, was sich in Italien abgespielt hatte. Er schilderte mir La Feuillade als einen jungen, ungestümen, vor Dünkel und maßlosem Ehrgeiz trunkenen Mann, brillant ohne jede Festigkeit, äußerst gefährlich auf einem leitenden Posten, vor allem weil er sich ständig einbildete, alles besser zu wissen als die Fachleute. Der König, fügte er noch hinzu, habe in solchem Ton über La Feuillade gesprochen, daß er ihn für gänzlich verloren halte; er seinerseits habe sein möglichstes getan, um dessen Versäumnisse, obwohl sie ungeheuerlich seien, noch zu bemänteln.

Bald gab man jeden Gedanken an eine Rückkehr nach Italien auf, man dachte nur noch daran, die notwendige Verteidigungslinie gegen die Alpen auszubauen und die Spanienarmee zu vergrößern. Wenige Tage später erhielt La Feuillade den Befehl zur Rückkehr; dieser Befehl war für ihn so bitter, daß er, um nur ja keine Dummheit und Dreistigkeit auszulassen, sich in den Kopf setzte, ihn widerrufen zu lassen. Er schickte Kurier über Kurier an seinen Schwiegervater und klammerte sich vierzehn Tage an diese Hoffnung, bis der König über diesen zögernden Gehorsam in Zorn geriet und Chamillart in der letzten Ausweglosigkeit nicht mehr weiter wußte. Ein letzter von Chamillart entsandter Kurier bewog ihn dann endlich zum Aufbruch. Er blieb mehrere Tage in Paris, ohne es zu wagen, nach Versailles zu kommen. Nach einiger Mühe erwirkte Chamillart vom König die Erlaubnis, ihn begrüßen zu dürfen, und zwar bei Mme. de Maintenon, um den öffentlichen Empfang zu vermeiden. Am Montag, den 13. Dezember, führte Chamillart ihn dorthin. Sobald der König Chamillart mit seinem Schwiegersohn eintreten sah, erhob er sich, ging ihnen entgegen und sagte mit strenger Miene zu La Feuillade: »Monsieur, wir sind alle beide sehr unglücklich!« worauf er ihm augenblicks den Rücken wandte. Seither sprach der König nie wieder mit ihm. Es dauerte sogar lange Zeit, bis Monseigneur die Erlaubnis bekam, ihn nach Meudon mitnehmen zu dürfen, und bis man duldete, daß er seine Frau nach Marly begleitete. Es fiel auf, daß der König stets die Blicke von ihm abwandte. Das war der Sturz dieses Phaetons.

Ich würde mich hüten, die Fisteloperation, die Mareschal an Courcillon, Dangeaus einzigem Sohn, vornahm, zu Papier zu bringen, ohne die ungewöhnliche Lächerlichkeit der Begleitumstände. Courcillon war ein junger, sehr tapferer Mann, der eines der Regimenter des verstorbenen Kardinals Fürstenberg besaß; er war klug, sogar sehr klug, aber alles verkehrte sich bei ihm in Witzelei, in Bonmots, in Bosheiten, Gottlosigkeit und in die schmutzigste Ausschweifung, als deren allgemeine Folge diese Operation galt. Seine Mutter, von der ich anläßlich ihrer Heirat gesprochen habe, war eng befreundet mit Mme. de Maintenon; alle beide ahnten als einzige bei Hofe und in Paris nichts von Courcillons Lebenswandel. Mme. de Dangeau, die ihren Sohn leidenschaftlich liebte, war sehr betrübt über seine Krankheit, und es fiel ihr schwer, ihn auch nur für Augenblicke allein zu lassen; Mme. de Maintenon teilte ihren Kummer, leistete ihr tagtäglich neben Courcillons Bett Gesellschaft bis zu der Stunde, da der König zu ihr kam. Sehr häufig blieb sie von morgens bis abends dort. Mme. d'Heudicourt, eine andere intime Freundin der Mme. de Maintenon, wurde, um die drei zu unterhalten auch noch zugelassen, aber sonst fast niemand. Courcillon lauschte den Gesprächen, erging sich in frommer Ergebenheit und allerlei Reflexionen, zu denen ihn, wie er sagte, sein Zustand veranlaßte sie bewunderten ihn und verbreiteten allgemein, er sei ein Heiliger. Die Heudicourt und die wenigen anderen Damen, die unseren Pilger, der ihnen zuweilen die Zunge herausstreckte, recht gut kannten, hatten alle Mühe, sich bei seinen frommen Sprüchen das Lachen zu verbeißen, und konnten sich dann auch nicht enthalten, die Geschichte flüsternd ihren Freunden weiterzuerzählen. Courcillon, der es als höchst ehrenvoll empfand, Mme. de Maintenon alle Tage als Krankenwärterin um sich zu haben, und der vor Langeweile platzte, empfing, kaum daß sie und seine Mutter des Abends weggegangen, seine Freunde, sang ihnen die närrischsten und burlesken Gassenhauer vor, zog seine salbungsvollen Reden und die Gutgläubigkeit der beiden Frauen ins Lächerliche, so, daß diese Krankheit, solange sie dauerte, ein Schauspiel war, das den ganzen Hof ergötzte, und ein Reinfall der Mme. de Maintenon, über den niemand sie aufzuklären wagte. Sie war Courcillon weiterhin in Freundschaft zugetan, hegte größte Achtung vor seiner Tugend, die sie oft als Beispiel zitierte, was dann auch den König beeindruckte, ohne daß Courcillon sich nach seiner Genesung bemühte, eine so kostbare und wertvolle Gunstbezeugung zu pflegen, ohne seinen gewohnten Lebenswandel auch nur im geringsten zu ändern, ohne daß Mme. de Maintenon jemals etwas davon bemerkte und ohne daß sie trotz der Gleichgültigkeit, die er ihr gegenüber bezeigte, ihre Zuneigung zu ihm jemals abkühlen ließ; man muß schon sagen, mit Ausnahme ihrer sublimen Herrschaft und ihrem Verhältnis zum König, war sie stets und ständig die Königin aller Betrogenen.

(1707). – Finanzlage infolge der Kriegsverluste prekär. – Geburt des Duc de Bretagne. – Tod des Comte de Gramont. – Schottland mit dem Königreich England vereint.

Die prekäre politische Situation, durch die die Kriegsausgaben sich aufgrund der Verluste von Truppen und Gelände sehr erhöht hatten, waren die Ursache dafür, daß der König seit zwei oder drei Jahren die Neujahrsgeschenke, die er seinem Sohn und seinen Töchtern zu machen pflegte und die sich auf sehr hohe Summen beliefen, zu vermindern und schließlich zu streichen beschloß. Die Staatskasse lieferte ihm jedes Jahr in den ersten Tagen fünfunddreißigtausend Louisdor für seine Familienmitglieder, gleichviel wie die Währung auch stand. Dieses Jahr 1707 waren es nur noch zehntausend. Am meisten davon betroffen wurde Mme. de Montespan. Seit sie den Hof für immer verlassen hatte, zahlte ihr der König, wie sie auch miteinander standen, jedes Jahr zwölftausend Louisdor. Mme. d'O war beauftragt, ihr vierteljährlich dreitausend Louisdor zu überbringen. Dieses Jahr ließ der König ihr sagen, daß er ihr nicht mehr als achttausend geben könne. Mme. de Montespan betrübte das kaum, sie antwortete, daß sie es nur bedauere wegen der Armen, denen sie in der Tat im Überfluß spendete.

Am Samstag, den 8. Januar, kam die Duchesse de Bourgogne sehr leicht und sehr rasch etwas vor 8 Uhr morgens mit dem Duc de Bretagne nieder. Die Freude war groß; aber der König, der bereits einen Enkel verloren hatte, verbot alle Ausgaben, die bei der Geburt des ersten gemacht wurden und die sehr hoch gewesen waren. Er schrieb dem Herzog von Savoyen, um ihm trotz des Krieges und seiner äußersten Unzufriedenheit dieses Ereignis mitzuteilen, und er erhielt eine freudige und dankbare Antwort.

Nachdem er sich bis in sein fünfundachtzigstes Jahr stets bester Gesundheit erfreut und einen völlig klaren Kopf bewahrt hatte, starb der Comte de Gramont mit über sechsundachtzig Jahren in Paris. Er war der Onkel des Marschall Gramont, früh schon hatte er sich eng an Monsieur le Prince angeschlossen, dem er nach Flandern folgte; später ging er nach England und heiratete dort Mlle. Hamilton, in die er so rasend verliebt war, daß seine Brüder ihn in ihrer Empörung zwangen, sie zu seiner Frau zu machen. Er war ein sehr geistreicher Mann; sehr rasch fand er die Lächerlichkeit und Schwächen eines jeden heraus, vermochte sie in zwei Worten zu charakterisieren; machte mit größter Kühnheit seine frechen Bemerkungen in aller Öffentlichkeit, in Gegenwart, ja sogar oft vor dem König, ohne daß Verdienst, Größe, Gunst oder Stellung jemanden vor seinen Bosheiten hätte bewahren können. Damit unterhielt er den König; er trug ihm tausend Skandal- und Klatschgeschichten zu, denn er hatte sich die Freiheit erworben, dem König alles sagen zu dürfen, sogar über seine Minister. Er war ein emsiger Spürhund, dem nichts entging, und er rührte sich niemals vom Hofe weg. Es machte ihm gar nichts aus, vor Leuten, die er böse verleumdet hatte, wenn er sie brauchte, auf dem Bauch zu kriechen und sobald er das erreicht hatte, was er von ihnen wollte, wieder sein Schandmaul zu betätigen. Er stand nie zu seinem Wort und gab nichts auf Ehre; das ging so weit, daß er selbst tausend witzige Geschichten über sich zum Besten gab und aus seiner Schamlosigkeit noch Ruhm zog, indem er der Nachwelt die Memoiren seines Lebens hinterließ, die nun jedermann kennt und die seine ärgsten Feinde nicht zu veröffentlichen gewagt hätten. Kurzum, ihm war alles erlaubt, und er erlaubte sich alles, das war der Lebensstil, den er bis ins hohe Alter beibehielt. Als es ihm mit fünfundachtzig Jahren, ein Jahr vor seinem Tode, sehr schlecht ging, brachte seine Frau das Gespräch auf Gott; da er sein Leben lang nie an ihn gedacht hatte, war er sehr überrascht über diese Mysterien. Schließlich meinte er: »Aber Comtesse, ist das, was du mir da sagst, wirklich wahr?« Und als er sie dann das Vaterunser hersagen hörte, fragte er: »Comtesse, dieses Gebet ist sehr schön, wer hat es denn verfaßt?« Um Religion hatte er sich nie gekümmert. Über seine Aussprüche und Taten ließen sich Bände schreiben, aber sie wären recht kärglich, wenn man die Unverschämtheit, die Zoten und Schändlichkeiten ausließe. Mit all diesen von keiner Tugend getrübten Lastern hielt er den Hof in Schach, und dieser fühlte sich nun von einer Geißel befreit, welche der König sein Lebtag begünstigt und ausgezeichnet hatte.

In dieser Zeit gelang den Engländern der große Staatsakt, den sie sich seit so vielen Jahren vorgenommen hatten und an dem der Prinz von Oranien gescheitert war, nämlich das, was sie die Vereinigung mit Schottland nannten und was die Schotten genauer als eine Herabsetzung Schottlands zur Provinz bezeichneten.

Bälle. – Die Zukunft des Duc de Villeroy von seines Vaters Ungnade überschattet.

Man veranstaltete im Winter viele Bälle in Marly, der König gab keinen in Versailles, aber die Duchesse de Bourgogne besuchte etliche bei Madame la Duchesse, bei der Marschallin Noailles und bei anderen, meist waren es Maskenbälle. So auch bei Mme. du Maine, die sich mehr und mehr befleißigte, mit ihren Domestiken und einigen alten Schauspielern Komödien aufzuführen. Der ganze Hof ging dorthin; man begriff nicht, wozu sie sich dieser närrischen Anstrengung unterzog, sich als Komödiantin verkleidete, die größten Rollen auswendig lernte und deklamierte, um ein öffentliches Schauspiel auf einem Theater zu veranstalten. M. du Maine, der ihr nicht zu widersprechen wagte, aus Furcht, sie könne, wie er Mme. de Saint-Simon einmal unumwunden erklärte, am Ende vollkommen überschnappen, saß in einer Ecke bei der Tür und machte die Honneurs. Einmal abgesehen von der Lächerlichkeit: diese Vergnügungen waren nicht gerade billig.

Unter den zur Armee ernannten hohen Offizieren wurde der Duc de Villeroy vergessen; das war ein harter Schlag für ihn und seinen Vater. Der Marschall Villeroy, der stets oberflächlich den jungen, galanten Mann spielen wollte, besaß in Paris ein kleines, abgelegenes Haus, wie es unlängst bei den jungen Leuten Mode geworden war. Dahin begab er sich, als er aus Flandern kam, wobei er der Marschallin und seinen Freunden ausdrücklich verbot, ihn dort aufzusuchen. Dieses ausgefallene Verhalten beängstigte seine Familie. Harlay, der Erste Präsident, einer seiner Verwandten, war kühn genug, die Barrikade zu erstürmen, er drang bei ihm ein, und nun gab es keine Gelegenheit mehr, die Marschallin Villeroy abzuweisen. Er gestand ihnen allen, daß er die Papiere, in denen er um die Niederlegung seines Amtes und seine Statthalterschaft bitte, unterzeichnet habe und ständig mit sich herumtrage, in der Absicht, sie dem König zu schicken und ihn dann niemals wiederzusehen. Das sind Übertreibungen, die der Zorn mit sich bringt und gegen die man sich doch innerlich aufbäumt. Er hätte sein Entlassungsgesuch geradenwegs von seiner letzten Übernachtungsstelle aus absenden sollen, ohne diesen lächerlichen Abstecher an einen entlegenen Ort, der nur dazu herausforderte, ihn dort zu suchen. Ohne anzuhalten hätte er durch Paris fahren und sich nach Villeroy begeben müssen. Aber er war ein Mann, der immer Aufsehen erregen mußte, bar jeder Mäßigung, Folgerichtigkeit und Weisheit: er ließ sich also flehentlich bitten, dann warf er endlich seine Papiere ins Feuer und begab sich nach Versailles, wo man ihn so empfing, wie ich bereits berichtet habe. Chamillart und der Marschall Villeroy waren in unversöhnliche Gegnerschaft geraten, das stimmte mich äußerst besorgt für den Duc de Villeroy, mit dem ich mich durch seine Frau seit langem befreundet hatte. Ich sprach also eingehend mit Chamillart über das Ehepaar; dann sprach ich mit Villeroy, und dabei erfuhr ich, daß der Vater seinem Sohn verboten hatte, den Minister aufzusuchen; ein Kriegsmann, der, wer immer er sei, den Kriegsminister nicht aufsuchte, brach sich unweigerlich den Hals, gleichviel, wie begabt er war und wieviel Dienst er getan, er hatte nichts mehr zu erhoffen, geschweige denn den geringsten Aufstieg. Sie baten mich, die Sache mit Chamillart zu beraten. Aber sosehr ich mich auch bemühte, Chamillart die Situation und die Beziehung des Vaters zum Sohn darzustellen – ich sprach von der Unvernunft und der Autorität dieses Vaters, von der Feinfühligkeit des Sohnes, den er während seines Glanzes nur mit Härte und Strenge behandelt hatte – nichts vermochte Chamillart zu überzeugen. Er beauftragte mich, dem Duc de Villeroy die ergebensten Grüße zu vermitteln und ihm auszurichten, daß ihm im übrigen, abgesehen vom Kriege, alle Möglichkeiten offenstünden. Ich ging dann zum Abendessen zu dem Duc und der Duchesse de Villeroy, die sich über eine so schroffe Antwort bitterlich grämten. Ich erklärte ihm, daß der Skandal, dessenthalben Mme. de Caylus verbannt worden war, zwar ihr, aber nicht ihm verziehen worden sei und einen Eindruck hinterlassen habe, der bei Mme. de Maintenon trotz der Freundschaft, die sie für den Marschall Villeroy hege, noch immer nicht erloschen sei; zudem habe sich ja auch sein Vater niemals wirklich für ihn eingesetzt.

Chamillarts Überlastung. – Widerstand gegen die Steuer auf Taufen und Hochzeiten. – Vaubans und Boisguilberts Pläne für ein gerechteres Steuersystem von der Finanzbürokratie boykottiert.

Von der doppelten Belastung des Kriegs- und des Finanzministeriums niedergedrückt, fand Chamillart weder Zeit zum Essen noch zum Schlafen. Der König konnte sich nicht entschließen, ihn von den Finanzen zu entlasten, und so machte der Minister aus der Not eine Tugend, am Ende aber versagte der Körper. Er bekam Schwindelanfälle, Kopfschmerzen und magerte sichtlich ab, aber das Räderwerk durfte nicht stillstehen, und in diesen Ämtern war er der einzige, der es in Gang halten konnte. Er schrieb dem König einen pathetischen Brief, bat abermals um Entlastung; er verhehlte ihm nichts von der traurigen Lage der Staatsgeschäfte, es sei ihm, erklärte er, aus Zeitmangel und wegen seines Gesundheitszustandes unmöglich, dem abzuhelfen. Er würde des Königs Güte und Vertrauen übel mißbrauchen, wenn er ihm nicht deutlich sagte, daß alles zugrunde ginge, sofern er ihn nicht entlaste. Er pflegte bei den Briefen, die er an den König schrieb, stets einen breiten Rand zu lassen, auf diesen machte der König eigenhändig seine Bemerkungen und schickte ihm die Briefe dann zurück. Chamillart zeigte mir jenes Schreiben. Ich sah mit großem Erstaunen die abschließende handschriftliche Bemerkung des Königs: »Gut, dann werden wir eben beide zugrunde gehen.« Chamillart war darüber ebenso geschmeichelt wie verzweifelt, aber das gab ihm seine Gesundheit nicht wieder.

Der Druck der politischen Lage hatte den Einsatz aller Mittel erforderlich gemacht, um zu Geld zu kommen. Die Steuerpächter profitierten von diesen Möglichkeiten, und die Parlamente waren seit langem nicht mehr imstande, auch nur einen Einspruch zu erheben. Man legte also eine Steuer auf Taufen und Hochzeiten, ohne irgendwelche Rücksicht auf Religion und Sakramente und ohne Rücksicht darauf, daß es sich hierbei um das in der bürgerlichen Gesellschaft Unerläßlichste und Dringendste handelte. Dieser Erlaß war sehr einschneidend und erregte viel Anstoß. Die Folgen stellten sich unmittelbar ein und riefen eine befremdliche Verwirrung hervor. Die Armen und viele anderen kleinen Leute tauften ihre Kinder selber, ohne sie in die Kirche zu bringen, und verheirateten sich aufgrund gegenseitigen Einverständnisses am häuslichen Kamin, wenn sie nirgends einen Priester fanden, der sie bei sich zu Hause und ohne Formalitäten verheiraten wollte. Es gab keine Taufregister mehr, keine Gewißheit über die Taufen und folglich keine Kontrolle über die Geburten, keinen Zivilstand für die Kinder, die aus dieser Art Heiraten stammten. Man traf also die strengsten Maßnahmen gegen solch schädliche Steuerhinterziehung, das heißt, man verdoppelte die Vorkehrungen, die Inquisition und die Härte, um zur Zahlung dieser Steuer zu zwingen. Von dem öffentlichen Unmut und dem Murren ging man an einigen Orten zur Selbsthilfe über; das führte so weit, daß zum Beispiel in Cahors zwei Bataillone, die dort lagen, die bewaffneten Bauern kaum hindern konnten, sich der Stadt zu bemächtigen, so daß man Truppen dorthin schicken mußte, die für Spanien bestimmt waren, wodurch sich deren Aufbruch sowie der des Duc d'Orléans verzögerten. Im Périgord erhoben sich alle Bauern, plünderten die Büros, machten sich zum Herrn einer kleinen Stadt und einiger Schlösser und zwangen ein paar Edelleute, sich an ihre Spitze zu stellen. Es war kein einziger Neubekehrter unter ihnen: sie erklärten nachdrücklich, daß sie die Taille und die Kopfsteuer, den Zehnten für ihre Pfarrer sowie die Abgaben an den Standesherrn bezahlen wollten, aber daß sie darüber hinaus nichts bezahlen könnten und auch nichts weiter von anderen Steuern und Belästigungen hören wollten. Am Ende mußte man diese Steuer auf Taufen und Hochzeiten fallenlassen, zum großen Leidwesen der Steuerpächter, die sich an der Menge der Fälle, und mehr noch durch Zwangsmaßnahmen, durch überflüssige Einziehung und durch Gaunereien unbarmherzig bereicherten.

Wir haben bereits von Vauban gesprochen, als er zum Marschall von Frankreich erhoben wurde, nun werden wir ihm wiederbegegnen: dem Grabe nahe, voll Gram und bitterem Schmerz über etwas, das ihm zur höchsten Ehre gereichte, und ihm überall sonst, nur nicht in Frankreich, als dankenswerte und verdienstvolle Tat angerechnet worden wäre. Da er ein Patriot war, hatte er sein Leben lang unter dem Elend des Volkes gelitten. Was er in seinen Ämtern an Vergeudung gesehen sowie die geringe Hoffnung, daß der König den Aufwand für Vergnügen und Repräsentation einschränken würde, ließen ihn schmerzlich bedauern, daß er gegen die Entbehrungen, die von Tag zu Tag drückender wurden, keine Abhilfe finden konnte. In dieser Gesinnung zog er auf jeder Reise – und er durchquerte das Königreich des öfteren bis in seine kleinsten

Winkel – allenthalben genaue Erkundigungen ein über den Wert und die Erzeugnisse der Ländereien, über den Stand des Handels und der Erwerbszweige in den Provinzen und in den Städten, über die Form der Steuererhebung und über die Art und Weise, diese zu entrichten. Nicht zufrieden mit dem, was er selber sehen und bewerkstelligen konnte, entsandte er, um sich ins Bild zu setzen, überall dorthin, wo er nicht hinfahren konnte und sogar an Orte, wo er gewesen, heimlich jemanden, um dessen Berichte mit dem zu vergleichen, was er selber in Erfahrung gebracht hatte. Er verwandte die letzten zwanzig Jahre seines Lebens auf diese Untersuchungen, die er sich viel kosten ließ. Schließlich war er davon überzeugt, daß die Ländereien die einzig solide Einnahmequelle darstellten, und er begann ein neues System auszuarbeiten. Er war schon recht weit damit gediehen, als verschiedene kleine Schriften des Sieur de Boisguilbert erschienen; der Autor, Generalleutnant bei der Belagerung von Rouen, war ein sehr geistreicher und fleißiger Mann. Er vertrat seit langem die gleichen Ansichten wie Vauban und arbeitete seinerseits seit geraumer Zeit an diesem System. Er hatte, als der Kanzler Pontchartrain noch für die Finanzen zuständig war, schon einiges Material zusammen. Er suchte ihn also eilends auf, bat ihn, er möge ihn mit Geduld anhören, denn zweifellos würde er ihn zunächst für einen Narren halten, dann aber bemerken, daß er doch Aufmerksamkeit verdiene, und am Ende sehr zufrieden sein mit dem von ihm dargelegten System. Angeödet von all den Leuten, die ihn mit guten Ratschlägen behelligten, lachte Pontchartrain bitter, erwiderte kurz angebunden, er wolle es bei ersterem bewenden lassen, und kehrte seinem Besucher den Rücken. Nach Rouen heimgekehrt, ließ Boisguilbert sich durch den Mißerfolg seiner Reise keineswegs entmutigen; er arbeitete nur um so emsiger an seinem System, das ungefähr das gleiche war wie das Vaubans, ohne daß die beiden einander kannten. So verfaßte er ein gelehrtes, sachkundiges Buch, in dem er darlegte, wie man zu einer neuen Verteilung der Steuern gelangen könne, um das Volk von der Ausbeutung, der es anheimgefallen, und den vielen Abgaben zu befreien.

Chamillart, der Pontchartrains Nachfolger wurde, prüfte dieses Buch, fand es beachtenswert und ließ Boisguilbert zwei- oder dreimal nach Etang kommen und besprach sich, da er ein Minister war, dessen Rechtschaffenheit nur die allgemeine Wohlfahrt erstrebte, dort einige Male mit ihm. Zur selben Zeit las Vauban, der noch immer mit seinem Werk beschäftigt war, mit Aufmerksamkeit jene Schrift sowie einige weitere desselben Autors: sofort beschloß er, mit Boisguilbert ins

Gespräch zu kommen. Da er sich wenig um seine Familie, aber um so eifriger um die Entlastung des Volkes und um das Wohl des Staates kümmerte, verbesserte und vervollkommnete er seine Bücher unablässig. Er und Boisguilbert waren sich über die wesentlichen Punkte einig, aber nicht über alle. Boisguilbert wollte nach holländischer Art auf dem Außenhandel und dem Getreide einige Steuern belassen, er war hauptsächlich bestrebt, die drückendsten zu beheben, zumal die ungeheuren Abgaben, die, ohne in die Kassen des Königs zu fließen, die Bevölkerung zugunsten der Steuerpächter und ihrer Angestellten ruinierten, die sich dabei maßlos bereicherten, was immer so weiterging und heute noch der Fall ist, ja sich fortwährend verschlimmert hat. Vauban, der hinsichtlich der Ausbeutung derselben Meinung war, ging soweit, die Steuern selber anzugreifen; er wollte alle Arten von Steuern abschaffen und gedachte sie durch eine einzige zu ersetzen, der er den Namen *dîme royale* (Königszehnt) gab und die er in Zweige aufteilte; die eine belegte die Ländereien mit dem Zehntel ihrer Produkte, die andere unterlag der Einschätzung, ging auf Handel und Industrie, die seiner Meinung nach gefördert statt niedergedrückt werden sollten. Er schrieb sehr einfache, maßvolle, kluge und leichte Durchführungsbestimmungen für die Erhebung und Feststellung dieser beiden Abgaben vor, je nach dem Wert der betreffenden Ländereien und im genauen Verhältnis zur Einwohnerzahl, mit der man im Königreich rechnen konnte. So erntete das Werk den entsprechenden Beifall bei Laien wie bei Sachkundigen, die die Gründlichkeit, Genauigkeit und Klarheit dieser Darlegung bewunderten. Doch es wies einen entscheidenden Fehler auf: es billigte dem König in Wahrheit mehr zu, als er mit den bisher betriebenen Praktiken hatte herausholen können, es rettete die Bevölkerung vor dem Ruin und der Ausbeutung, ja bereicherte sie, da es ihr all das ließ, was ohnehin nicht in die Kassen des Königs floß, aber es ruinierte eine Armee von Finanzleuten, großen und kleinen Angestellten aller Art, die es zwang, auf eigene Kosten statt auf Kosten der Öffentlichkeit zu leben, und es untergrub die Bildung jener ungeheuren Vermögen, wie man sie in kurzer Zeit hatte entstehen sehen. Deshalb war der Plan von vornherein zum Scheitern verurteilt. Aber das eigentliche Verbrechen bestand darin, daß mit dieser Praxis die Autorität des Generalkontrolleurs sank, daß seine Gunst, sein Reichtum, seine Allmacht abnahmen und folglich auch die der Finanzintendanten sowie ihrer Sekretäre, ihrer Unterbeamten, ihrer Schützlinge, die nun ihre Kapazität, ihre Beflissenheit, ihre Schlauheit, ihren Einfluß nicht mehr in Anschlag bringen konnten und die sich darüber hinaus mit einem Schlag außerstande gesetzt sahen, jemandem etwas Gutes zu tun oder Böses zuzufügen. Es ist also nicht weiter erstaunlich, daß diese so allmächtigen Leute, denen Vaubans Buch alles aus der Hand nahm, sich geschworen hatten, gegen ein für den Staat so nützliches, für den König so segensreiches, für die Bevölkerung Frankreichs so vorteilhaftes, aber für sie selbst so schädliches System zu konspirieren. Die gesamte Justizverwaltung schnaubte, weil ihre Interessen auf dem Spiel standen.

Aus verwandtschaftlicher Bindung vertraten Beauvillier und Chevreuse den Standpunkt ihres Schwiegervaters Colbert, von dessen Theorie und Praxis dieses Buch weitgehend abwich, sie ließen sich überdies durch die entscheidenden und schwerwiegenden Einwände Desmaretz' irreführen, da er der einzige Schüler seines Onkels Colbert war, der ihn erzogen und unterrichtet hatte. Auch Chamillart, der so milde war, so besorgt um das öffentliche Wohl und der es, wie man gesehen, nicht verabsäumt hatte, mit Boisguilbert zu konferieren, erlag der Verführung Desmaretz'. Der Kanzler, der es nie vergessen konnte, daß er, wiewohl mit Widerwillen, einmal Generalkontrolleur der Finanzen gewesen, ereiferte sich heftig; mit einem Wort, nur die Ohnmächtigen und an keine Interessen Gebundenen standen auf seiten Vaubans und Boisguilberts: will sagen, die Kirche und der Adel, denn das Volk, das hierbei alles gewonnen hätte, wußte nicht, daß es seinem Heil schon ganz nahe war und daß nur die Großbürger Grund zum Jammern hatten.

Es war also kein Wunder, wenn der König, dieser Art gewarnt und voreingenommen gemacht, den Marschall Vauban, als jener ihm sein Buch überreichte, sehr schlecht empfing. Man kann sich denken, daß die Minister, denen er es gleichfalls überreichte, ihm keinen besseren Empfang bereiteten. Schlagartig versanken vor den Augen des Königs die Dienste, die Vauban ihm geleistet, ins Nichts, seine einzigartigen militärischen Erfolge, seine Tugenden, die Neigung, die der König selbst ihm entgegengebracht hatte und die so weit ging, daß er wähnte, sich persönlich mit Lorbeeren zu schmücken, wenn er Vauban erhob: all das war vollends vergessen. Er betrachtete ihn nur noch als Verrückten, den die Liebe zum öffentlichen Wohl um den Verstand gebracht hatte, als Verbrecher, der die Autorität seiner Minister und infolgedessen auch die seinige angriff, und er brachte das unumwunden zum Ausdruck. Das hallte mit grellem Echo in der gesamten beleidigten Finanzwelt wider. Aber der unglückliche Marschall, der seit langem im Herzen eines jeden Franzosen wohnte, konnte ohne die Gnade seines Herrn, für den er alles getan, nicht weiterleben. So starb er wenige Monate später vom Gram verzehrt und von einer Trauer erfüllt, die nichts zu mildern vermochte, gegen die der König jedoch derart unempfindlich war, daß er sich den Anschein gab, als bemerke er nicht, einen so nützlichen und ruhmreichen Diener verloren zu haben. Gleichviel wurde Vauban in ganz Europa und selbst von den Feinden betrauert, und auch in Frankreich nicht wenig, jedenfalls von all denen, die keine Finanzleute und Helfershelfer der Steuerpächter waren.

Boisguilbert, dem dieses Ereignis eine Lehre hätte sein sollen, konnte mit seiner Meinung nicht hinter dem Berge halten. Einen Einwand hatte Chamillart ihm besonders zu bedenken gegeben: die Schwierigkeit, während eines so belastenden Krieges Veränderungen im System vorzunehmen. Boisguilbert veröffentlichte nun eine kleine Schrift, in der er darlegte, daß M. de Sully, angesichts der verwirrten Finanzen, die Heinrich IV. ihm aufgebürdet, deren ganzes System mitten im Krieg grundlegend geändert und damit Erfolg gehabt hatte; mit einem »Aber muß man den Krieg abwarten, bis . . .« fuhr er fort und ereiferte sich über das Unzutreffende dieses Einwandes, um mit ebensoviel Beredsamkeit wie Sachkenntnis eine große Zahl von Mißbräuchen darzulegen, denen man notwendigerweise erliegen müsse, womit er die durch den Hinweis auf den Duc de Sully ohnehin schon erbosten Minister vollends erzürnte, insbesondere reizte es sie, den Namen eines Grandseigneurs hören zu müssen, der mehr von den Finanzen verstanden hatte als die gesamte Justiz- und Beamtenwelt. Die Rache ließ nicht auf sich warten: Boisguilbert wurde in die tiefste Auvergne verbannt. Das berührte ihn nicht weiter, vielleicht schmeichelte ihm das Exil sogar, da er furchtlos für die Allgemeinheit gearbeitet hatte, gleichviel welche Schwierigkeiten ihm daraus entstehen konnten.

Er war also von allen verlassen, aber man vergaß nicht, daß er den Zehnten wieder zum Leben erweckt hatte, und einige Zeit später erhob man den Zehnten tatsächlich, doch anstatt sich an Stelle aller anderen Steuern mit diesem Zehnten zu begnügen, wie Vaubans System es vorsah, erhob man ihn zusätzlich zu allen anderen Abgaben auf alle Güter. Man hat ihn während jedes Krieges und sogar im Frieden erneuert. Das beweist, wie in Frankreich die lautersten Absichten zuschanden gemacht werden und wie man jede echte Hilfsquelle versiegen läßt. Wer hätte dem Marschall Vauban vorausgesagt, daß all seine Bemühungen, jedem Franzosen Erleichterung zu schaffen, nur dazu dienen würden, eine neue, zusätzliche, härtere, dauerhaftere und weit höhere Steuer heraufzubeschwören? Eine schreckliche Lehre, geeignet, die besten Absichten auf dem Gebiet der Steuer- und Finanzreform zum Erlahmen zu bringen.

Entführung des Ersten Stallmeisters. – Mesalliance im Hause Bouillon. – Die Banknotenschwemme und der Verfall der Staatsfinanzen. – Harlays allzu freie Rede vor dem Parlament führt zu seinem freiwilligen Rücktritt. – Porträt Harlays. – Rangelei um seine Nachfolge: Peletier. – Verwandtschaft des Kardinals Mazarin. – Der »Parvulo« von Meudon um die Mätresse Monseigneurs, Mlle. Choin.

Ein ebenso befremdliches wie einzigartiges Ereignis versetzte den König in große Unruhe und den ganzen Hof sowie die Stadt in große Aufregung. Am Donnerstag, den 7. März, war Beringhen, der Erste Stallmeister des Königs, nachdem er von einem Spaziergang in Marly nach Versailles zurückgekommen, dort um 7 Uhr abends in die Kutsche gestiegen, das heißt in eine Karosse des Königs, um sich nach Paris zu begeben, begleitet von zwei königlichen Dienern auf dem Rücksitz und einem Pferdejungen, der auf dem siebten Pferd die Fackel vor ihm hertrug. Auf der Ebene von Billancourt zwischen einem Gutshaus bei der Brücke von Sève und einer Wirtschaft namens Point-du-Jour wurde er angehalten. Fünfzehn oder sechzehn berittene Männer umringten ihn und schleppten ihn weg. Der Kutscher drehte im Galopp um, brachte die Karosse und die beiden königlichen Diener nach Versailles zurück, wo der König sofort bei ihrer Ankunft von dem Vorfall unterrichtet wurde, er gab den vier Staatssekretären in Versailles, in Etang und in Paris den Befehl, augenblicks überall an die Grenzen Kuriere zu schikken, die Gouverneure zu beauftragen, die Durchgänge zu bewachen, durch die, wie man erfahren hatte, ein feindliches Streifkorps in Artois eingedrungen war. Man wollte zuerst nicht daran glauben, daß es ein Streifkorps wäre; aber die Tatsache, daß der Erste Stallmeister keine Feinde hatte, daß er nicht in dem Ruf stand, ein reicher Mann zu sein, dem man Lösegeld abverlangen konnte, bewirkte, daß man doch annahm, es könne ein Streifkorps sein; und in der Tat, es war eines. Ein Mann namens Guethem, der während des letzten Krieges, den der Kurfürst von Bayern auf seiten der Alliierten gegen Frankreich führte, dessen Violinspieler gewesen war, hatte sich unter die feindlichen Truppen begeben, wo er allmählich zu einem kühnen Partisanen aufstieg und schließlich zum Obersten der holländischen Truppen wurde. Als er eines Abends plaudernd mit seinen Kameraden zusammensaß, schloß er eine Wette ab, daß es ihm gelingen würde, irgendeine wichtige Persönlichkeit zwischen Paris und Versailles zu entführen. Die feindlichen Generale gaben ihm einen Paß, dazu dreißig ausgewählte Männer, fast alles Offiziere. Als Kaufleute verkleidet passierten sie die Flüsse, was ihnen die Möglichkeit bot, ihre Relaisstationen festzulegen. Mehrere von ihnen hatten sich sieben oder acht Tage in Sève, in Saint-Cloud und in Boulogne aufgehalten, es gab sogar welche, die die Kühnheit besaßen, dem König beim Abendessen in Versailles zuzusehen. Einen von diesen nahm man anderentags fest. Er gab Chamillart auf dessen Fragen recht unverschämte Antworten, und im Wald von Chantilly nahmen die Leute von Monsieur le Prince einen weiteren fest, von dem man erfuhr, daß sie in Morlière eine Relaisstation und eine Postkutsche hatten, um den Gefangenen, wenn sie ihn ergriffen, abzutransportieren; aber inzwischen hatte er bereits die Oise überquert. Der Fehler, den sie gleich zu Anfang begangen hatten, war, daß sie nicht sofort die Kutsche mit Beringhen so weit wie möglich weggebracht hatten, was ihnen ja bei der Dunkelheit möglich gewesen wäre. Statt dessen ermüdeten sie ihn im Galopp und im Trab. Den Kanzler mußten sie sich zu ihrem Leidwesen entgehen lassen, denn sie wagten nicht, ihn am hellen Tag zu ergreifen. Auch der Duc d'Orléans war ihnen entwischt, weil sie ihn in der Postkutsche nicht erkannten. Da sie des Wartens überdrüssig waren und fürchteten, Argwohn zu erregen, stürzten sie sich auf diesen Wagen und glaubten, wunder was gefunden zu haben, als sie im Schein der Fakkel eine Karosse des Königs und dessen Livree erblickten und drinnen einen Mann mit dem Heilig-Geist-Orden auf dem Überrock, wie ihn der Erste Stallmeister immer zu tragen pflegte. Es dauerte nicht lange, bis er erfuhr, wer sie waren, und ihnen seinerseits sagte, wer er war. Guethem erwies ihm jeden erdenklichen Respekt und drückte den Wunsch aus, ihm alles zu ersparen, was ihn ermüden könne. Er trieb seine Rücksichten sogar so weit, daß sie fast gefährdet wurden; sie ließen ihn zweimal ausruhen, wodurch sie eine ihrer Relaisstationen versäumten, was sie sehr aufhielt. Trotz der Umsicht, mit der man alle Durchgänge bewacht hielt, hatte der Großstallmeister, von drei Offizieren bewacht, nach Abgabe des Versprechens keinen Widerstand zu leisten, die Somme überquert und war bereits vier Meilen hinter Ham. Da kam ein Quartiermeister auf sie zu, dem in einigem Abstand eine Abteilung des Regiments von Livry und dann eine weitere folgte, dergestalt daß sich Guethem, der sich nicht mehr stark genug fühlte, mit seinen beiden Kameraden ergab und nun seinerseits Gefangener wurde. Der Erste Stallmeister, der über seine Befreiung sehr erfreut und sehr dankbar war, so gut behandelt worden zu sein, führte sie nach Ham, wo er sich ausruhte und sie seinerseits aufs beste behandelte. Er benachrichtigte seine Frau und Chamillart; mit großer Erleichterung las der König beim Abendessen die Briefe, die er ihm geschrieben hatte. Am Dienstag, den 29. März, langte der Großstallmeister in Versailles an, ging geradenwegs zu Mme. de Maintenon, wo der König ihn aufs beste empfing und sich sein ganzes Abenteuer erzählen ließ. Obwohl er dem Großstallmeister sehr geneigt war, vermerkte er es dennoch übel, daß man in den Stallungen ein Fest feierte und dort ein Feuerwerk vorbereitet hatte; er ließ alle diese Freudenkundgebungen verbieten, und das Feuerwerk durfte nicht abgebrannt werden: das waren so seine kleinen Eifersüchteleien, er wollte, daß alles rückhaltlos und ungeteilt nur ihm geopfert wurde. Der ganze Hof nahm Anteil an dieser Rückkehr, und der Großstallmeister hatte allen Anlaß, sich durch den öffentlichen Empfang über seine Erschöpfung zu trösten. Er erwirkte für Guethem die Erlaubnis, dem König seine Aufwartung zu machen und ihn zu der üblichen Revue, die der König vor dem Feldzug immer in Marly abhielt, mitnehmen zu dürfen. Er tat sogar noch mehr, denn er ließ ihn dem König vorstellen, der Guethem lobte, weil er den Ersten Stallmeister so gut behandelt hatte, und hinzufügte, man solle den Krieg immer so ehrenhaft führen. Guethem, der sehr geistesgegenwärtig war, antwortete, er sei so erstaunt, sich vor dem größten König der Welt zu sehen, daß er sich außerstande fühle, etwas zu erwidern. Er blieb noch zehn oder zwölf Tage bei dem Stallmeister, um Paris zu besichtigen, um in die Oper und die Komödie zu gehen, wo er selbst zum Schauspiel wurde. Dann entließ man ihn auf Ehrenwort nach Reims, damit er sich wieder mit seinen Kameraden vereine, die in der Stadt gefangengehalten wurden. Fast alle übrigen waren entkommen. Ihr eigentlicher Plan war es gewesen, Monseigneur oder einen seiner Söhne zu entführen. Dieses lächerliche Abenteuer gab Anlaß zu außerordentlichen Vorsichtsmaßnahmen, die den Handel an den Brücken und bei den Übergängen sehr beschwerlich machten. Es bewirkte auch, daß viele Leute verhaftet wurden. Die Jagdausflüge der Prinzen wurden für eine Weile eingeschränkt, bis die Dinge wieder ihren gewöhnlichen Gang nahmen. Aber es war höchst amüsant, während dieser Zeit die Furchtsamkeit der Damen zu beobachten, ja sogar einiger Herren bei Hofe, die nicht mehr wagten, zwischen Abend und Morgen auszugehen, und die sich einbildeten, überall mit Leichtigkeit gefangengenommen werden zu können.

Der so ungeheure Dünkel des Hauses Bouillon war unversehens der Gier nach dem Reichtum gewichen. Der dritte Sohn des Duc de Bouillon, der Comte d'Evreux, hatte dank der Gunstbezeugung des Königs und des Geldbeutels seiner Freunde die Möglichkeit gefunden, sich mit der Charge eines Generalobersten der Kavallerie zu bekleiden, die sein Onkel, der Comte d'Auvergne, innegehabt hatte: aber er hatte nicht die Mittel, sie zu bezahlen, noch das nötige Geld, um seinen Lebensunterhalt zu bestreiten; und weder M. de Bouillon noch der Kardinal waren imstande oder willens, ihm etwas zu geben. Er beschloß also, in den sauren Apfel zu beißen und eine Mesalliance einzugehen; er gedachte mit Hilfe des Königs die Tochter Crozats zur Prinzessin zu machen. Crozat, der zunächst niederer Handelsgehilfe, dann kleiner Finanzbeamter und schließlich Kassierer des Klerus gewesen, hatte sich in Überseeunternehmungen und Bankgeschäfte gestürzt und galt nun mit Recht als einer der reichsten Männer von Paris. Mme. de Bouillon, die uns von dem Heiratsplan erzählte, bat uns inständig, diese ganze groteske Sippschaft zu besuchen. Sie gab uns eine Namensliste, und wir suchten sie alle auf; sie waren überglücklich; einzig die Mutter der Mme. Crozat hatte sich ihren gesunden Menschenverstand bewahrt, sie empfing die Besuche mit sehr respektvoller, aber gelassener Miene und meinte, es sei eine Ehre, die ihnen nicht zukomme, und sie wisse nicht, wie sie die Mühe, die man sich nehme, danken sollte. Sie hatte diese Heirat, deren unmittelbare Folgen sie voraussah und -sagte, niemals gebilligt. Crozat richtete in seinem Hause eine üppige Heirat aus, beherbergte und speiste die jungen Eheleute. Mme. de Bouillon gewöhnte es sich an, ihre Schwiegertochter ihr kleines Goldklümpchen zu nennen.

Indessen ächze man unter der Steuererhöhung und der ungeheuren Flut von Geldscheinen, durch die man unendlich viel verlor. Trotz dieser Belastung hatten die Erfordernisse des Krieges während der Parlamentsferien eine Reihe neuer Finanzverordnungen notwendig gemacht, die man nun bei Wiedereinberufung des Parlaments gesetzlich verankern mußte. Harlay, der Erste Präsident, sprach bei dieser Gelegenheit mit großer Beredsamkeit, aber da er sich um seine Hoffnungen bei Hofe betrogen sah, äußerte er sich mit einer Freiheit, die bisher noch niemals üblich gewesen. Als er auf die große Anzahl der gesetzlich zu verankernden Notverordnungen zu sprechen kam, verbreitete er sich über die Dringlichkeit dieser Maßnahme; er fügte hinzu, daß man heute dabei weder für sein Gewissen, weder für seine Ehre zu fürchten habe, da nun die Zeiten vorbei seien, wo noch irgendeine Prüfung oder ein Einspruch möglich gewesen, es handle sich also jetzt nicht mehr darum, auf Einzelheiten einzugehen, Motive, Vorwände und Rechtlichkeit zu diskutieren, da das Parlament zu nichts dergleichen befugt sei, es gehe nur noch darum, daß es die Verordnungen gesenkten Hauptes bestätige, das sei das einzige, was ihm aufgetragen sei. Eine so ungeheuerliche Rede mußte großes Aufsehen erregen. Man ließ dem Ersten Präsidenten eine Warnung zukommen: er schrieb den Ministern und versuchte einige Tage danach sich beim König zu rechtfertigen. Überall wurde er glänzend empfangen, die Minister schmeichelten ihm, der König behandelte ihn sehr gut. Er kehrte also höchst zufrieden zurück: aber bald darauf begann man sich zuzuflüstern, daß dieser Zyniker nicht mehr allzulange auf seinem Posten bleiben werde. Gleichviel hielt er sich noch vier Monate: doch schließlich mußte er weichen; um sich einen guten Abgang zu verschaffen, tat er, als ob er sich freiwillig zurückzöge. Dieser geborene Heuchler ließ es sich angelegen sein, seinen Abgang so zu gestalten, wie er seine Amtsführung betrieben hatte: er ging also nach Versailles, um Vergebung zu erbitten, wie es die Kartäuser-Generale mit ihren Hauptkapiteln halten, die jedoch sehr erzürnt wären, wenn sie beim Wort genommen würden, und die es nicht verabsäumen, die nötigen Vorkehrungen zu treffen, damit ihre Abdankung nicht angenommen wird: in diesem Falle jedoch war die Sache unwiderruflich beschlossen. Harlay kam also am Sonntag, den 10. April, nach Versailles und sprach am frühen Morgen beim Kanzler vor. Vom Kanzler ging er zum König, um vor der Ratssitzung unter vier Augen mit ihm zu sprechen. Er hatte seine Rede wohl vorbereitet, er gedachte den kostbaren Moment wahrzunehmen, den König zu rühren und so seinen Posten für seinen Sohn zu erhalten: aber der sonst so geschickte, so wendige, so schlagfertige, einfallsreiche und mit allen Wassern gewaschene Mann war mit einem Mal von dieser Art Leichenfeier derart ergriffen, vielleicht auch derart gekränkt, derart erbost und verwirrt, daß er kein einziges Wort herauszubringen vermochte und daß er das Kabinett des Königs weit unzufriedener mit sich selbst als mit seiner Abdankung verließ.

Harlay war klein und mager, mit einem hageren Gesicht, einer großen Adlernase und Geieraugen, die die Gegenstände zu verschlingen und die Wände zu durchdringen schienen. Immer in Amtsrobe, wenn auch einer sehr abgewetzten, mit gekrümmtem Rücken; sein ganzes Benehmen war gezwungen, gehemmt und affektiert: der Geruch der Heuchelei umwehte ihn; sein Gebaren war falsch und zynisch, die Verbeugungen langsam und tief, immer ging er dicht an den Wänden entlang mit einer stets ehrerbietigen Miene, hinter der jedoch immer die Unverschämtheit hindurchschimmerte, selbst in der Umgangssprache, immer lakonisch, niemals war er ungezwungen, und nie war es jemand ihm gegenüber: viel natürlicher umfassender Verstand, viel Scharfsinn, gute und genaue Kenntnis der Gesellschaft, vor allem der Leute, mit denen er es zu tun hatte, große Belesenheit und Beschlagenheit in der Rechtswissenschaft und, was leider sehr selten geworden, sehr bewandert im Öffentlichen Recht, ein hervorragendes Gedächtnis und dabei eine Langsamkeit, die er zur Attitüde machte, eine genaue Einschätzung, eine überraschende Auffassungsgabe und stete Geistesgegenwart: in der Rechtspraxis den gewitzigsten Rechtsanwälten überlegen, dazu ein unvergleichliches Talent zu regieren, mittels dessen er sich zum Herren des Parlaments gemacht hatte, so daß es niemanden in diesem Gremium gab, der sich ihm gegenüber nicht wie ein Schüler vorkam. In seiner Gegenwart waren sie alle Knaben, die er nach seinem Belieben manipulierte, und oft, ohne daß sie dessen gewahr wurden, und wenn sie es merkten, wagten sie nicht, ihm zu widersprechen. Bei bestimmten Anlässen ein großartiges Auftreten aus Eitelkeit, im allgemeinen jedoch frugal aus demselben Dünkel heraus und, um sich den Sitten der früheren Magistratsbeamten anzunähern, ebenso bescheiden in seiner Einrichtung und in seinem Haushalt. Welch ein Jammer, daß so viele Vorzüge, so viele angeborene und erworbene Gaben derart aller Tugend entbehrten und einzig dem Bösen, dem Ehrgeiz, dem Geiz und dem Verbrechen zugewandt waren! Um seinen guten Ruf zu wahren, untadelig gerecht gegenüber Hinz und Kunz, dabei die Ungerechtigkeit selbst, wenn er seine Interessen verfolgte, unablässig nach dem Hof und nach der Karriere schielend.

Eine so perverse Seele wurde zwar nicht von Gewissensbissen, die er wohl nicht einmal kannte oder zumindest niemals hatte sichtbar werden lassen, dafür aber von Depressionen geplagt, die ihn überfielen und bei fast allen, die mit ihm zu tun hatten, Angst und Schrecken auslösten. Da er selbst zu leiden hatte, ließ er die anderen seine Leiden entgelten und erging sich in beißenden Ausfälligkeiten. Es herrschte also allgemeine Freude, als man sich von ihm befreit sah, und das unter sein hartes Joch gebeugte Parlament freute sich ganz besonders.

Es ist jammerschade, daß man aus all seinen Aussprüchen keine Harlayana zusammengestellt hat, sie würden diesen Zyniker charakterisieren und wären überdies höchst unterhaltend. Ich kann es nicht unterlassen, einige dieser Aussprüche wiederzugeben, die er bei sich zu Hause, in aller Öffentlichkeit oder ganz laut und vernehmlich während der Sprechstunden tat. Montataire hatte in zweiter Ehe eine Tochter des durch seine *Histoire amoureuse des Gaules* so bekanntgewordenen

Bussy-Rabutin geheiratet, die ihn für den Rest seines Lebens unglücklich machte. Er sowie seine Frau, die ich beide kannte, waren große Schwätzer und, wie es hieß, große Prozeßkrämer. Sie gingen zum Ersten Präsidenten in die Sprechstunde. Er kam ihnen, als sie an der Reihe waren, entgegen: der Ehemann wollte das Wort ergreifen; die Frau schnitt es ihm ab und begann seine Angelegenheit zu erläutern. Der Erste Präsident hörte eine Weile zu, dann unterbrach er sie und sagte zu dem Ehemann: »Monsieur, ist diese Dame ihre Frau?« – »Ja, Monsieur«, erwiderte Montataire einigermaßen verdutzt. – »Wie sehr ich Sie bedaure, Monsieur«, entgegnete der Erste Präsident achselzuckend mit mitleidiger Miene und kehrte den beiden alsbald den Rücken. Alle, die ihn hörten, mußten lachen, das Ehepaar kehrte verwirrt und erzürnt nach Hause zurück, ohne etwas aus dem Ersten Präsidenten herausgeholt zu haben als diese Beleidigung. Mme. de Lillebonne, die abgesehen von ihrem eigenen Rang, ihrem Ansehen und ihrem Einfluß auch noch den ihrer Töchter genoß, ging eines Tages mit diesen in jene Sprechstunde: die Antworten, die sie erhielten, waren so giftig, daß sie mit Tränen der Wut und des Trotzes in den Augen wieder herauskamen. Die Jesuiten und die Oratorianer waren im Begriff, gegeneinander zu prozessieren; der Erste Präsident ließ sie kommen, um sie miteinander zu versöhnen. Er unterhielt sich eine Weile mit ihnen, dann begleitete er sie hinaus: »Hochwürdige Patres«, sagte er zu den Jesuiten, »es ist ein Vergnügen, mit Ihrem Beistand zu leben«, und indem er sich kurz zu den Oratorianern umwandte, »und ein Glück, mit dem Ihren zu sterben.«

Die Duchesse de La Ferté bat ihn um eine Audienz und hatte wie alle Welt seine ätzende Laune zu erdulden. Beim Hinausgehen beklagte sie sich bei ihrem Anwalt und nannte den Ersten Präsidenten einen alten Affen; dieser folgte ihr auf dem Fuße, sagte jedoch kein Wort zu ihr. Schließlich wurde sie seiner ansichtig, aber sie hoffte, er hätte sie nicht gehört, und er geleitete sie zu ihrer Karosse. Bald darauf kam ihr Fall zur Verhandlung, und der Prozeß wurde gewonnen. Sie lief zum Ersten Präsidenten und überschüttete ihn mit Dankesbezeugungen. Er, demütig und bescheiden, verbeugte sich tief, dann erwiderte er ihr, indes er sie scharf ansah, mit lauter Stimme und in Gegenwart aller Welt: »Madame, es freut mich ungemein, daß ein alter Affe einer alten Vettel etwas Freude bereiten konnte«, und alsdann gab er ihr ganz demütig, ohne ein weiteres Wort zu sagen, das Geleit, denn das war seine Art, sich die Leute vom Halse zu schaffen und sie von einer Tür zur anderen zu bringen, um sie dann stehenzulassen. Die Duchesse de La Ferté hätte ihn umbringen oder selber tot umfallen mögen, sie wußte nicht mehr, was sie ihm sagen sollte, und konnte ihn nicht loswerden; er in vollkommenes Schweigen gehüllt, voller Ehrfurcht, die Blicke gesenkt, begleitete sie, bis sie in ihre Karosse gestiegen war.

Seine wenigen Freunde sowie seine engste Familie hatten nicht minder unter ihm zu leiden als die übrige Gesellschaft: er behandelte seinen Sohn wie einen Negersklaven, es ging zwischen ihnen zu wie in einer Komödie, sie wohnten und aßen zusammen, aber niemals sprachen sie über anderes als über Regen und schönes Wetter. Wenn es um die Regelung häuslicher oder anderer Angelegenheiten ging, was immer wieder der Fall war, schrien sie einander an, und die versiegelten Briefchen schwirrten von einem Zimmer ins andere. Die des Vaters waren unbarmherzig, die des Sohnes, der sich gern auflehnte, sehr bissig. Niemals ging er zu seinem Vater, sofern dieser ihn nicht rufen ließ, ohne vorher anzufragen, ob er ihn störe. Der Vater antwortete, wie er es einem Fremden gegenüber getan hätte. Sobald der Sohn erschien, erhob sich der Vater; den Hut in der Hand befahl er, Monsieur einen Stuhl zu bringen, und setzte sich erst wieder hin, wenn dieser sich gesetzt hatte. Beim Abschied erhob er sich wiederum und machte eine Verbeugung. Mme. de Moussy, seine Schwester, sah ihn auch niemals ungezwungener oder vertrauter, obwohl sie im gleichen Haus wohnte. Er machte ihr bei Tisch oft solche Szenen, daß sie es vorzog, in ihrem Zimmer zu essen. Sie war eine Frömmlerin von Profession, deren künstliche Geziertheit, Redeweise und Gehaben ungemein dem ihres Bruders glichen. Die Schwiegertochter, eine sehr reiche Erbin aus der Bretagne, war trotz ihrer Sanftmut und Tugend das Opfer dieser drei. Der Sohn hatte alle schlechten Eigenschaften, ohne des Vaters gute zu besitzen; eine Zusammensetzung aus beschränktem Dorfschulmeister und gravitätischem Magistratsbeamten, halb verrückt, in erstaunlicher Weise verschwenderisch und ausschweifend. Er und sein Vater bildeten sich ein, mit dem Comte d'Oxford verwandt zu sein, weil dieser sich Harley nannte. Nie sah man solche Ruhmsucht, soviel falsche Demut wie bei dieser Sippe.

Jeder, der in der Justizverwaltung tätig war, glaubte sich nun berechtigt, diesen ersten Platz im Parlament anzustreben. Argenson, dieser Großinquisitor, der in diesem Punkt La Reynie noch um vieles überboten hatte, verabsäumte nichts, um seine Dienste durch gewichtige Freunde ins rechte Licht rücken zu lassen. Er erhoffte alles von den Jesuiten, aber er täuschte sich: der König, der daran gewöhnt war, von ihm über die intimsten Familienangelegenheiten, über jeden Skandal unterrichtet zu werden, und der ihm seinerseits viele geheime Aufträge anzuvertrauen pflegte, konnte sich nicht entschließen, auf einen so schlauen, so wendigen und in einem derart undurchsichtigen Ministerium so routinierten Mann zu verzichten.

Voysin war Mme. de Maintenon durch die Verwaltung von Saint-Cyr nähergekommen; einen Posten, den sie ihm, als Chamillart ins Ministerium eingetreten war, zugeschanzt hatte. Voysin war derjenige Kandidat, auf den sich bei der Vergebung solch hoher Ämter die Blicke richteten. Aber auch de Mesmes, den M. du Maine und einige Kammerdiener befürworteten, schmeichelte sich, dieses Ziel zu erreichen. Indes: die Stunde dieser drei Männer war noch nicht gekommen. Lamoignon, der den damals noch sehr mächtigen Chamillart sowie einen Günstling, der sich eifrig für ihn einsetzte, auf seiner Seite hatte, nämlich M. de La Rochefoucauld, seinen engen Freund, pries sich im voraus glücklich, während sein Kollege Peletier, der von dem Ansehen seines Vaters zehrte, von Saint-Sulpice sowie vom Bischof von Chartres gefördert wurde, diese Protektion, die in den Augen des Königs und Mme. de Maintenons unter dem Vorzeichen des Antijansenismus stand, trug den Sieg davon: Peletier wurde gewählt. Seine Charge als lebenslänglicher Präsident, die ihn nur 300000 Livres gekostet hatte, bewirkte eine weitere Umgruppierung in der Justizverwaltung: der Ruf, den Portail sich als Generalstaatsanwalt erworben hatte, half ihm sehr, er bekam den Posten und zahlte Peletier 500000 Livres dafür, und Courson, der zweite Sohn des Präsidenten Lamoignon, erhielt um La Rochefoucauld zu besänftigen und den Vater ein wenig zu trösten, weil dieser nicht Erster Präsident geworden, Portails Generalstaatsanwaltsposten. Wir werden alle diese Herren noch unter die Feder bekommen.

Inzwischen will ich von diesem neuen Präsidenten eine kleine Vorstellung geben. Wenige Monate, ehe er dieses Amt erhielt, kam er eines Abends in Versailles zu Chamillart, der wie gewohnt mit einigen nahen Freunden in seinem Zimmer bei Tisch saß und sich dann nach seinem Abendessen in deren Gegenwart zu entkleiden begann. Als man dabei war, die Tafel aufzuheben, gesellte sich Peletier hinzu. Weil es sich gerade so ergab, sprach jemand ihn auf seinen Sohn an, der inzwischen selbst Erster Präsident geworden ist, und lobte diesen. Unvermittelt erwiderte der Vater in verächtlichem Ton, sein Sohn habe von drei Dingen zuviel: zuviel Vermögen, zuviel Geist und zuviel Gesundheit, und er wiederholte diese Sentenz mehrfach, wobei er in der Runde umherblickte, Beifall heischend, den niemand ihm spenden wollte. Da Chamillart sich unbeirrt weiter auskleidete, ging er weg und ließ jeden staunend zurück: in einem Schweigen, das nur durch einige abfällige Bemerkungen unterbrochen wurde.

Der Kardinal d'Estrées stiftete die Ehe seines Großneffen, des Duc d'Estrées, der weder Vater noch Mutter mehr hatte. Er verheiratete ihn mit einer Tochter des Duc de Nevers, der seinerseits diese Heirat keine acht Tage überlebte. Kardinal Mazarin hatte zwei Schwestern: Mme. Martinozzi, die zwei Töchter besaß; die eine heiratete den Herzog von Modena und wurde Mutter der Königin von England, der Gemahlin König Jakobs II.; die andere heiratete den Prince de Conti, den Urgroßvater des heutigen Prince de Conti. Mme. Mancini, die zweite Schwester des Kardinals, hatte fünf Töchter und drei Söhne. Die Töchter waren: die Duchesse de Vendôme, Mutter des Marschalls Vendôme und des Großpriors; die Comtesse de Soissons, Mutter des letzten Soissons und des berühmten Prinzen Eugen; die Connetable Colonna, Großmutter der heutigen Connetable Colonna, die beide soviel Aufsehen in der Gesellschaft erregt hatten; die Duchesse Mazarin, die außer dem Namen und dem Wappen Mazzarini-Mancini dem Sohn des Marschalls Meilleraye sechsundzwanzig Millionen in die Ehe mitbrachte und die, nachdem sie lange Jahre in England gelebt hatte, dort gestorben ist; und schließlich die Duchesse de Bouillon, Großmutter des heutigen Duc de Bouillon: von den drei Söhnen kam der älteste in jugendlichem Alter 1652 bei den Kämpfen im Faubourg Saint-Antoine ums Leben; er war sehr vielversprechend gewesen, und der Kardinal Mazarin liebte ihn derart, daß er ihn trotz seiner Jugend in wichtige geheime Dinge einweihte, um ihn zu den Staatsgeschäften heranzubilden, in die er ihn hineinzubringen beabsichtigte. Der dritte, der auf ein Jesuitenkolleg ging und wegen der Auszeichnung, die er dort erhielt, von seinen Mitschülern beneidet wurde, ließ sich freiwillig von ihnen mit einer Decke in die Luft schleudern: sie schleuderten ihn so gründlich, daß er sich mit seinen kaum vierzehn Jahren den Schädel einschlug. Der König, der in Paris weilte, besuchte ihn im Kolleg; das erregte großes Aufsehen, aber hinderte den kleinen Mancini nicht am Sterben.

Blieb nur noch der zweite, nämlich jener M. de Nevers, um den es sich hier handelt. Er war ein typischer Italiener mit sehr beweglichem Geist, er verfertigte mühelos auf der Stelle die entzückendsten Verse und brachte auch ganze Theaterstücke zustande. Ein ausgesprochener Gesellschaftsmensch, der sich um nichts weiter kümmerte: träge, wollüstig, geizig bis zum Exzeß ging er häufig in die Hallen und anderswohin, um das, was er essen wollte, selber einzukaufen. Er war in allen Punkten äußerst absonderlich. Er verkehrte in guter Gesellschaft, wo er sehr beliebt war, er verkehrte auch in schlechter, wo er sich äußerst wohl fühlte. Ein hochgewachsener hagerer Mann, aber wohlgestaltet, mit einer Physiognomie, die alles zum Ausdruck brachte, was er sagen wollte. Sein Onkel hinterließ ihm ein großes Vermögen und höchste Verwandtschaftsverbindungen: es lag nur an ihm, im Schatten des Kardinals Mazarin eine glänzende Laufbahn zu machen. M. de Nevers wurde Hauptmann der Musketiere, um die der König sich besonders kümmerte; er bekam dann das Infanterieregiment des Königs, das dem Monarchen ein Leben lang am Herzen lag. Aber all das war M. de Nevers eher lästig, anstatt ihn anzustacheln. Er folgte dem König auf einigen Feldzügen: doch die Truppen und der Krieg waren nicht sein Fall und der Hof erst recht nicht; aus Trägheit und zugunsten seines Vergnügens gab er seine Posten auf. Er entsagte auch der Statthalterschaft von La Rochelle und Aunis und heiratete 1760 die schönste Person bei Hofe, die älteste Tochter der Mme. de Thiange, einer Schwester der Mme. de Montespan. 1678 bekam er ein Herzogsprivileg, er hatte zehn Jahre Zeit, es registrieren zu lassen; das verpaßte er, und als es zu spät war, wollte er es nachholen, konnte es aber nicht mehr durchsetzen. Er war ganz unnötigerweise eifersüchtig, aber nie zerstritten mit seiner Frau, die eine große Rolle bei Hofe und in der Gesellschaft spielte: er nannte sie stets nur »Diana«, zuweilen fiel es ihm ein, in aller Hergottsfrühe in ihr Zimmer zu kommen, dann mußte sie aufstehen, alsbald in den Wagen steigen, um, ohne daß sie oder irgendeiner der Leute im Haus im geringsten darauf gefaßt waren, sofort und ohne die mindesten Vorbereitungen, ja ohne daß er selbst drei Tage zuvor überhaupt daran gedacht hätte, nach Rom aufzubrechen, wo sie dann eine beträchtliche Zeit blieben.

Er hatte zwei Söhne und zwei Töchter, die älteste war seit sieben oder acht Jahren mit dem Prince de Chimay verheiratet, und die andere heiratete, wie gesagt, den Duc d'Estrées. Die beiden Söhne waren de Donzy, der sehr schlecht mit seinem Vater stand und der später während der Regentschaft durch die Duchesse de Sforza, Schwester seiner Mutter, zum Herzog und Pair geworden ist, und M. Mancini, der das italienische Vermögen erbte; ich werde in der Folge noch Gelegenheit haben, von beiden zu sprechen. M. de Nevers starb im Alter von sechsundsechzig Jahren.

Bevor ich jedoch wieder zu weit wichtigeren Dingen zurückkehre, fällt mir ein, daß ich noch gar nichts darüber gesagt habe, was man bei Hofe unter dem *Parvulo* von Meudon verstand, und es ist zum Verständnis einiger Vorfälle, die ich zu erzählen habe, unerläßlich, diese

Art Chriffre zu erklären. Man hat von dem Abenteuer der Princesse de Conti gehört, hat vernommen, weshalb und auf welche Art sie Mlle. Choin davonjagte, weiß, wer jene war und wer ihre Freunde waren und in welcher Beziehung Monseigneur zu ihr stand. Ungeachtet alles dessen, was sie der Princesse de Conti verdankten, waren die Lillebonne und ihre Töchter die einzigen, die ganz und gar in das Geheimnis eingeweiht wurden. Sie hätschelten Monseigneurs Neigung zu der Choin, wodurch sie in einer Vertrauensstellung blieben, aus der sie in der Folge großen Nutzen zu ziehen gedachten. Mlle. Choin hatte sich nach Paris zurückgezogen, lebte dort ganz im Verborgenen bei ihrem Verwandten La Croix, einem Generalsteuereinnehmer. Wenn Monseigneur an einigen wenigen Tagen allein nach Meudon zum Essen kam, ohne dort zu übernachten, seine Gebäude oder seine Plantagen zu inspizieren, wurde sie benachrichtigt: dann begab sie sich am Abend zuvor, wenn es dunkel war, in einem Fiaker dorthin, ging wie eine ganz einfache Frau, die einen Offizier in Meudon besuchen kommt, schlicht gekleidet zu Fuß über die Höfe und betrat durch die Hintertür die in den Zwischenstockwerken liegenden Gemächer Monseigneurs, der dort einige Stunden mit ihr verbrachte. In der Folge kam sie in derselben Weise dorthin, aber in Begleitung einer Kammerfrau. Sie sah nur Monseigneur, blieb ganz allein mit ihrer Kammerfrau eingesperrt, ohne je den Zwischenstock zu verlassen, wohin ein Lakai, der einzige, der ins Vertrauen gezogen, ihr das Essen brachte. Bald darauf bekam Du Mont die Genehmigung, sie zu besuchen, dann durften auch die Töchter der Mme. de Lillebonne zu ihr kommen. Allmählich erweiterte sich der Kreis, einige intime Höflinge wurden gleichfalls zugelassen: Sainte-Maure, der Comte de Roucy, später dann Biron und auch zwei oder drei Damen, der Prince de Conti kurz vor seinem Tode. Alsdann wurden der Duc de Bourgogne, der Duc de Berry und ein wenig später die Duchesse de Bourgogne in den Zwischenstock eingeführt, und es währte nicht lange, bis die Komödie zum öffentlichen Geheimnis wurde. Der Duc de Noailles und seine Schwestern wurden zugelassen. Monseigneur fuhr mit den Töchtern der Mme. de Lillebonne zum Mittagessen hin, später dann mit ihnen und Madame la Duchesse und zuweilen mit diesem oder jenem männlichen oder weiblichen Privilegierten. Alles blieb stets vom Mysterium umwittert, und eben jene Geheimgesellschaften, die indes sehr eifrig besucht wurden, nannte man *Parvulo*. Damals weilte Mlle. Choin nur noch Monseigneurs Bequemlichkeit halber im Zwischenstock; sie schlief im Bett der Duchesse de Bourgogne und in dem großen Gemach, in dem diese wohnte, wenn der König nach Meudon kam. Sie saß immer im Lehnsessel vor Monseigneur, während die Duchesse de Bourgogne auf einem Taburet saß. Mlle. Choin erhob sich nicht vor ihr, und sie ging mit ihr um, wie Mme. de Maintenon mit ihr umzugehen pflegte, nur daß sie sie nicht »Mignonne« nannte. Der Duc de Bourgogne fühlte sich dort sehr unbehaglich: seine Sitten und jene dieser Gesellschaft vertrugen sich schlecht; dem Duc de Berry dagegen, der etwas freie Sitten hatte, gefiel es dort ausgezeichnet. Nach wie vor gab Madame la Duchesse in diesem Kreis den Ton an, und einige der von ihr begünstigten Damen wurden denn auch zuweilen empfangen. Man spann ausgedehnte Intrigen, um die Erlaubnis zu bekommen, Mlle. Choin in Paris besuchen zu dürfen; man machte ihren alten und neuen Freunden den Hof, und selbst der Duc und die Duchesse de Bourgogne suchten ihr zu gefallen, waren sehr respektvoll zu ihr und aufmerksam zu ihren Freunden, womit sie dennoch durchaus nicht immer Erfolg hatten. Der König und Mme. de Maintenon wußten über all das genauestens Bescheid; aber sie schwiegen, und der ganze Hof, der es gleichfalls wußte, sprach nur flüsternd davon. Diese Darstellung genügt für den Augenblick, sie wird mehr als einen Vorgang entschlüsseln. M. de Vendôme und d'Antin gehörten zu den wichtigsten Eingeweihten.

Der Duc d'Orléans in Spanien. – Luxus auch bei der Armee. – Militärische Situation in Italien: Rückzug der Truppen Frankreichs und Spaniens. – Die Duchesse de Bourgogne erfährt von Mme. de Maintenons Spionagenetz.

Die Generale brachen jeder zu ihrer Armee auf. Der Duc d'Orléans machte in Bayonne halt, um die Königin-Witwe Karls I. von Spanien zu besuchen, die ihm einen Lehnsessel anbot. Der Duc d'Orléans, der diesen nicht zu fordern gewagt hatte, hütete sich wohlweislich, ihn abzulehnen; der König fand das durchaus nicht anstößig, und in Spanien wagte man es nicht, sich darüber zu beklagen. Man war im Gegenteil nunmehr bestrebt, allenthalben nicht weniger zu tun als in Bayonne, so daß der Duc d'Orléans unterwegs stets als Infant von Spanien empfangen wurde, und er wurde bei Hofe vom König, von der Königin, von den Infanten, von den Granden und von aller Welt genauso behandelt, ohne daß es die geringste Schwierigkeit gab.

Apropos höfische Sitten: der Luxus bei Hofe und in der Stadt hatte auch in der Armee Platz gegriffen; es war unvorstellbar, was man dort alles an vorher unbekannten Delikatessen hinschleppte. Bei Märschen und Streifzügen war nur noch von Essenspausen die Rede, und die Lebensmittel, die man während der Belagerung in die Laufgräben brachte, waren nicht nur überreichlich, sondern die Früchte und das Eis gaben den Mahlzeiten den Anschein von Festgelagen, dazu flossen Getränke und Liköre in reichen Mengen. Der Aufwand ruinierte die Offiziere, die sich in dem Bestreben, glanzvoll zu erscheinen, gegenseitig überbieten wollten: um die notwendigen Dinge herbeizuschaffen, war man gezwungen, Dienerschaften und Mannschaften, die ihrerseits häufig darbten, zu vervierfachen. Schon lange beklagte man sich darüber, sogar ebenjene, die diese Verschwendung betrieben, durch die sie sich ruinierten, ohne daß einer wagte, die Ausgaben zu verringern. Schließlich traf der König in diesem Frühjahr eine Anordnung, die den Generalleutnanten verbot, mehr als vierzig, dem Obersten mehr als dreißig und den Hauptleuten mehr als fünfundzwanzig Pferde zu haben. Die Verordnung erlitt das Schicksal so vieler anderer Verordnungen zum gleichen Gegenstand. Es gibt kein Land in Europa, wo man so viele und so gute Gesetze und so treffliche Regelungen findet, wo jedoch die Einhaltung von so kurzer Dauer ist: man hielt sich an keine, und so geschah es, daß meistens schon im ersten Jahr alles wieder seinen alten Lauf nahm und daß man im zweiten gar nicht mehr daran dachte.

Ich sagte bereits, daß der Aufstand in Cahors, der es erforderlich machte, die für Spanien bestimmten Truppen dorthin zu schicken, den Aufbruch des Duc d'Orléans um acht Tage verzögerte. Dieser Zeitverlust kam ihn teuer zu stehen. Der Duc de Berwick, der an Infanterie schwächer war als der Feind und der im Gebirge festsaß, sah sich gezwungen, ein wenig zurückzuweichen, um wieder die Ebene zu gewinnen, wo er sich mit seiner Kavallerie helfen konnte.

Man hatte, wie gesagt, seit dem Winter beschlossen, nicht mehr nach Italien zurückzukehren. Médavy war mit den Truppen, die ihm der Duc d'Orléans, als er nach Turin marschiert war, überlassen hatte, in der Lombardei geblieben. Er hielt Mantua und einige Festungen. Da man keine weiteren Truppen mehr nach Italien schicken wollte, gab es zwei Möglichkeiten; die erste war, sich in der Lombardei zu verschanzen, die wesentlichen Festungen, wenigstens Mantua, zu halten; die zweite war, daß Médavy mit seiner kleinen Armee durch Venezien und die Länder des Kirchenstaates geradenwegs ins Königreich Neapel marschierte, das sich noch hielt, aber bald fallen mußte, wenn es keine Hilfe bekam. Man hätte also wenigstens Neapel und Sizilien für Spanien retten können, aber es stand geschrieben, daß die Verblendung, von der wir heimgesucht waren, sich zunehmend verdichtete und daß die Zahl und Ungeheuerlichkeit der Irrtümer, die wir in Italien begangen hatten, jetzt ihren Höhepunkt erreichen sollten.

Vaudémont wurde also beauftragt, zusammen mit Médavy den Rückzug unserer Truppen und ihren Durchzug durch Savoyen auszuhandeln. Man kann sich vorstellen, daß er keine Mühe hatte, einen für Frankreich so schändlichen und für unsere Feinde so glorreichen Vertrag zu schließen. Der Herzog von Mantua zog sich in Eilmärschen mit all seinem Besitz nach Venedig zurück und schickte seine Frau in die Schweiz. Sie sollten sich niemals wiedersehen. Es war geplant, daß sie nach Lothringen ging, nichts war natürlicher, aber de Lorraine war zu eng mit dem Kaiser verbunden, als daß er ohne dessen Erlaubnis die Gemahlin eines Verbündeten von Frankreich bei sich aufgenommen hätte. Cremona, Valencia, mit einem Wort, alles, was wir noch in Italien hielten, wurde den Kaiserlichen abgetreten.

Ende April langten Médavy und Vaudémont mit ungefähr zweihunderttausend Mann, teils Truppen des Königs von Frankreich, teils Truppen des Königs von Spanien, in Susa an. Am 9. Mai, das heißt einen Tag nachdem die Einzelheiten über die Schlacht von Almanza bekanntgegeben worden waren, traf Médavy in Marly ein und begrüßte den König, von dem er sehr freundlich empfangen wurde; danach begab er sich mit ihm zu Madame de Maintenon, bei der er eine Stunde verbrachte, um dem Monarchen Rechenschaft abzulegen über Italien und über den Rückmarsch, ein Bericht, den dieser nur mit größtem Kummer anhören konnte.

Bald darauf kam auch der Prince de Vaudémont. Er begab sich in ein wenige Meilen von Paris entferntes Haus, das ein Generalpächter ihm zur Verfügung stellte. Dort erwarteten ihn seine Nichten, Mlle. de Lillebonne und Mme. d'Espinoy, um ihn dann zu ihrer Mutter und seiner Schwester, Mme. de Lillebonne, zu bringen, und zwar ins Hotel Mayenne, ein den Lothringern besonders teures Palais, weil es dem Anführer der Liga gehört hatte. Sie hatten dessen Wappenschild und Namen über der Tür stehenlassen, und in einem der Gemächer waren die schlimmsten Greuel der Liga ersonnen worden; die Ermordung Heinrichs III. und der Plan, die Infantin von Spanien mit dem Sohn des Duc de Mayenne zu verheiraten, um beide zum König und zur Königin von Frankreich zu machen und dadurch Heinrich IV. und das ganze Haus Bourbon auf immer auszuschließen. Dieses Zimmer, in dem man aus Ehrfurcht und Liebe niemals das Geringste verändert hat, nennt sich noch heute Zimmer der Liga. Ebendort traf sich Vaudémont unter dem Vorwand, der Ruhe zu bedürfen, mit seiner Schwester und seinen Nichten, er empfing dort noch einige Vertraute, übernachtete aber in Etang, begrüßte am nächsten Tag den König in Marly und ging dann zu Mme. de Maintenon. Der König ließ ihn in sein Arbeitszimmer eintreten, empfing ihn wie einen Mann, der ihm und seinem Enkel, dem König von Spanien, die größten Dienste erwiesen, da er ihm durch jenen Vertrag, den er wegen der Rückführung der Truppen mit dem Prinzen Eugen geschlossen, zum Schluß noch zwanzigtausend Mann gerettet hatte, wobei er dem Prinzen Eugen allerdings ganz Italien überließ. Vaudémont bekam eine Wohnung in Marly, und in Versailles gab man ihm die des abwesenden Marschalls Tessé.

Man muß sich an das erinnern, was ich verschiedentlich über diesen Bastard des Duc de Lorraine gesagt habe, auch muß man sich ins Gedächtnis rufen, was ich über seine Nichten berichtete, über deren gleichermaßen feste wie glänzende Position bei Hofe, über ihre enge Zusammenarbeit mit ihrer geschickten Mutter und über ihre Einigkeit;

aber was sag' ich, diese Einigkeit, bei der Vaudémont der Vierte im Bunde wurde, ging bis zur vollkommenen Identität. Ich habe seinerzeit geschildert, mit welcher Sicherheit sie alle auf Chamillart, auf M. du Maine und auch auf Monseigneur rechnen konnten, Vendôme war gleichfalls auf ihrer Seite. Der König war durch den Marschall Villeroy, als dieser noch in Gunst stand, schon frühzeitig für sie eingenommen worden und wurde durch die mächtigen Mittelsmänner, die ich genannt habe, unablässig in dieser wohlwollenden Gesinnung bestätigt. Die Lorraines besaßen überdies den Reiz der Neuheit, und jener Zauber der Fremdartigkeit, durch den sich die Franzosen bis zur Trunkenheit blenden lassen, ermöglichte ihnen, alles zu erreichen, was sie sich vorgenommen hatten. Der König erwies Vaudémont in Marly die gleichen Ehren, wie er sie der Princesse des Ursins erwiesen hatte. Er hatte es mit einem Mann zu tun, der es verstand, die rechten Antworten zu geben und die nötige Bewunderung an den Tag zu legen. Seine Schwester, Mme. de Lillebonne, war äußerst wendig, und hätte sie zu Zeiten der Liga gelebt, so hätte sie eine große Rolle in ihrer Familie gespielt. Ihre älteste Tochter hegte hochfliegende Pläne, äußerlich von korrektester Höflichkeit in ihrer Liebe und in ihrem Haß. Mme. d'Espinoy war eher töricht, dabei anpassungsfähig, ja sogar kriecherisch, nicht aus mangelndem Dünkel, sondern aus Dummheit; ganz aufs Lavieren eingestellt, weniger zurückhaltend als ihre Schwester, mit einem Anschein von Güte, der viele Leute zu täuschen vermochte.

Der Marschall de Villeroy hatte den Schwestern sogar das Vertrauen Mme. de Maintenons erworben, wofür ich hier ein merkwürdiges Beispiel anführen will, das deutlich beweist, wie weit dieses Vertrauen ging. Die Duchesse de Bourgogne hatte sich, wie gesagt, gegenüber dem König und Mme. de Maintenon an eine solche Ungezwungenheit gewöhnt, daß sie in beider Gegenwart deren Papiere durchstöberte, diese las und sogar die Briefe öffnete, das war zu einer Art scherzhaftem Spiel geworden. Eines Tages begann sie, als sie in Abwesenheit des Königs bei Mme. de Maintenon weilte, in den Briefschaften herumzuwühlen; sie stand vor dem Schreibtisch, wenige Schritte von ihr entfernt saß Mme. de Maintenon, die sie in ernsterem Ton als sonst aufforderte, die Papiere liegenzulassen. Eben das stachelte die Neugier der Prinzessin an, die, wie zum Scherz eifrig weiterwühlend, zwischen den Schriftstücken einen offenen, wiewohl zusammengefalteten Brief fand, in dem sie ihren Namen entdeckte; überrascht las sie eine halbe Zeile, wandte das Blatt um und sah die Unterschrift der Mme. d'Espinoy. Der Anblick dieser halben Zeile und dieser Unterschrift ließ sie erröten, sie war sichtlich verwirrt. Mme. de Maintenon, die ihr zusah und die offenbar entschlossen war, sie gewähren zu lassen, schien sich über diese Entdeckung nicht einmal zu ärgern. »Was ist denn, Mignonne?« fragte sie. »Sie sehen ja ganz verstört aus! Was haben Sie denn entdeckt?« Darauf wurde die Prinzessin noch verwirrter. Da sie keine Antwort gab, erhob sich Mme. de Maintenon und kam zu ihr an den Schreibtisch. Nun zeigte ihr die Prinzessin die Unterschrift. Darauf Mme. de Maintenon: »Ach ja, diesen Brief hat Mme. d'Espinoy mir geschrieben. Das kommt davon, wenn man so neugierig ist, da findet man zuweilen etwas, was einem peinlich ist.« Dann in verändertem Ton: »Da Sie den Brief gesehen haben, lesen Sie ihn nur ganz, und wenn Sie klug sind, ziehen Sie Ihren Nutzen daraus«, und sie zwang die Prinzessin, das Schreiben von Anfang bis Ende zu lesen. Es war ein Bericht, den Mme. d'Espinoy der Mme. de Maintenon über das Verhalten der Duchesse de Bourgogne während der jüngst vergangenen vier oder fünf Tage abgab; Wort für Wort, Ort für Ort, Stunde für Stunde, so genau, als ob Mme. d'Espinoy, die ihr gar nicht nahe gekommen, sie keinen Augenblick aus den Augen verloren hätte; mehr als einmal war von Nangis die Rede, von mancherlei Ränkespielen und mancherlei Unvorsichtigkeiten; alles wurde in diesem Brief erwähnt, aber das erstaunlichste war, daß dieser Brief eine solche Unterschrift trug und daß Mme. de Maintenon das Schreiben nicht auf der Stelle verbrannt oder weggeschlossen hatte; die arme Prinzessin glaubte, in Ohnmacht zu fallen, und wurde abwechselnd bleich und rot. Mme. de Maintenon erteilte ihr eine strenge Verwarnung, hielt ihr vor Augen, daß alles, was ihrer Meinung nach niemand wußte, vom ganzen Hof registriert wurde, und wies sie in aller Eindringlichkeit auf die Folgen hin. Natürlich versuchte die Prinzessin, sich herauszureden, aber Mme. de Maintenon gestand ihr, daß sie in der Tat Mme. d'Espinoy und noch einige andere Damen beauftragt habe, sie heimlich zu beobachten und ihr möglichst genau und möglichst häufig Bericht zu erstatten. Nach Beendigung einer so unerfreulichen Unterredung hatte die Prinzessin nichts Eiligeres zu tun, als ihr Gemach aufzusuchen und Mme. de Nogaret zu sich zu rufen, um ihr, in Tränen gebadet und voller Zorn gegen Mme. d'Espinoy, dieses ganze Mißgeschick zu erzählen. Mme. de Nogaret ließ sie zur Ruhe kommen, dann sagte sie, was sie über den Inhalt, das Zustandekommen und die Ursachen dieses Briefes dachte: vor allem aber riet sie der Prinzessin dringend, sich außerordentlich in acht zu nehmen und sich Mme. d'Espinoy gegenüber nichts merken zu lassen; sie schärfte ihr ein, daß es die größte Dummheit sei, wenn sie jener weniger Entgegenkommen und Achtung erwiese als bisher. Ein ungemein heilsamer, aber schwer zu befolgender Rat. Gleichviel hielt sich die Duchesse de Bourgogne, die der Welt- und Hofkenntnis der Mme. de Nogaret vertraute, an deren Ratschlag und betrug sich Mme. d'Espinoy gegenüber ganz wie zuvor, so daß diese niemals hat argwöhnen können, daß sie durchschaut worden war. Solch schamlose und niedere Verhaltensweisen, zumal gegen eine Person dieses Standes und dieser Herkunft, zeigen deutlich genug, wieweit und bis in welch intime Bereiche die beiden Schwestern mit dem König und mit Mme. de Maintenon verbunden waren und welche Hoffnung sie daran knüpfen konnten. Was Monseigneur betraf, so beherrschten beide unvermindert seinen Geist.

Mlle. Choin, die abgesehen von der Heirat vollkommen seine Maintenon war, war ihnen rückhaltlos ergeben; sie war zu lange Zeuge der Freundschaft und des Vertrauens, das Monseigneur diesen beiden Schwestern entgegenbrachte. Madame la Duchesse, die weder Eifersucht noch üble Laune kannte und die sowohl für die Gegenwart als auch im Hinblick auf die Zukunft Monseigneurs ungezwungenen Umgang zu schätzen wußte, hütete sich klüglich, diese drei ältesten und vertrautesten Freundinnen Monseigneurs vor den Kopf zu stoßen. Alle vier standen, was diesen Prinzen sowie viele andere gemeinsame Dinge betraf, in einem Einvernehmen, das sich niemals und in nichts trübte, doch während sie einander vollkommenen Beistand leisteten, lagen sie schon auf der Lauer, um sich nach dem Tode des Königs – sofern Monseigneur überlebte – gegenseitig auszustechen und die unumschränkten Herrscherinnen zu bleiben; in der Zwischenzeit jedoch hielten sie in geschlossener Front die wenigen Leute, die zu Monseigneurs Gefolge gehörten, unter ihrem gemeinsamen Joch.

Der intrigante Zirkel um Monseigneur, den zukünftigen König von Frankreich. – Porträt des Duc du Maine. – Verhältnis zu seinem Bruder, dem Comte de Toulouse.

Das also waren die Verbindungen und ihre mächtigen Stützen, die Vaudémont in Frankreich vorfand. Seine Nichten weihten ihn, soweit sie es vermochten, in alles ein. Sie standen in sehr guter Beziehung zu M. de Vendôme, und, wie ich bereits sagte, es nahmen auch der Prince de Conti sowie Vendôme an der Gunst und an dem privatesten Zirkel Monseigneurs teil. Mlle. Choin hatte sich hinlänglich bemüht, ein ungefähres Gleichgewicht zwischen den beiden Rivalen herzustellen. Vendôme gab den Schwestern Gelegenheit, M. du Maine für sich zu gewinnen. Sie suchten also Vendôme mit allen Mitteln zu schmeicheln und hatten ihrem teuren Onkel – denn als solchen pflegten sie ihn stets zu bezeichnen – dringend empfohlen, nichts zu versäumen, um Vendôme für sich zu gewinnen, wenn er nach Italien käme. Der teure Onkel machte sich diese Lehre trefflich zunutze und hatte solchen Erfolg, daß ihm und ihnen in diesem Punkt nichts zu wünschen blieb und daß die Beziehung zwischen Vendôme, ihnen und Vaudémont und schließlich M. du Maine immer enger wurde, wobei letzterer diese Verbindung seiner Gewohnheit gemäß allerdings sehr geheim betrieb. Er spürte, daß Monseigneur ihn nicht liebte. Es gab keinen besseren Weg, ihm nahezukommen, als eben über seine vertrauten Freundinnen; der König wurde immer älter, und es konnte nicht mehr lange dauern, bis Monseigneur auf den Thron käme; M. du Maine zitterte davor.

Er hatte Verstand, ich sage nicht den eines Engels, aber den eines Dämons, dem er auch an Bosheit, an seelischer Verderbtheit und Hinterlist nicht nachstand; ebensowenig, was die düstersten Machenschaften, erklügelte Falschheit, raffinierteste Verschlagenheit, ungeheure Betrugsmanöver, aber auch Bezauberungsmöglichkeiten und die Kunst zu unterhalten und zu zerstreuen anging, wenn er gefallen wollte. Seelisch wie geistig ein ausgemachter Feigling, überdies der gefährlichste Feigling, der, sofern er im Untergrund wühlen konnte, stets bereit war, zu den äußersten Mitteln zu greifen, um dem zuvorzukommen, was er glaubte fürchten zu müssen: zu alledem wurde er noch angestachelt von einer Ehefrau gleichen Schlages; ihr Geist, und sie besaß viel davon, war vollends verderbt durch die Lektüre von Romanen und Theaterstücken, deren Leidenschaften sie sich so sehr zu eigen machte, daß sie Jahre damit verbrachte, sie auswendig zu lernen und selber öffentlich aufzuführen. Sie war überaus unternehmend, unerschrocken, verwegen und unbändig, richtete sich nur nach ihrer augenblicklichen Stimmung, der sie alles unterordnete; die Vorsichtsmaßnahmen ihres Gemahls, die sie als jämmerliche Schwächen brandmarkte, erfüllten sie mit Empörung, und immer wieder stellte sie ihm vor Augen, welche Ehre sie ihm mit der Heirat erwiesen habe, wobei sie ihn wie einen Sklaven behandelte, ihn herunterputzte, klein und gefügig machte, ohne daß er ein Wort zu erwidern wagte aus Furcht und aus Angst, sie könne am Ende völlig überschnappen. Obwohl er vieles vor ihr verbarg, übte sie dennoch unglaublichen Einfluß auf ihn aus, und sie trieb ihn förmlich mit Stockschlägen vorwärts. Es gab keinerlei Verständigung mit dem Comte de Toulouse, der ein zwar kurz angebundener, aber ehrenhafter Mann war, die Tugend, die Aufrichtigkeit und die Rechtschaffenheit selbst und, soweit ihm sein frostiges Naturell es erlaubte, von freundlichem Wesen. Er war tapfer und willens, etwas zu unternehmen, aber auf geraden Wegen; ein Mann von diesem Charakter war nicht geeignet, in nächster Nähe mit einem solchen Bruder und einer solchen Schwägerin zu leben. M. du Maine, der sah, daß jener geliebt und geschätzt wurde, weil er es verdiente, neidete ihm dieses.

Der Comte de Toulouse, der weise, schweigsam und maßvoll war, spürte es wohl, tat aber nichts dergleichen. Er konnte die Narrheiten seiner Schwägerin nicht ertragen; sie wußte das genau, geriet außer sich vor Wut und konnte ihn ihrerseits auch nicht ertragen: sie entfremdete die beiden Brüder noch mehr. Der Comte de Toulouse stand in bestem Einvernehmen mit Monseigneur und der Duchesse de Bourgogne, die er stets sehr rücksichtsvoll behandelt und respektiert hatte; dem König gegenüber war er sehr zaghaft. Dieser unterhielt sich viel besser mit M. du Maine, dem Benjamin der ehemaligen Gouvernante, welcher er einst Mme. de Montespan aufgeopfert hatte, was beide Frauen ihm nie vergaßen. Es war ihm gelungen, den König zu überzeugen, daß er trotz seines Verstandes, den man ihm nicht absprechen konnte, völlig arglos sei, ohne jeden Ehrgeiz; ein Ausbund an Trägheit, ganz dem Studium und der Einsamkeit ergeben, kurzum: ein in jeder Hinsicht weltfremder Mensch.

Zur Bestätigung dessen verbrachte er seine Tage im Arbeitszimmer, aß allein, floh die Gesellschaft, ging allein zur Jagd und machte aus diesem Einsiedlerleben dem König gegenüber ein wahres Verdienst.

Tod der Mme. de Montespan. – Porträt ihres legitimen Sohnes: d'Antin. – Das verschwundene Testament.

Am 27. Mai 1707 um drei Uhr morgens starb ganz plötzlich Mme. de Montespan im Alter von 66 Jahren in den Bädern von Bourbon. Obwohl sie seit langem gänzlich zurückgezogen lebte, erregte ihr Tod viel Aufsehen, denn sie hatte sich von dem beherrschenden Einfluß, den sie so lange ausgeübt, noch immer etwas bewahrt. Ich werde an anderer Stelle mehr über sie sagen, ich will auch nicht erklären, wie sie darauf kam, ihre Trennung vom Hofe des Königs der Furcht vor dem Teufel zuzuschreiben, ebensowenig will ich mich an dieser Stelle über Mme. de Maintenon äußern, jene Frau, die ihr alles verdankte, die dann nach und nach an ihre Stelle rückte, die immer höher stieg, sie lange Zeit mit Gift abspeiste, um sie schließlich vom Hof zu verbannen. Was niemand gewagt und wovor sogar der König zurückgeschreckt war, das übernahm, wie ich bereits sagte, M. du Maine, und der Bischof von Meaux brachte es zu Ende. Mme. de Montespan entschwand unter Tränen und voller Zorn und hat es M. du Maine niemals verziehen; er jedoch gewann sich durch diesen befremdlichen Dienst das Herz und den Einfluß der allmächtigen Mme. de Maintenon. Die verabschiedete Mätresse, die nun in dem von ihr selbst gestifteten Sankt-Josephs-Kloster lebte, brauchte lange Zeit, um sich dort einzugewöhnen. Ihre Muße und ihre Unrast trieben sie nach Bourbon, nach Fontevrault, auf die Güter d'Antins, und es dauerte Jahre, bis sie zu sich selbst fand. Endlich berührte Gott ihre Seele, sie war sich indes ihrer Sünde stets bewußt gewesen. Als sie sich dann entschloß, sich den Zeitraum, der fast gegen ihren Willen noch gewährt worden war, zunutze zu machen, suchte sie nach einem weisen und aufgeklärten Mann und überließ sich der Führung des Paters La Tour, jenes durch seine Predigten und durch seine Freunde so bekannt gewordenen Oratorianergenerals. Von da an war sie wirklich bekehrt, und ihre Bußfertigkeit nahm ständig zu. Es galt nun zunächst, der geheimen Bindung an den Hof zu entsagen, die sie noch immer aufrechterhielt, sowie die Hoffnungen zu begraben, die sie – so schimärenhaft sie auch waren – stets weitergenährt hatte. Sie redete sich nämlich ein, daß einzig die Furcht vor dem Teufel den König veranlaßt habe, sie aufzugeben; und daß eben diese Furcht, deren Mme. de Maintenon sich geschickt zu bedienen gewußt, dieser zum höchsten Aufstieg verholfen habe. Das Alter dieser Frau und deren schlechter Gesundheitszustand könnten – so bildete sie sich ein – sie von ihr befreien; dann gebe es, da sie selber Witwe, kein Hindernis mehr, um das einstmals so lodernde Feuer wieder von neuem zu entfachen, ein Feuer, das die Neigung und das Interesse für ihre gemeinsamen Kinder leicht wieder entflammen könnte und das, wenn keine Skrupel mehr zu bekämpfen wären, sie in alle Rechte ihrer Feindin einsetzen würde. Sogar ihre Kinder schmeichelten sich dessen, machten ihr große Hoffnungen und besuchten sie häufig. Sie liebte sie leidenschaftlich, außer M. du Maine, der sie lange Zeit gar nicht besuchte und dann nur einmal aus Schicklichkeit zu ihr kam; aber da sie auf die drei anderen Einfluß hatte, bekümmerte sie das nicht. Sie war nun auch d'Antins wirkliche Mutter geworden, nachdem sie es bisher nur dem Gesetz nach gewesen war. Sie trachtete danach, ihm zu Reichtum zu verhelfen. Der Pater La Tour forderte eine furchtbare Buße von ihr: sie sollte ihren Ehemann um Verzeihung bitten und ihr Schicksal in seine Hand legen. Sie schrieb ihm in unterwürfigstem Ton und bot ihm an, zu ihm zurückzukehren, sofern er geruhe, sie zu empfangen; auch sei sie bereit, sich an jeden beliebigen Ort, den er ihr vorschriebe, zu begeben. Wer Mme. de Montespan gekannt hat, weiß, daß das ein heroisches Opfer war. Sie hatte das Verdienst, ohne je den Beweis erbringen zu müssen, denn M. de Montespan ließ ihr sagen, daß er sie weder empfangen noch ihr irgend etwas vorschreiben noch jemals in seinem Leben wieder etwas von ihr hören wolle.

Allmählich verschenkte sie fast alles, was sie besaß, an die Armen; sie arbeitete viele Stunden täglich für sie, verfertigte grobe Handarbeiten wie Hemden und ähnliche Dinge. Ihre Tafel wurde, obwohl sie stets eine große Schlemmerin gewesen, äußerst frugal, und ihre Fastentage häuften sich zusehends. Die Hemden und Bettücher, die sie benutzte, waren aus gröbstem, härtestem und ungebleichtem Leinen. Dennoch wurde sie ständig von Todesängsten gepeinigt, so daß sie mehrere Frauen anstellte, die nichts zu tun hatten, als des Nachts bei ihr zu wachen. Sie schlief bei aufgezogenen Bettvorhängen, zahlreiche Kerzen brannten im Zimmer, und ihre Wärterinnen saßen rings um sie herum, denn, immer wenn sie aufwachte, wollte sie jemanden sehen, mit dem sie plaudern, spielen oder essen konnte, um ihren Beklemmungszuständen zu entgehen. Bei alledem vermochte sie niemals auf ihr königliches Gebaren zu verzichten, das sie sich während der Zeit ihrer Gunst angemaßt hatte und das sie auch noch in ihrer Zurückgezogenheit beibehielt; ganz Frankreich machte ihr seine Aufwartung. Ich weiß nicht, welche Laune das langsam zu einer Pflicht werden ließ; sie sprach mit jedem wie eine Königin, die hofhält und jedem, an den sie das Wort richtet, eine Ehre erweist. Wer es auch war, trat mit ehrerbietiger Miene bei ihr ein. Bis zum letzten Augenblick ihres Lebens war sie schön, ohne je krank zu sein, und dennoch immer des Glaubens, eine Krankheit zu haben und bald sterben zu müssen. Diese Unruhe bewog sie zum Reisen, und auf ihren Reisen ließ sie sich stets von sieben oder acht Personen begleiten. Als sie zum letztenmal ohne jeden Grund, wie sie es meist zu tun pflegte, nach Bourbon fuhr, zahlte sie all ihre Wohltätigkeitsstiftungen zwei Jahre im voraus und verdoppelte ihre sämtlichen Almosen, und obwohl sie sich, wie sie selber sagte, bester Gesundheit erfreute, meinte sie, daß sie von dieser Reise nicht mehr zurückkehren würde, und sie hoffte, daß all ihre Armen mit diesen Vorschüssen dann genügend Zeit fänden, sich anderswo einen Unterhalt zu suchen. Sie hatte in der Tat stets ihren Tod vor Augen, sie sprach von ihm, als stünde er kurz vor der Tür. Dabei war sie von robuster Gesundheit und hatte trotz all ihrer Wärterinnen und all ihrer ständigen Vorkehrungen nie einen Arzt oder Chirurgen zur Hand.

Mme. de Saint-Simon und Mme. de Lauzun weilten in Bourbon, als Mme. de Montespan dort ankam. Während sie sich glänzendster Gesundheit erfreute und mit allerlei Nichtigkeiten beschäftigte, fühlte sie sich eines Nachts plötzlich so elend, daß ihre Wärterinnen jeden im Hause aufwecken ließen. Die Marschallin Cœuvres kam als erste herbeigelaufen, und als sie Mme. de Montespan kurz vor dem Ersticken sah, ließ sie ihr auf eigene Verantwortung alsbald Brechwurz einflößen, aber eine so starke Dosis, daß ihnen allen angst und bange wurde und daß man sich entschloß, der Kranken nichts weiter einzugeben, was sie vielleicht das Leben kostete; sie benutzte eine kurze Ruhepause, um zu beichten und die Sakramente zu empfangen. Die Todesängste, die sie ihr Leben lang gepeinigt hatten, verschwanden jählings. Sie dankte Gott in Gegenwart aller Anwesenden, daß er ihr gestattete, an einem Ort zu sterben, weit weg von den Kindern ihrer Sünde, und sie sprach während ihrer ganzen Krankheit nur das eine Mal von ihnen. Obwohl man ihr mit Hoffnung auf Heilung schmeicheln wollte, richtete sie ihre Gedanken nur noch auf die Ewigkeit und versenkte sich in den Zustand einer Sünderin, deren Furcht durch ein ruhiges Vertrauen auf die Barmherzigkeit Gottes gemildert wurde.

D'Antin, dem man einen Boten geschickt hatte, traf erst ein, als sie schon im Sterben lag: als sie seiner ansichtig wurde, meinte sie, er treffe sie jetzt wohl in einem recht anderen Zustand an als zuletzt in Bellegarde. Als sie dann wenige Stunden nach seiner Ankunft verschieden war, reiste d'Antin, nachdem er seine Anordnungen getroffen, die sehr seltsam waren oder seltsam ausgeführt wurden, wieder nach Paris.

Er hatte, bevor er sich auf den Weg nach Bourbon gemacht, die illegitimen Kinder seiner Mutter in Marly benachrichtigen lassen. Comte de Toulouse ging zum König und bat ihn um die Erlaubnis, seine Mutter aufsuchen zu dürfen; man gewährte ihm diese Erlaubnis, und er machte sich unverzüglich auf den Weg; aber er kam nur bis Montargis, wo er einem Kurier begegnete, der ihm mitteilte, daß seine Mutter gestorben sei.

Der Schmerz und die Trauer, den die Duchesse d'Orléans, Madame la Duchesse und der Comte de Toulouse bezeugten, waren unvergleichlich; letzterer begab sich, um seine Trauer zu verbergen, von Montargis nach Rambouillet. M. du Maine indes hatte Mühe, seine Freude zu dämpfen. Er sah sich nun aller störenden Peinlichkeiten enthoben. Zwar wagte er zunächst nicht, in Marly zu bleiben, aber nachdem er zwei Tage in Sceaux zugebracht hatte, kehrte er doch wieder nach Marly zurück und ließ auch seinen Bruder dorthin kommen. Ihre beiden Schwestern, die in Versailles geblieben waren, wurden gleichfalls nach Marly gebeten. Erstaunlich wirkte die Trauer, die Madame la Duchesse an den Tag legte, hatte sie sich doch ihr Leben lang etwas darauf zugute getan, nichts und niemanden ins Herz zu schließen, und sogar die Liebe, oder was sie dafür hielt, hatte ihr niemals Kummer zu bereiten vermocht. Noch erstaunlicher war es, daß auch Monsieur le Duc Trauer bezeugte, denn er war der Freundschaft im allgemeinen unzugänglich, und sein Hochmut hatte sich stets einer solchen Schwiegermutter geschämt. Die Reaktion der beiden scheint die Ansicht zu bestätigen, daß sie sich bestimmte Hoffnungen gemacht hatten, die sie nunmehr begraben mußten.

Mme. de Maintenon, die nun endgültig von ihrer früheren Herrin befreit war, deren Platz sie zwar eingenommen, deren Dasein sie jedoch weiter mit Eifersucht erfüllt hatte, Mme. de Maintenon hätte sich nun also sehr erleichtert fühlen müssen; es verhielt sich hingegen anders. Die Gewissensbisse, daß sie es jener Frau, der sie alles verdankte, so übel entgolten hatte, überwältigten sie jählings: Tränen traten ihr in die

Augen, und da sie nicht wußte, wohin sie sich hätte zurückziehen sollen, flüchtete sie auf ihren Nachtstuhl. Die Duchesse de Bourgogne, die dorthin folgte, verharrte in wortlosem Staunen. Sie war nicht minder erstaunt über die vollkommene Unempfindlichkeit, die der König nach so leidenschaftlicher und jahrelanger Liebe nun an den Tag legte, und sie konnte sich nicht enthalten, ihm das auch zu sagen, worauf er gelassen erwiderte, er habe, nachdem er sich von Mme. de Montespan getrennt hatte, nicht mehr damit gerechnet, sie jemals wiederzusehen, so sei sie also schon damals für ihn gestorben. Man kann sich leicht denken, daß die Trauer der Kinder ihm gar nicht gefiel, aber sosehr diese Kundgebung ihn auch ärgerte, es war ihr kein Einhalt zu gebieten, und sie dauerte recht lange. Der ganze Hof machte ihnen Beileidsbesuche, doch ohne ein Wort der Teilnahme verlauten lassen zu dürfen.

D'Antin, nun der Verpflichtungen gegenüber einer herrschsüchtigen Mutter ledig, schien durch diese Tatsache weit mehr beeindruckt als durch den Wegfall alles dessen, was er, seit sie sich der Frömmigkeit ergeben hatte, von ihr erhielt. Aus Bußfertigkeit war sie freigebiger gegen ihn geworden: ihr Herz aber vermochte sich diesem Sohn, den sie von ihrem Ehemann hatte, niemals zu öffnen, es war ausschließlich ihren anderen Kindern zugewandt, der Zwang, den sie sich diesen gegenüber auferlegen mußte, verstärkte noch das Unbehagen, das sie d'Antin gegenüber empfand, für den sie alles nur aus Überwindung tat. Sie ließ ihre üble Laune an ihm aus, und ein anderer als d'Antin wäre ohnehin froh gewesen, sich von einer Mutter, die seine und seines Hauses Schande geworden, befreit zu sehen; aber so war er nicht gesinnt. Mit viel angeborener Klugheit begabt, bediente er sich der bezaubernden Ausdrucksweise seiner Mutter sowie der gaskognischen Wendungen seines Vaters, niemand verfügte über mehr Verbindlichkeit, Verstandesschärfe und Menschenkenntnis, mehr Geschicklichkeit und Methode, seine Mitmenschen zu betören und sich einzuschmeicheln, und über die Möglichkeit, in allen Tonarten zu reden: große Kenntnisse, Talente, die ihn zu allem befähigten, dazu etliche Belesenheit. Ungestüm von Natur, zuvorkommend und höflich aus Berechnung. Niemals ließ er es sich einfallen, über irgend jemand etwas Schlechtes zu reden, er opferte alles dem Ehrgeiz und der Erwerbung von Reichtum, und er war der geschickteste und raffinierteste Höfling seiner Zeit. Seine Ergebenheit gegenüber den illegitimen Kindern seiner Mutter, die Beflissenheit, die er ihnen gegenüber an den Tag legte, und die unendliche Geduld, mit der er ihre Ablehnung ertrug, waren erstaunlich. Er war zweifellos ein eigenartiger Mensch. Das veranlaßt mich auch, über ihn zu sprechen, überdies empfiehlt es sich, diesen Höfling, über den ich bisher so wenig gesagt und der in seinem ferneren Leben eine große Rolle spielen wird, etwas näher bekannt zu machen.

D'Antin, der mehr gesunden Menschenverstand als Tapferkeit und Ehrgefühl besaß, hatte niemals gehofft noch gewünscht, seine Mutter als Nachfolgerin von Mme. de Maintenon zu sehen. Da sein Denken in diesem Punkt nicht durch persönliches Interesse verblendet war, begriff er sehr wohl, welches Hirngespinst das war; und er kannte seine Familie zu gut, um nicht zu wissen, daß, wenn es seiner Mutter entgegen aller Unmöglichkeit dennoch gelungen wäre, diesen phantastischen Plan zu verwirklichen, dies für ihn nur eine weitere Einengung und Belastung bedeutet hätte, durch die er vollends zum Sklaven der Kinder seiner Mutter geworden wäre, ohne daß er irgend etwas hätte erhoffen können von einer Frau, die niemals Achtung oder Freundschaft für ihn empfunden hatte. Er wußte überdies recht genau, weshalb bisher alle seine Bemühungen gescheitert waren, und er täuschte sich nicht; Mme. de Maintenon setzte dem Aufstieg des legitimen Sohnes ihrer ehemaligen Herrin ein unüberwindliches Hindernis entgegen: nun, da die Rivalin nicht mehr am Leben war, schmeichelte er sich, endlich voranzukommen, ohne daß diese machtvolle Feindin sich ihm in den Weg stellte, und endlich mit eigenen Flügeln zu fliegen, ohne traurige Anleihen bei den Kindern seiner Mutter machen zu müssen, was er durchaus als Schande empfand, aber bisher notgedrungen in Kauf genommen hatte. Die tiefe Trauer, die er nur zur Schau trug, um jenen Eindruck zu machen, fiel allgemein auf. Doch durfte er angesichts der Unempfindlichkeit und angesichts der Feindin seiner Mutter nicht allzu betrübt erscheinen. Aus der Schwierigkeit, diese beiden so unvereinbaren Verhaltensweisen in Einklang zu bringen, knüpfte er sich selbst den Fallstrick, und die Gesellschaft, die noch immer in der Verehrung Mme. de Montespans lebte, verzieh es deren Sohn nicht, daß er sich unter einem recht fadenscheinigen Vorwand sofort wieder an den Spieltisch setzte. Die Indezenz des Leichenbegängnisses und die lächerlich geringfügigen Summen, die er an das zahllose Gesinde verteilen ließ, taten ein übriges und machten viel böses Blut gegen ihn. Aber all das war noch nichts im Vergleich zu der Testamentsaffäre. Man wußte, daß Mme. de Montespan vor langer Zeit eines aufgesetzt hatte, sie sprach auf dem Sterbebett noch einmal davon, aber ohne zu erwähnen, wo es zu finden sei, entweder weil es eben in ihrer Kassette lag oder aber weil es, wie allgemein nicht bezweifelt wurde, der Pater La Tour in Händen hatte. Indes, das Testament blieb unauffindbar, und der Pater La Tour, der damals auf

Visitation bei den Oratorianern war, erklärte, als er zurückkam, daß er es nicht habe, ohne jedoch hinzuzufügen, daß er nichts davon wüßte: das stärkte die Überzeugung, daß eines vorhanden gewesen und daß es entwendet und für immer vernichtet worden sei. Der Tumult war erschreckend. Die Dienerschaft und die nächsten Untergebenen der Mme. de Montespan, die somit jegliche Unterstützung verloren, brachen in Wutgeheul aus; ihre Kinder entrüsteten sich über ein derart befremdendes Vorgehen und gaben das d'Antin mit unmißverständlichen Worten zu verstehen. Er beschränkte sich aufs Ausweichen, stellte sich taub gegenüber dem, was er schon hatte kommen sehen; er hatte sich abgesichert und war überzeugt, daß mit dem Schmerz auch die Wut allmählich abklingen würde, ohne ihm ernstlich Schaden zuzufügen.

Der gemeinsame Verlust vereinte die Duchesse d'Orléans und Madame la Duchesse eine Zeitlang. Ihre Trauer währte recht lange, und mit ihr endete auch die Wiederversöhnung der beiden Schwestern sowie die zwischen Madame la Duchesse und der Princesse de Conti, so daß sich alle wieder genauso wie eh und je gegeneinander verhielten. D'Antin kam nicht so bald und nicht auf so gute Weise, wie er es sich gedacht, mit den Kindern seiner Mutter wieder ins reine; schließlich aber besänftigte sich alles, ging alles vorüber und geriet alles in Vergessenheit. Das ist nun einmal der Lauf der Welt.

Naturkatastrophen. – D'Antins beginnender Aufstieg bei Hofe.

Am Ende des Jahres brach ein Sturm an der holländischen Küste aus, durch den viele Schiffe versanken und ganze Landstriche sowie viele Dörfer überschwemmt wurden. Auch Frankreich hatte seinen Anteil an der Hochwasserkatastrophe: auf eine bisher nie gesehene Weise trat die Loire über die Ufer, zerbrachen die Dämme, wurde viel Land überschwemmt und versandete; ganze Dörfer wurden mitgerissen, zahllose Menschen und eine Menge Vieh ertranken, alles in allem ein Schaden von mehr als acht Millionen. Ein Übelstand, der sich seither mehr oder minder verewigt hat und den man abermals La Feuillade verdankt. Die Natur, oder um genauer zu sein: ihr Schöpfer hatte, weiser als die Menschen, unterhalb von Roanne Felsen in die Loire gesetzt, die bis zu dem Ort, in dem La Feuillades Herzogtum lag, die Schiffahrt verhinderten. Verlockt von den möglichen Einnahmen aus der Schiffahrt hatte der alte La Feuillade die Felsen sprengen lassen wollen. Orléans, Blois, Tours, mit einem Wort alles, was am Ufer der Loire liegt, widersetzte sich dem. Sie wiesen auf die Gefahr der Überschwemmungen hin, und sie wurden gehört; und obwohl M. de La Feuillade damals ein Günstling war und sehr gut mit Colbert stand, wurde beschlossen, daß nichts verändert und daß die Felsen nicht berührt werden sollten. Der Sohn hatte durch Chamillart, seinen Schwiegervater, mehr Einfluß: ohne irgend jemand zu fragen, schritt er zur Tat. Man ließ die Felsen sprengen und machte zum Vorteil von La Feuillade die Schiffahrt möglich. Die Fluten, die bisher von den Felsen aufgehalten worden waren, ergossen sich nun zum ungeheuren Schaden für den König und für die Privatleute ins Land. Die Ursache wurde hinterher genau erkannt, aber sie war nicht wieder aus der Welt zu schaffen.

Die Ungnade, in die der Marschall Villeroy beim König gefallen war, sowie der Tod der Mme. de Montespan bewirkten eine Neuerung, die große Folgen hatte. Mme. de Maintenon haßte d'Antin nicht mehr, sie hörte auf, in ihm den Sohn einer Feindin zu sehen, deren Rückkehr sie fürchtete; sie begann ihm sogar wohlwollend entgegenzukommen, als dem Bruder jener Bastarde, die ihr so teuer waren und denen er stets so ergeben gewesen. Diese Tatsache machte ihn, seit er seine Mutter verloren hatte, in der Vorstellung der Mme. de Maintenon zu einem Mann, den man dem König näherbringen konnte, zumal man ihn durch seine Laster, von denen nichts zu fürchten, sondern im Gegenteil aller möglicher Nutzen zu erwarten war, immer in Schach halten konnte. So wurde also beschlossen, daß der König am 12. September bei d'Antin in Petit-Bourg nächtigen würde. Es ist ein Wunder, in welchem Maße d'Antin bestrebt war, allen, ja sogar den geringsten Dienern bei diesem Aufenthalt den Hof zu machen. Es war ihm gelungen, einen genauen Plan des Zimmers der Mme. de Maintenon zu zeichnen, und so fühlte sie sich in Petit-Bourg ganz wie in Versailles, und dieses Raffinement wurde von ihr bewundernd vermerkt, seine Aufmerksamkeiten waren auf jeden persönlich zugeschnitten, auch die Höflichkeit, die er allen angedeihen ließ: jede erdenkliche Bequemlichkeit, reichliche und delikate Tafelfreuden, überdies nahm er Gelegenheit, alle seine Gäste in ihrem Zimmer zu besuchen, ihnen und oft auch den Dienern seine Aufwartung zu machen. Der König langte schon am frühen Morgen an, ging überall umher, besichtigte alles und spendete ausgiebig Beifall, er ließ dann d'Antin zu Mme. de Maintenon kommen, wo jener ihm auf dem Papier die ganze Anlage von Petit-Bourg zeigte. Alles wurde gebilligt, mit Ausnahme einer Kastanienallee, die zwar dem Garten und allem übrigen sehr zustatten kam, die allerdings die Aussicht aus dem Zimmer des Königs versperrte; d'Antin sagte kein Wort; doch als der König am anderen Morgen nach seinem Erwachen ans Fenster trat, fand er die schönste Aussicht der Welt, nichts von einer Allee, auch keine Spur, daß es dort, wo sie noch am Vorabend gestanden, jemals eine gegeben hatte. Niemand hatte auch nur das geringste Geräusch vernommen oder irgend etwas erblickt: die Bäume waren verschwunden, der Erdboden völlig glatt und geebnet, so daß es schien, als könne das nur durch den Zauberstab einer freundlichen Fee bewirkt worden sein. Begeisterte Anerkennung belohnte dies Entgegenkommen. D'Antin beglückwünschte sich zu seinem Erfolg, denn er sah seinen Aufstieg, den er seit dem Tod seiner Mutter immer erhofft, nun so gut wie gesichert.

(1708). – Chamillart verheiratet seinen Sohn mit Mlle. de Mortemart, der Nichte Desmaretz', den er als gefügigen Nachfolger für das Amt des Finanzministers ins Auge faßt, was auch gelingt. – Des Königs wachsende Abneigung gegen die Jansenisten.

Man hat schon mehrfach gehört, wie sehr Chamillart, der von der Last der Staatsgeschäfte niedergedrückt war, es sich wünschte, der Finanzen, die Tag für Tag schwieriger wurden, enthoben zu werden. Seine Migräne verurteilte ihn zu einem trübsinnigen Dasein, das fast einem langsamen Sterben ähnelte; ein häufig auftretendes kleines Fieber, allgemeine Mattigkeit, große Anstrengung bei der Arbeit, ein stetes Bedürfnis, zu liegen und zu den ausgefallensten Zeiten zu schlafen: mit einem Wort, ein völlig erschöpfter Mann, der sich allmählich gänzlich verbrauchte. In diesem traurigen Zustand, der ihn häufig zwang, die Ratssitzungen und zuweilen sogar seine Besprechungen mit dem König zu versäumen, fühlte er sich gedrängt, sich wenigstens von der Verwaltung der Staatskasse zu entlasten. Das konnte nur durch einen der beiden Finanzdirektoren geschehen. Aber Armenonville hatte sich trotz seines Verstandes und seiner Sanftmut jener gewissen Geckenhaftigkeit nicht enthalten können, zu der ein frühzeitiger Aufstieg kleine Leute meist zu verführen pflegt, und er hatte sich manchmal sogar gewisse Eigenmächtigkeiten herausgenommen, die Chamillart ihn hatte büßen lassen. Die Wahl fiel also auf Desmaretz.

Zu eben dieser Zeit dachte Chamillart eingedenk seiner schwachen Gesundheit daran, die Stellung seines Sohnes durch eine Heirat zu festigen, die diesen in seinem Amte stützen und halten könnte. Die Noailles, die durch ihre Töchter überall fest verankert waren, hofften, eine von ihnen in diesem allmächtigen Hause unterzubringen, um so alles in Händen zu halten. Darauf arbeiteten sie hin, und Mme. de Maintenon gab zu verstehen, daß auch ihr diese Heirat sehr angenehm wäre, aber die Familie Chamillart widersetzte sich dem. Im Hofstaat der Duchesse de Bourgogne hatte sich zwischen den Töchtern Chamillarts und denen Noailles' eine Eifersucht entwickelt, die bei den ersteren bis zur Antipathie ging. Verwöhnt, wie sie waren durch ihr Riesenvermögen und nicht minder durch Vater und Mutter, erlegten sie sich keinerlei Zwang auf und meinten, es sei ihnen alles erlaubt. Mme. Chamillart, stets darauf erpicht, den Anschein zu erwecken, als herrsche sie in ihrem Hause – obwohl das so wenig der Fall war –, fürchtete das Joch der Noailles. Ihr Gemahl, den dieses Joch oft genug drückte, fürchtete es noch mehr; er war also keineswegs geneigt, ihnen alle Rechte in seiner Familie einzuräumen, indem er ihre Tochter seinem Sohn zur Frau gab. Der König seinerseits, der die Noailles manchmal als Belastung empfand, schien auch nicht viel Gefallen an dieser Verbindung zu finden. Ich hingegen, der nur allzugut wußte, wie es mit der Gesundheit des Ministers stand, mit den Schwierigkeiten seiner Verwaltung sowie mit den sich anspinnenden Kabalen und mit seiner auf übermäßigem Vertrauen beruhenden Unvorsichtigkeit, ich zögerte nicht, seinen Töchtern zuzureden, ihm dringend die Verbindung mit den Noailles anzuraten, die als solche schon sehr ehrenvoll für die Chamillarts und die zudem die einzige war, die alle Kreise und alle Altersstufen umfaßte, und die infolgedessen für alle Zeiten einen Rückhalt bedeuten würde: durch das Ansehen des Duc de Noailles würde man Mme. de Maintenon an sich fesseln, deren Wankelmut schon manchen Leuten, mit denen sie länger und enger verbunden war als mit Chamillart, zum Unheil gereicht hatte; Monseigneur sei ihnen auf lange Sicht gleichfalls sicher; Madame la Duchesse gehörte bereits zu ihren Freunden und somit auch d'Antin. Die geheimen Bande, welche die Duchesse de Bourgogne und die jungen Noailles, ihre Palastdamen, miteinander verbanden, bürgten ihnen für Gegenwart und Zukunft auch für diese Prinzessin, und ihrerseits hatten sie die Herzöge Chevreuse und Beauvillier beim Duc de Bourgogne als Fürsprecher. Ich hatte zwar keine nähere Beziehung zu den Noailles, aber ich glaubte in dieser Verbindung alle Vorteile auf seiten Chamillarts zu sehen.

Der Duc de Beauvillier war zwar eng mit Chamillart befreundet und vermochte viel über ihn, aber nicht genug, um ihn zu Entschlüssen zu bewegen, von denen er seinerseits überzeugt war, daß sie staatspolitisch notwendig seien; so hoffte er denn, Chamillarts Hartnäckigkeit zu besiegen, wenn er ihn durch nahe Verwandtschaftsbande noch enger an sich fesselte. Er und die Herzogin, seine Gemahlin, die immer das gleiche dachten, faßten mithin den Plan, ihm ihre Nichte, die Tochter der Duchesse de Mortemart, die nichts besaß, bei ihrer Mutter lebte und unter keinen Umständen Nonne werden wollte, als Schwiegertochter vorzuschlagen. Aber schon bei der ersten Andeutung schäumte die Duchesse de Mortemart vor Wut, und ihre Tochter bezeugte die größte

Abneigung gegen diesen Plan. Ich war jdeoch sicher, daß M. und Mme. de Beauvillier, die sich diese Heirat in den Kopf gesetzt hatten, ihre Nichte schließlich doch überzeugen und daß sie im Bewußtsein ihrer Autorität über Mme. de Mortemart sowie über den Duc und die Duchesse de Chevreuse ihr Augenmerk auch weiterhin auf die Chamillarts richten würden, die ihrerseits, da sie den Noailles so abgeneigt waren und nirgends sonst eine passende Partie sahen, diesen ihnen gemachten Vorschlag begierig aufgreifen würden; die vornehme Herkunft, die nahe Verbindung mit Leuten, die so glänzend etabliert waren, schmeichelte ihrer Eitelkeit. Der natürliche Hang zur Versippung, der in dieser ganzen Familie so ausgeprägt war, beeindruckte sie ebenfalls stark.

Es gab indes noch einen heimlichen, ja vielleicht dringlichen Grund für Chamillarts Entscheidung: er wollte und konnte das Kriegsministerium nicht aufgeben, aber da er seinen Aufstieg dem Finanzministerium verdankte, begriff er besscr als jeder andere, daß er mit den Finanzen auch alle Gunst und alles Vertrauen verlieren könne; er mußte sich also eine dankbare Kreatur suchen, jemanden, der ihm beistand, nicht einen Feind, der ihn ausbooten und bald alles Ansehen genießen würde. Der Gipfel aller Politik dünkte ihn die rechte Wahl dieses Mannes, und er glaubte, einen klugen Schachzug zu tun, wenn er die Finanzen einem Untergebenen überließe, der dem König nicht sehr genehm und deshalb außerstande wäre, ihm, Chamillart, Schaden zuzufügen. Desmaretz schien ihm wie geschaffen, all diesen Hoffnungen zu entsprechen. Um ein übriges zu tun, gedachte er, diesen durch noch stärkere Bande als die der Dankbarkeit, die für den Menschen gewöhnlich zu schwach sind, an sich zu knüpfen. So versprach er sich alles davon, wenn er seinen Sohn mit Desmaretz' Nichte, Mlle. de Mortemart, verheiraten würde; auch würden dann die Herzöge Chevreuse und Beauvillier Desmaretz ein wenig im Zaum halten und ihren mäßigenden Einfluß geltend machen können, da jener mit allen dreien so nahe verwandt und mit den beiden Herzögen so eng verbunden war. So mannigfache, so schlaue und schwer zu vereinende Absichten unter einen Hut zu bringen hielt Chamillart für ein Meisterstück.

Aber man mußte das Für und Wider abwägen und das Ganze im Auge behalten. Aufgrund meiner Kenntnisse des Hofes sowie der Personen fiel es mir leicht, Beauvilliers sowie Chamillarts Fehlkalkulation vorauszusehen. Chamillart war zu sehr von seiner vermeintlichen Erleuchtung erfüllt, zu vertrauensvoll und zu sehr von sich überzeugt, um noch auf andere hören zu können. Ich glaubte keinen Augenblick, daß ihm diese Verbindung auch nur die geringste Autorität über den Duc de Beauvillier verschaffen würde, und vor allem glaubte ich keinen Augenblick, daß Mme. de Maintenon sich, ganz abgesehen von ihrer Neigung zu den Noailles, jemals mit dieser Heirat abfinden würde. Ihr Haß auf den Erzbischof von Cambrai war noch immer so heftig wie vor Jahren, sein Geist und seine einflußreichen Freunde flößten all jenen, die ihn gestürzt hatten und von denen Mme. de Maintenon ganz mit Beschlag belegt war, solche Furcht ein, daß die Angst vor seiner möglichen Rückkehr ihren Haß unablässig lebendig hielt.

Die Duchesse de Mortemart war nebst der Duchesse de Béthune die Seele der kleinen Herde, und die machte keinerlei Hehl aus ihrer Neigung für den Erzbischof von Cambrai, sie fuhr sogar nach Cambrai und verbrachte dort mehrere Monate hintereinander: sie wurde also von Mme. de Maintenon ebenso gehaßt wie der Erzbischof selber, eine Tatsache, die man nicht übersehen durfte. Ich erschrak bei dem Gedanken an den Zorn, der sie zweifellos überkommen würde, wenn sie Chamillart, ihr Geschöpf und ihren Favoriten, entfliehen und sozusagen auf die Seite ihrer Feinde – ich meine die Familie der Herzöge Chevreuse und Beauvillier – übergehen sähe, zumal es sie im geheimen noch immer wurmte, daß es ihr nicht gelungen war, die beiden Herzöge zugrunde zu richten. Ich war nicht minder beunruhigt, wenn ich an ihr Interesse dachte, denn sie hatte ein besonderes Interesse daran, zumindest einen Minister in ihrer vollkommenen Botmäßigkeit zu halten und auf dessen rückhaltlose Ergebenheit zählen zu können. Chamillart war der einzige von allen, der ihr ganz zur Verfügung stand, aber durch diese Heirat wäre er für sie ihrer Ansicht nach gänzlich verloren gewesen. Es bliebe ihr dann also niemand mehr. Mir war klar, daß diese Heirat auch geschlossen werden sollte, um die Finanzen alsbald Desmaretz zu übergeben, und da sie diesen Schlag nicht hatte abwenden können, würde sie sich nun also entschließen, ihr eigenes Werk zu zerstören, welches fortan ohne sie und mit ihren Feinden im Bündnis fortbestünde; derart zur Rache aufgereizt, würde sie nicht verabsäumen, Chamillart fortzujagen, um dann eine Kreatur, über die sie vollkommen verfügen könnte, auf seinen Posten zu setzen. Mme. de Maintenon für allmächtig zu halten war berechtigt, aber zu meinen, dies sei ihr ohne Verstellung und ohne Verschlagenheit möglich gewesen, hieße sowohl den König als auch den Hof zu verkennen; niemals war ein Fürst eifersüchtiger darauf bedacht, unabhängig zu sein und nicht geleitet zu werden, aber niemals widerfuhr gerade dies einem Fürsten in solchem Maße; doch um ihn zu leiten, durfte man ihn nichts merken lassen, und ebendeshalb brauchte

Mme. de Maintenon einen Minister, der ganz und gar von ihr abhängig war und dem sie sich vollkommen anvertrauen konnte: durch ihn bewirkte sie all das, was der König von sich aus zu tun glaubte und was er, sofern sie es ihm nahegelegt, abgelehnt hätte aus Mißtrauen, gelenkt zu werden. Dieses merkwürdige Phänomen, auf das einzugehen hier zu weit führen würde, wird noch des öfteren sichtbar werden.

Sobald Beauvillier und Chamillart die Heirat unter sich ausgemacht hatten, sprach Chamillart mit Mme. de Maintenon, die sich zunächst sträubte und die den König sofort voreingenommen stimmte. Dem Minister entging das nicht, aber unglücklicherweise blieb er, der, wie man es im Falle La Feuillade gesehen hat, daran gewöhnt war, seine Kinder gegen die Billigung der souveränen Macht zu verheiraten, auf seinem Willen bestehen. Er erhielt also eine mißlaunige Zustimmung seiner Wohltäterin und eine achselzuckende seitens des Königs, dem bei dieser Gelegenheit eine Bemerkung entschlüpfte; er meinte, wenn Chamillart unbedingt eine Quietistin haben wolle, bekümmere ihn das nun auch nicht mehr weiter. Auf diese Weise kam also die Heirat zustande, zum heftigen Mißvergnügen der ganzen Familie Mortemart, die sich nicht einmal die Mühe nahm, ihren Ärger zu verbergen.

Von langer Hand schon hatte Chamillart seinen Plan vorbereitet, indem er bei jeder Gelegenheit Desmaretz in den Vordergrund schob und die wichtigsten Regierungsgeschäfte, die seine Gesundheit weiter zu verfolgen ihm nicht mehr erlaubte, auf diesen ablud. Er hatte überdies begriffen, daß sich die politische Lage dem König nun endlich so darstellte, daß dieser bereit war, ihn zu entlasten, und er kannte Mme. de Maintenon zu gut, um nicht seit der Heirat seines Sohnes eine Veränderung an ihr zu bemerken. Er folgerte also, aber zu spät, daß es höchste Zeit sei, die Finanzen abzugeben, da sie ihm sonst entrissen würden. Diese Entdeckung grämte ihn dergestalt, daß er in Versuchung geriet, alles auf einmal hinzuwerfen.

Bald darauf ging ich nach Paris und besuchte dort Desmaretz, mit dem ich ganz freimütig sprach und der mir ebenso freimütig antwortete. Ich fand einen Mann, der den Himmel offen sah und der, über alle Vorgänge unterrichtet, trefflich unterstützt von den Herzögen Chevreuse und Beauvillier, schon für den nächsten Tag den Wechsel seines Glückes erwartete. Als Desmaretz bei den Finanzen eingestellt wurde, dauerte es mehrere Tage, ehe er zum Direktor ernannt wurde, was den Kanzler veranlaßte, scherzhaft zu ihm zu sagen, daß das Kind zwar getauft und in Sicherheit sei, aber noch keinen Namen habe. Am Dienstag, einen Tag nach der Erklärung, ging ich am Morgen zu Desmaretz, er sagte mir, daß Chamillart, der am Sonnabend Etang nicht hatte verlassen können, am Sonntag nach Marly gekommen sei und mit dem König gesprochen habe, der seine Abdankung ohne Umstände angenommen und der, ohne besondere Neigung für jemand zu zeigen, lange mit ihm über den Nachfolger beraten habe. Durch verschiedene Einwände gedrängt zu erklären, wen er selbst für den geeignetsten hielt, seine schwierigen Aufgaben zu erfüllen, habe Chamillart schließlich Desmaretz' Namen genannt; der König habe wiederum keinerlei Schwierigkeiten gemacht und dem Minister befohlen, Desmaretz am nächsten Morgen mitzubringen.

Chamillart übermittelte ihm persönlich die glückliche Wendung seines Geschicks. Sie gingen zusammen ins Arbeitszimmer des Königs, wo der Monarch die Sache zum Abschluß brachte; er warnte Desmaretz und legte ihm selber den beklagenswerten Zustand seiner Finanzen dar, einmal, um ihm zu zeigen, was er alles wußte, zum anderen vielleicht auch, um sich die Verlegenheit zu ersparen, ihm eine genauere Rechenschaft über den Stand der Dinge abzulegen, wie sich das beim Einzug in eine Verwaltung nicht vermeiden ließ. Der König meinte, daß er, da die Lage derart trostlos sei, Desmaretz sehr dankbar wäre, wenn er irgendeine Abhilfe finden könne, aber keineswegs überrascht, wenn alles weiterhin so im argen bliebe.

Der Duc d'Orléans gedachte nicht eher nach Spanien aufzubrechen, als bis er seine Ausrüstung vollkommen beisammen hatte. Der König wollte wissen, welche Leute ihn nach Spanien begleiten würden, und er wollte nicht zulassen, daß Nancré dabei sei. Jene Reise, die Nancrés Stiefmutter mit Mme. d'Argenson unternommen hatte, hatte diesem beim König alles verdorben. Zum Gefolge des Duc d'Orléans zählte auch Fontpertuis. Als dieser Name fiel, setzte der König eine ernste Miene auf: »Wie denn, mein Neffe,« erwiderte er, »Fontpertuis, der Sohn dieser Jansenistin, dieser Närrin, die Arnauld überallhin nachgelaufen ist? Ich wünsche nicht, daß dieser Mensch Sie begleitet!« – »Meiner Treu, Sire«, erwiderte der Duc d'Orléans, »ich weiß nicht, was die Mutter getan hat, aber was den Sohn angeht, so ist er alles andere als ein Jansenist, dafür stehe ich ein, denn er glaubt überhaupt nicht an Gott.« – »Ist das wahr, mein Neffe?« erwiderte der König entschieden beruhigt. »Nichts ist so gewiß, Sire« beteuerte der Duc d'Orléans, » ich kann es Ihnen beschwören«. – »Wenn es sich so verhält«, sagte der König, »ist weiter nichts einzuwenden. Sie können Ihn getrost mitnehmen.« Diese Szene, denn man kann das mit keinem anderen Ausdruck bezeichnen, spielte sich des Morgens ab, und am gleichen Nachmittag gab sie mir der Duc d'Orléans, so wie ich sie hier aufschreibe, unter schallendem Gelächter wieder. Nachdem wir beide noch sehr darüber gelacht hatten, wunderten wir uns über die unglaubliche Gelehrsamkeit eines frömmelnden und frommen Königs, der es ohne weiteres besser fand, nicht an Gott zu glauben, als jenen anzugehören, die man ihm als Jansenisten bezeichnet hatte; ein solcher Mann galt als zu gefährlich, um als Gefolgsmann mit einem jungen Prinzen in den Krieg zu ziehen; der andere indes wegen seiner Gottlosigkeit als harmlos. Der Duc d'Orléans konnte sich nicht enthalten, die Geschichte überall herumzuerzählen, wobei er stets bis zu Tränen lachte. Das Gerücht machte die Runde bei Hofe und dann in der Stadt; erstaunlich blieb, daß der König keineswegs darüber verärgert war, ein weiterer Beweis für sein starres Festhalten an der gültigen Lehre, die ihn, weil er keinen Verdruß haben wollte, immer weiter vom Jansenismus abrücken ließ. Die meisten lachten ganz unbefangen über diese Geschichte, aber es gab auch klügere, die mehr geneigt waren, darüber zu weinen, weil sie sahen, bis zu welch ungewöhnlicher Verblendung der König gelangt war. Dieser Fontpertuis war ein putziger Bursche, ein Kumpan der Ausschweifungen Donzys, des nunmehrigen Duc de Nevers, und ein leidenschaftlicher Federballspieler. Auch der Duc d'Orléans liebte dies Spiel sehr, und er liebte Donzy, mit dem er von frühester Kindheit an im Palais-Royal verkehrt hatte, gleichfalls sehr, und noch mehr, seit auch jener sich der Ausschweifung ergeben hatte. Donzy brachte ihm diesen Fontpertuis, dessen er sich dann annahm. Lange Zeit nachher während der Regentschaft gab er ihm die Möglichkeit, bei dem berühmten Mississippiunternehmen Schätze zu verdienen, immer unter der Protektion des M. de Nevers. Aber als sie Millionen verschlungen hatten – Fontpertuis unvergleichlich mehr als der andere –, gerieten sie miteinander in Streit und haben sich niemals wiedergesehen.

Der Duc de Chevreuse heimlicher Staatsminister. – Fehlgeburt der Duchesse de Bourgogne. – Der Duc de Bourgogne zum Befehlshaber für Flandern ausersehen.

Auf der letzten Reise nach Fontainebleau entdeckte ich ein Geheimnis, von dem nur sehr wenige etwas wußten; der Duc de Chevreuse war in der Tat Staatsminister, ohne daß er den Anschein erweckte und ohne daß er im Staatsrat saß. Ich erkühnte mich ganz unumwunden, den Duc de Beauvillier darauf anzusprechen, der mich in seiner Verwirrung ganz überrascht fragte, woher ich das wüßte, und der es mir schließlich unter dem Siegel der Verschwiegenheit eingestand. Noch am gleichen Tage machte ich mir das Vergnügen, dem Duc de Chevreuse zu verstehen zu geben, daß ich im Bilde sei. Er errötete bis an die Haarwurzeln, er stotterte und beschwor mich dann, das Geheimnis unverbrüchlich zu bewahren, das er mir nicht länger verhehlen konnte. Ich erfuhr dann von ihm, daß die Minister des Auswärtigen, des Krieges, der Marine und der Finanzen seit über drei, ja sogar seit über vier Jahren den Befehl hatten, nichts vor ihm zu verbergen; die beiden ersteren mußten ihm alle Projekte und alle Depeschen vorlegen, und alle vier konferierten mit ihm über alles. Er kam zu den gewöhnlichen Stunden meist durch die Hintertür zum König und führte lange Gespräche mit ihm. Der König hatte stets eine Neigung für ihn gehegt, Chevreuse war vielleicht der einzige kluge und gelehrte Mann, den er nicht fürchtete, er fühlte sich durch dessen Sanftmut, Mäßigung und Bescheidenheit beruhigt, und nicht zuletzt deshalb, weil er stets ehrfurchtsvoll vor ihm bebte, was sowohl seiner wie auch Beauvilliers Vorzug in den Augen des Königs war. Dieser hätte Chevreuse sehr gerne im Staatsrat gehabt, aber Mme. de Maintenon, d'Harcourt und auch La Rochefoucauld wußten das zu verhindern: er entschloß sich also zu diesem Inkognito, das in seiner Art, glaube ich, einzigartig gewesen ist und zu dem sich vielleicht niemand außer dem Duc de Chevreuse bequemt hätte.

Die Duchesse de Bourgogne war in anderen Umständen; sie litt unter allerlei Beschwerden. Der König gedachte sich gegen seine Gewohnheit in den ersten schönen Frühlingstagen nach Fontainebleau zu begeben und hatte es bereits kundgetan. Bis dahin wollte er, wie sonst auch, seine Ausflüge nach Marly unternehmen. Da ihm die Anwesenheit der Duchesse de Bourgogne besonders angenehm war, dachte er nicht daran, auf sie zu verzichten; aber soviel Bewegung war ihrem Zustand recht unzuträglich. Mme. de Maintenon zeigte sich höchst besorgt, Fagon äußerte vorsichtig seine Bedenken: das verdroß den König, der gewohnt war, sich keinerlei Zwang aufzuerlegen, und der es stets für selbstverständlich gehalten hatte, daß seine Mätressen ihn, und zwar immer in großer Toilette, auf seinen Reisen begleiteten, ob sie nun in anderen Umständen oder soeben erst vom Wochenbett genesen waren. Die Vorhaltungen betreffs der Ausflüge nach Marly erbosten ihn, ohne daß er Einwände dagegen erheben konnte. Er schob lediglich zweimal hintereinander die auf den Tag nach Quasimodo festgesetzte Reise auf, um sie erst am Mittwoch der folgenden Woche zu unternehmen. Trotz aller Bedenken, die man äußerte, trotz der Bemühungen, ihn daran zu hindern oder zumindest zu erreichen, daß die Duchesse de Bourgogne in Versailles bleiben dürfe.

Als der König am nächsten Sonntag nach der Messe einen kleinen Spaziergang machte, um sich zwischen dem Schloß und der Perspektive am Anblick des Karpfenteiches zu ergötzen, sahen wir die Duchesse du Lude zu Fuß und allein herbeieilen, obwohl sich an diesem Vormittag keine Dame in Begleitung des Königs befand. Er begriff sofort, daß sie ihm eine wichtige Mitteilung zu machen habe, und ging ihr deshalb entgegen. Als er sie fast erreicht hatte, blieben wir stehen, um ihn allein auf sie zugehen zu lasssen. Das Zwiegespräch währte nicht lange. Mme. du Lude kehrte alsbald um, der König kam zu uns zurück und sagte, bis wir beim Karpfenteich angelangt waren, kein einziges Wort. Jeder wußte sehr wohl, wovon die Rede gewesen, aber keiner wollte den Mund auftun. Als der König schließlich ganz dicht vor dem Bassin stand, ließ er den Blick über die Höflinge schweifen, um dann, ohne jemanden direkt anzusprechen, mit beleidigter Miene in dürren Worten zu verkünden: »Die Duchesse de Bourgogne hat eine Fehlgeburt gehabt!« Da brach M. de la Rochfoucauld in lautes Klagen aus; M. de Bouillon, der Duc de Tresmes und der Marschall Boufflers stimmten in leisem Ton ein, woraufsich M. de la Rochefoucauld um so lauter vernehmen ließ; es sei das größte Unglück der Welt, und da die Herzogin ja schon einmal eine Fehlgeburt gehabt habe, würde sie nun vielleicht gar keine Kinder mehr bekommen. »Und selbst wenn es so wäre«, unterbrach ihn der König, der bis dahin geschwiegen hatte, nun in plötzlicher Zornesaufwallung, »was würde mir das schon ausmachen? Hat Sie nicht bereits einen Sohn? Und ist der Duc de Berry, wenn jener stürbe, nicht alt genug, um zu heiraten und Kinder zu zeugen? Was kümmert es mich, ob nun die einen oder die anderen meine Nachfolger werden? Sind sie nicht alle meine Enkel?« Und nach kurzem Atemholen fügte er mit Nachdruck hinzu: »Sie hat eine Fehlgeburt gehabt, weil es ihr so beschieden war, Gott sei Dank! Nun werde ich endlich nicht mehr auf allen Reisen und bei all meinen Vergnügungen von den Einwänden der Ärzte und dem Geschwätz der Hebammen belästigt werden, ich werde ganz nach meinem Belieben handeln, und man wird mich fortan in Ruhe lassen.« Eine Stille, in der man eine Stecknadel hätte fallen hören, folgte diesem erstaunlichen Ausbruch. Man schlug die Augen nieder, man wagte kaum zu atmen. Jeder war wie betäubt, sogar die Aufseher der Gebäude und die Gärtner blieben wie angewurzelt stehen. Diese Stille währte eine gute Viertelstunde. Endlich brach der König das Schweigen, um, über die Balustrade gelehnt, plötzlich von einem Karpfen zu sprechen. Niemand antwortete. Darauf wandte er sich an die Aufseher der Gebäude, die gewöhnlich nicht an den Gesprächen beteiligt waren, und unterhielt sich mit ihnen über die Karpfen. Es herrschte recht trübe Stimmung, und bald darauf entfernte sich der König. Sobald er außer Sichtweite war und wir es wagten, uns anzusehen, begegneten sich unsere Blicke in vollkommenem Einverständnis; jeder wurde so zum Vertrauten des anderen. Man war erstaunt und verblüfft, man war bekümmert, und man zuckte die Achseln.

Der Zufall bringt zuweilen durch Diener Dinge zutage, die man für völlig verborgen hält. Ein Sattler, der in Paris heimlich an der Kriegsausrüstung des Duc de Bourgogne arbeitete, war so indiskret, meinen Freunden davon zu erzählen und ihnen diese Ausrüstung zu zeigen, wobei er bat, das Geheimnis, das er selber verriet, streng zu bewahren; sie erzählten es mir: das öffnete mir die Augen über eine höchst seltsame Reise, die Chamillart in Begleitung von Chamlay und Puységur nach Flandern unternommen hatte. Er war am Osterabend von Versailles aufgebrochen und am Abend des 20. April wieder in Marly eingetroffen, war also zwölf Tage unterwegs gewesen. Seine sehr geschwächte Gesundheit bezeugte das und zumal die lange Dauer seiner Abwesenheit.

Die Duchesse de Bourgogne hatte, wie gesagt, eine Fehlgeburt gehabt. Ich stellte nun Überlegungen an über die Nominierung des Duc de Bourgogne, ich konnte mir für ihn nur die Rheinarmee oder Flandern vorstellen; diese Reise Chamillarts ließ mich nun auf Flandern schließen, denn Chamillart war, wie ich später erfuhr, in der Tat dorthin gereist, um den Kurfürsten von Bayern dazu zu bewegen, an den Rhein zu gehen und dem Duc de Bourgogne die Flandernarmee zu überlassen; in einer Lage, wo man auf die Revolte der Spanischen Niederlande und auf die Revolution in Schottland hoffte, beging man den Fehler, sich in Flandern der Hilfe zu berauben, die man sich von der Zuneigung der Provinzen für den Kurfürsten, der dort lange Zeit regiert hatte und sehr beliebt war, hätte versprechen können.

Saint-Simons Gespräch mit Beauvillier über die angebliche staatspolitische Notwendigkeit, den Duc de Bourgogne für Flandern zu nominieren. – Saint-Simon wittert die Absicht der Kabale um Monseigneur, den Duc de Bourgogne zugrunde zu richten. – Vendômes unverfrorene Nachlässigkeit und des Königs stete Nachsicht ihm gegenüber. – Der König zeichnet in Marly beim Spaziergang den Bankier Samuel Bernard durch ein persönliches Gespräch aus. – Die Staatskasse füllt sich wieder ...

An einem der ersten Abende, die wir bei sehr schönem Wetter in Marly verbrachten, führte mich Beauvillier, der das Bedürfnis hatte, mit mir zu plaudern, in einen abgelegenen Teil des Gartens, wo alles von Sträuchern bedeckt ist und wo man von niemandem gehört werden kann. Ich hatte beschlossen, mit ihm über die Nominierung des Duc de Bourgogne zu reden, und tat das auch. Er war erstaunt, daß ich von der Sache wußte, und ich erzählte ihm, wie ich es erfahren hatte. Nun vernahm ich von ihm den Grund, weshalb Chamillart nach Flandern gereist und wie die Verteilung der Generale geplant war. Ich machte meine Einwände hinsichtlich des Kurfürsten von Bayern, worob er mir erwiderte, daß alles der Notwendigkeit untergeordnet werden müsse, den Duc de Bourgogne nach Flandern zu entsenden. Er sagte mir, es sei bei der trostlosen politischen Lage und der allgemeinen Entmutigung wichtig, den Gemütern einen Aufschwung zu geben und den Truppen durch die Anwesenheit des Thronerben neuen Mut einzuflößen. Es gehe, meinte er, nicht an, daß er in seinem Alter müßig dahindämmere, während sein Haus an allen Ecken und Enden in Flammen stünde. In Flandern habe sich Lässigkeit breitgemacht, und gerade durch jene, die sie hätten eindämmen sollen, und das habe solche Ausmaße angenommen, daß es kein Mittel mehr gebe als eben die Anwesenheit des Prinzen; diese Lässigkeit sei die eigentliche Ursache aller Schicksalsschläge, denn Disziplin und Wachsamkeit seien die Seele der Armee. Es sei ratsam, von alledem, was dieser Prinz in seinen beiden einzigen Feldzügen an kriegerischen Neigungen und Talenten bewiesen habe, zu profitieren und ihn nun auf diesem Gebiet weiter auszubilden; weder die Dauphiné noch Deutschland seien seiner würdig, weil es dort nichts zu tun gebe; so komme nur Flandern für ihn in Betracht.

Ich stimmte dem, was er über den Müßiggang des Prinzen und die Notwendigkeit, ihn im Kriegshandwerk auszubilden, sagte, völlig zu, aber ich wagte, Einwände zu erheben. Ich sagte, es sei zwar sehr zu wünschen, daß der Duc de Bourgogne wiederum ein Kommando bekäme, doch scheine es mir wenig ratsam, ihn nach der Unterbrechung mehrerer Feldzüge, nach so großen Verlusten und so vielen Unglücksfällen abermals an die Spitze einer Armee zu stellen, die glaube, es sei schon viel, wenn sie standhielte, und die vor jedem gefährlichen Abenteuer zurückschrecke, deren geringstes allerdings unter ihm sehr beschwerlich und mißlich werden könne; dieser Prinz sei zu lange an sein Privatleben gewöhnt, das in keiner Weise der Lebensführung der Armee entspreche, die ihm wohl kaum mehr zusagen würde; wohingegen sein so ganz anders gearteter Bruder sich dort vermutlich sehr wohl fühlen und ihn möglicherweise ausstechen würde, was auch recht gefährlich werden könne. Das schlimmste aber sei die Anwesenheit des Duc de Vendôme. »Ah, und gerade deshalb«, unterbrach mich der Duc de Beauvillier, »bedarf es der Anwesenheit des Duc de Bourgogne in Flandern so dringend; nur er, nur seine Autorität könnte der Trägheit des Duc de Vendôme entgegenwirken, dessen Starrsinn lockern, ihn zwingen, die nötigen Vorsichtsmaßnahmen zu treffen, deren Fehlen uns oft so teuer zu stehen gekommen ist! Einzig die Anwesenheit des Duc de Bourgogne könnte den verzagten Generalen und Offizieren wieder aufhelfen, den Diensteifer der Soldaten beflügeln, die Ordnung und den Gehorsam, die M. de Vendôme, seit er in Flandern befehligt, völlig zerstört hat, wiederherstellen.«

Ich konnte mich nicht enthalten, über so viel Vertrauensseligkeit zu lächeln und mit Überzeugung zu entgegnen, daß kaum etwas von all dem zu erwarten stünde, dafür aber mit Sicherheit der Ruin des Duc de Bourgogne. Der Herzog war unbeschreiblich erstaunt über diesen Einwand, ich erklärte ihm also, es bedürfe, um zu meinem Urteil zu kommen, nur der Kenntnis dieser beiden Männer sowie der Kenntnis des Hofes und einer Armee, die sich, sobald der Duc de Bourgogne dort erschiene, in einen Hof verwandeln würde. Feuer und Wasser seien nicht verschiedener und nicht unvereinbarer als der Duc de Bourgogne und der Duc de Vendôme; der eine devot, schüchtern, äußerst gemäßigt, verschlossen, grüblerisch, alle Dinge abwägend, gleichviel heftig und absolut, aber trotz all seines Verstandes schlicht, zurückhaltend, behutsam, das Böse fliehend, auf das Gute vertrauend, ohne große Kenntnis der Leute, mit denen er zu tun habe, manchmal unentschlossen, zumeist zerstreut und zu sehr auf Kleinigkeiten bedacht; der andere dagegen tollkühn, wagemutig, auf Vorteile aus, unverschämt, alle und jeden mißachtend, auf seiner Meinung beharrend, von einem Selbstvertrauen, das keine Erfahrung ihm hatte nehmen können, unfähig zu Selbstbeherrschung, Mäßigung und Respekt, äußerst hochfahrend bei jeder Gelegenheit, scharf und unzugänglich im Dienst, ganz daran gewöhnt zu regieren, ungeduldig bis zum Exzeß mit jedem Höhergestellten, von schändlich abstoßender Ausschweifung, die er ebenso fortgesetzt wie öffentlich betrieb; furchtlos und stolz auf des Königs dezidierte Neigung für ihn und seine Herkunft sowie auf die mächtige Kabale, die er im Hintergrund wisse, nie um Listen verlegen: Diese Porträtskizze der beiden Männer, meinte ich, müsse jedem einleuchten, der die beiden in ihrem Verhalten beobachtet habe. Da dem so sei, würden sie unweigerlich in Streit geraten, und zwar sehr bald, die Armee würde Partei ergreifen, der Stärkere würde den Schwächeren ausstechen, und dieser Stärkere sei Vendôme, den keine Hemmung, keine Furcht zurückhalte und der, von seiner Kabale gestützt, den jungen Prinzen in die Enge treiben und rettungslos zugrunde richten würde. Dieser unternehmungslustige Tollkopf würde alles an sich reißen. Die so sehr an das Ansehen und die Macht des einen und die Ohnmacht des anderen gewöhnte Armee würde in Massen von jenem abfallen, von dem sie nichts zu hoffen noch zu fürchten hätte, um sich dem in die Arme zu werfen, dessen Verwegenheit grenzenlos sei, da die Furcht vor ihm in Italien die Tinte hatte stocken lassen, solange er dort weilte.

Beauvillier, dessen Zurückhaltung und Geduld langsam erschöpft waren, wollte nun das Wort ergreifen, doch ich beschwor ihn, mich gütigst zu Ende anhören zu wollen über eine Angelegenheit, die so ernste Folgen nach sich ziehen mußte. »Aber ist es denn möglich«, fragte er, »daß Sie immer noch etwas zu sagen haben?« – »Ja«, erwiderte ich, »und zwar etwas von größter Wichtigkeit, sofern Sie mir Zeit dazu lassen wollen.« Ich erklärte also, daß ich zu alledem, was ich ihm eben dargelegt hätte, noch ergänzend hinzufügen müsse, welcher Anteil der Kabale des Hofes hier voraussichtlich beigemessen werden müsse: »Der König ist siebzig Jahre, und Sie wissen, daß man stets an die Zukunft denkt, zumal wenn man nicht mehr hoffen kann, die Gegenwart zu verändern. Mlle. Choin hegt keinerlei Neigung für den Duc und die Duchesse de Bourgogne, aber sie beherrscht Monseigneur. Wie es zwischen dem Prince de Conti und M. de Vendôme bestellt ist, die ihr Leben lang um die Freundschaft des Prinzen gewetteifert haben, brauche ich nicht erst zu erwähnen. Madame la Duchesse ist gleichfalls entschlossen, Monseigneur zu beherrschen, und Sie wissen, was sie alles in Gang setzt und wie erfolgreich sie bei ihm ist; es dürfte Ihnen indes nicht entgangen sein, daß sie die Duchesse de Bourgogne nicht leiden mag. Mlle. de Lillebonne und Mme. d'Espinoy sind die dominierenden Figuren in Meudon, Monseigneur verbringt fast jeden Morgen bei ihnen, es ist also klar, daß auch sie ihn zu gängeln bestrebt sind, und mit ihrer Hilfe gedenkt auch M. de Vendôme das zu tun. Im Augenblick leben all diese Personen im besten Einvernehmen miteinander. Es ist eine in sich geschlossene Gruppe, und es liegt in ihrem Interesse, Monseigneur ganz für sich in Beschlag zu nehmen und jeden anderen von ihm fernzuhalten; solange der König lebt, wird dieses Interesse fortbestehen, damit, sobald Monseigneur auf den Thron gelangt, jeder auf Kosten der alten Verbindung seinen Nutzen für sich daraus ziehen kann. Dann wird es sich zeigen, wer den Haupteinfluß auf diesen Fürsten gewinnt, der offenbar zu beschränkt ist, eine Entscheidung zu treffen und etwas zu durchschauen; einstweilen wird dieses Einvernehmen andauern, weil man vermeiden will, daß irgend jemand sonst noch in Meudon Boden gewinnt. Sie wissen, wie eng M. de Vendôme mit dieser Clique verbunden ist; die Ereignisse in Italien und deren Folgen sind der schlagendste Beweis. Auf all diese Personen kann Vendôme sich heute vollkommen verlassen, und jeder von ihnen, desto mehr aber alle zusammen, haben Chamillart fest in der Hand; sie können sich nicht verhehlen, daß ihre Clique den Minister alles unter den von ihnen gewünschten Gesichtspunkten sehen läßt und daß ihr Einfluß und ihre Machenschaften von größerer Wirkung auf ihn sind als alles, was Sie oder sonst jemand einzuwenden vermögen. Chamillart ist zudem noch M. du Maine ausgeliefert, und dieser gehört durch Vaudémont gleichfalls zur Clique.

Der Duc de Bourgogne wird bald sechsundzwanzig Jahre. Er ist in seinen beiden einzigen Feldzügen, und mehr noch im Staatsrat, erfolgreich gewesen. Er hat sich durch seine Einsicht, seine Tugend und seinen Eifer in Europa Ansehen erworben und in Frankreich die größten Hoffnungen erweckt. Der Hof betrachtet ihn mit Verehrung, wenn er auch seine Sittenstrenge fürchtet, die dem König schon des öfteren lästig fiel und die zwischen Vater und Sohn zu deutlichen Spannungen führt. Nun haben die Leute, von denen ich sprach, das größte Interesse daran, zu verhindern, daß, wenn Monseigneur einmal König wird, sein Sohn ihn etwa beherrscht; sie müssen also alles wagen, um den jungen Prinzen noch zu Lebzeiten des Königs um jedes Ansehen zu bringen und ihn in den kläglichsten Zustand zu versetzen, ja ihn zugrunde zu richten.

Einen solchen Plan zu ersinnen ist ungeheuerlich. Denn ihn auszuführen ist bei weitem nicht so schwer, als ihn zu entwerfen: das geht nur unter Umständen, die sich bei dem geordneten Tageslauf am Hofe niemals ergeben würden. Im Kriege jedoch, an der Spitze einer entmutigten, disziplinlosen, an so viele Entbehrungen und traurige Niederlagen gewöhnten Armee, deren General aufgrund seiner freien Sitten, seiner Macht und seines Auftretens die Soldaten und die unteren Offiziere für sich gewonnen und die übrigen terrorisiert hat und der persönlich daran interessiert ist, diesen jungen Prinzen auszuschalten, erscheint es sehr wohl möglich. Auf der einen Seite: Mode, gefälliges Gebaren, Ungezwungenheit; auf der anderen: trauriges Verstummen und Vereinsamung! All dies, Monsieur, erscheint mir durchaus im Bereich des Möglichen, und es ist sogar ziemlich naheliegend; wenn sich zudem in Flandern noch einer jener unglückseligen Mißerfolge ergibt – wie es deren in Italien, Deutschland und Flandern so viele gegeben – dann werden Sie M. de Vendôme glorreich aus diesem Feldzug hervorgehen sehen und den Duc de Bourgogne vernichten, und zwar vernichtet bei Hofe, in Frankreich und in ganz Europa.« M. de Beauvillier hatte trotz all seiner Sanftheit und Geduld größte Mühe, mich ausreden zu lassen. Ich versicherte ihm, daß ich mich, obwohl mich seine Argumente nicht überzeugten, jederzeit seinen Ansichten unterwerfen würde, und so trennten wir uns.

Am 1. Mai kam M. de Vendôme wieder nach Marly und blieb bis zum 4. Während dieser kurzen Zeit arbeitete er mehrfach mit Chamillart, einmal bei dem Duc de Bourgogne, ein andermal mit Chamillart und dem König bei Mme. de Maintenon, und zu dieser Beratung wurde auch Puységur zugezogen. Als der König am 4. Mai morgens sein Arbeitszimmer verließ, traf er den Marschall Martignon, dem er erklärte, er solle indessen unter dem Duc de Vendôme und in seinem Namen die Armee in Flandern kommandieren; er kam ihm mit allen möglichen Schmeicheleien entgegen, mittels deren er dergleichen bestürzende Neuheiten so eingängig zu machen verstand.

An demselben Tag begab sich Vendôme von Marly nach Clichy, um von dort aus am anderen Morgen nach Flandern aufzubrechen. Man hätte ihn bis zum Samstag, dem 5. Mai, zurückhalten sollen. An diesem Tage nämlich war Bergeyck nach Marly bestellt, um sich mit Vendôme zu besprechen und die letzten Maßnahmen zu treffen. Bergeyck sollte direkt nach Marly kommen und sofort wieder nach Flandern zurückkehren. Der König gedachte Bergeyck zu befragen, welche zusätzlichen Vorkehrungen für den nun beginnenden Feldzug zu treffen seien, an dem er, da er seinen Enkel dorthin zu schicken gedachte, ein doppeltes Interesse hatte, und Bergeyck, der die Seele aller Staatsgeschäfte in Flandern war, konnte sich diesem Gespräch so kurz vor Eröffnung des

Feldzuges nicht entziehen. Er kam am Sonnabend, dem 5. Mai, spät abends an; am Sonntag, dem 6. Mai, arbeitete er mit dem König und Chamillart, ehe der Staatsrat zusammentrat. Am Nachmittag machte der König sich das Vergnügen, ihm seine Gärten zu zeigen, am Abend arbeitete er wiederum zwei Stunden mit ihm und Chamillart bei Mme. de Maintenon. Nach der morgendlichen Besprechung schickte der König Bergeyck, Chamlay und Puységur nach Clichy; sie sollten sich mit M. de Vendôme beraten, zum Mittagessen um drei Uhr wieder in Marly sein, um alsdann, wie ich sagte, mit dem König im Park spazierenzugehen und ihm am Abend bei Mme. de Maintenon von der Reise nach Clichy berichten, noch einmal alles mit ihm durchsprechen, seine letzte Order empfangen, um am anderen Morgen, dem 7. Mai, nach Flandern zurückzukehren. Wieder ein Beweis, welch außerordentliches Entgegenkommen der König dem Duc de Vendôme bezeugte und welch maßlosen Dünkel dieser an den Tag legte: Man ließ Bergeyck soviel Zeit verlieren, nur um den Marschall in Clichy aufzusuchen, anstatt diesen zu veranlassen, weitere vierundzwanzig Stunden in Marly zu bleiben, damit er sich dort in Gegenwart des Königs mit Bergeyck bespräche. So eilten also Bergeyck, Chamlay und Puységur zusammen nach Clichy: sie trafen Vendôme bei Crozat im Salon, wo er, die Hände auf dem Rücken, inmitten einer zahlreichen und recht gemischten Gesellschaft einherstolzierte. Er kam ihnen entgegen und fragte sie, was sie zu ihm führe; sie sagten ihm, daß der König sie geschick habe; ohne sie auch nur in eine Fensternische zu führen, ja ohne sich auch nur im mindesten zu rühren, hörte er an, was sie ihm mit leiser Stimme vortrugen. Die Antwort unseres Helden war kurz und bündig: Er erklärte laut und vernehmlich, daß er bereits an der Grenze sei, ehe Bergeyck überhaupt in Mons anlange, er zöge es vor, die Dinge an Ort und Stelle durchzusprechen, darauf verabschiedete er sich mit einer halben Verbeugung, um sich wieder zu der Gesellschaft zu begeben, die sich aus Diskretion ein wenig zurückgezogen hatte. Alle drei waren, obwohl sie ihn hinlänglich kannten, höchst verblüfft, sie verharrten einen Augenblick reglos, erstaunt über den dreisten Ton, über solche Mißachtung dringendster Staatsgeschäfte und solche Unverfrorenheit gegenüber Leuten, die eigens vom König geschickt worden waren, um mit ihm zu beraten und dem Monarchen noch am gleichen Tag Bericht zu erstatten.

Überrascht, sie so bald wieder zurückkehren zu sehen, fragte der König nach der Ursache: Sie sahen einander an, schließlich erzählte Puységur, wie es ihnen ergangen war. Eine Geste des Königs gab zu verstehen, was er darüber dachte; aber dabei ließ er es auch bewenden, und nach kurzem Schweigen schickte er die drei zu Chamillart, um mit ihm zu arbeiten, später wollte er dann Bergeyck seine Gärten zeigen. Die Kühnheit, die sich Vendôme sogar dem König gegenüber erlaubte, die Nachlässigkeit, mit der er die wichtigsten Staatsgeschäfte behandelte, und die Schwäche des Königs angesichts eines so offenkundigen Affronts stützten alles das, was ich M. de Beauvillier vorausgesagt hatte.

Ich will nun eine kleine Begebenheit erwähnen, die ich bei jenem Spaziergang in Marly miterlebte; die Neugier auf die Berichte aus Clichy und auf den Ausdruck der Gesichter hinderte mich allerdings, auf alles genau zu achten. Gegen fünf Uhr verließ der König seine Gemächer, ging an einem in Richtung Marly liegenden Pavillon vorbei; Bergeyck kam aus Chamillarts Pavillon, um sich dem Gefolge anzuschließen. Beim nächsten Pavillon blieb der König abermals stehen: dort war Desmaretz untergebracht, der herauskam und sich mit dem berühmten Bankier Samuel Bernard vorstellte; er hatte ihn gebeten, bei ihm zu arbeiten und mit ihm zu Mittag zu essen. Bernard war der größte Bankier Europas, der die erfolgreichsten und sichersten Finanzgeschäfte betrieb, er war sich seiner Macht bewußt und forderte entsprechende Rücksichtnahme; die Generalkontrolleure, die mehr mit ihm zu tun hatten als er mit ihnen, behandelten ihn mit größter Zuvorkommenheit, der König sagte zu Desmaretz, er sei sehr froh, ihn in Begleitung Bernards zu sehen, dann wandte er sich unmittelbar an letzteren: »Ich glaube wirklich, Sie haben Marly noch niemals gesehen; kommen Sie mit auf meinen Spaziergang, ich werde Sie nachher zu Desmaretz zurückbringen.« Bernard folgte der Aufforderung, und der König sprach während des ganzen Spazierganges nur mit Bergeyck und mit ihm. Er führte die beiden überallhin und erwies ihnen all jene Huld, über die er in so reichem Maße verfügte, wenn er die Absicht hatte, jemanden einzuwickeln. Ich staunte – und ich war nicht der einzige – über diese Art Prostitution, zu der sich der sonst so wortkarge König gegenüber einem Mann wie Bernard herabließ. Es währte nicht lange, bis ich die Ursache erfuhr, und nun staunte ich, in welche Abhängigkeit selbst die größten Könige geraten können. Desmaretz war am Ende seiner Weisheit und wußte nicht mehr, aus welchem Holz er die Pfeile schnitzen sollte, es mangelte an allem, und alles war ausgeschöpft; er hatte in Paris an sämtliche Türen geklopft: man hatte so häufig und so unumwunden die eingegangenen Verpflichtungen mißachtet und das gegebene Wort gebrochen, daß er überall nur auf Entschuldigungen und verschlossene Türen stieß. Auch Bernard wollte nun nichts mehr vorschießen. Man schuldete ihm viel. Vergebens stellte Desmaretz ihm die Dringlichkeit der Bedürfnisse vor und erinnerte ihn an die Höhe der Gewinne, die er bereits erzielt hatte. Bernard blieb unzugänglich. Nun saßen der König und der Minister in der Klemme. Desmaretz erklärte dem König, daß ihnen dennoch einzig Bernard aus dem Elend heraushelfen könne, weil er ohne Zweifel allenthalben die größten Rücklagen und Sicherheiten besäße, es handle sich nur darum, ihn umzustimmen und seine fast unverschämte Hartnäckigkeit zu besiegen; er sei ein außerordentlich eitler Mann, durchaus fähig, seine Börse zu öffnen, sofern der König geruhe, ihm in der rechten Weise zu schmeicheln. In seiner völligen Ausweglosigkeit willigte der König ein; um sich dieser Hilfsquelle mit leidlichem Anstand zu bedienen und keine Zurückweisung zu riskieren, schlug Desmaretz jenen Spaziergang vor, von dem ich soeben berichtete. Bernard fiel darauf herein, er war von der Promenade mit dem König derart entzückt, daß er Desmaretz sofort erklärte, eher wolle er sich selbst ruinieren, als einen Fürsten im Stich zu lassen, der ihm so liebenswürdig entgegengekommen sei, und er erging sich in enthusiastischen Lobeshymnen auf den Monarchen. Desmaretz machte sich das auf der Stelle zunutze und zog weit größere Summen aus Bernard heraus, als er es je für möglich gehalten hatte.

*Tod Mansarts d. J. – Vorausgegangene Querelen mit Desmaretz um
die Verwendung der Geldmittel. – Rangelei um Mansarts Nachfolge
im Garten- und Bauamt: d'Antin obsiegt.*

Während jener Reise starb unversehens Mansart. Er war Oberintendant der königlichen Bauten und so bedeutend, daß man einen Augenblick bei ihm verweilen muß. Ein großer, wohlgebauter Mann mit angenehmem Gesicht; er stammte aus der Hefe des Volkes, besaß jedoch hinlänglich Verstand, war äußerst wendig und geschickt, ganz darauf eingestellt, seiner Umgebung zu gefallen. Zuerst Tambour, dann Steinmetz, schließlich Bauführer, und als solcher nistete er sich bei dem großen Mansart ein, der unter den Architekten einen so hervorragenden Ruf genoß. Dieser, der ihn in die Gebäudeverwaltung des Königs brachte, bemühte sich in jeder Weise, ihn zu unterrichten und etwas aus ihm zu machen. Es hieß, der junge Bauführer sei ein Bastardsohn des alten Mansart, er aber behauptete, daß er sein Neffe sei, und nahm 1666, einige Zeit nach dessen Tod, seinen Namen an, um sich damit Ruf und Ansehen zu verschaffen, was ihm auch gelang. Allmählich stieg er empor und machte sich dem König unentbehrlich. Seine Geschicklichkeit bestand darin, den König wegen offensichtlicher Nichtigkeiten in anspruchsvolle und langwierige Unternehmungen zu verwickeln; er pflegte ihm Pläne für seine Gärten vorzulegen, die noch nicht ganz ausgeführt waren und nur eines letzten Hinweises bedurften, alsbald rief Mansart bewundernd aus, daß er das, was der König vorschlug, niemals von sich aus gefunden hätte, denn verglichen mit dem König sei er nur ein Schüler, und auf diese Weise brachte er ihn dahin, wo er ihn haben wollte, ohne daß der Monarch es jemals bemerkte. Seine Baupläne und Projekte hatten ihm freien Zutritt zu den königlichen Gemächern verschafft, und am Ende konnte er jederzeit kommen, sogar ohne Pläne; und ohne irgend etwas zu sagen zu haben, mischte er sich allgemach bei diesen privaten Audienzen in die Unterhaltung ein, gewöhnte den König daran, seinerseits das Wort an ihn zu richten und ihn nach mancherlei Neuigkeiten und Begebenheiten zu fragen. Er kannte seinen Herrn hinlänglich und wußte genau, wann er vertraulich sprechen durfte und wann ein bescheidener Ton angebracht war. So erwarb er ein Ansehen, von dem nicht nur die großen Herren und die Prinzen von Geblüt, sondern auch die Bastarde und die Minister, ja sogar die wichtigsten Kammerdiener beeindruckt waren, die ihn alle hofierten. Der König, der es so übel vermerkte, wenn kranke Höflinge sich nicht an Fagon wandten, hatte für Mansart dieselbe Schwäche, und es wäre für jemanden, der ein Gebäude errichten oder Gärten anlegen ließ, verderblich gewesen, sich nicht bedingungslos Mansart zu verschreiben, der sich auch stets bereitwillig zur Verfügung stellte. Aber er war nicht ganz zuverlässig, er baute mancherlei Dinge, die wenig taugten, so zum Beispiel jene Brücke bei Moulins.

An den Entwürfen, an den Verkäufen sowie an sämtlichen Inneneinrichtungen verdiente er beträchtliche Summen, da er als unumschränkter Bauherr waltete, und zwar mit solcher Autorität, daß niemand, kein Arbeiter, kein Unternehmer, keiner in der Gebäudeverwaltung, es gewagt hätte, den geringsten Einwand zu erheben. Aber da es ihm an Geschmack fehlte und dem König gleichfalls, kam trotz ungeheurer Vergeudungen niemals etwas wirklich Schönes noch etwas Gefälliges zustande.

Eine Kolik, die vierundzwanzig Stunden anhielt, raffte Mansart dahin und veranlaßte die Gesellschaft zu mancherlei Gemunkel. Fagon, der sich seiner bemächtigte und ihm ziemlich unverblümt die Diagnose verkündete, hatte ausdrücklich verboten, ihm etwas Heißes zu trinken zu geben: Mansart habe sich, behauptete er, selber umgebracht, weil er eine Unmenge Eis gegessen habe sowie Erbsen und andere neueingeführte Gemüse aus dem Küchengarten, von denen noch nicht einmal der König gekostet hatte. Die Tatsache, daß sein Körper sofort nach seinem Tod anschwoll und, als man ihn öffnete, einige Flecken auwies, gab wiederum zu allerlei richtigen oder falschen Mutmaßungen Anlaß.

Jedenfalls hatte Mansart einige Tage vor seinem Tod den König wegen der Vorschüsse für die Gebäude und der totalen Erschöpfung seiner Geldmittel sehr bedrängt; als er Desmaretz dasselbe Ansinnen unterbreitete, erklärte ihm dieser, der, wie gesagt, ohnehin nicht mehr wußte, wie er sich drehen und wenden sollte, er habe kein Geld, auch habe ihm Mansart über die letzten Summen, die er eingenommen, noch nicht Rechenschaft abgelegt. Aufs äußerste gereizt ob so ungewohnter Töne, die das Vertrauen zu ihm in Frage stellten und das Recht seines Amtes als Oberintendant angriffen, verteidigte sich Mansart gegen diese Unterstellung: Desmaretz erwiderte barsch, er könne reden, soviel er wolle, aber er bekomme keinen Sou, auch habe er ihm trotz allem noch nicht nachgewiesen, für was die letzten vier- oder fünftausend Francs, die er erst vor kurzem abgeholt, verwandt worden seien. Mansarts Drohungen, sich beim König zu beschweren, vermochten den Widerstand des Generalkontrolleurs in keiner Weise zu erschüttern, darauf beklagte sich der Oberintendant in der Tat beim König, aber der vertrat denselben Standpunkt und bewies die gleiche Entschlossenheit wie der Generalkontrolleur, so daß Mansart, als er etwas entgegnen wollte, hart zurechtgewiesen wurde. Man glaubte also, daß dieses erste, aber unmißverständliche Anzeichen eines nahen Sturzes die Verwirrung, der Mansart nun anheimfiel, und die Anstrengung, mit der er zwei oder drei Tage lang seine Qualen zu verbergen suchte, jenen Aufruhr in ihm bewirkten, der ihn dann tötete. Während seiner Krankheit schien der König sehr bekümmert zu sein und ließ alle Augenblicke zu ihm schicken. Eine Stunde bevor er starb, beichtete Mansart und bat den Marschall Boufflers, er möge dem König seine Familie empfehlen.

Die Höflinge betrauerten ihn in fast ungebührlicher Weise. D'Antin saß im Salon und weinte bitterlich; er weinte, sagte er, nicht so sehr um Mansart, sondern aus Mitgefühl für den König, der einen Mann von solchem Verdienst verloren habe; er faßte sich sehr bald wieder und bedauerte nun seine Tränen. Kaum war Mansart gestorben, ließ der König Pontchartrain rufen, dem er auftrug, überall in Marly, in Versailles und in Paris Siegel anbringen zu lassen und alle denkbaren Vorsichtsmaßregeln zu ergreifen und zu verhindern, daß auch nur das mindeste verändert würde. Zwei Stunden später ließ er Pontchartrain abermals zu sich kommen, um ihm nochmals dieselben Anordnungen zu erteilen und zu erfahren, welche Regelungen er bisher getroffen habe. Am anderen Tag, Sonnabend den 11. Mai, als der Kanzler wie üblich zur Finanzratssitzung eintraf, befragte ihn der König wiederum und trug ihm auf, zusammen mit seinem Ministerium dafür zu sorgen, daß alles mit größter Genauigkeit und Achtsamkeit durchgeführt würde. Man war überrascht, den König so ungerührt zu sehen ob dieses Verlustes; eine so lang währende Gunst, eine so fortdauernde Anhänglichkeit, ungetrübt von jener Verstimmung oder Spannung, die ihm beim Tode seiner Minister oder seiner offensichtlichen Favoriten so häufig Anlaß gegeben hatte, sich erleichtert zu fühlen. Bei der Eröffnung der Siegel fand sich nichts, was das Gedenken an Mansart hätte beflecken können. Er war verbindlich und verwendbar und irrte sich, wie ich bereits sagte, niemals in seinem Verhalten gegenüber dem König, aber seine Großspurigkeit, seine plumpe Vertraulichkeit und Herablassung hatten, wie es bei kleinen, durch die Gunst allzu verwöhnten Leuten meistens zu gehen pflegt, in ihm eine Mischung von Unverschämtheit und Oberflächlichkeit erzeugt, und das verhinderte, daß er ernstlich betrauert wurde.

Sein Posten blieb länger als einen Monat unbesetzt und erregte das Interesse von Männern jeglicher Art; nebst der Besoldung, der Unterbringung, der verschiedenen Rechte und Bequemlichkeiten hatte dieser Posten Mansart über fünfzigtausend Taler Rente eingebracht, und es wurden dem König drei Millionen für dieses Amt und die davon abhängenden Chargen angeboten. Aber der König gedachte während dieser Vakanz die Oberintendanz seiner Bauten um einiges einzuschränken. Mehrere Kandidaten stellten sich vor oder wurden durch das Publikum vorgestellt, unter anderem auch Voysin, Peletier, Desmaretz. Die drei, von denen ich wußte, daß sie ernstlich danach strebten, waren der Erste Stallmeister, der es mir nicht verhehlte, La Vrillière, der es mir ebenfalls anvertraute, und schließlich d'Antin. Der Erste Stallmeister erfreute sich der Wertschätzung und des Vertrauens des Königs, der ihm unabhängig von allen Belangen der Stallmeisterschaft alle Haushaltsangelegenheiten überließ. Er verstand etwas von Kostenaufstellungen und von Bauten, und er hatte Geschmack, war ehrenhaft, treu und genau.

La Vrillière hatte ein Amt als Staatssekretär, das, wie man in Spanien zu sagen pflegte, keinerlei Benefizien einbrachte, denn seit die Aufhebung des Edikts von Nantes die Beschäftigung mit Problemen der sogenannten reformierten Religion hinfällig gemacht hatte, deren Bearbeitung zu dem Aufgabenkreis dieses Amtes gehörte, war er einzig auf die Provinzen seines Departements beschränkt. Man hielt sehr wenig von ihm, weil man bei Hofe nicht viel von Leuten hält, deren ganzer Beruf darin besteht, sich in anderer Leute Angelegenheiten einzumischen. Sein Wunsch ging also dahin, sein Amt wegen dessen mangelnder Gewichtigkeit gegen ein höheres einzutauschen, wozu er, wenn er die Aufsicht über die Bauten bekommen hätte, durch den ständigen Umgang mit dem König sehr wohl Gelegenheit gefunden hätte. Er besaß viel Geschmack und hinreichende Kenntnisse, um dieses Amt auszufüllen, und er wünschte es sich leidenschaftlich.

Mehr als jeden anderen Bewerber fürchteten der Erste Stallmeister und er d'Antin. Dieser wollte um jeden Preis in die nächste Nähe des Königs gelangen: Er war entschlossen, aufs Ganze zu gehen, wozu er durchaus imstande war. Nach dem Tod seines Vaters hatte er dessen Herzogswürde erstrebt; seine Herkunft stand dem nicht entgegen, und seit dem Tod seiner Mutter war Mme. de Maintenon ihm, wie gesagt, nicht mehr feindlich gesinnt; sie hatte sich sogar herbeigelassen, ihn – im Hinblick auf die Bastarde – dem König zu empfehlen: jene begünstigten ihn ganz offenkundig, und die Noailles, die damals in höchster Gunst standen, gleichfalls. Jeder von ihnen glaubte, dabei auf seine Rechnung zu kommen, und die häufigen Aufenthalte des Königs in Petit-Bourg veranlaßten sie ganz besonders, d'Antin zu Diensten zu sein; nun war d'Antin ein ausgesprochen geistreicher Mann, gehörte also zu den Leuten, die der König im allgemeinen fürchtete und von sich fernhielt, überdies stand er in dem für die Gebäudeverwaltung gefährlichen Ruf, Geld zu scheffeln, wo er nur konnte. Doch das alles störte seine Freunde nicht weiter, und Monseigneur, dem dieser letzte Grund vor allem zur Warnung hätte gereichen müssen, ließ sich von Madame la Duchesse ins Schlepptau nehmen, weil er auf das Ansehen, das d'Antin sogar bei Mme. de Maintenon genoß, zählte, und so wagte er es zum ersten Mal in seinem Leben, dem König einen Wunsch vorzutragen und ihn zu bitten, er möge d'Antin die Oberintendanz der Gebäude zukommen lassen, die Angelegenheit zog sich indes noch eine Weile hin, und das erfüllte die Rivalen wieder mit Hoffnung.

Eines Tages kam der Erste Stallmeister, der soeben dem König in seine Karosse geholfen hatte, mich besuchen; er fand uns, Mme. de Saint-Simon und mich, allein; die Tischgäste hatten sich bereits verabschiedet. Sobald er die Tür hinter sich geschlossen hatte, erklärte er mir mit strahlender Miene, er sei überzeugt, d'Antin sei nun trotz all seiner mächtigen Freunde endgültig ausgeschlossen. Er erzählte uns, was er von den Kammerdienern, die es mit angehört, erfahren hatte; an eben jenem Tage habe der König Monseigneur gebeten, er möge ihm eine Frage beantworten. »Ist es wahr«, sagte er, »daß Sie, während Sie am Spieltisch saßen, Ihren Hut, in den Sie alles gewonnene Geld hineinwarfen, d'Antin zu halten gaben und daß Sie ihn, als Sie zufällig den Kopf wandten, überraschten und sahen, wie er all Ihr Geld aus dem Hut herausnahm und in seine Tasche steckte?« Monseigneur erwiderte kein Wort; er blickte nur stumm zu Boden und bewies damit, wie es sich verhielt. »Ich verstehe Sie, Monseigneur, und ich will nicht weiter in Sie dringen.« Daraufhin verabschiedeten sie sich, und Monseigneur verließ augenblicklich das Gemach.

Wir folgerten, ebenso wie der Erste Stallmeister, daß diese Frage nur wegen der Oberintendanz gestellt worden war und daß d'Antin nach diesem Ergebnis zweifellos ausgeschlossen war. Am nächsten Morgen erzählte mir La Vrillière, außer sich vor Freude, da er sich von einem so gefährlichen Mitbewerber befreit glaubte, die gleiche Geschichte.

Doch vier oder fünf Tage darauf kam der Erste Stallmeister am späten Nachmittag wieder zu mir und teilte mir mit, daß d'Antin die Oberintendanz der Gebäude bekommen habe. Er war trotz all seiner Zurückhaltung und Kühle sehr erzürnt, nicht so sehr, weil ihm selber der Posten entgangen war, als über die Tatsache, daß der König trotz Monseigneurs Antwort eine solche Schwäche bewiesen hatte. Aber was geht schon bei Hofe mit rechten Dingen zu!

Der König überließ es Monseigneur, d'Antin die freudige Botschaft zu überbringen. Der war selig und schwebte im siebten Himmel. Er kam nun in den Genuß sämtlicher Vorrechte, die Mansart gehabt hatte, und er wußte sehr bald, wie er es anfangen mußte, um den König zu gängeln und bei guter Laune zu halten. Gleichviel vernachlässigte er weder Monseigneur noch die Bastarde und erst recht nicht Madame la Duchesse; er gab auch das Spiel nicht auf, mit einem Wort, vier Körper hätten nicht ausgereicht für das Leben, das er tagtäglich führte. Es war schon seltsam, daß ein großer Herr mit gutem Grund glaubte, seine Existenz auf den übrigens in der Machtvollkommenheit und in den Einkünften um ein Drittel zusammengeschrumpften Hinterlassenschaften eines Maurerlehrlings aufbauen zu müssen.

Aufbruch des Duc de Bourgogne nach Flandern.

Chamillart gereichte der Maintenon seit der Heirat seines Sohnes nur noch zum Ärgernis: die Freundschaft hatte sich in Abneigung gewandelt. Ich habe an anderer Stelle erklärt, wie wichtig es für sie war, einen Minister ganz auf ihrer Seite zu haben, aber da sie nun nicht mehr auf Chamillart zählen konnte, hatte sie keinen mehr, so gedachte sie sein Amt einem anderen zu vermitteln, und dieser andere war auch bereits gefunden, es war Voysin.

Gegen alle Gewohnheit fuhr der König am 4. Juni von Versailles aus zum Mittagessen nach Meudon, zusammen mit der Duchesse de Bourgogne, etlichen Damen und Mme. de Maintenon, die Mlle. Choin einmal ganz privat aufsuchen wollte. Mlle. Choin war höchst aufgebracht gegen Chamillart; dieser, der ohnehin zur Starrköpfigkeit neigte und wegen des üblen Zustands der Staatsgeschäfte sowie der eigenen Gesundheit meist sehr verstimmt war, hatte sich stets geweigert, dem Bruder von Mlle. Choin, obwohl er seit Jahren Dienst tat, ein kleines Infanterieregiment zukommen zu lassen. Ich erfuhr nun, daß Mme. de Maintenon, die sich bisher weder um Monseigneur gekümmert noch die Choin im geringsten beachtet hatte, jetzt aus deren Groll gegen Chamillart ihren Nutzen zu ziehen gedachte.

Der König, der es stets vermied, an einem Freitag auf Reisen zu gehen, war, was seinen Enkel betraf, nicht so skrupelhaft. Er setzte dessen Aufbruch auf Freitag, den 14. Mai, fest. Ein für Frankreich und seine Könige unheilvoller Tag, denn am 14. Mai wurde Heinrich IV. ermordet und starb Ludwig XIII.; und der König, der immer nur sich selber als König von Frankreich gelten ließ, konnte diesmal bemerken, daß sein Hof trotz aller Anbetung, die er ihm zollte, nicht nur ihn allein als Monarchen sah: die Messe des Königs, die nach altem Brauch heute ein Requiem war, erschütterte alle Welt, und jedermann war betrübt wegen des Aufbruchs des jungen Prinzen.

Ich selber war nicht anwesend, ich hatte mich am Todestag jenes Mannes, dem mein Vater und ich all unser Glück verdankten, dem Beispiel meines Vaters folgend nach Saint-Denis begeben, eine Pflicht, die mir über allen anderen steht und die ich stets treulich erfüllt habe. Freilich fand ich mich mein Lebtag als einziger dort ein, und nie habe ich mich an die skandalöse Vergeßlichkeit gewöhnen können, die alle Familien diesem großen Monarchen gegenüber bezeugten, obwohl er sie mit Gunstbezeugungen überhäuft hatte und obwohl viele von ihnen ohne diesen König unbekannt und im Dunkel geblieben wären. Bei meiner Rückkehr nach Versailles stellte ich fest, daß man sich dort durch die Wahl dieses Unglückstags noch immer verletzt fühlte. Der Duc de Bourgogne war um 1 Uhr mittags aufgebrochen, um in Senlis beim Bischof, dem Bruder Chamillarts, zu nächtigen, dessen ganze Familie dort versammelt war, um den Prinzen zu empfangen. Dann begab er sich nach Cambrai mit den gleichen Verboten wie das erstemal; aber er aß dort zu Mittag, und an der Poststelle fand sich schon der Erzbischof mit all seinen Leuten ein. Der Duc de Berry brach am 15. auf, aß in Senlis beim Bischof zu Mittag, fuhr jedoch nicht durch Cambrai und traf den Duc de Bourgogne in Valenciennes noch am gleichen Abend, an dem dieser dort angelangt war. Dorthin war auch M. de Vendôme gereist, es war der gemeinsame Treffpunkt.

Die Kaiserlichen brauchten lange, um sich zu sammeln. Der Herzog von Hannover, nachmaliger König von England, befehligte ihre Armee; er hielt diese zahlenmäßig für sehr stark und glaubte, der Prinz Eugen werde ihm bald folgen. Doch letzterer brach erst sehr spät aus Wien auf, legte bei verschiedenen Fürsten unterwegs eine Ruhepause ein, stellte dann ein mächtiges Korps an der Mosel zusammen und wartete, taub gegenüber den Hilferufen des Hannoveraners, auf weitere Teile seiner Armee und genaue Anordnungen des Kaisers, der Mühe hatte, den Herzog von Hannover zu beschwichtigen, so daß dieser in seiner Verärgerung schon im Begriff war, wieder heimzukehren. Währenddessen verhielt sich Marlborough an der Spitze der Flandernarmee vollkommen ruhig; man behauptete, daß er mit dem Prinzen Eugen vereinbart habe, abzuwarten, bis jener bereit wäre, und nichts ohne ihn zu unternehmen.

Die Armee des Duc de Bourgogne bestand zunächst aus zweihundertsechs Schwadronen und hunderteinundreißig Bataillonen aus sechsundfünfzig Brigaden. Sie war vollzählig, im besten Zustand und von größter Kampfbereitschaft; man mußte sie nur zum Einsatz bringen.

Der Duc d'Orléans in Spanien erbost über die Versäumnisse bei den Kriegsvorbereitungen. – Er beleidigt sowohl Mme. des Ursins wie Mme. de Maintenon. – Quelle ewiger Feindschaft. – In Flandern erleidet die französische Armee dank Vendômes Unfähigkeit eine schwere Niederlage.

Ich unterhielt einen regelmäßigen Briefwechsel mit dem Duc d'Orléans; angesichts seiner Situation war ich der einzige, der ihm für alles, was bei Hofe vor sich ging, einstehen konnte. Ich war bestrebt, ihm möglichst genau über alles zu berichten, was ihm hätte nützlich und dienlich sein können, und ich schrieb ihm in Chiffren.

Er hatte sich in Madrid länger aufhalten müssen als vorgesehen. Nichts war bereit, er stieß auf allgemeine Trägheit und Nachlässigkeit; es galt also, Mittel und Wege zu finden, um dem abzuhelfen, aber das war nicht einfach. Daher verlängerte sich sein Aufenthalt. Das nahm man in Paris zum Anlaß, das Gerücht zu verbreiten, er sei in die Königin von Spanien verliebt. Monsieur le Duc, erbost über den Müßiggang, zu dem er selber verurteilt, und den Erfolg, den der Duc d'Orléans verzeichnete, sowie Madame la Duchesse, die den Duc d'Orléans haßte, weil sie einmal allzu gut miteinander gestanden hatten, machten sich nun bei Hofe und in der Stadt zum Sprachrohr dieses Gerüchts, das dann in die Provinzen und sogar ins Ausland drang, ausgenommen Spanien, wo davon nicht die Rede war, weil es dort keine Glaubwürdigkeit fand. Der Duc d'Orléans war in Madrid mit weit ernsteren Dingen beschäftigt; und wollte Gott, er wäre weniger erzürnt gewesen über die Hindernisse, die er auf Schritt und Tritt überwinden mußte, oder er hätte trotz seines Zornes zumindest seine Zunge besser im Zaum gehalten! Eines Abends, als er den ganzen Tag lang gearbeitet – und er hatte seit seiner Ankunft nichts anderes getan, um Abhilfe zu schaffen und die außerordentlichen Versäumnisse bei den Vorbereitungen dieses Feldzugs auszugleichen – eines Abends also setzte er sich mit mehreren spanischen Edelleuten und einigen Franzosen seines Gefolges zu Tisch; noch voller Ingrimm gegen Mme. des Ursins, die, wie man weiß, alles beherrschte, sich aber nicht im geringsten um den bevorstehenden Feldzug gekümmert hatte. Es war eine muntere, vielleicht etwas zu muntere

Gesellschaft; leicht vom Wein umnebelt und noch immer voller Unmut erhob der Duc d'Orléans sein Glas und sagte mit einem Blick in die Runde (ich entschuldige mich, so wörtlich zu sein, aber das Wort läßt sich nicht umschreiben): »Meine Herren, ich stoße mit Ihnen an auf die Gesundheit dieses Arschlochs von Hauptmann und des Arschleutnants.« Der Trinkspruch belebte die Einbildungskraft der Gäste, wobei allerdings niemand, auch nicht der Prinz selber, soweit ging, einen Kommentar zu geben. Man lachte schallend, stieß abermals miteinander an, ohne indes die Worte zu wiederholen; eine seltsame Szene. Eine halbe Stunde später war Mme. des Ursins bereits unterrichtet. Sie wußte sehr wohl, daß mit dem Hauptmann sie und mit dem Leutnant Mme. de Maintenon gemeint war, und wenn man sich an das erinnert, was ich bereits berichtet habe, wird man begreifen, daß sie es nur so verstehen konnte. Alsbald teilte sie diesen Ausspruch wortgetreu Mme. de Maintenon mit, die nun ihrerseits in Raserei geriet. Niemals haben sie dem Duc d'Orléans verziehen, und man wird sehen, wie wenig daran fehlte, daß sie ihn gänzlich zugrunde gerichtet hätten. Mme. de Maintenon hatte den Duc d'Orléans bislang weder geliebt noch gehaßt, Mme. des Ursins jedoch hatte nichts versäumt, um sich bei ihm lieb Kind zu machen; so kränkte es sie auch besonders, daß die Versäumnisse bei den Feldzugsvorbereitungen den Duc d'Orléans trotz all ihrer Bemühungen zu so grausamen Scherzen veranlaßt hatten, Scherze, die überdies mit einem einzigen Wort ihre ganze Politik aufdeckten und sie einer Lächerlichkeit preisgaben, die durch nichts aus der Welt zu schaffen war. Von diesem Augenblick an planten beide Frauen den Untergang jenes Prinzen. Er konnte zwar darüber die Achseln zucken, aber, auch dieser Gefahr entronnen, bekam er, solange der König noch lebte und auch später, zu spüren, welch unerbittlich grausame Feindin Mme. de Maintenon für ihn war.

Um wieder nach Flandern zurückzukehren: Die Feinde setzten sich mit ebensoviel Geschicklichkeit wie Heimlichkeit in Bewegung, so daß sie drei weitere Kampfeinheiten zum Einsatz brachten, ohne daß Vendôme auch nur das geringste davon bemerkte oder die geringste Kunde bekam, obwohl sie in seiner allernächsten Nähe aufmarschierten. Als er es schließlich erfuhr, ließ er die Sache gewohnheitsgemäß auf sich beruhen und ergriff erst am nächsten Morgen Maßnahmen, um ihnen zuvorzukommen. Der Duc de Bourgogne drängte ihn schon am Abend zu marschieren; wer Mut genug hatte, wagte es, ihm die Notwendigkeit dieses Tuns vor Augen zu stellen, aber es blieb trotz der sich ständig mehrenden Warnungen über den feindlichen Vormarsch völlig vergebens; die Saumseligkeit war derart, daß man nicht einmal daran gedacht hatte, Brücken über einen Fluß zu schlagen, den man alsbald überqueren mußte. Man könne, hieß es, die ganze Nacht daran arbeiten. Biron, inzwischen Duc und Pair geworden, hatte diesen Feldzug in der Nähe des Duc de Berry mitmachen wollen. Er war Generalleutnant und kommandierte eine der beiden Reservearmeen, aber wiewohl er bei dem vorhergehenden Feldzug Vendôme hinlänglich kennengelernt hatte, war er höchst überrascht zu sehen, daß nirgendwo eine Brücke gebaut worden war; als er an der Schelde ankam und auch dort keinerlei Brücke fand, beeilte er sich, so gut er konnte, hinüberzukommen, um die jenseitigen Hügel zu erreichen. Es war ungefähr um zwei Uhr mittags, als er sie erklommen hatte. Nun sah er die ganze feindliche Armee vor sich, die Spitze marschierte ihm entgegen, und die Nachhut befand sich bei Oudenarde, wo sie die Schelde überquert hatte. Er schickte einen Feldhauptmann zu den Prinzen und Vendôme, um sie von dieser Tatsache zu benachrichtigen und ihre Befehle zu erbitten. Der Feldhauptmann traf sie, als sie alle beim Essen waren; Vendôme, gereizt über diese Auskunft, die so sehr dem widersprach, was er sich so hartnäckig eingebildet hatte, verstieg sich zu der Behauptung, das könne nicht wahr sein. Doch während er sich noch mit großer Heftigkeit ereiferte, traf ein Offizier ein, durch den Biron den Sachverhalt bestätigen ließ; der Botschafter erreichte nichts anderes, als Vendôme noch halsstarriger zu machen. Eine dritte Meldung Birons veranlaßte den General immerhin, sich von der Tafel zu erheben und, wiewohl widerwillig, sein Pferd zu besteigen. Er schickte den zuerst gekommenen Feldhauptmann zu Biron zurück, ließ ihm sagen, er solle die Feinde angreifen, denn er würde alsbald zu ihm stoßen, um ihn mit seinen Truppen zu unterstützen; er empfahl den beiden Prinzen, ihm mit dem Gros der Armee langsam zu folgen, während er selbst die Spitze nehmen und sich so unauffällig wie möglich auf Biron zubewegen würde. Biron, der alles, was ihm an Truppen zur Verfügung stand, so gut er konnte, in einem ebenen, durchfurchten und zwischen Dorf und Hecken gelegenen Gelände zusammengezogen hatte, sah plötzlich die Spitze der feindlichen Armee ganz dicht vor sich; fast hätte er den von Vendôme empfangenen Befehl ausgeführt, weniger in der Hoffnung, daß ein so ungleicher Kampf gelingen könnte, als aus Furcht, sich dem Tadel eines so maßlosen Generals auszusetzen. In diesem Augenblick langte Puységur an, der, nachdem er erkannt hatte, worum es sich handelte, Biron dringend abriet, sich auf einen so gefahrvollen Kampf einzulassen. Kurz darauf erschien der Marschall Martignon, der angesichts der Lage und aufgrund des Berichts, den Biron ihm erstattete, diesem ganz ausdrücklich verbot, Vendômes Befehl auszuführen. Währenddessen hörte Biron von jenseits des Dorfes heftiges Geschützfeuer auf seiner Linken; er eilte dorthin und sah ein Infanteriegefecht im vollen Gange; er griff mit dem, was er an Truppen zur Verfügung hatte, nach besten Kräften ein, indes die Feinde, die weiter auf der Linken standen, immer mehr an Gelände gewannen. Die Sümpfe, die ihnen hinderlich waren, hielten sie auf und gaben Vendôme Gelegenheit, noch halbwegs beizeiten anzulangen, aber die Truppen, die er herbeiführte, waren völlig erschöpft. Sobald unsere Truppen auf der Rechten die Feinde in so großer Zahl über sich herfallen sahen, zogen sie sich auf die Linke zurück. Die Prinzen waren allenthalben und an den gefährdetsten Stellen zugegen, bewiesen dort angesichts einer derart entmutigenden Situation erstaunlichen Kampfesmut und viel Kaltblütigkeit; sie ermunterten die Truppen, lobten die Offiziere, fragten die Hauptleute, was sie nun für richtig hielten, und erklärten Vendôme, was sie selber zu tun gedächten. Die Unwegsamkeit des Geländes, das die Feinde, nachdem sie unsere Rechte vertrieben hatten, vorfanden, gab dieser Rechten Zeit, sich wieder zu vereinen, aber der Widerstand währte nur kurze Zeit. Jeder war durch das Handgemenge bis zum äußersten erschöpft, es herrschte eine allgemeine unsägliche Verwirrung; niemand vermochte, seine Einheit wiederzufinden, es herrschte ein einziges Durcheinander von Infanterie, Kavallerie und Dragonern.

Inzwischen war die Nacht hereingebrochen, man hatte beträchtlich an Terrain verloren, dabei war die gute Hälfte der Armee nicht einmal zum Einsatz gekommen. In dieser trostlosen Lage berieten die Prinzen mit M. de Vendôme, was nun weiter zu tun sei; außer sich vor Wut, sich so schrecklich verrechnet zu haben, stieß der Marschall nun alle Welt vor den Kopf. Der Duc de Bourgogne wollte etwas äußern, aber trunken vor Zorn und von Herrschsucht gebläht, verbot ihm Vendôme auf der Stelle das Wort und erklärte ihm in Gegenwart aller in barschem Ton, er möge sich gefälligst erinnern, daß er nur unter der Bedingung, sich ihm klaglos zu unterwerfen, zur Armee zugelassen worden sei. Angesichts einer so unheilvollen Situation, in der man gerade die schwerwiegenden Folgen des Gehorsams, den man der Trägheit und Starrköpfigkeit des Generals geleistet hatte, zu spüren bekam, ließ diese dreiste Behauptung jeden, der sie vernahm, vor Entrüstung erbeben. Der junge Prinz, an den diese Worte gerichtet waren, errang einen größeren Sieg als jenen, den die Feinde soeben über ihn davongetragen hatten; er wußte, daß er nur die Wahl hatte, entweder ebenso ausfällig zu werden oder völliges Schweigen zu bewahren; er vermochte sich zu beherrschen und schwieg. Vendôme erging sich nun in hochtrabenden Reden über das Gefecht; da die Hälfte der Armee noch gar nicht zum Einsatz gekommen sei, müsse man einfach am nächsten Morgen wieder von neuem beginnen und sich die Nacht zunutze machen, um die Stellung zu halten. Schweigend hörte jeder diesem Mann zu, der keinerlei Widerspruch duldete und der das dem jungen Thronerben gegenüber bewiesen hatte. Da niemand wagte, auch nur ein Wort zu erwidern, dauerte dieses Stillschweigen an, bis der Comte d'Evreux es brach, um M. de Vendôme beizustimmen.

Indessen vernahm man von allen Seiten, daß die Verwirrung beständig zunehme. Vendôme, der nunmehr von jedermann mit Einwänden bedrängt wurde, kochte vor Wut: »Nun gut, meine Herren«, rief er aus, »Sie alle wollen also den Rückzug antreten, zumal Sie, Monseigneur«, fügte er auf den Duc de Bourgogne blickend hinzu, »schon lange dazu bereit sind.« Diese Worte, die der Doppeldeutigkeit nicht ermangelten und in der Folge sehr an Bedeutung gewannen, wurden in solchem Ton gesprochen, daß keiner sich über ihren Sinn täuschen konnte. Aber Tatsachen sind eindeutig und sprechen für sich selbst. Der Duc de Bourgogne verharrte ganz wie zuvor reglos und stumm, und alle Welt folgte in mehr oder weniger großer Bewunderung seinem Beispiel. Schließlich fragte Puységur, wie man denn den Rückzug bewerkstelligen solle. Alle redeten wirr durcheinadner. Vendôme seinerseits hüllte sich aus Trotz oder Verlegenheit in Schweigen. Dann endlich meinte er, man müsse nach Gent marschieren, ohne jedoch zu sagen, auf welche Weise.

Der Tag war sehr anstrengend gewesen, der Rückzug langwierig und gefahrvoll. Jeder setzte seine Hoffnung auf die Armee, die der Duc de Berwick von der Mosel heranführte. Man schlug vor, die Prinzen in Sänften vorauszuschicken, um sie als Vorhut dieser Armee bequemer nach Brügge zu bringen. Der Gedanke stammte von Puységur, und d'O stimmte lebhaft zu. Man bestellte also die Sänften, und fünfhundert Pferde wurden als Eskorte beigegeben. Daraufhin empörte sich Vendôme und schrie, das sei eine Schande; die Sänften wurden wieder zurückgeschickt, und die schon bestellte Eskorte diente nun dazu, die Flüchtlinge zu sammeln. Alsdann ging der kleine, so erregte Kriegsrat auseinander. Die Prinzen machten sich mit dem wenigen Gefolge, das sie begleitet hatte, zu Pferd nach Gent auf den Weg. Ohne den geringsten Befehl zu erteilen und ohne sich über irgend etwas zu informieren, tauchte Vendôme nirgends mehr auf.

Das Ausbleiben genauer Nachrichten vom Kriegsschauplatz ermöglicht es der Kabale, dem Duc de Bourgogne schamlos alle Schuld an der Niederlage zuzuschieben.

Sobald der Duc de Bourgogne an der Spitze der Truppen in Lovendegnen angelangt war, gab er dem König einen kurzen Bericht und verwies hinsichtlich der Einzelheiten auf Vendôme. Zur gleichen Zeit schrieb er der Duchesse de Bourgogne, der er in Kürze mitteilte, das ganze Unheil sei der üblichen Starrköpfigkeit und Selbstherrlichkeit des Duc de Vendôme zu verdanken, der ihn genötigt habe, sich zwei Tage später in Marsch zu setzen, als der König befohlen und er selber es gewollt; ein weiteres derartiges Ereignis würde ihn dazu zwingen, seinen Abschied zu nehmen, sofern nicht ein ausdrücklicher Befehl, dem er blinden Gehorsam schulde, ihn daran hindere; er habe weder etwas von dem Gefecht noch von dem Rückzug begriffen, er sei über das Ganze derart außer sich, daß er nichts weiter berichten könne. Der Kurier, der diese Briefe beförderte, nahm, als er durch Gent kam, noch einen mit, den Vendôme, kurz ehe er sich zu Bett gelegt, aus eben dieser Stadt an den König geschrieben hatte und in dem er versuchte, den Monarchen zu überzeugen, daß das Gefecht ganz gut ausgegangen sei. Kurz darauf schickte er einen weiteren Kurier ab, durch den er dem König in wenigen Worten mitteilte, er hätte die Feinde zweifellos am anderen Tage geschlagen, wenn ihm Unterstützung zuteil geworden wäre und wenn man sich nicht gegen seinen Willen auf den Rückzug versteift hätte. Was die Einzelheiten anlangte, so verwies er auf den Duc de Bourgogne. Mithin wurde der Bericht über die Einzelheiten von jedem der beiden dem anderen zugeschoben; das reizte die Neugier und bewirkte ein Zwielicht, in das sich zu retten der Duc de Vendôme alles Interesse hatte. Ein dritter Kurier überbrachte dem König eine ausführliche Depesche des Duc de Bourgogne und eine sehr kurze Nachricht des Duc de Vendôme. Der König las auch jeden Brief, den der Kurier für Privatleute mitführte, einen davon sogar dreimal hintereinander, dann gab er sie alle geöffnet weiter. Jener Kurier traf nach dem Abendessen des Königs ein, so daß alle Damen, die ihren Prinzessinnen ins Kabinett nachfolgten, sahen, wie der König diese Depeschen las, über die er sich mit keinem Wort äußerte. Die Duchesse de Bourgogne bekam einen Brief von dem Duc de Bourgogne und eine kurze Nachricht des Duc de Berry, der ihr mitteilte, daß M. de Vendôme recht unglücklich sei und die ganze Armee über ihn herfalle. Wieder in ihre Gemächer zurückgekehrt, meinte die Duchesse de Bourgogne, ihr Gemahl, der Duc de Bourgogne, müsse offenbar recht törichte Leute in seiner Umgebung haben; das war alles, was sie äußerte.

Der gefangengenommene Biron, der auf Ehrenwort für kurze Zeit entlassen wurde, langte am 25. Juni in Fontainebleau an. Er gehörte zu meinen Freunden, und ich erfuhr einiges von ihm. Abgesehen von dem, was er über das Gefecht erzählte, vernahm ich von ihm zwei Tatsachen, die mir erwähnenswert scheinen. Die Armee des Prinzen Eugen hatte sich seit jener Schlacht noch nicht wieder zusammengefunden; aber er war persönlich anwesend und befehligte überall, wo er sich befand; was die Höflichkeit Marlboroughs, der den Oberbefehl hatte, aber nicht die gleiche Achtung und das gleiche Vertrauen genoß wie Eugen, diesem zugestand. Biron erzählte mir, daß Marlborough am Morgen nach der Schlacht, als er mit vielen Offizieren bei ihm gesessen, ihn plötzlich nach dem Prinzen von Wales gefragt habe, der, wie er wohl wußte, in unserer Armee kämpfte, Biron habe sich sehr lobend über diesen geäußert; Marlborough, der ihm aufmerksam zugehört hatte, erwiderte ihm, daß er sich freue, so viel Gutes über diesen Prinzen zu hören, weil er sich trotz allem sehr für ihn interessiere. Die zweite Sache betrifft den Prinzen Eugen. Als Biron sich mit diesem über das Gefecht unterhielt, bezeugte ihm der Feldherr eine besondere Hochachtung für die Leistungen der Schweizer Truppen, die sich in der Tat sehr ausgezeichnet hatten; Eugen ergriff diese Gelegenheit, unsere Nation zu rühmen, und erklärte Biron, es gebe keinen schöneren Posten in Frankreich, als Generaloberst der Schweizer zu sein. »Mein Vater hatte diesen Posten«, fügte er mit verklärter Miene hinzu, »bei seinem Tode hofften wir, daß mein Bruder seine Nachfolge bekäme; doch der König hielt es für angebrachter, diesen Posten einem seiner illegitimen Söhne zu geben, als uns die Ehre zu erweisen. Er ist der Herr und Meister, da läßt sich nichts weiter sagen. Aber zuweilen freut es einen doch, in der Lage zu sein, jemanden seinen Mißgriff bereuen zu sehen.« Biron erwiderte kein Wort, und Prinz Eugen, zufrieden über einen so pikanten Seitenhieb auf den König, wechselte höflich das Gesprächsthema. Monseigneur unterhielt sich nur selten mit Biron, die Duchesse de Bourgogne hingegen sehr häufig und ausführlich. Man muß sich jetzt die Situation bei Hofe ins Gedächtnis rufen: die Hauptakteure, deren Interessen und Absichten, und man muß sich überdies an jenes Gespräch erinnern, das ich in den Gärten von Marly mit dem Duc de Beauvillier über den Duc de Bourgogne führte.

Man weiß von der engen Verbindung zwischen den Bastarden und Vaudémont, dessen mächtigen Nichten, und insbesondere von Vendôme; man weiß, in welch enger Beziehung sie alle zu Blouin standen, der als Erster Kammerdiener das volle Vertrauen des Königs genoß. Man weiß ferner, bis zu welchem Ausmaß Chamillart sich von Vendôme blenden ließ und wie sehr er sich M. du Maine, den er als seinen Protektor ansah, ausgeliefert hatte. Vaudémont, der sein Orakel war, vermochte ihn zu allem zu bringen, selbst zu Dingen, die Chamillarts Neigung vollkommen widerstanden; es ist nicht übertrieben, wenn man behauptet, daß der Minister Wachs in Vaudémonts Händen war, der, da er seiner vollkommen sicher war, mit ihm, nur um seinen Freunden gegenüber zu prahlen, die seltsamsten Versuche anstellte. Vor allem aber muß man im Auge behalten, welches Interesse all diese Personen daran hatten, den Duc de Bourgogne gänzlich zugrunde zu richten und zu entehren, so daß man schon zu Lebzeiten des Königs nicht mehr mit ihm zu rechnen brauchte, um dann nach des Königs Tod Monseigneur, der nunmehr auf den Thron gelangt, ohne Einspruch gängeln zu können: das war das allgemeine Ziel, das sie alle einte. Unabhängig davon waren sie samt und sonders bereit, sich hernach gegenseitig aufzufressen.

Die Kabale, die zunächst durch das ärgerliche Mißgeschick wie betäubt war, wartete auf nähere Einzelheiten und Aufklärung und beschränkte sich, um jeden Fauxpas zu vermeiden, auf Zuhören. Da sie alle bald mitbekommen hatten, in welcher Gefahr sich ihr Held befand, rafften sie sich auf und begannen probeweise eine Flüsterpropaganda zu verbreiten, aber nach kurzem schon wurden sie dreister und ließen sich zu abfälligen Bemerkungen über den Duc de Bourgogne hinreißen. Da dieser Versuch in der verblüfften Öffentlichkeit, die keine genaue Kenntnis der Lage hatte, nirgends auf Widerspruch stieß, trieben sie die Verwegenheit weiter, priesen laut und vernehmlich Vendôme und beschimpften jeden, der sich ihrer Meinung nicht anschloß. Durch den Erfolg ermutigt, erkühnten sie sich sogar zu einem Tadel des Duc de Bourgogne um – da ihre ersten Kritiken unwidersprochen geblieben waren – bald darauf zu ausgesprochenen Verunglimpfungen überzugehen. Nur der König oder Monseigneur hätten diesen Umtrieben Einhalt gebieten können. Aber der König wußte noch nichts davon, und Monseigneur war befangen, wankelmütig in seinem Urteil und außerstande zu jedem Machtwort. Die Mehrzahl der Höflinge, die über die Einzelheiten der Vorgänge im dunkeln blieben, wagten aus Furcht vor so angesehenen und hochgestellten Pesönlichkeiten keinerlei Äußerung zu tun; sie begnügten sich damit, in ratlosem Schweigen abzuwarten. Das beflügelte den Unternehmungsgeist der Kabale zusehends mehr. Da, wie gesagt, niemand Einzelheiten wußte, die Vendôme zu liefern sich wohl gehütet hatte, erdreistete man sich, Gerüchte auszustreuen, deren Arglist und Verlogenheit keine Grenzen kannten und die so weit gingen, daß man sie nur als Attentat bezeichnen konnte. Das erste dieser Art war ein Brief Alberonis.

Dieser Brief war binnen weniger Tage bei Hofe, in der Stadt und in den Provinzen bekanntgeworden. Zwei Tage, nachdem er in Umlauf gekommen und durch seine Kühnheit Verblüffung erregt hatte, wurde noch ein zweites, weit schwerwiegenderes Pamphlet verbreitet. Ich sah ein Exemplar in den Händen des Duc de Villeroy. Man hatte ihm dieses Schriftstück nur ausgeliefert gegen das Versprechen, keine Kopien davon anfertigen zu lassen, und ich nahm an, daß er es von Blouin, dem Genossen seiner Tafelfreuden und Lustbarkeiten, erhalten hatte. Das Opus stammte von Campistron, der das auch offen zugab und der von jenen, die es herumzeigten, als Autor bezeichnet wurde. Campistron war einer dieser elenden Dichterlinge, die stets am Hungertuch nagen und sich bereitwillig zu allem hergeben, nur um sich über Wasser zu halten. Dieser Brief war, ganz so wie der Alberonis ein einziges Lügengewebe, das mit keinem Wort der Wahrheit entsprach, dessen hinterhältige Verschlagenheit sich jedoch mit so folgerichtigem Raffinement und in so ausgefeilter Sprache darbot, daß er den Anschein von Wahrheit und Glaubhaftigkeit erweckte, wobei er die Wirklichkeit in undurchdringlichen Dunst hüllte. Ziel und Zweck dieses Schriftstückes war es, den Duc de Bourgogne zu ruinieren, ihn persönlich anzugreifen und ihm das zu entreißen, was den Menschen am kostbarsten ist. Unter diesem Gesichtspunkt gab es kein Schreiben, das besser abgefaßt noch grausamer angesetzt worden war. Die geringfügigste jener Gemeinheiten war, zu behaupten, Gamache und d'O, die Erzieher des Prinzen, seien die reinsten Strauchdiebe, und zu erklären, der Marschall Martignon verdiene trotz seines Ranges vor ein Kriegsgericht gestellt zu werden, weil er sich ihrer Meinung angeschlossen und zum Rückzug geraten habe. Die Ungeheuerlichkeit dieses Briefes, mit dem verglichen der Alberonis fast harmlos war, bewirkte, daß man von beiden ganz verschiedenen Gebrauch machen konnte. Während Alberonis Brief allenthalben verteilt wurde, um die Öffentlichkeit vorzubereiten und scharfzumachen, konnte man den anderen nur sicheren Händen anvertrauen, um ihn dann unter dem Schleier des Geheimnisses überall herumzuzeigen, was seine Verführungskraft noch steigerte. Es habe, so hieß es, dem Staat zum Unheil gereicht, daß man Vendôme keinen Glauben geschenkt, und es sei Vendômes Unglück, es mit einem Prinzen zu tun zu haben, gegen den sich durch Aufdeckung alles dessen, was geschehen war, zu verteidigen ihm aus guten Gründen nicht erlaubt sei. Der Inhalt dieses Briefes wurde überall bekannt, in den Cafés, in den Theatern, den Spielsälen, an allen öffentlichen Orten, sogar auf den Promenaden und unter sämtlichen Schreiberlingen. Man trug Sorge, daß er bis in die Provinzen, ja selbst bis ins Ausland drang, aber mit immer so viel Umsicht, daß die Clique im Besitz aller Kopien blieb, gleichermaßen bestrebt, diese Abschriften allenthalben zu verbreiten, wie bemüht, sich keine einzige entwischen zu lassen, da man Mißbrauch zu sehr hätte befürchten müssen.

Rolle des Comte d'Evreux innerhalb der sich verschärfenden Kabale gegen den Duc de Bourgogne. – Der König versucht die Kabale zu zerschlagen.

Der Comte d'Evreux war der einzige seines Standes, der sich mit dem Gesindel auf die gleiche Stufe stellte. Dieser vierte Sohn des Monsieur de Bouillon war von recht durchschnittlichem Aussehen und von unterdurchschnittlicher Begabung, er beherrschte den Jargon der Gesellschaft, vor allem die Modesprache der Frauen, und all seine Eigenschaften waren seinem Ehrgeiz untergeordnet. Ich habe seinerzeit erwähnt, wie er zu seiner Kavalleriecharge kam, und ich sprach von seiner Mesalliance, die ihn erneut mit dem Duc de Vendôme verband; die beiden waren Vettern, und d'Evreux' Schwiegervater hatte es übernommen, Vendômes Finanzen zu ordnen. D'Evreux schloß sich immer enger an Vendôme an, weil er durch dessen Hilfe einen raschen Aufstieg erhoffte; so schrieb er denn an Crozat eine Lobeshymne über Vendôme; der Brief war im übrigen im selben Stil geschrieben wie die beiden anderen, denen er an Bosheit in nichts nachstand. In schamlosen Worten verleumdete d'Evreux Bourgogne, der ihn stets mit besonderer Güte behandelt hatte, von dem sich dieser jedoch nicht soviel erhoffte wie von Vendôme, dem er mit diesem Pamphlet einen großen Gefallen zu tun gedachte. Der Brief war eigens verfertigt, um herumgezeigt zu werden, und Crozat fühlte sich nicht bemüßigt, ihn zurückzuhalten; interessiert an der Ehre eines Herrn, dem er sich ausgeliefert, und noch mehr daran interessiert, sich mit einem Brief wichtig zu tun, den ihm der Schwiegersohn, auf den er so stolz war, eigenhändig geschrieben hatte, zeigte er das Schriftstück vier Tage lang jedem, der es sehen wollte, und ließ sich sogar einige Abschriften entwenden. Das Aufsehen, das dieser Brief erregte, erschreckte Madame de Bouillon, die viel Verstand besaß und die vor den Folgen zitterte. Sie eilte zu Crozat und machte ihn mit jenem hochfahrenden und imponierenden Gebaren, das ihr eigen war, die heftigsten Vorwürfe, daß er ihren Sohn derart bloßgestellt habe, und sie gab nicht eher Ruhe, bis sie alle Abschriften, die Crozat in Umlauf gesetzt hatte, in Händen hielt, dann schrieb sie ihrem Sohn, um ihn auf die möglichen Folgen seiner schändlichen Torheit hinzuweisen und ihn aufzufordern, einen zweiten Brief an Crozat zu schreiben, den man dann als ersten und einzigen hinstellen wolle, da es keine Möglichkeit gab zu leugnen, daß er ihm einen geschrieben hatte; dieser zweite sollte so gehalten werden, daß er ohne Gefahr vorgezeigt werden und dennoch als der erste gelten könnte. Ich weiß nicht, ob sie ihrem Sohn einen fertigen Entwurf schickte, aber ihr Kurier brachte ihr umgehend den von ihr geforderten Brief. Man wird sehen, welch großen Nutzen sie daraus zu ziehen verstand.

Sobald der Brief Alberonis und der Auszug aus den beiden anderen bekannt wurden, bekam die Kabale erneuten Auftrieb. Ihre Hintermänner kommentierten die Briefe in den Cafés, auf den öffentlichen Plätzen und unter den Zeitungsleuten und in den Privathäusern. Sogar die Markthallen, wo Beaufort während der Minderjährigkeit Ludwigs XIV. so lange König gewesen war, ja die verrufensten Orte und der Pont-Neuf hallten von alledem wider. Ja, im ganzen Königreich ertönten Vaudevilles und die widerlichsten Chansons auf den Thronerben, die seinen Ruin benutzten, um Vendôme ein Denkmal zu errichten; während die Libertins und die Schöngeister bei Hofe und in der Gesellschaft Beifall klatschten und die ausgekochten Politiker, die sich auf dem Terrain besser auskannten, die Menge derart einzuwickeln verstanden, daß es binnen sechs Tagen als Schande galt, von dem Sohn des Hauses in seinem Vaterhaus in maßvollen Tönen zu sprechen; binnen acht Tagen sogar gefährlich, da die Scharfmacher, durch den Erfolg ihrer so gut organisierten Kabale ermutigt, sich nun zu erkennen gaben und durchblicken ließen, daß sie diese Kabale ganz als die ihre betrachteten und daß jeder, der Widerspruch zu erheben wagte, es früher oder später mit ihnen zu tun bekäme.

Kurz vor diesem Skandal war der Duc de Beauvillier, der sich noch sehr gut an das Gespräch erinnerte, das ich mit ihm in den Gärten von Marly über das Schicksal des Duc de Bourgogne geführt, und der durch dessen Briefe aus Flandern von allem ins Bild gesetzt worden war, in mein Zimmer gekommen, um mir mit schmerzzerrissenem Herzen eine gleichsam ehrenvolle Abbitte zu tun. Ich versuchte nur, ihm begreiflich zu machen, daß es unklug sei, alle Vorgänge bei Hofe, die Machenschaften, die Interessen, die Verbindungen, die Absichten und Motive ganz und gar zu ignorieren; er könne gewiß sein, daß meine Zurückhaltung gegenüber so vielen Leuten, gegenüber ihren Prätentionen und Lastern mich durchaus nicht dazu verführe, Luftschlösser zu bauen. Ich bat ihn einzusehen, daß unglaubliche Dinge durchaus nicht unvorhersehbar seien, ja häufiger einträten, als man sich das dächte, sofern man seinen Geist nicht in Fesseln lege, so daß man die Ehrgeizigen nicht mehr erkennen könne und keine Skrupel habe, die Leute zu alledem für fähig zu halten, was ihnen der Ehrgeiz bei entsprechender Gelegenheit einzuflößen vermag. Wir – er, der Duc de Chevreuse und ich – berieten nun eifrig über die Möglichkeit, dem König die Augen zu öffnen und diesem zerstörerischen Wahnsinn Einhalt zu gebieten. Nicht daß der ganze Hof so verderbt war, um auf Vendômes Seite zu stehen, aber die Furcht wirkte lähmend, und die offenbare Nutzlosigkeit, sich dem Strom entgegenzustellen, bewog zum Stillschweigen und zur Untätigkeit. Wir, die beiden Herzöge und ich, vereinbarten, welche Richtlinien und Hinweise man dem Duc de Bourgogne bezüglich der Haltung, die er einzunehmen habe, übermitteln müsse. Indessen ließ ich der Duchesse de Bourgogne durch Mme. de Nogaret alles für sie Wissenswerte mitteilen. Sie wiederum ließ mir durch jene sagen, wieweit sie mit dem König und Mme. de Maintenon gekommen war, was sie dort auszurichten und was sie nicht auszurichten vermochte. Ich glaube nicht, daß sie den Duc de Bourgogne wirklich liebte noch daß sie sich sehr um seine Gefühle für sie bekümmerte. Mir scheint auch, daß sie seine Frömmigkeit, zumal im Gedanken an die Zukunft, belastend fand. Dennoch spürte sie den Wert und den Nutzen seiner Zuneigung zu ihr, und sie wußte, welches Gewicht sein Vertrauen eines Tages für sie bekommen würde. Sie war überdies an seinem guten Ruf interessiert, von dem während vieler Jahre, bis er selber König würde, seine ganze Autorität abhing, und sie wußte, daß er, wenn er jetzt diesem Unwetter erläge, seine Ehre verlöre und somit der Mißachtung des Königs und Monseigneurs anheimfiele, woraus sich nur größtes Unheil ergeben konnte, zumindest aber ein recht freudloses Dasein, das sie unweigerlich mit ihm teilen mußte. Sie war sehr sanft und vor allem sehr schüchtern: Es stand jedoch zuviel für sie auf dem Spiel, und das trieb sie, ihre Zaghaftigkeit zu überwinden. Sie fühlte sich von den Beleidigungen, mit denen Vendôme ihren Gemahl in aller Öffentlichkeit überschüttet hatte, und von alledem, was seine Mittelsmänner an Scheußlichkeiten und Lügen verbreiteten, persönlich angegriffen und verletzt. So maßvoll und zurückhaltend der Duc de Bourgogne auch war, hatte er sich doch nicht enthalten können, seiner Gemahlin in Briefen das Herz auszuschütten. Diese Berichte, zusammen mit denen, die sie von anderer Seite bekam, trafen sie wie Peitschenhiebe. Sie bot alles auf, um bei Mme. de Maintenon über die verschleierten Hinterhältigkeiten und die tückischen Schmeicheleien des M. du Maine den Sieg davonzutragen, und tatsächlich gelang es ihr, Mme. de Maintenon für sich zu gewinnen; sie rührte ihr Herz und bewog sie, mit dem König zu sprechen, der von allen Seiten belagert wurde und bei dem nur sie allein etwas zugunsten der Wahrheit und zugunsten seiner Enkel bewirken konnte; die Prinzessin war so erfolgreich, daß Mme. de Maintenon fast ein Wunder vollbrachte: Seit der Affäre mit dem Erzbischof von Cambrai hatte Mme. de Maintenon, nachdem es ihr mißglückt war, Beauvillier zu stürzen, diesen nur noch bei seltenen Gelegenheiten gesehen und nur wenige nichtssagende Worte mit ihm gewechselt; sie hatte ihn stets mit den Augen einer Feindin betrachtet. Nun aber, da sie willens war, der Prinzessin und dem Prinzen zu helfen, entschloß sie sich zu einer persönlichen Unterredung mit Beauvillier, um sich mit ihm abzustimmen und genau über den Stand der Dinge zu unterrichten. Sie führte mehrere Gespräche mit ihm, sie vertraute ihm an, was sich beim König abspielte, und beriet mit ihm, was man zu sagen habe und welche Maßnahmen zu ergreifen seien.

Tatsächlich öffnete sie dem König die Augen, brachte ihn aus der Ruhe, reizte seinen Zorn, indem sie ihm von den Briefen erzählte und von allen Gemeinheiten, die in der Öffentlichkeit verbreitet wurden. Er kam nun im Staatsrat auf die Angelegenheit zu sprechen und verlangte mit einigem Nachdruck zu wissen, ob denn niemand etwas davon erfahren habe. Man antwortete ein wenig stammelnd, daß man nur den Brief Alberonis gesehen habe, und als der König den Wunsch bekundete, diesen selber zu sehen, zog Torcy ihn aus der Tasche. Der König war entrüstet, gleichviel war er noch bemüht, Vendôme zu schonen, und fragte Chamillart in recht scharfem Ton, warum er ihm niemals von diesen Briefen berichtet habe. Der Minister suchte sich aus der Affäre zu ziehen, indem er leugnete, sie jemals zu Gesicht bekommen zu haben; aber nun erhielt er vom König Order, augenblicks an Vendôme und »seinen« Alberoni – das war sein Ausdruck – sowie an Crozat und »dessen Schwiegersohn« – auch das war sein Ausdruck – in unmißverständlicher Weise zu schreiben und den drei letzteren einzuschärfen, daß sie strengstens zur Rechenschaft gezogen werden würden. An Crozat insbesondere erging das Verbot, den Brief des Comte d'Evreux irgend jemandem zu zeigen, und der Befehl wurde alsbald ausgeführt. Die eingeschüchterten Minister wagten keinerlei Kritik an ihrem Chef. So wirkte der Terror Vendômes und seiner Kabale bis in den Staatsrat hinein, und so weit ging die Leugnung der Wahrheit und die Herabsetzung des Duc de Bourgogne, daß sie schon bis in das Arbeitszimmer des

Königs gedrungen war. Die Kabale war bestürzt zu sehen, daß Mme. de Maintenon ihnen entglitt und sich der Duchesse de Bourgogne zur Verfügung stellte, war ferner bestürzt über das, was der König im Staatsrat gesagt hatte und was sie ebenso wie die Briefe, die Chamillart hatte schreiben müssen, mit Recht als Ergebnis dieser neuen Verbindung betrachteten. Bei genauerer Überlegung fand sie jedoch, daß das wenige, das der König gesagt und getan hatte, kaum dem entsprach, was er seinem Enkel schuldig wäre, noch dem, was er stets der Herrschaft, die Mme. de Maintenon über ihn ausübte, eingeräumt hatte.

Sie schlossen daraus, daß der König nicht eigentlich erzürnt, sondern eher ins Schlepptau genommen worden war, und daß sie ihn, wenn sie nur standhaft blieben, in arge Verlegenheit bringen könnten, indem sie seine so betonte Neigung zu M. du Maine, M. de Vendôme und dem Bastardtum im allgemeinen gegen seine gewohnte Anhänglichkeit für Mme. de Maintenon, seine für ihn so anregende Freundschaft für die Duchesse de Bourgogne ausspielten. Sie waren überzeugt, daß, wenn sie weiterhin hart blieben, der König von den beiden abrücken und ihnen, je mehr er sich von ihnen belästigt und ermüdet fühlte, vielleicht sogar endgültig Schweigen gebieten würde. Andernfalls sahen sie ihre Pläne in Rauch aufgehen; sie setzten also alles in Bewegung, verbreiteten Briefe und alles, was sie an Scheußlichkeiten erfinden konnten. Sie standen unter zu guter Führung, um sich zu täuschen, denn Blouin und M. du Maine kannten den König sehr genau, sie bedrängten ihn unablässig; er ließ sich das gerne gefallen, schon aus Neigung und Gewohnheit. Je mehr sich die Angriffe der Kabale verstärkten, um so lauter ertönten die Klagerufe der Duchesse de Bourgogne; Mme. de Maintenon unterstützte sie, den König schreckte das ab, und zwar derart daß er mehr als einmal mit der Prinzessin grollte und ihr vorwarf, ihre schlechte Laune und ihre Bitternis seien unerträglich. Die Kunde von diesen Vorfällen drang bis nach Flandern. Chamillart, völlig von Vaudémont und dessen Nichten gegängelt und blindlings betört von M. du Maine und M. de Vendôme, deren brennendes Interesse darin bestand, den jungen Prinzen endgültig zugrunde zu richten, Chamillart also ließ sich überreden, dem Duc de Bourgogne einen Brief zu schreiben, in welchem er unter vollkommener Außerachtlassung, wer er und wer der andere war, dem jungen Prinzen empfahl, sich mit Vendôme auf guten Fuß zu stellen. Dieser Brief tat genau die Wirkung, die jene, die ihn inspiriert, sich davon erhofft hatten; der Duc de Bourgogne, der sich in Nymwegen unter dem Marschall de Boufflers und in Breisach zwischen Tallard und Marcin so glänzend bewährt hatte, war seit der Eröffnung dieses Feldzuges durch die Widerstände und die Übergriffe, die Vendôme sich ihm gegenüber erlaubte, vollkommen niedergeschlagen. Da er in Furcht, ja sogar in Schrecken – denn nur von Furcht zu sprechen wäre zu wenig – vor dem König aufgewachsen war, empfand er diese Furcht auch vor jenen, die des Königs Neigung und Vertrauen besaßen, und er konnte nicht bezweifeln, daß Vendôme diese besaß. Seine Abgeklärtheit machte ihn mißtrauisch gegen sich selbst; seine außerordentliche, aber noch nicht bis zur notwendigen Unterscheidungskraft gereifte Frömmigkeit beengte ihn und trieb ihn zur Selbsterniedrigung. Gamaches und d'O waren nicht seine Vertrauten; so hatte er niemanden in der Armee, dem er sein Herz hätte ausschütten, und niemanden, der ihm hätte beistehen können. Beauvilliers Briefe waren nur von Frömmigkeit und Demut erfüllt; mit den Briefen, die er von der Duchesse de Bourgogne bekam, war er nicht unbedingt einverstanden, und andere Briefe bekam er nicht. So blieb er ganz seinem Kummer und seinen Grübeleien überlassen. Durch die Bedrängnis, in der er sich befand, änderte sich sein Auftreten und Benehmen, das bisher der Armee so gut gefallen hatte: er schloß sich nun in sein Arbeitszimmer ein, schrieb lange Briefe und ließ sich fast kaum mehr sehen; statt der heiteren Miene, die er früher gezeigt, trug er nun eine sorgenvolle Ernsthaftigkeit zur Schau; dieser Brief Chamillarts und des Königs Verärgerung über die Duchesse de Bourgogne, von der sie ihm unmittelbar Mitteilung gemacht hatte, damit er ihr nicht unterstelle, sie täte nichts für ihn, drückten ihn vollends nieder und ließen ihn in tiefe Verbitterung versinken. Er machte also den Versuch, Vendôme wieder näherzukommen, der, wie er es gewohnt, erhobenen Hauptes bei ihm eintrat und sogar die Stirn hatte, Alberoni mitzubringen. Der junge Prinz bemühte sich, freundlich mit Vendôme und, wenn sich Gelegenheit bot, selbst mit Alberoni zu sprechen. Dieses seltsame Einsiedlertum einerseits und die Schwäche andererseits machten einen peinlichen Eindruck auf die Armee. Selbst jene, die sich ernstlich für die Wahrheit und für den Duc de Bourgogne eingesetzt hatten, wurden von Zweifeln befallen, schwiegen, ließen sich weniger bei ihm sehen und gesellten sich M. de Vendôme zu. Das Gros der Armee, das nur den äußeren Schein wahrnahm, begann an dem Prinzen Kritik zu üben, ja ihn zu tadeln; die Kabale triumphierte, freute sich ihrer Standhaftigkeit, suchte sich die Umstände zunutze zu machen und verbreitete unterderhand den Ratschlag, den Chamillart dem Duc de Bourgogne gegeben, und die Zurechtweisung, die der König der Duchesse de Bourgogne erteilt hatte, wiewohl sie von Mme. de Maintenon unterstützt wurde. Was letztere betrifft, so hofften sie, ihr durch Unverfrorenheit imponieren zu können und sie am Ende zu zwingen, sich auf ihre Seite zu stellen. Der Duc de Bourgogne, der wohl spürte, daß sein verändertes Verhalten Vendôme gegenüber weder der Duchesse de Bourgogne gefiel noch jenen, die sich für ihn interessierten, entschuldigte sich bei seiner Gemahlin, daß er dem Rat Chamillarts gefolgt, der ihm zu verstehen gegeben hatte, daß er, wenn er nicht nachgäbe, in beschämender Weise zurückberufen werden würde. Die Duchesse de Bourgogne war zum äußersten aufgebracht, nie verzieh sie Chamillart den Brief, den er ihrem Gemahl geschrieben, und die unheilvollen Auswirkungen, die dieser Brief dann gezeitigt hatte.

Ich war recht gut unterrichtet, und zwar von allen Seiten, und ich war sehr besorgt um Chamillart: seine Verblendung reizte und beunruhigte mich; ich fürchtete für ihn, denn obwohl sein Wort schwer wog, begann es nun, im Vergleich zu dem der Bastarde, der Lorraines und der Diener entschieden an Gewicht zu verlieren, auch stand er ohnehin bereits schlecht genug mit Mme. de Maintenon, die nun immer mehr von ihm abrückte: besonders aber ließ mich der Zorn der Duchesse de Bourgogne für ihn fürchten, ich warnte seine Töchter vor diesem Zorn, ihr Taumel jedoch machte sie unzugänglich und taub; sie behaupteten, daß ich mangelhaft unterrichtet sei. Vendôme wurde gewarnt, doch, hochmütig wie er war, machte er sich weiter keine Gedanken. Die Frömmigkeit und Zaghaftigkeit des Prinzen wiegten ihn in Sicherheit; gleichviel war er beunruhigt über das, was man ihm über die Duchesse de Bourgogne und Mme. de Maintenon mitteilte, die beide über diesen Brief von neuem erzürnt waren und deren Zorn sich keineswegs auf Chamillart allein richtete. Er fürchtete also eine beleidigte Italienerin, die noch dazu soviel Beifall fand, die Mme. de Maintenon auf ihrer Seite hatte und die unter deren Leitung so ungezwungen mit dem König zu sprechen Gelegenheit hatte. Diese Überlegungen bewogen den Duc de Vendôme, sich herabzulassen, dem Duc de Bourgogne sein Bedauern zum Ausdruck zu bringen, daß seine Gemahlin ihm gegenüber so wenig Maß hielte. Und ohne sich auf eine Entschuldigung oder Rechtfertigung einzulassen, bat er ihn, dies der Prinzessin mitzuteilen, weil er selbst das zu tun nicht wage. Die Dreistigkeit dieses Unterfangens bewies, daß Furchtsamkeit und falsch verstandene Frömmigkeit sogar die Verachtung der Götter dieser Welt nach sich zieht. Vendôme war ebenso geschickt wie unverfroren: unverfroren insofern, als er jede Pflicht vergaß und sich des Mannes bediente, dem er soviel verdankte; geschickt insofern, als er, nachdem er den Prinzen durch einen so aufsehenerregenden Skandal in seiner eigenen Armee bloßgestellt, nachdem er die Stadt, den

Hof und die Provinzen vollkommen auf seine Seite gebracht, das Ansehen der Prinzessin bei Hofe vermindert hatte, nunmehr eben diesem Prinzen eine zumindest scheinbare Versöhnungsmöglichkeit anbot, von der er sich um so mehr versprach, als er nicht abgewiesen werden konnte und der König ihm Dank schuldig wäre, weil er seinem Enkel so weit entgegenkam; das war in der Tat ein außerordentlicher politischer Schachzug! Das erstaunliche ist, daß der Duc de Bourgogne keinerlei Schwierigkeiten machte, diese Bitte weiterzuleiten. Sie wurde entsprechend aufgenommen: die Duchesse de Bourgogne antwortete ihrem Gemahl, sie fände Vendôme verabscheuenswürdig, er möge ihm ausrichten, sie denke nicht daran, ihn jemals zu empfangen, und sie wüßte nicht, warum man ihn mit ihr in Verbindung bringen wolle; sie erinnerte den Duc de Bourgogne ausdrücklich an all das, was Vendôme gegen ihn unternommen hatte, und betonte nochmals, daß sie für diesen Mann nichts anderes als Widerwillen und Verachtung zu empfinden vermöge. Wir werden noch sehen, mit welcher Standhaftigkeit sie dabei beharrte. Vendôme erriet aus dem Ton der Antwort, was er zu erwarten hatte: deshalb ging er nicht weiter, und sein Dünkel mochte bereuen, überhaupt schon so weit gegangen zu sein.

Nebenintrigen. – Porträt von Madame la Duchesse.

Diese Hauptintrige erzeugte Nebenintrigen. D'Harcourt weilte in der Normandie, sein Verhältnis zu Mme. de Maintenon hatte sich etwas abgekühlt, da ihre Launenhaftigkeit immer darauf erpicht war, neue Leute an sich zu ziehen und ihnen Vertrauen zu schenken, um dann diejenigen, denen sie einstmals ihr Vertrauen geschenkt hatte, links liegenzulassen. Ich habe nicht in Erfahrung gebracht, ob in diesem Fall noch andere Ursachen vorlagen, aber d'Harcourts Ehrgeiz fühlte sich tief verletzt. Er glaubte also, jetzt die günstige Gelegenheit ergreifen zu müssen, und begab sich ohne weiteres nach Fontainebleau. Er wußte über alles Bescheid, auch über die prekäre Situation Chamillarts; sein Ziel war nach wie vor das Ministerium, und er schmeichelte sich, Chamillarts Nachfolger werden zu können; doch um dieses Ziel zu erreichen, durfte er sich M. du Maine, dessen Parteigänger er immer gewesen und der die Seele und das Rückgrat der Vendômeschen Kabale war, keineswegs zum Feind machen. Er beschloß also, den guten Staatsbürger zu mimen, der vor Gefahren warnt, um dann helfend einzugreifen.

Aber da war noch ein anderer, der, seiner Verzweiflung überdrüssig, Atem zu schöpfen begann, ja sogar wieder Freude empfand, je mehr die Gefahren in Flandern zunahmen und zugleich die Fehlschläge dessen, der die seinen wieder hätte gutmachen sollen. Nur selten verließ er, Villeroy, sein Haus, in dem er sich aufhielt, während der König in Fontainebleau weilte; aber er verließ es nie, ohne sich ganz im geheimen mit Mme. de Maintenon zu treffen; sie hatte immer Neigung und Achtung für ihn bewahrt, und sie war über die Geschehnisse in Flandern derart erschrocken, daß sie sich an jeden Strohhalm klammerte. Sie erbat Denkschriften über diesen Krieg von ihm, die er ihr durch Desmaretz, mit dem er seit langem befreundet war, überreichen ließ. Der Marschall, der sehr wohl wußte, wie Vendôme und Chamillart mit Mme. de Maintenon standen, fiel rücksichtslos über die beiden her, wodurch er, ohne es zu wissen, d'Harcourt in die Hände spielte. Er tat Chamillart beträchtlichen Abbruch und erregte Mme. de Maintenons größtes Gefallen, weil er sich auch Vendôme gegenüber keinerlei Mäßigung auferlegte. Dieser Geheimverkehr bestand während des ganzen flandrischen Feldzuges und wiegte Villeroy, wenngleich er keinerlei günstige Veränderungen beim König bemerken konnte, in den angenehmsten Hoffnungen. Er hatte außer Mme. de Maintenon auch die Duchesse de Bourgogne auf seiner Seite. Die beiden Männer waren ihnen beiden ein Greuel. Ferner wurde er von seiner Schwiegertochter unterstützt, die in engem Verhältnis zur Duchesse de Bourgogne stand, und durch seinen Sohn, der seinerzeit als Hauptmann der Garde diente, war er über alle Vorgänge unterrichtet: auf diese Weise begann der so tief gefallene Marschall wieder Morgenröte zu wittern und hoffte auf Rückkehr. D'Antin seinerseits hegte nicht minder hochfliegende Pläne. Gesichert durch die Vorteile, die sein Amt ihm verschaffte, rührte er sich aus des Königs Gemächern nicht mehr fort. In solchen bedrohlichen Zeiten pflegte sich der König, den das Schweigen, das er sich anderswo auferlegte, hart ankam, zuweilen mit einigen Worten Luft zu machen; Worte, die d'Antin dann gierig aufgriff; als guter Kriegsmann, der er war – gut jedenfalls, solange die Gefahr ihm nicht auf den Pelz brannte –, fiel es ihm nicht schwer, die Kammerdiener auszustechen und sogar in Gegenwart der beiden Bastarde das Gespräch an sich zu reißen und in die Länge zu ziehen; und dies um so eher, als der von Sorgen geplagte König an seinen scharfsinnigen Erläuterungen der militärischen Bewegungen in Flandern Gefallen fand. Kaum brachte zu dieser Stunde irgendeiner Nachricht, schon bemächtigte sich d'Antin unverfroren des Wortes; kaum entfaltete man eine Karte, ergriff er diese, wies auf das hin, was man gerade suchte, und fand zumeist auch die richtige Erklärung der Lage. Kurzum, er versäumte keine Gelegenheit, seine Befähigung ins rechte Licht zu setzen, und geizte auch nicht mit Schmeicheleien. Seine glänzende Stellung verschaffte ihm bald bei beiden Parteien das größte Ansehen; beide hofften, von ihm die nötigen Einzelheiten zu erfahren, vor allem die Duchesse de Bourgogne, denn die Parteigänger Vendômes erfuhren fast alles von den Dienern und von M. du Maine, vor dem der König nur wenig verbergen konnte. Die Duchesse de Bourgogne wußte wohl, daß der König in bezug auf Flandern vor ihr auf der Hut war und daß er ihretwegen auch mit Mme. de Maintenon über dieses Thema nicht mehr so offen sprach wie bisher.

Die junge Prinzessin hielt sich also an d'Antin und war ihm gegenüber besonders zuvorkommend. Er bemerkte das und hatte, geschickt wie er war, schnell begriffen, daß man sie behutsam behandeln müsse, ohne jedoch dabei die Wortführer der anderen Seite, mit der er seit langem verbunden war, vor den Kopf zu stoßen. Er war sich im klaren, daß die Prinzessin ihm späterhin von größtem Nutzen sein könne, sofern er jetzt ihrer Leidenschaft zu dienen verstünde, von der sie so gänzlich beherrscht war und die um so mehr seine ganze Aufmerksamkeit verdiente, als Mme. de Maintenon von derselben Leidenschaft befallen war. Also zeigte er sich bereit, der Duchesse de Bourgogne jede von ihr gewünschte Auskunft zu erteilen. Und binnen kurzem war es soweit, daß sie ihn rückhaltlos ins Vertrauen zog; so gut war ihm sein Manöver gelungen und so viel hielt die Prinzessin nun von ihm, daß sie mit ihm über alle Briefe ihres Gemahls sprach, ja sie ihm sogar zeigte und ihn bei den wichtigsten Antworten um Rat fragte. Er geizte nicht mit Schmeicheleien und betrieb sein Spiel so raffiniert, daß er sich, wenn auch nur behutsam, erlauben konnte, auf den Spuren des Abbé de Polignac zu wandeln; zu allen ihren Geselligkeiten fand er sich ein, beteiligte sich emsig am Spiel und versuchte durch dieses Gebaren bis in die Gemächer der Mme. de Maintenon vorzudringen, was ihm jedoch wegen der außerordentlichen Unzugänglichkeit dieses Heiligtums nicht gelang. Nachdem er sich der Bastarde und der Diener versichert hatte und auch wußte, daß die Duchesse de Bourgogne und Mme. de Maintenon ihm wohlgesinnt waren, dachte er an nichts Geringeres als an die Nachfolge Chamillarts, was durchaus im Bereich der Möglichkeiten lag, da er dem König so nahestand und mit ihm über alle heiklen Fragen des Krieges leicht ins Gespräch kommen konnte, und er wiegte sich mehr und mehr in der Hoffnung, einen unglücklichen, erfolglosen Minister, der bei Mme. de Maintenon in Ungnade gefallen war und bei der Duchesse de Bourgogne völlig verspielt hatte, allmählich stürzen zu können. D'Harcourt und d'Antin waren mithin, ohne es zu wissen, Rivalen; aber d'Antin war durch den unmittelbaren Umgang mit dem König im Vorteil. Wenn ich sage, daß sie beide Chamillarts Posten anstrebten, muß ich das erklären; der König, daran gewöhnt, diese Stellen mit Leuten niederer Herkunft zu besetzen, um sie, sobald es ihm beliebte, wie Diener davonzujagen und um zu verhindern, daß ihre Autorität ein belastendes Ausmaß annahm, der König hätte niemals einen großen Herrn zum Staatssekretär gemacht, und es wäre den beiden auch niemals eingefallen, den König von dieser Art Politik abbringen zu wollen. Überdies war d'Harcourt zu ruhmsüchtig, als daß er den Ersten Staatssekretär, der aus dem Adel stammte, abgegeben hätte. Beide jedoch verfolgten das Ziel, in den Staatsrat zu gelangen, mit der unmittelbaren Aufsicht über das Kriegsministerium betraut und somit dem mutmaßlichen Nachfolger Chamillarts übergeordnet zu werden.

Von diesen Hoffnungen geschwellt, lebte d'Antin fröhlich in den Tag hinein, bis Madame la Duchesse feststellte, daß seine Beziehungen zur Duchesse de Bourgogne über das rein Spielerische und Oberflächliche hinausgingen, wodurch sie sich empfindlich gekränkt fühlte.

Sie war ein wenig, doch kaum merklich verwachsen, ihr Gesicht von Liebesleidenschaften geprägt, ihr Geist so geartet, daß er sich an diesen Empfindungen ergötzte, ohne ihnen zu erliegen. Es schien, sie sei wie geschaffen für die Freuden der Welt, und sie stand mit jedermann im besten Einvernehmen, denn sie beherrschte die Kunst, sich auf ihre Partner einzustellen; von unvergleichlicher Anmut, sprühend vor Geist, fiel es ihr leicht, Gefallen zu erregen. Obwohl sie, wie man wohl wußte, niemanden liebte, erlag man immer wieder der Versuchung, sich ihr zu nähern und sich von ihr betören zu lassen. Personen, die ihr ganz fern standen, waren stolz darauf, bei ihr Erfolg gehabt zu haben, und sie bezauberte sogar Leute, die alle Ursache hatten, sich vor ihr zu fürchten, und solche, die sie hätten hassen sollen, mußten sich gewaltsam dessen erinnern, um ihrem Charme widerstehen zu können. Niemals und zu keiner Zeit war sie schlechter Laune, stets ausgeglichen, mit dem feinsten Witz unterhaltend, gefeit gegen jede Überraschung und durch keinen Widerspruch zu verletzen; selbst noch in den bedrückendsten und sorgenvollsten Augenblicken frei, hatte sie ihre Jugend mit frivolen Spielen und Lustbarkeiten verbracht, die zeitweilig bis zur Ausschweifung gingen. Zudem besaß sie einen scharfen Verstand, einen ausgesprochenen Hang zur Intrige, die Wendigkeit eines Aals, aber bei langwierigen Unternehmen mangelte es ihr an Ausdauer. Verächtlich, spöttisch, boshaft, unfähig zur Freundschaft, dafür sehr befähigt zum Haß, dann aber hochfahrend, unversöhnlich, reich an finsteren Listen und grausamen Spottversen, mit denen sie unverfroren über Personen herfiel, die zu lieben sie vorgab und die ihre Tage mit ihr verbrachten. Alle bezaubernd, aber gefährlich, ganz wie die Sirene der Dichter. Mit zunehmendem Alter hatte sich der Ehrgeiz entwickelt, ohne daß die Vergnügungssucht nachließ. Gerade diese Tändeleien dienten ihr lange dazu, ihre eigentlichen handfesten Absichten zu maskieren. Die häufigen Besuche und die Zuneigung Monseigneurs, den sie der Geistlosigkeit und den schlechten Launen der Princesse de Conti entrissen hatte, verliehen ihr einiges Ansehen; von ihrer engen Beziehung zu der Choin und zu Vaudémonts Nichten sprach ich bereits; sie konnte also im Hinblick auf den Duc de Bourgogne vorläufig keine anderen Ziele verfolgen als jene auch. Übrigens sah sie sich somit in die Lage versetzt, zu allen Zeiten eine große Rolle zu spielen. Die Princesse de Conti spielte wie gesagt keine Rolle mehr, und die Duchesse d'Orléans gleichfalls nicht. Also blieb nur die Duchesse de Bourgogne, die Madame la Duchesse in den Hintergrund hätte drängen können. Da sie liebenswürdig und viel jünger war, konnte es nicht ausbleiben, daß sie beachtet wurde, und sogar von jenen Sklaven, die Madame la Duchesse zu den ihren rechnete. Sie fürchtete alles von dieser Seite, aber mit größter Selbstbeherrschung ließ sie nichts von ihrem Ärger durchblicken. Abgesehen von dem, was Pflicht und Ehrerbietung zu tun geboten, bemühte sie sich in jeder Weise, die Duchesse de Bourgogne für sich zu gewinnen. Aber man hatte die junge Prinzessin gewarnt und eingeschüchtert, daher mißtraute sie Madame la Duchesse, kam deren Annäherungsversuchen zwar höflich, aber furchtsam und nur mit größter Zaghaftigkeit entgegen. Und diese Zurückhaltung wurde für Madame la Duchesse zum weiteren Anreiz. Immerhin wußte die Duchesse de Bourgogne, wie sehr der König an seinen Töchtern hing, und hätte es nicht gewagt, sich von allen dreien fernzuhalten; es war ihr klar, daß Madame la Duchesse sich beim König beklagen und behaupten würde, sie verachte die Prinzessinnen. Es blieb ihr also nur die Freundschaft der Duchesse d'Orléans, um diese Behauptungen entkräften zu können.

Die Duchesse d'Orléans zeigte sich um so geneigter, als sie inmitten des Hofes recht isoliert lebte, mit einem Ehemann, der anderen Liebschaften nachhing, und als Mutter dreier Töchter, die ihrer Herkunft nach alle schwer unterzubringen waren und deren älteste ins heiratsfähige Alter kam. Unter diesen Umständen sah sie sich gezwungen, alles aufzubieten, um diese Älteste mit dem Duc de Berry zu verheiraten. Die Freundschaft der Duchesse de Bourgogne konnte dabei wesentliche Hilfe leisten. Madame la Duchesse, die sich mit ihren drei Töchtern in derselben Lage befand und immerhin Monseigneur auf ihrer Seite hatte, wagte gleichfalls, diese Verbindung anzustreben, konnte sich indes nicht verhehlen, daß das Verhältnis, in dem sie zur Duchesse de Bourgogne stand, ihrem Heiratsplan nicht eben förderlich war. Am meisten aber peinigte es sie, mit ansehen zu müssen, welche Bedeutung jene anläßlich der Schlacht von Oudenaarde gewonnen hatte. Der ganze Hof, der dieser jungen Prinzessin bisher wenig Aufmerksamkeit geschenkt hatte, merkte nun plötzlich, wessen sie fähig war, und begriff angesichts ihres Verhaltens und ihrer Erfolge, daß sie sehr wohl imstande sein könnte, sich zur Schlüsselfigur des Hofes, ja vielleicht sogar der Staatsmaschinerie aufzuschwingen. Das traf Madame la Duchesse wie ein Dolchstoß.

Von nun an änderte sie ihre Politik gegenüber der jungen Prinzessin. An die Stelle von Bemühungen und Rücksichtnahmen trat fortan eine betont unverschämte Gleichgültigkeit. Sie hoffte, sie könne der Duchesse de Bourgogne dadurch vor dem ganzen Gefolge Monseigneurs Furcht einflößen und sie auf diese Weise zu dem zu bringen, was sie durch ihr Entgegenkommen nicht hatte erreichen können. Aber ihre Bosheiten waren nicht erfolgreicher als ihre vorhergehende Beflissenheit.

Angesichts dieser Konstellation bei Hofe ist es nicht verwunderlich, daß sich Madame la Duchesse, die aus mancherlei Gründen sehr eng mit d'Antin verbunden war, durch dessen eifrige Bemühungen um die Duchesse de Bourgogne beleidigt fühlte. Sie warf d'Antin vor, sich mit ihrer Feindin verbündet zu haben; d'Antin wand sich wie ein Aal, zog alles ins Scherzhafte, änderte jedoch sein Verhalten nicht. Darob geriet seine Schwester vollends in Zorn; sie stieß finstere Drohungen aus, ließ durchblicken, sie werde ihren Bruder und die Duchesse de Bourgogne lächerlich machen; da bekam es d'Antin mit der Angst zu tun. Er versuchte Madame la Duchesse zu beschwichtigen, indem er sich etwas weniger um die Duchesse de Bourgogne kümmerte. Jedenfalls war der glückliche Gaskogner geschickt genug, sich aus der Affäre zu ziehen, ohne die Duchesse de Bourgogne vor den Kopf zu stoßen und ohne es mit Madame la Duchesse zu verderben.

Lage auf den Kriegsschauplätzen. – Lille eingeschlossen. – Die erwartete Schlacht findet nicht statt: Vendôme rührt sich nicht.

Prinz Eugen hatte sich lange in Brüssel aufgehalten und dort einen riesigen Konvoi zusammenstellen lassen, der mehr als fünftausend Wagen umfaßte, abgesehen von denen für das große Gepäck, die die Armee leer dorthin geschickt hatte, um sie voll zurückzubekommen. Als alles bereit war, begleitete Prinz Eugen den Konvoi mit seiner Armee und führte ihn unter größten Umständen und Vorsichtsmaßnahmen zur Armee des Duke of Marlbourough. Man konnte derartige Vorkehrungen und einen so beschwerlichen Marsch auf unserer Seite nicht übersehen. Der Duc de Vendôme wollte die Situation ausnutzen und diesen Konvoi mit der Hälfte seiner Truppen angreifen lassen; der Plan war gut, und der Erfolg schien gewährleistet. In diesem Falle wäre die Aktion gleichermaßen ruhmreich und nützlich gewesen: sie hätte die Feinde um die Früchte ihres Sieges gebracht und ihnen durch den Verlust dieses reichlichen Nachschubs, der zum Teil uns in die Hände gefallen wäre, erheblichen Schaden zugefügt; ihre Belagerung wäre gescheitert, und sie hätten für den Rest des Feldzugs nur noch mit größten Anstrengungen etwas unternehmen können. Ypern, Mons, Lille oder Tournai, eine dieser Festungen war ihr Ziel, und nichts war wichtiger, als deren Belagerung zu verhindern. Gleichviel widersetzte sich der Duc de Bourgogne dem Angriff auf den Konvoi; er wurde von einigen unterstützt, die meisten aber waren anderer Ansicht.

M. de Vendôme, der bisher so halsstarrig gewesen und so fest auf blindem Gehorsam gegenüber seinen Anordnungen beharrt hatte (es war dies die Voraussetzung, unter der der Duc de Bourgogne ehrenhalber zum Befehlshaber seiner Armee ernannt worden war), schien das in dieser entscheidenden Situation vollkommen vergessen zu haben: er vertrat zwar seine Meinung, gab aber ohne weiteres nach und ließ den Konvoi in aller Ruhe passieren. Er verfolgte sein Projekt, das nicht darin bestand, einen glänzenden und nutzbringenden Feldzug durchzuführen, sondern einen, der diesen Prinzen rettungslos vernichtete.

Boufflers, der trotz seiner hohen Stellung höchst unzufrieden war, konnte sich nicht daran gewöhnen, keine Armee mehr zu befehligen und nicht mehr Gouverneur von Flandern zu sein, seitdem dieses zum Kriegsschauplatz geworden war. Er war jedoch unabhängig davon Gouverneur von Lille mit Sondervollmachten, und er war fest davon überzeugt, daß die Feinde es besonders auf Lille abgesehen hätten und zunächst einmal diese Festung belagern würden. Er trug dem König seine Gründe dafür vor und bat ihn, ohne daß er zuvor mit jemandem darüber gesprochen hätte, ihm zu erlauben, sich dorthin zu begeben, um die Festung, falls sie belagert würde, zu verteidigen. Er wurde mit Lob bedacht, aber abgewiesen. Doch Boufflers, der im geheimen schon die nötigen Maßnahmen getroffen hatte, hatte diesen Vorschlag nicht nur in die leere Luft und um der Ehre halber gemacht; so kam er in einer zweiten Audienz wieder darauf zu sprechen, und unmittelbar nach dieser zweiten Audienz brach er am Donnerstag, dem 26. Juli, tatsächlich nach Flandern auf.

Die Armee des Königs lag noch immer reglos hinter dem Kanal von Brügge bei Lauwendeghem. Der Duc de Vendôme spottete nur über die mutmaßliche Belagerung von Lille, als handele es sich um eine törichte Wahnvorstellung, und seine Kabale lieferte in Paris und bei Hofe das Echo, auf das man auch prompt hereinfiel.

Am 12. August wurde Lille eingeschlossen, was der König am 14. durch verschiedene Kuriere erfuhr. Einige Tage war man geneigt, an der Tatsache zu zweifeln, dann aber wurden alle Gesichter länger. Die Schmeichler indes hatten neue Kommentare zur Hand, die einen enthielten sich nicht, mit gespielter Gleichgültigkeit zu behaupten, man habe so lange auf Lille verzichtet, nun könne man auch weiterhin darauf verzichten. Vaudémont und die Kabale verfielen in eine andere Tonart; sie verkündeten, die Feinde müßten wohl gänzlich von ihren Erfolgen trunken sein, sich mit einer der unseren zahlenmäßig weit unterlegenen Armee soweit in unser Land hineinzuwagen, nur um dort vor einer so gewaltigen Festung zu scheitern. Dieses alberne Gewäsch schien zwar dem König durchaus nicht zu mißfallen, desto mehr aber der Duchesse de Bourgogne, was sie auch einigen Damen zu verstehen gab.

Der König erklärte, er wolle nichts unversucht lassen, sich eine so wichtige Festung wie Lille, die eine seiner ersten persönlichen Eroberungen war, zu erhalten. Die Untätigkeit seiner immer noch hinter dem

Kanal von Brügge verharrenden Armee schien ihn zu überraschen. Er entsandte einen Kurier dorthin, mit dem ausdrücklichen Befehl, zum Entsatz vorzurücken. M. de Vendôme schickte den Kurier mit Einwänden und Ausflüchten zurück, was ihm einen zweiten, noch dringlicheren Befehl einbrachte. Niemand in der Armee begriff diese Unschlüssigkeit. Der Duc de Bourgogne ließ M. de Vendôme durch die wenigen Leute, die Einfluß und genug Mut besaßen, um so mehr bedrängen, als er sich allzu gut der Reden von Oudenaarde erinnerte. Die Bemühungen des ersten Kuriers waren, wie gesagt, erfolglos; aber auch die des zweiten blieben vergeblich. Durch diesen ließ der Duc de Bourgogne dem König mitteilen, daß es weder an ihm noch an den Generalen läge, wenn man seinen Befehlen nicht nachkäme. Vendôme blieb unerschütterlich und machte keinerlei Anstalten, sich von der Stelle zu rühren.

Im einzelnen zu berichten, was sich bis zur Vereinigung mit der Armee des Duc de Berwick ereignete, ist müßig. Ich will nur erwähnen, daß der Duc de Bourgogne am Dienstag, dem 28. August, mit seiner Armee in Ninove anlangte und am anderen Tag um 9 Uhr früh vom Duc de Berwick begrüßt wurde. Niemals hatte es eine so stattliche Armee gegeben wie nach dieser Zusammenlegung: einhundertundachtundneunzig Schwadronen, zweiundvierzig Dragonerabteilungen, einhundertunddreißig Bataillone, abgesehen davon, was auf die festen Plätze verteilt war und was sich seit Oudenaarde nicht mehr gesammelt hatte. Geld und Nachschub war reichlich vorhanden, zusätzliche Ernährung aus dem Lande und aus dem Umkreis unserer Festungen; dreiundzwanzig Generalleutnants, fünfundzwanzig Brigadegenerale, siebenundsiebzig Brigadekommandeure, kurzum ein Aufgebot, wie man es seit Menschengedenken nicht mehr gesehen hatte. Dazu ein allgemeiner und lebhafter Kampfgeist. So marschierte man nach Tournai, wo man haltmachte, um den Fluß bequemer überqueren zu können. Man rechnete mit einer entscheidenden Schlacht.

Nach dem Übergang über die Schelde marschierte man durch unwegsames und unübersichtliches Gelände längs der Marck; wegen der Flußwindungen brauchte man doppelt soviel Zeit. Am 4. September langte die Armee erschöpft in Mons-en-Peule an, wo an der Quelle der Marck fünf Tage Rast eingelegt wurden. Die Armee hatte sich nunmehr der großen Straße von Douai nach Lille genähert; Marlbourough kampierte indessen in einem Bogen der Marck, sein rechter Flügel lehnte sich an Pont-à-Marck, sein linker an Pont-à-Tressin an. Doch sehen wir während des kleinen Aufenthalts zu, was sich bei Hofe ereignete, von wo die Armee weitere Befehle erwartete.

Dort war die Erregung bis auf den Siedepunkt gestiegen. Man wartete auf eine entscheidende Schlacht: Man wünschte sie sehnlichst herbei, ja, es schien nicht einmal erlaubt, daran zu zweifeln; die glückliche Vereinigung beider Armeen wurde als sichere Gewähr des Erfolges angesehen. Jede Verzögerung erhöhte die Ungeduld. Man hatte seit der Entsendung des Kuriers nach Mons-en-Peule nichts mehr von der Armee gehört. Jedermann war in Unruhe; der König selbst fragte die Höflinge nach Nachrichten und konnte nicht begreifen, warum das Eintreffen von Kurieren sich so verzögerte. Die Prinzen sowie alle großen Herren und Höflinge, die Heeresdienst taten, befanden sich bei der Armee: Man sah also in Versailles die nächsten Angehörigen und Freunde in Gefahr, und selbst die am festesten gegründeten Häuser schienen ins Wanken zu geraten. Allenthalben fand das achtundvierzigstündige Gebet statt. Die Duchesse de Bourgogne verbrachte, statt in ihrem Bett, die Nächte in der Kapelle; ihrem Beispiel folgend, rührten sich fast alle Frauen, deren Männer bei der Armee waren, nicht mehr aus der Kirche. Niemand mehr ergab sich dem Spiel, sogar die Unterhaltung verstummte. Auf allen Gesichtern und in allen Reden malte sich auf beschämende Weise Entsetzen. Kam ein Pferd in etwas rascherem Tempo vorbei, rannte alles plan- und ziellos umher. Chamillarts Gemächer waren bis auf die Straße hinunter von Lakaien belagert, denn jeder wollte sofort Bescheid haben, wenn ein Kurier einträfe. Diese schreckliche Ungewißheit währte fast einen Monat, bis sich herausstellte, daß keine Schlacht stattfinden würde. In Paris, das noch weiter von der Nachrichtenquelle entfernt lag, war man noch kopfloser und erst vollends in der Provinz. Der König hatte den Bischöfen geschrieben, sie möchten öffentliche Bittgottesdienste abhalten lassen, in Worten, die dem Ernst der Lage gerecht würden; man kann sich denken, welchen Eindruck das machte und welche Aufregung es erzeugte. Die Schmeichelei indes brüstete sich auch weiterhin und zeigte sich in tausenderlei Gestalt, dergestalt daß Mme. d'O sich bemüßigt fühlte, das Geschick des armen Prinzen Eugen zu beklagen, dessen Heldentaten und Ruhmesglanz in einem so wahnwitzigen Unternehmen mit ihm zusammen erlöschen würden, den sie, wiewohl ein Feind, als Feldherrn von hohen Verdiensten zu betrauern sich nicht enthalten könne. Geräuschvoller als je zuvor verbürgte sich die Kabale für einen vollkommenen Sieg und für die Tatsache, daß M. de Vendôme des Entsatzes von Lille so gut wie gewiß sei. Voller Empörung vernahm ich dieses Geschwätz; mir war all das, was sich vor und nach Oudenaarde ereignet hatte, noch allzu präsent. Ich glaubte keinen Augenblick, daß M. de

Vendôme Lille zu entsetzen gedächte. Ich war vielmehr überzeugt, daß er fest entschlossen sei, dem Duc de Bourgogne diesen so wichtigen Entsatz unterderhand zu vereiteln, ihm dann alle Schuld zuzuschieben und ihn somit rettungslos zugrunde zu richten.

Als man eines Abends wie stets voller Ungeduld auf die Ankunft des Kuriers aus Mons-en-Peule wartete, plauderte ich nach dem Essen bei Chamillart mit fünf oder sechs Angehörigen seiner Familie, unter anderen auch mit La Feuillade. Ganz von meiner Überzeugung durchdrungen, vernahm ich voller Ingrimm all das Siegesgeprahle und das Geschwätz über Schlacht und Entsatz. Ich war sprachlos vor Zorn, bis mir, als man auch noch Tag und Stunde voraussagte, plötzlich der Kragen platzte: Ich unterbrach Cany und schlug ihm vor, um vier Pistolen zu wetten, daß keine Schlacht stattfinden, daß Lille und die Festung nicht entsetzt würden. Große Verblüffung unter den Anwesenden ob eines so seltsamen Vorschlags, zahllose Fragen nach den Gründen, die mich dazu veranlaßten. Ich hütete mich, ihnen den wahren Grund anzugeben, und erwiderte trocken, dies sei eben meine Ansicht. Cany und sein Vater versicherten mir abwechselnd, es seien wiederholt die genauesten Befehle für den Entsatz ergangen und überdies sei es Vendômes dringendster Wunsch und das Verlangen der ganzen Armee, ich täte also besser daran, meine vier Pistolen ins Wasser zu werfen, als sie zu verwetten, da Cany zweifellos die Wette gewinnen würde. Ich erklärte mit demselben Phlegma, unter dem ich alles, was in mir kochte, verbarg, ich sähe zwar ein, was sie vorbrächten, sei aber nicht bereit, meine Ansicht zu ändern. Man redete mir nochmals gut zu, ich aber hielt stand, ohne mich weiter zu äußern. Sie machten sich über mich lustig, aber schließlich gingen sie auf meinen Vorschlag ein. Cany dankte mir für das kleine Geschenk, das ich ihm zu machen gedächte. Wir zogen jeder vier Pistolen aus der Tasche und gaben sie Chamillart in die Hand.

Schon am nächsten Morgen war diese Wette in aller Munde. Man lebt bei Hofe nicht ohne Feinde: Ich konnte zwar niemandes Neid erregen, aber die gewichtigen Freunde, die ich dort hatte, verliehen mir Ansehen. Meine lakonische Art gab den Schuldigen vielleicht zu verstehen, wem ich den bevorstehenden Verlust Lilles zur Last legte und worauf ich ihn schob. Kurzum, am anderen Tag herrschte von früh an ein wahrer Tumult. Böse Zungen beschuldigten mich, mit allem unzufrieden zu sein, alles zu mißbilligen, mich an allen Fehlschlägen zu ergötzen. Solche Behauptungen wurden dem König mit großer Eilfertigkeit hinterbracht und im Brustton der Überzeugung dargelegt.

So war ich denn, obwohl ich keine Ahnung davon hatte und es erst zwei Monate später erfuhr, in völlige Ungnade gefallen.

Endlich traf der so sehnlich erwartete Kurier aus Mons-en-Peule ein; aber er trug nur dazu bei, den Unmut und die Gereiztheit zu steigern.

Die Kabale gegen den Duc de Bourgogne erneut auf dem Höhepunkt. – Boufflers als Verteidiger Lilles sehr angesehen.

Vendôme, der fast stets zu Bett lag oder in Mons tafelte und seiner Gewohnheit gemäß alle Routinearbeit auf andere Leute ablud, hatte indessen nichts weiter im Sinn, als seine Straßen auszubauen und seine Artillerie zu verstärken. Er glaubte, die Feinde zu schlagen, indem er sie mit einem Höllenfeuer eindeckte. Als der Kurier wieder nach Mons zurückkehrte, war man bei Hofe höchst überrascht, auch Chamillart verschwinden zu sehen, und bei der Armee herrschte gleichermaßen Überraschung, als er dort auftauchte.

Am Dienstag, dem 18. September, kam er wieder nach Versailles zurück. Der König arbeitete mit ihm nach Tisch bis zu seinem Coucher. Chamillart berichtete über alles, was er gesehen und vernommen hatte. M. de Vendôme, erklärte er, zweifele nicht, daß er allen Nachschub der Feinde auffangen, ihnen jede Lebensmittelzufuhr abschneiden, sie somit zwingen könne, die Belagerung aufzugeben.

Der König bedurfte zuweilen solcher Tröstungen und Aufmunterungen, denn wie sehr er auch seine Worte und seine Miene in der Gewalt hatte, er wußte nur allzugut, daß seine Ohnmacht, den Feinden Widerstand leisten zu können, täglich zunahm. Seit jenen angstvollen Stunden, in denen man jeden Augenblick eine Schlacht erwartete, pflegte er den Hof in Verzweiflung zu bringen, da er Versailles regelmäßig verließ, um auf die Jagd oder spazierenzugehen, so daß man die Nachrichten, die inzwischen eintrafen, erst bei seiner Rückkehr erfuhr. Kann sein, daß er diese Gewohnheit beibehielt, um seine Unruhe nicht zu zeigen, kann sein, daß seine Unruhe nicht groß genug war, um diese Zerstreuungen aufzugeben. Monseigneur jedenfalls blieb gänzlich indifferent. Das ging so weit, daß er sich an dem Tage, da man Chamillart aus Flandern zurückerwartete, zum Essen nach Meudon begab. Nicht anders verhielt er sich zu der Zeit, da jeder voller Sorge um den Entsatz von Lille am Fenster klebte, um den Kurier zu erwarten. Als Chamillart dem König von der Einschließung dieser Festung berichtete, war Monseigneur gerade anwesend; doch ehe jener den Bericht beendet hatte, stand er auf und ging. Der König rief ihn zurück, er setzte sich wieder und hörte zu. Dann entfernte er sich, ohne auch nur ein einziges Wort geäußert zu haben, und besuchte die Princesse de Conti. Dort traf er Mme. d'Espinoy, die von ihren Kindern her Ländereien in Flandern besaß und gerade im Begriff war, dorthin zu reisen. »Nun, Madame«, sagte er zu ihr, »wie werden Sie es jetzt anstellen, um nach Lille zu kommen?« Und alsbald berichtete er den Damen von der Einschließung der Festung.

Trotz dieser seiner Gefühllosigkeit unterlag er in zunehmendem Maße dem Einfluß der Kabale. Eines Abends lobte er bei seinem Coucher in Gegenwart aller Anwesenden in betonter Weise den Duc de Berry; er tat das noch öfter. Über den Duc de Bourgogne jedoch verlor er niemals auch nur ein einziges Wort. Er mochte ihn nicht. Sein Herz gehörte in erster Linie dem König von Spanien, aber er liebte auch den Duc de Berry, der ihn durch seine Ungezwungenheit und durch seine Lebenslust erheiterte. Das wußte sich die Kabale trefflich zunutze zu machen. Es lag in ihrem Interesse, Monseigneur, den sie, sobald er König wäre, völlig zu lenken gedachte, vom Duc de Bourgogne fernzuhalten: um erst gar nicht gegen den Sohn und rechtmäßigen Thronerben auftreten zu müssen, waren sie alle emsig bestrebt, die Entfremdung, die sie herbeigeführt hatten, sorgsam aufrechtzuerhalten. Kaum war Chamillart aus Flandern zurückgekehrt, begannen sie unverfroren herumzuerzählen, Vendôme habe als einziger auf eine Schlacht gedrängt und er hätte, wenn man ihm auch nur ein einziges Mal hätte Glauben schenken wollen, die schmachvolle Belagerung aufgehoben, die Feinde geschlagen und vernichtet und somit Frankreich gerettet. Oudenaarde war wie mit dem Schwamm weggewischt, der verspätete Aufbruch aus der Stellung hinter dem Kanal von Brügge ebenfalls: Von dem frevlerischen Müßiggang in Mons-en-Peule war nicht mehr die Rede. Man vernahm nichts als Lügengeschichten und Lobpreisungen, die dem Duc de Bourgogne alle zum Schaden gereichten. Man griff wieder auf, was man über Oudenaarde erfunden hatte. Man machte ihm alle seine vorhergehenden Verdienste streitig. Die anscheinend Maßvollsten bedienten sich einer anderen, weit gefährlicheren Methode; sie zogen zwar die Tapferkeit des Duc de Bourgogne nicht in Zweifel, sie enthielten sich jeder abfälligen Bemerkung, aber sie nahmen Anstoß an seiner Frömmelei, sie meinten, der Gedanke an all das vergossene Blut, an den Tod so vieler ohne Beichte gestorbener Soldaten habe ihn erschreckt; er habe sich nicht entschließen können, das vor Gott zu verantworten. Aus diesem Grunde habe er alles auf den König abschieben wollen und diesen noch einmal um genaue Befehle gebeten; das sei der Anlaß gewesen, jenen Kurier aus Mons-en-Peule abzusenden. Alsdann ergingen sie sich in politischen Reflexionen: sie gaben zu bedenken, wie wenig ein derart von Skrupeln geplagter Prinz geeignet sei, Armeen zu befehligen und ein Königreich zu regieren, brachten alle diese Befürchtungen und Ansichten laut und vernehmlich zum Ausdruck. Weiterhin tadelten sie einige tatsächlich läppische oder unangebrachte Vergnügungen des Prinzen; sie machten viel Aufhebens von seinen ausgedehnten Tafeleien, von seinem Federballspiel, von seiner Beschäftigung mit Anatomie und Mechanik und insbesondere natürlich von den zu langen und zu häufigen Gesprächen mit seinem Beichtvater Martineau.

Die Kabale triumphierte also auf der ganzen Linie. Was sie sich in Oudenaarde herausgenommen, waren nur zaghafte Ansätze im Vergleich zu dem jetzigen Meisterwerk. Nicht nur die gesamte Öffentlichkeit wurde davon beeinflußt, nicht nur die Gesellschaft und die Schöngeister waren gewonnen, das Gerede griff dermaßen um sich, daß auch kluge Köpfe sich mitreißen ließen, so daß man wahrhaftig sagen konnte, es wäre gefährlich gewesen, den Duc de Bourgogne in seinem eigenen Vaterhause zu verteidigen. Jeder, der dort auf dessen Kosten den Duc de Vendôme rühmte, durfte gewiß sein, dem König und Monseigneur zu gefallen. Das ging so weit, daß der König, der dennoch nicht wagte, es öffentlich zu mißbilligen, wenn jemand zugunsten seines Enkels sprach, den Prince de Conti, der dies bei jeder Gelegenheit zu tun pflegte, in Gegenwart aller Anwesenden maßregelte, weil dieser sich bei der Princesse de Conti, seiner Schwägerin, über die Vorgänge in Flandern geäußert hatte, obwohl man zu jener Zeit von nichts anderem sprach und sich über nichts anderes unterhielt. In Briefen indessen war man zurückhaltend; niemand wagte der Armee irgendeine Darstellung zukommen zu lassen von dem, was in Paris und bei Hofe von sich ging und geredet wurde; auch von der Armee kam nichts, was irgendeine Erhellung hätte bringen oder eine Aufklärung über die Vorgänge hätte liefern können. Einen solchen Umfang hatte die Schreckensherrschaft des Duc de Vendôme angenommen! Der Duc de Bourgogne lebte bei der Armee in grausamer Isolierung. Seine Sanftmut, seine Schüchternheit und seine Frömmigkeit hatten die Übergriffe noch gefördert, und diese hemmungslose Dreistigkeit warf ihn vollends darnieder. M. de Beauvillier, zurückhaltender als er es hätte sein dürfen, M. de Chevreuse, durch allzuviel Grübelei gehemmt, waren beide außer sich und gestanden mir mehr als einmal, wie recht ich mit meiner Voraussage gehabt und wie klar ich gesehen hätte. Sie wußten aber kein anderes Heilmittel als Geduld und Hoffnung auf die Heimkehr der Armee, wodurch sich, wie sie dachten, vieles von selbst klären würde.

Die Vorkehrungen, die der Marschall de Boufflers bei seiner Ankunft in Lille getroffen hatte, um die Munition zu strecken, die gerechte Verteilung von Brot, Wein, Fleisch und anderen Lebensmitteln, die er während der ganzen Belagerung hatte walten, die unendliche Sorgfalt, die er den Krankenhäusern hatte zuteil werden lassen, bewirkten, daß die Truppen und die Einwohner ihn hoch verehrten. Es ist unbegreiflich, wie ein vom Krieg schon so mitgenommener Mann seines Alters eine derart harte körperliche und geistige Arbeit leisten konnte, ohne auch nur im geringsten seine überlegene Gleichmut einzubüßen. Man warf ihm vor, er exponiere sich zu sehr: Er tat es, um alles mit eigenen Augen sehen, um alles ermessen, um allem vorbeugen zu können; er tat es auch, um ein Beispiel zu geben und weil er wissen wollte, ob alles seinen rechten Gang ging und genau ausgeführt würde. Er wurde mehrfach leicht verwundet, verbarg das aber, so gut er konnte. Man hätte ein Tagebuch dieser großen Belagerung führen müssen, um ein getreues Bild von dem Mut und der Standhaftigkeit der Verteidiger zu hinterlassen. Es kam zu vielen Ausfällen, jeder Fußbreit Bodens wurde verteidigt. Am 13. Oktober wurde am hellichten Tag dreimal hintereinander die vorderste Grabenlinie angegriffen. Immer wieder wurden die Belagerer zurückgeworfen. Doch beim vierten Angriff eroberten sie einen entscheidenden Quergraben der Verteidigungslinie.

Mangels Entsatz: Kapitulation in Lille. – Tod Lionnes. – Tod Noailles'.

Am 20. und 21. hatten die Feinde drei neue Breschen geschlagen; die Festung war nicht mehr zu halten. Pulver und Munition waren aufs äußerste zusammengeschrumpft, es mangelte an Lebensmitteln, es gab überhaupt kein Fleisch mehr. Und alle diese unüberwindlichen Schwierigkeiten bestimmten schließlich den Marschall de Boufflers auf Anraten seiner tapferen Garnison zur Übergabe der Festung. Nachdem man zwei Montage lang um jedes kleinste Stück Boden gekämpft hatte, wurde die Kapitulation am 23. Oktober unterzeichnet.

Was mich betrifft, so hatte ich gehofft, so bald als möglich nach La Ferté reisen zu können. Die ganze Kabale, der ich verhaßt war, hatte mich wegen der Wette überall schlechtgemacht, aber nicht genug damit, behauptete sie auch noch, daß ich rücksichtsloser als jeder andere über den Duc de Bourgogne hergefallen sei. Die Geselllschaft, die meine lebhafte Anteilnahme an dem jungen Prinzen bezeugen konnte, zuckte nur die Achseln über dieses Geschwätz. Mir war eine so offenkundige Lüge verächtlich, schließlich aber erzürnte sie mich so sehr, daß ich voller Ungeduld danach lechzte, den Hof zu verlassen, um zu Hause eine ruhigere und gesündere Luft atmen zu können.

Aber kommen wir nun auf Ereignisse zu sprechen, die sich während der Belagerungszeit von Lille zugetragen haben. Inzwischen starb Lionne, der älteste Sohn des großen Außenministers, in einer Vergessenheit, die ebenso dunkel war, wie der Ruhm seines Vaters glänzend gewesen. Das scheint das übliche Schicksal von Ministerkindern zu sein; aber erst mit dieser Regierung haben sie nebst so vielen anderen Aufstiegschancen die Möglichkeit gefunden, ihrer Familie aus Ämtern des königlichen Hauses einen Rettungsanker zu bieten. Somit bleibt der Adel ausgeschlossen und wird es offenbar immer bleiben; abgesehen von einigen sehr hohen Chargen, die von diesem Zeitpunkt an stets von Herzögen und Marschällen von Frankreich besetzt werden, sieht man heute alle übrigen Ämter im Besitz der Kinder verstorbener oder verabschiedeter Minister. Der junge Lionne, der eines der ersten Beispiele hierfür war, hatte von Monglat, der sich in einer schlechten finanziellen Lage befand, die Charge des *Maître de la garderobe* erworben; aber er verrichtete seinen Dienst schon während des ersten Jahres selten, im zweiten noch seltener, und danach machte er sich nicht einmal mehr die Mühe, bei Hofe zu erscheinen; er verbrachte sein Leben in Paris mit Leuten, die Nachrichten aufschnappten und weiterverbreiteten, und unter diesem namenlosen Volk hatte er seinen festen Platz im Tuileriengarten. Er war reich gewesen; mit seiner Frau, auch einer Lionne, hatte er sich zerstritten. Sie war dann gestorben und hatte ihm einen Sohn hinterlassen; recht stattlich anzusehen, tapfer, ein guter Soldat, der jedoch die Torheit beging, eine Magd aus einem Gasthaus in Phalsburg zu heiraten. Sie erwies sich indessen als tugendhafte und ordentliche Person. Er starb ganz unversehens und wurde sehr betrauert. Seine Frau jedoch lebt noch heute in Paris.

Um diese Zeit bot der Marschall de Noailles dem ganzen Hof das Schauspiel eines Sterbens, das hätte zu denken geben können. Er war ein Mann von ungeheurem Umfang, sehr kurzatmig und starb wie ein Pferd an Herzverfettung. Er galt als großer Esser, und er veranstaltete in der Tat üppige und delikate Gastmähler, aber nur für seine Familie und einige nahe Freunde. Geboren im engsten Hofkreis als Sohn eines Vaters und einer Mutter, die beide höfische Ämter innehatten und in intimster Beziehung zum Kardinal Mazarin und zur Königin-Mutter standen, hatte er sich, so schwerfällig, grobschlächtig und unterdurchschnittlich begabt er auch war, diesem Stil angepaßt. Später dann, als der König, der sein Idol war und dem er all seinen Weihrauch spendete, zur Frömmigkeit überwechselte, befleißigte auch er sich alsbald einer plakativen Frömmelei: er ging alle acht Tage zur Kommunion, zuweilen noch öfter; Hochämter, Abendandachten und Vespern versäumte er niemals, dennoch stand er im Verdacht, seine Beziehungen zu den Grisetten weiter beizubehalten und heimlich Orgien mit ihnen zu veranstalten, zusammen mit Rouillé, seinem intimsten Freund, einem ausgemachten Wüstling, zu dessen Aufstieg er viel beitrug. Louville hat mir eines dieser amourösen Abenteuer erzählt: M. de Noailles hatte sich in ein sehr niedliches Ballettmädchen verliebt, eine Affäre, die dann einigen Klatsch veranlaßte. Da er damals gerade als Gardehauptmann Dienst tat, bewohnte er die entsprechenden Gemächer unter dem Arbeitszimmer des Königs. Er und das Mädchen waren miteinander einig geworden, und sie brachte die Nacht bei ihm zu. Unglücklicherweise erschien in aller Hergottsfrühe der Kardinal de Noailles und wollte seinen Bruder besuchen. Die Diener sagten ihm, der Marschall sei noch nicht wach. Das focht ihn jedoch nicht an, er ließ sich die Tür öffnen und trat ein. Man kann sich denken, wie dem beglückten Paar zumute war! Das Mädchen vergrub den Kopf in die Kissen, der Marschall stieß Schmerzensschreie aus, erklärte, er sei von einer tödlichen Migräne befallen, außerstande, zu reden oder sich etwas anzuhören, wisse nicht, ob er in der Lage sei, aufzustehen und sich zum König zu begeben. Einstweilen aber bedürfe er dringend der Ruhe. Der gute Kardinal nahm das für bare Münze, bedauerte seinen Bruder, riet ihm, sich auszuruhen, und ging, um ihn nicht weiter zu stören. Das Liebespaar fühlte sich sehr erleichtert. Das Mädchen, das schon dem Ersticken nahe gewesen, hatte nichts Eiligeres zu tun, als seine Fetzen an sich zu raffen und sich davonzumachen. Der Marschall aber hatte nicht übel Lust, seine Diener zu erschlagen. Er mimte weiterhin den Kranken, schließlich aber mußte er wohl oder übel zum König, wo er seinem Bruder weiszumachen versuchte, daß ihn das große Anstrengung koste. Man war sehr bemüht, diese Affäre zu vertuschen, am Ende aber kam dann doch alles heraus. Trotz alledem war M. de Noailles weder ein boshafter noch ein unehrenhafter Mann. Dem König gefiel er wegen seiner ungemeinen Dienstbeflissenheit und wegen seines geringen Verstandes.

Der Kriegsschauplatz in Spanien. – Tod und Porträt der Comtesse de Soissons.

In Katalonien schlug d'Estaing, tötete und zerstreute eine große Anzahl von Räuberbanden und auch einige reguläre Truppen, die auf ihrer Seite kämpften: so hatte man einen breiten Landstrich, aus dem man leben konnte. Asfeld nahm die Stadt Denia ein, machte tausend portugiesische oder englische Soldaten zu Gefangenen und nahm alsdann Alicante, dessen Schloß er ebenfalls einschloß. Damit war der spanische Feldzug für dieses Jahr beendet. Der Duc d'Orléans begab sich nach Madrid, um die nötigen Anordnungen für den Winter und für den folgenden Feldzug zu geben.

Etwa um diese Zeit starb in Brüssel die Comtesse de Soissons, völlig verlassen, arm und von aller Welt, selbst von ihrem berühmten Sohn, dem Prinzen Eugen, mißachtet. Sie war es, zu deren Gunsten der Kardinal Mazarin, ihr Onkel, anläßlich der Heirat des Königs das Amt der Oberintendantin geschaffen hatte, weswegen es auch einer Oberintendantin für die Königin-Mutter bedurfte, ein Amt, das die Princesse de Conti, seine andere Nichte, erhielt. Und da sich, wie es so geht, alles vermehrt und alles abschwächt, bekam Madame, als Tochter des englischen Königs, gleichfalls eine, nämlich Mme. de Monaco. Die glänzendste Rolle aber spielte die Comtesse de Soissons, in deren Haus der König vor und nach seiner Heirat ständig zu weilen pflegte. Sie beherrschte den Hof und die Feste, sie lenkte die Gunstbezeugungen, bis sie aus Furcht, ihr Reich mit den Mätressen teilen zu müssen, auf jene Narrheit verfiel, die bewirkte, daß sie zusammen mit Vardes und de Guiche verbannt wurde. Als die Angelegenheit schließlich beigelegt war, durfte sie wieder zurückkehren, doch mußte sie auf ihr Amt verzichten, das nun Mme. de Montespan zuteil wurde. Da deren Gemahl nichts vom König annehmen wollte, wußte der König, weil er sie nicht zur Herzogin machen konnte, nicht, wie er sie plazieren sollte, und meinte nun, daß ihr das Amt der Oberintendantin ein Taburett einbrächte. Wieder bei Hofe, sah sich die Comtesse de Soissons allerdings in einer recht anderen Situation als zuvor. Sie war so weitgehend in die Giftaffäre der Voisin, die man wegen ihrer Missetaten auf der Place de Grève verbrannt hatte, verwickelt, daß sie es für ratsam hielt, nach Flandern zu fliehen. Ihr Ehemann war bereits 1673 ganz plötzlich bei der Armee verstorben, und seitdem hatte man, obwohl sie noch hoch in Gunst stand, angefangen, Böses über sie zu munkeln. Von Flandern begab sie sich dann nach Spanien, doch da dort ausländische Fürsten weder Rang noch Auszeichnung besitzen, konnte sie nirgends in Erscheinung treten und schon gar nicht im Königlichen Palast. Sofort nach ihrer Ankunft schloß sie sich eng an den Grafen Mansfeld an, der in Madrid kaiserlicher Botschafter war. Die Königin von Spanien, eine Tocher Monsieurs, besaß keine Kinder, aber sie hatte die Achtung und das Herz ihres königlichen Gemahls so sehr für sich gewonnen, daß der Wiener Hof fürchtete, sie könne ihr Ansehen gebrauchen, um Spanien von der großen, gegen Frankreich geschlossenen Allianz abzubringen. Die Königin, die immer mit Sehnsucht an Frankreich dachte, empfand den lebhaften Wunsch, die Comtesse kennenzulernen. Doch der König, der schon einiges über jene gehört hatte und dem seit geraumer Zeit ständig Warnungen zukamen, man wolle die Königin vergiften, machte Einwände. Schließlich willigte er ein, daß die Comtesse de Soissons die Königin einige Male des Nachmittags aufsuchen dürfe. Die Besuche wiederholten sich, allerdings sehr zum Mißfallen des Königs; er hatte die Königin gebeten, niemals etwas zu sich zu nehmen, von dem er selbst nicht vorher getrunken und gegessen hätte, weil er wohl wußte, daß man ihn nicht vergiften wollte. Nun kamen in Madrid sehr heiße Tage; die Königin hätte gern etwas Milch getrunken. Milch ist selten in Madrid. Aber die Comtesse, der es gelungen war, die Königin immer öfter allein zu sehen, empfahl ihr eine besonders gute Milch, die sie ihr eisgekühlt zu bringen versprach. Man behauptet, daß die Milch aus der Küche des Grafen Mansfeld stammte; die Comtesse brachte sie der Königin, die sie in einem Zug austrank und kurz darauf starb, ganz so wie Madame, ihre Mutter. Die Comtesse de Soissons hatte den Ausgang nicht abgewartet und bereits ihre Flucht vorbereitet. Sobald die Königin sich unwohl zu fühlen begann, erfuhr man, was sie zu sich genommen und aus welcher Hand. Der König von Spanien schickte sofort zur Comtesse de Soissons, die jedoch schon verschwunden war. Er ließ überall nach ihr suchen, aber sie hatte ihre Vorkehrungen so geschickt getroffen, daß sie ihm entging. Sie lebte zunächst einige Jahre verborgen in Deutschland, bald an diesem, bald an jenem Ort. Schließlich kehrte sie wieder nach Flandern und dann nach Brüssel zurück, wo sie, wie gesagt, den Rest ihres Lebens verbrachte und in trübseligen Verhältnissen starb.

Desmaretz, der nach manchem Umweg wieder in die allgemeine Finanzkontrolle zurückgekehrt war, weil er sehr gut mit Chamillart und den Herzögen Chevreuse und Beauvillier stand, die ihn alle drei unter viel Aufwand auf diesen Posten geschoben hatten, gab nun durch jene drei zu verstehen, wie bedeutsam und umfangreich seine Arbeit sei, wie notwendig also für die Staatsgeschäfte, ihn in der Öffentlichkeit zu akkreditieren und ihn zum Staatsminister zu machen, was alle seine Amtsvorgänger gewesen waren. Der König, der einsah, daß er ihn dringend brauchte, und der sich daran zu gewöhnen begann, ließ sich ködern und ernannte ihn zum Minister.

Am 6. Dezember kehrte der Duc d'Orléans aus Spanien zurück und wurde so gut empfangen, wie es sein ruhmreicher und schwieriger Feldzug verdiente, der ihn gleichviel weder mit Mme. des Ursins noch mit Mme. de Maintenon ausgesöhnt hatte. Da ich bei seiner Ankunft, und zumal bei der des Duc de Bourgogne, zugegen sein wollte, verließ ich La Ferté und begab mich nach Versailles.

*In Flandern passieren die Feinde die Schelde. – Die Prinzen erhalten
Order zurückzukehren.*

Nachdem Lille gefallen war, stellte sich die Frage, welche Entscheidung man nun treffen sollte; deshalb wurde Chamillart abermals nach Flandern entsandt. Seine Reise dauerte zwölf Tage, von denen er acht bei der Armee verbrachte; während dieser Zeit arbeitete sein Sohn mit dem König, wie er es bereits bei der ersten Reise des Vaters nach Flandern getan hatte.

Der Wunsch des Hofes ging auf eine Verteidigung der Schelde. Dieser Wunsch, den Chamillart in Flandern vertrat, war dem Hof von Vendôme suggeriert worden. Berwick, der sich dem Übergewicht Vendômes nicht beugte und der sich um dessen Mißachtung nicht kümmerte, glaubte bei einer so wichtigen Gelegenheit nicht schweigen zu dürfen. Die Streitereien zwischen den beiden begannen also von neuem, und zwar heftiger als je zuvor. Der Duc de Bourgogne war, soweit er überhaupt Stellung zu nehmen wagte, für Berwick. Alle diese Auseinandersetzungen, die dem König hinterbracht worden waren, hatten diesen veranlaßt, Chamillart zu entsenden, dem die Generale jeder einzeln ihre Meinung darlegten; diesem Mann der Justiz, der Feder und der Finanzen oblag es nun, die schwierigsten und wichtigsten strategischen Fragen zu entscheiden und ganz allein zu entscheiden, deshalb war er entsandt worden, wiewohl er niemals etwas vom Krieg gesehen hatte, es sei denn in seinem Arbeitszimmer und auf seinen beiden so kurzen und rasch aufeinanderfolgenden Reisen nach Flandern. Er entschloß sich zu einer Kompromißlösung, im Vertrauen auf deren Durchführung er sich wieder auf den Weg machte, um sich zum König zu begeben. Aber er war noch keine dreißig Meilen von der Grenze entfernt, als Vendôme zu seinem ursprünglichen Plan, der Verteidigung der Schelde, zurückkehrte, ohne daß ihn jemand davon abhalten konnte. Kaum war Chamillart abgereist, schrieb Vendôme dem König, er sei nunmehr gewiß, die Feinde am Übergang über die Schelde hindern zu können, so gewiß, daß er mit seinem Kopf dafür bürgen könne. Man hatte nicht viel Zeit, sich an diesem Roman zu erfreuen: in der Nacht vom 26. zum 27. passierte Marlbourough bei Gavre und bei Berkem auf vier Brücken die Schelde, ohne auf den geringsten Widerstand zu stoßen. Der König erfuhr das durch einen Kurier Vendômes, der in seinem Brief wortwörtlich hinzufügte, er bäte den König, sich zu erinnern, daß er, Vendôme, die Verteidigung der Schelde immer für unmöglich gehalten habe.

Dieser große General hatte offenbar keinerlei Gedächtnis, oder aber er schätzte den König, den Hof, seine Armee, ja die ganze Öffentlichkeit als recht töricht ein: in weniger als vierzehn Tagen dem König mit seinem Kopf dafür zu bürgen, daß er die Feinde daran hindern würde, die Schelde zu überschreiten, und kaum hatten sie den Fluß passiert, dem König zu schreiben, er bäte ihn, sich daran zu erinnern, daß er immer behauptet habe, es sei unmöglich, die Feinde an der Überquerung zu hindern, und dies, ohne daß in der Zwischenzeit etwas eingetreten wäre, das die Sachlage verändert hätte, das sind Wahrheiten, die unwahrscheinlich klingen, und doch Wahrheiten, die der König, der Hof und die Armee bezeugen konnten.

Die vollkommene Untätigkeit der Armee, die in Saussoy bei Tournai lag, übte denn auch auf den Duc de Bourgogne eine lähmende Wirkung aus. Da trafen plötzlich mehrere Hinweise über Bewegungen der Feinde ein. M. de Vendôme rückte daraufhin mit einigen kleineren Einheiten in dieser Richtung vor. Am Abend ließ er dem Duc de Bourgogne ausrichten, daß er ihm aufgrund von Informationen, die er von allen Seiten bekomme, empfehle, sich am anderen Morgen mit der ganzen Armee in Marsch zu setzen und ihm zu folgen. Der Duc de Bourgogne war gerade dabei, sich auszukleiden, um sich schlafen zu legen, als er diesen Brief erhielt, zu dem seine Umgebung die verschiedensten Ansichten äußerte. Die einen waren dafür, sofort aufzubrechen, die anderen meinten, er solle sich gar nicht erst schlafen legen, um schon beim Morgengrauen bereit zu sein. Wieder andere, er solle sich lieber etwas ausruhen und sich, wie M. de Vendôme es ihm geraten, dann am Morgen in Marsch setzen. Nach einigem Zögern folgte der junge Prinz dem letzten Ratschlag. Er legte sich hin, erhob sich anderentags beizeiten und frühstückte ausgiebig. Als er vom Tisch aufstehen wollte, erfuhr er, daß die gesamte feindliche Armee die Schelde bereits überquert hatte. Doch was einmal geschehen, läßt sich nicht wieder rückgängig machen, mochte er auch noch so zornig darüber sein. Wäre er dem ersten Ratschlag gefolgt, hätte er die Überquerung der Schelde auch nicht verhindern können, aber er hätte damit seine Willensstärke und seinen Kampfesmut unter

Beweis gestellt. Die Kabale, die dem jungen Prinzen sein Zaudern nicht zum Vorwurf machen konnte, zumal M. de Vendôme ihm nicht aufgetragen hatte, sich sofort, sondern erst am nächsten Morgen in Marsch zu setzen, die Kabale ereiferte sich nunmehr über sein allzu ausgedehntes Frühstück und über das wirklich überflüssige anschließende Federballspiel; das Geschrei, das sich darüber bei der Armee, in Paris und bei Hofe erhob, sollte die tatsächliche Bedeutung der Vendômeschen Fehlentscheidung vertuschen oder in Vergessenheit geraten lassen.

So wie die Dinge lagen, konnten die Prinzen schwerlich in Flandern bleiben. Sie bekamen also Ordre, zurückzukehren. Der Duc de Bourgogne jedoch zögerte noch. Denn Vendôme schien nicht denselben Befehl erhalten zu haben, er traf mit der größten Selbstverständlichkeit seine Dispositionen, als rechnete er damit, den Winter über an der Grenze zu bleiben und dort in Erwartung des Frühlings und der Wiedereröffnung des Feldzugs das Kommando zu führen. Er fürchtete offensichtlich die Heimkehr und den Augenblick der Rechenschaftslegung. So stellte er sein Bleiben als äußerst dringend hin und erbat, was er dem König zuerst als Dienst angeboten, nun als eine Gunst. Es beunruhigte ihn, daß der Duc de Bourgogne seinen Aufbruch hinausschob und ihn beobachtete. Doch währenddessen bekamen die Prinzen erneuten und unbedingten Befehl zur Rückkehr. Sie brachen also auf.

Empfang des Duc de Bourgogne in Versailles. – Mit dem Eintreffen der übrigen Kriegsteilnehmer kommt die Wahrheit über Vendômes Versagen ans Tageslicht. – Pläne zur Wiedereroberung Lilles unter des Königs persönlichem Oberbefehl.

Die Duchesse de Bourgogne war in großer Aufregung wegen des Empfangs, den man dem Duc de Bourgogne bereiten würde. Sie hatte gehofft, noch Zeit zu finden, mit ihm zu reden, bevor er den König oder sonst jemanden sähe. Aber das ergab sich nicht. Der Prinz langte am Montag, dem 11. Dezember, etwas nach sieben Uhr an. Monseigneur war gerade ins Theater gegangen, was die Duchesse de Bourgogne unterlassen hatte, um die Ankunft ihres Gemahls auf keinen Fall zu verfehlen. Er sah wohl aus, war heiter, wandte sich lächelnd nach allen Seiten. Eine Gruppe von Höflingen, an ihrer Spitze der Duc de La Rochefoucauld, ging ihm entgegen. In ihrer Mitte durchschritt er den großen Saal der Garde und betrat durch den Haupteingang die Gemächer der Mme. de Maintenon, bei der der König an diesem Tage wie üblich mit Ponchartrain arbeitete. Sobald man die ersten Geräusche vernahm, die das Eintreffen des Duc de Bourgogne ankündigten, wurde der König so verlegen, daß er mehrmals die Farbe wechselte. Die Duchesse de Bourgogne zitterte ein wenig und tänzelte, um ihre Verwirrung zu verbergen, hin und her. Mme. de Maintenon blickte nachdenklich vor sich hin. Plötzlich öffneten sich die Flügeltüren; der junge Prinz näherte sich dem König, der sich nun wieder vollkommen in der Gewalt hatte, seinem Enkel zwei oder drei Schritt entgegenging, ihn mit demonstrativer Zärtlichkeit umarmte, ihn nach seiner Reise fragte und dann, auf die Prinzessin weisend, lächelnd meinte: »Haben Sie ihr nichts zu sagen?« Der Prinz, der sich nicht von der Stelle zu rühren wagte, antwortete ehrerbietig, wandte sich ihr aber nur flüchtig zu. Er begrüßte nun Mme. de Maintenon, die sehr freundlich zu ihm war. Stehend unterhielt man sich ungefähr eine Viertelstunde über die Reise, die Straßenzustände und Nachtquartiere. Dann sagte der König zu ihm, es sei wohl nicht recht, ihn länger des Vergnügens zu berauben, mit der Duchesse de Bourgogne allein zu sein, wobei er hinzufügte, sie fänden ja später genügend Muße, ausführlicher miteinander zu sprechen.

In meiner gewohnten Freimut erklärte ich dem Duc de Beauvillier, ich sei erstaunt gewesen, den Duc de Bourgogne nach der Rückkehr von einem so traurigen Feldzug so heiter zu sehen. Beauvillier vermochte dagegen nichts einzuwenden. Im übrigen rügte alle Welt diese so unangebrachte Heiterkeit. Am Donnerstag sprach der Duc de Bourgogne bei Mme. de Maintenon drei Stunden mit dem König. Am Ende äußerte er den lebhaften Wunsch, beim folgenden Feldzug eine Armee kommandieren zu dürfen. Der König sagte ihm das zu.

Am Samstag, dem 15. Dezember, kam der Duc de Vendôme in Versailles an und machte dem König seine Aufwartung, als dieser sich gerade zur Mittagstafel begeben wollte. Der König umarmte ihn so überschwenglich, daß die Kabale bereits zu triumphieren begann. Er führte während des ganzen Diners das große Wort, doch sprach man nur über Bagatellen. Der König sagte ihm dann, er wolle sich am nächsten Morgen bei Mme. de Maintenon mit ihm unterhalten. Eine solche Verzögerung war für Vendôme neu und schien ihm nichts Gutes zu verheißen. Er machte dem Duc de Bourgogne seine Aufwartung, der ihn trotz allem, was sich ereignet hatte, freundlich empfing. Bei der Princesse de Conti begrüßte er Monseigneur. Er wurde herzlich willkommen geheißen, aber mit Nichtigkeiten abgespeist. Er wollte nun die Gelegenheit ergreifen und schlug eine Reise nach Anet vor, worauf Monseigneur ihm zu seiner und aller Anwesenden größter Verblüffung in trockenem Ton erklärte, daß er nicht nach Anet kommen würde. Vendôme schien etwas betreten und verabschiedete sich vor der Zeit.

Einen Tag nach Vendôme, diesem durch Gunst und Kabale künstlich geschaffenen Herzog, den nicht einmal seine Anhänger für einen wirklichen Helden hielten, kam Boufflers aus Flandern zurück. Er, der durch die Zustimmung aller Franzosen, ja sogar der Feinde wider Willen zum Helden geworden war. Niemals verdiente ein Mensch mehr den Triumph, niemals vermied ein Mensch mit größerer, aber schlichter Bescheidenheit alles, was auch nur danach aussehen konnte.

Am Sonntag, dem 23., traf der Duc de Berwick bei Hofe ein. Er tat sich hinsichtlich Vendômes weder im engsten Kreise noch in der Öffentlichkeit den geringsten Zwang an, sondern äußerte sich freimütig über die Geschehnisse in Flandern. Seinem Beispiel folgend, begann nun jeder der Zurückgekehrten auszupacken: Vendômes Machenschaften anläßlich des Entsatzes von Lille, die Lügen über Pont-à-Marck und Mons-en-Peule sowie über den Rückzug Marlbouroughs und seines

Übergangs über die Schelde wurden aufgedeckt und ans Licht gebracht. Da fast die ganze Gesellschaft durch die mangelnden schriftlichen Äußerungen in großer Unwissenheit geblieben war, erzeugte diese Aufklärung befremdliches Erstaunen und dann Empörung, auf die die Kabale nur mit ungereimtem Geschwätz und heimlichen Drohungen zu reagieren vermochte, dadurch wurde die so lange unterdrückte Wahrheit noch deutlicher.

Betroffen über den so folgenreichen Verlust Lilles und in Sorge um das Wohl des Staates sowie um den Ruhm des Königs, hatte Chamillart den Plan gefaßt, Lille unmittelbar nach Abzug der feindlichen Truppen wieder einzunehmen. Er hatte das Projekt genau durchdacht und sorgsam ausgearbeitet, hatte es auf seiner letzten Reise nach Flandern vollends fertiggestellt und alle nötigen Anordnungen getroffen. Er wollte den König dazu bewegen, den Oberbefehl persönlich zu übernehmen, einmal, um die Truppen anzufeuern, zum anderen, damit die Ehre der Wiedereroberung ihm allein zufiele. Weil jedoch das Geld knapp war und die Belagerung sehr kostspielig sein würde, hatte Chamillart vorgesehen, die Begleitung einzuschränken und vor allem die Damen, deren Transport an die Grenze viel Aufwand und Mühe verursachen würde, von dieser Reise auszuschließen. Um sicherzugehen, mußte er zunächst den ganzen Plan vor Mme. de Maintenon geheimhalten und den König dazu bringen, bis zum Schluß Stillschweigen über die Sache zu bewahren. Chamlay, dem Chamillart den Plan anvertraute und mit dem er die entscheidenden Maßnahmen traf, billigte dieses treffliche Projekt vollkommen, warnte jedoch Chamillart als Freund, denn Mme. de Maintenon würde ihm dies niemals verzeihen; eine ähnliche Absicht, sagte er, habe Louvois bei Mons, wohin dieser die Damen nicht hatte mitnehmen wollen, rettungslos in Ungnade gestürzt, obwohl jener fester gestanden und besser abgesichert gewesen sei als er. Chamillart war sich der Gefahr bewußt; aber er war mutig. Er liebte den Staat, und er liebte den König, ich kann nur sagen, wie man eine Mätresse liebt. Als er alles reiflich erwogen und vorbereitet hatte, legte er dem König sein Projekt vor; dieser war von der Anordnung und Übersichtlichkeit ganz entzückt. Alsbald bekam der Marschall de Boufflers, der unter dem König die Belagerung durchführen sollte, genaueste Informationen über alles und wurde wieder nach Flandern entsandt; um an Ort und Stelle die nötigen Vorkehrungen zu treffen und den König dort zu erwarten.

Ganz von diesem Plan erfüllt und nicht gewohnt, irgend etwas vor Mme. de Maintenon zu verheimlichen, vermochte der König nicht länger zu schweigen; vielleicht hoffte er auch, Mme. de Maintenon überzeugenden Gründen zugänglich machen und sie somit veranlassen zu können, freiwillig mit der Duchesse de Bourgogne und allen Damen in Versailles zu bleiben. Er vertraute ihr also diesen wundervollen Plan an: Mme. de Maintenon war klug genug, ihre Verblüffung nicht merken zu lassen und ihren Verdruß vollkommen zu meistern. Sie lobte das Projekt, ja, sie schien förmlich begeistert, ging auf Einzelheiten ein, unterhielt sich mit Chamillart, bewunderte seinen Eifer, seine Tatkraft, seine Umsicht, dankte ihm, ein so großes und schönes Unternehmen ersonnen und vorbereitet zu haben. Am 26. Dezember brach Boufflers auf, und am gleichen Tage hatte Berwick in Gegenwart von Mme. de Maintenon eine Audienz beim König.

Der letzte Abend des Jahres war sehr bemerkenswert; der König war wie gewöhnlich mit seiner Familie in sein Arbeitszimmer gegangen; plötzlich kam Chamillart, ohne gebeten worden zu sein, gleichfalls dorthin. Er flüsterte dem König etwas ins Ohr und überreichte ihm einen langen Brief des Marschall de Boufflers; sofort verabschiedete der König Monseigneur und die Prinzessinen und arbeitete dann noch über eine Stunde mit seinem Minister, dermaßen war er von dem Projekt einer möglichen Wiedereroberung Lilles gefesselt.

(1708). – Mme. de Maintenon hintertreibt das Projekt der Wiedereroberung Lilles. – Vendôme entmachtet. – La Chastres Anfälle. – Tod des Paters de la Chaise. – Tellier, sein Nachfolger, als Beichtvater des Königs.

Sobald Boufflers in Douai angelangt war, machte er sich daran, eine Armee zusammenzustellen. Doch während er bei den geheimen Vorbereitungen zur Wiedereroberung Lilles seine Gesundheit ruinierte, verabsäumte Mme. de Maintenon nichts, um dieses Projekt zum Scheitern zu bringen. Schon der Gedanke daran hatte sie erbeben lassen, und bei jeder weiteren Überlegung steigerten sich ihr Zorn und ihre Ängste sowie ihre Entschlossenheit, dieses Vorhaben zu vereiteln; vom König während einer längeren Belagerung getrennt zu sein, ihn einem Minister ausgeliefert zu wissen, dem er allen Erfolg zu verdanken hätte, einem Minister, für den er ohnehin unleugbare Neigung hegte, einem Minister, der ihre eigene Kreatur war und es dennoch gewagt hatte, seinen Sohn in die Familie jener Leute einheiraten zu lassen, die sie als ihre persönlichen Feinde betrachtete, und der es ohne ihre Hilfe und gerade dank dieser Familie vermocht hatte, die außerordentliche Abneigung des Königs gegen Desmaretz zu überwinden, diesen zum Generalkontrolleur der Finanzen und schließlich zum Minister zu machen – all das waren Übergriffe, die zu seiner Verurteilung ausgereicht hätten; doch sein Verhalten gegenüber dem Duc de Bourgogne, die Begünstigung, die er Vendôme hatte zuteil werden lassen, und endlich dieser ohne ihr Wissen ersonnene und beschlossene Plan der Rückeroberung Lilles, wohin sie nicht mitgenommen werden sollte, bewiesen ihr die drohende Gefahr so eindeutig, daß sie glaubte, nichts verabsäumen zu dürfen, das Unternehmen zum Scheitern zu bringen und sich dann dieses Ministers zu entledigen. Sie begann mit dem Vordringlichsten und machte sich mit List und Tücke jeden Augenblick zunutze, bis dem König die Wiedereroberung Lilles nicht mehr so einfach, ja bald schon recht schwierig und in der Folge doch zu gewagt und sogar ruinös erschien. So wurde denn der Plan aufgegeben. Boufflers bekam Ordre, alle Vorbereitungen einzustellen und sämtliche Offiziere, die man nach Flandern hatte zurückkehren lassen, wieder heimzuschicken. Mme. de Maintenon pries sich glücklich, die plötzlich einsetzende Kälte zum Bundesgenossen zu haben. Innerhalb von vier Tagen waren die Seine und alle anderen Flüsse zugefroren, was seit Menschengedenken nicht geschehen: das Meer vereiste längs der Küste.

Da es dann sieben oder acht Tage hindurch taute, worauf der Frost mit derselben Härte von neuem einsetzte, ging alles zugrunde, und eine Hungersnot war vorauszusehen.

Mme. de Maintenon verstand es, diese strenge Kälte, die in der Tat eine Belagerung außerordentlich erschwerte, in Anschlag zu bringen, und erreichte so ihr Ziel, wobei sie sich das Verdienst zuschreiben konnte, zunächst das gebilligt zu haben, was sie hernach notgedrungen und mit offensichtlichem Bedauern zu zerstören schien. Chamillart war sehr betrübt, aber keineswegs überrascht; seit er das Geheimnis offenkundig und Mme. de Maintenon unterrichtet wußte, hegte er nur noch wenig Hoffnung. Dieses Zwischenspiel bot Anlaß genug, ihn nun seinen persönlichen Sturz, den Chamlay ihm vorausgesagt hatte, wirklich befürchten zu lassen.

Indessen wurde M. de Vendôme weiterhin bezahlt wie ein General, der im Winter Dienst tut. Man hatte allgemein den Eindruck, als würde er am nächsten Feldzug wieder teilnehmen; niemand wagte das zu bezweifeln, und die Kabale schöpfte neue Hoffnung. Aber dieser kleine Triumph währte nicht lange; M. de Vendôme kam zu der üblichen Heilig-Geist-Ordens-Zeremonie an Mariä Lichtmeß nach Versailles. Dort erfuhr er, daß er kaltgestellt sei und fortan nicht mehr als kommandierender General bezahlt würde. Die Kränkung war bitter und traf ihn hart. Aber als ein Mann, der sich nunmehr ebenso maßvoll verhielt, wie er zuvor im Vertrauen auf seine Unterstützung maßlos gewesen, schluckte er die Pille mit Anstand.

Am Donnerstag, dem 17. Januar, widerfuhr La Chastre im Theater von Versailles ein Unfall, dem übrigens schon einige ähnliche vorangegangen waren. Er war ein Ehrenmann, sehr tapfer, außerordentlich ruhmsüchtig, hatte sich viel in der Gesellschaft bewegt, war sein Leben lang verliebt und in Liebeshändel verstrickt gewesen. Man nannte ihn den »schönen Hirten« und machte sich gern über ihn lustig. Er war Generalleutnant, besaß jedoch keinerlei Geist, keinerlei Befähigung zum Kriegshandwerk noch zu sonst etwas. Er war von jeher ungestüm und jähzornig, das verschlimmerte sich allmählich und steigerte sich bis zu Anfällen. An jenem Abend also bildete er sich mitten im Theater plötzlich ein, er sehe feindliche Armeen vor sich; er begann zu schreien, zu kommandieren, den Degen zu ziehen und gegen die Schauspieler und die Umsitzenden zu richten. La Vallière, der neben ihm saß, wandte sich ihm zu, packte ihn am Arm und bat ihn unter dem Vorwand, daß er sich unpäßlich fühle, ihn hinauszubegleiten. Durch diese List veranlaßte er La Chastre, der sich immer noch auf die Feinde stürzen wollte, das Theater zu verlassen. Diese Szene spielte sich in Gegenwart Monseigneurs und des ganzen Hofes ab. Nachher erfuhr man von etlichen anderen solcher Auftritte. Einer der ersten Anfälle widerfuhr ihm in Paris beim Prince de Conti, der die Gicht hatte und auf einer Chaiselongue nahe beim Kaminfeuer lag. Der Zufall wollte es, daß La Chastre nach einiger Zeit allein beim Prince de Conti zurückblieb. Plötzlich überkam es ihn; wiederum sah er Feinde, die er angreifen wollte, jählings schrie er auf, nahm den Degen in die Hand, hieb auf die Stühle und den Paravent ein. Der Prince de Conti, der auf so etwas in keiner Weise gefaßt war, war sehr verblüfft und wollte ihn ansprechen; er schrie unablässig weiter: »Da sind sie! Her zu mir. Auf und drauflos!« und ähnliches. Wobei er fortwährend mit dem Degen herumfuchtelte. Der Prince de Conti, der zu weit von der Tischglocke entfernt saß, als daß er jemand hätte herbeiläuten können, und der auch nicht in der Lage war, sich einer Schaufel oder Zange am Kamin zu bemächtigen, glaubte jeden Augenblick, er würde für einen Feind gehalten und angegriffen; er stand wahre Todesangst aus. Endlich kam jemand herein, der La Chastre entgegentrat und ihn wieder zur Besinnung brachte. Er steckte seinen Degen ein und ging stillschweigend hinaus. Dergleichen Anfälle überkamen ihn noch öfter, was ihn jedoch weder aus der Gesellschaft noch von Hofe ausschloß.

Am 20. Januar starb der Pater de la Chaise im Jesuitenhaus in der Rue Saint-Antoine. Er war 1675 Nachfolger des Paters Ferrier geworden und blieb mehr als zweiunddreißig Jahre der Beichtvater des Königs. Während der Monarch seine Liebschaft mit Mme. de Montespan unterhielt, pflegte der Pater zu Ostern aus politischen Rücksichten des öfteren krank zu werden. Einmal schickte er dem König statt seiner den Pater Dechamps, der tapfer die Absolution verweigerte. Der Pater de la Chaise war kein starker Denker, aber er hatte einen guten Charakter, er war redlich, geradsinnig, vernünftig, sanft und maßvoll, ein ausgemachter Gegner der Spitzelei, der Gewalttätigkeit und aller aufsehenerregenden Szenen. Er wäre niemals auf den Gedanken gekommen, Port-Royal-des-Champs gänzlich zerstören zu lassen, auch hatte er niemals etwas gegen den Kardinal de Noailles unternehmen wollen. Er hatte das »Neue Testament« des Paters Quesnel, das dann so viel Aufsehen und so großen Ärger erregen sollte, stets auf seinem Tisch liegen; wenn man sich wunderte, ihn so vertraut mit diesem Buch zu sehen, erwiderte er, er wisse das Gute und Rechte zu schätzen, wo immer er ihm begegne, er kenne kein besseres Werk und keine hinreichendere Unterweisung, und da er wenig Zeit zur Lektüre von Erbauungsschriften habe, ziehe er diese Schrift allen anderen vor. Er war immer vollkommen unabhängig von Mme. de Maintenon und stand in keiner Beziehung zu ihr; sie haßte ihn deshalb, aber auch wegen des Widerstandes, den er der Bekanntgabe ihrer Heirat entgegengesetzt hatte. Um die Verteilung der Pfründen auszubalancieren und sich dabei hinterrücks selber einzuschalten, bediente sie sich Godets, des Bischofs von Chartres, dem sie allmählich das Vertrauen des Königs erwarb; und später nach der Heirat ihrer Nichte und anläßlich der Affäre des Bischofs von Cambrai, des Kardinals de Noailles.

Mit ungefähr achtzig Jahren wollte sich der Pater de la Chaise, der zu dieser Zeit geistig und körperlich noch recht rüstig war, zurückziehen: Er versuchte es mehrere Male vergeblich. Der Zerfall seiner körperlichen und geistigen Kräfte, den er bald darauf zu spüren begann, zwang ihn, seine Anstrengungen zu verdoppeln. Er sehnte sich aufrichtig nach Ruhe und bat den König flehentlich, ihm diese zu gewähren. Doch wiederum vergebens; die offenen Beine, das geschwächte Gedächtnis, das verminderte Urteilsvermögen, eine für einen Beichtvater recht unzuträgliche Geistesabwesenheit; nichts vermochte den König abzuschrecken; der Pater mußte sein Kreuz bis zu Ende tragen, und bis zum Ende zwang ihn der König, seinen siechen Leib herbeizuschleppen, und besprach mit ihm die jeweils sich stellenden Fragen. Doch zwei Tage nach einer Rückkehr aus Versailles verschlimmerte sich sein Zustand merklich; er empfing die Letzte Ölung, fand jedoch noch die Kraft und vor allem den Mut, dem König eigenhändig einen langen Brief zu schreiben, wonach er sich Gott empfahl. Pater Tellier, der Provinzial, und Pater Daniel, der Superior des Profeßhauses, fragten ihn, ob er alles getan, was sein Gewissen von ihm fordere, und ob er an das Heil und die Ehre seines Ordens gedacht habe: Was den ersten Punkt betreffe, sagte er, könnten sie beruhigt sein, was den zweiten anlange, so würden die Folgen bald beweisen, daß er sich nichts vorzuwerfen habe. Kurz darauf verschied er friedlich um fünf Uhr früh. Die beiden Superiore überbrachten dem König nach dem Lever die Schlüssel seines Arbeitszimmers. Als ein an Todesfälle gewohnter Fürst nahm sie der König inmitten der Höflinge entgegen, er rühmte den Pater de la Chaise, pries insbesondere dessen Güte. »Er war«, sagte er, den Patres zulächelnd und in Gegenwart aller Anwesenden, »so gut, daß ich es ihm zuweilen vorwarf, er aber antwortete mir: ›Nicht ich bin gut, sondern Sie sind hart!‹« Wahrhaftig, die Patres sowie alle Zuhörer waren derart verblüfft, daß sie die Blicke senkten. Dieser Ausspruch verbreitete sich alsbald, und niemand fiel es ein, der Meinung des Paters de la Chaise zu widersprechen. Er hat zeit seines Lebens viel Unheil verhindert, etliche Gaunereien und anonyme Anschläge vereitelt, er hat vielen Leuten geholfen und niemandem Böses getan; so wurde er allgemein betrauert. Man war sich immer im klaren gewesen, daß es schlimm sein würde, ihn zu verlieren, aber man hatte sich niemals vorgestellt, daß sein Tod eine so allgemeine und schwere Heimsuchung heraufbeschwören könnte, wie sie bald darauf in Gestalt seines schrecklichen Nachfolgers hereinbrechen sollte.

Der König beauftragte die Herzöge de Beauvillier und de Chevreuse, sich nach Paris zu begeben und sich dort mit aller Behutsamkeit zu erkundigen, wen von den Jesuiten er zum neuen Beichtvater ernennen könne. Das Unglück wollte es, daß der Tod des Paters de la Chaise in jene Zeit fiel, da sich Mme. de Maintenon und M. de Beauvillier durch das, was sich in Flandern zwischen dem Duc de Bourgogne und M. de Vendôme abgespielt hatte, wieder nähergekommen waren. Von dieser Konstellation profitierte Mme. de Maintenon, und trotz allem, was sich früher ereignet hatte, erreichte sie nun, daß der Bischof von Chartres und der Pfarrer von Saint-Sulpice, die ein Herz und eine Seele waren, von den beiden Herzögen herangezogen wurden, um über die Wahl des Beichtvaters zu beraten.

La Chétardye, erst nach der Affäre des Bischofs von Cambrai Pfarrer von Saint-Sulpice geworden, war zwar ein Biedermann, doch ein rechter Dummkopf. Unter Führung des Bischofs von Chartres unterstützte er den Pater Tellier; die Jesuiten hatten alle Batterien für ihn aufgefahren: die beiden Herzöge fielen darauf herein, und bald danach wurden Kirche und Staat die Opfer. Der Pater Tellier, damals Provinzial von Paris, erhielt die Zustimmung beider Herzöge. Auf ihre Empfehlung hin wählte der König ihn aus.

Der König wußte nicht, wer Pater Tellier war; er erfuhr seinen Namen erst, als er ihn auf einer Liste von fünf oder sechs Jesuiten fand, die Pater de la Chaise als geeignete Nachfolger bezeichnet hatte. Tellier war in seinem Orden bereits Professor, Theologe, Rektor, Schriftsteller und Provinzial gewesen. Auch war ihm die Verteidigung der chinesischen Riten übertragen worden. Nicht minder eifrig hatte er sich für die Lehre Molinas und für die Ausmerzung jeder anderen Lehrmeinung, für die Dogmatisierung aller Lehren seines Ordens eingesetzt. Gespeist mit diesen Prinzipien, eingeweiht in alle Geheimnisse der Gesellschaft Jesu, hatte er, seit er in den Orden eingetreten, einzig für diesen Gedanken und seine Durchsetzung gelebt. Aus Neigung und Gewohnheit führte er ein hartes Leben. Er kannte nur fortwährende, ununterbrochene Arbeit, rücksichtslos forderte er dasselbe auch von den anderen. Sein Kopf und seine Gesundheit waren eisern, auch sein Verhalten war es, sein Wesen grausam und ungesellig. Er war von Grund auf falsch, betrügerisch und verbarg sich in tausend Falten und Windungen; konnte er offen hervortreten und Furcht einflößen, pflegte er alles zu fordern, aber nichts zu gewähren; er machte sich über ausdrücklich gegebene Versprechungen lustig, sobald es ihm nicht mehr wichtig war, sie zu halten, und verfolgte mit Ingrimm diejenigen, die solche von ihm erhalten hatten. Er war ein schrecklicher Mann. Das erstaunliche an seinem keinen Augenblick erlahmenden wütenden Eifer ist, daß er niemals etwas für sich selbst beanspruchte, daß er weder Verwandte noch Freunde hatte, daß er von Natur aus böswillig war, ohne jede Neigung zu Verbindlichkeit, daß er aus der Hefe des Volkes stammte, was er keineswegs verhehlte, bei alldem von einer Gewalttätigkeit, die sogar den schlauesten Jesuiten Angst einjagte. Sein Äußeres verhieß nichts Gutes und hielt, was es versprach; in einem dunklen Wald hätte man Furcht vor ihm haben können. Sein Gesichtsausdruck war düster, hinterhältig und erschreckend; der Blick stechend, böse und ungemein verschlagen. Man war betroffen, wenn man seiner ansichtig wurde.

Als er den König, nachdem er ihm vorgestellt worden war, zum ersten Mal in seinem Arbeitszimmer aufsuchte, waren nur Blouin und Fagon anwesend; der auf seinen Stock gestützte gichtgeplagte Fagon betrachtete den Eintretenden genau, studierte dessen Gebaren, dessen Mienenspiel und Ausdrucksweise. Der König fragte den neuen Beichtvater, ob er mit den Le Tellier verwandt sei? Der Pater verneinte. »Ich, Sire«, antwortete er, »ein Verwandter der Le Tellier! Keineswegs. Ich bin ein armer Bauer aus der Normandie, wo mein Vater seinen Acker bewirtschaftete.« Fagon, der ihn nicht aus den Augen ließ, wandte sich alsdann zu Blouin und meinte, während er auf den Jesuiten wies, flüsternd: »Welch ein Aasgeier ist das!« Und die Achseln zuckend stützte er sich wieder auf seinen Stock. Es zeigte sich, daß er sich mit seinem für einen Beichtvater so unangemessenen Urteil durchaus nicht getäuscht hatte.

Ich habe von diesem neuen Beichtvater so ausführlich berichtet, weil er die unvorstellbarsten Unwetter heraufbeschworen hat, unter denen die Kirche, die Wissenschaft, die offizielle Lehrmeinung und so viele Leute ganz verschiedener Art heute noch ächzen, und weil ich eine genauere und unmittelbarere Kenntnis dieses Mannes besaß als irgendein anderer bei Hofe. Mein Vater und meine Mutter gaben mich zur religiösen Erziehung den Jesuiten in die Hände und trafen damit eine sehr glückliche Wahl. Denn was immer man ihnen auch nachsagt, man darf nicht glauben, daß sich nicht hie und da auch sehr heiligmäßige und sehr aufgeklärte Männer unter ihnen befinden. Ich blieb also in ihrer Obhut, aber ohne Umgang mit anderen als mit dem, dem man mich anvertraut hatte. Er hieß Pater Sanadon, und sein Amt brachte ihn in Beziehung zu den Superioren und folglich auch zum Provinzial. Dieser, wie gesagt, so wenig umgängliche Pater Tellier wollte nur Leute sehen, die zu sehen er nicht vermeiden konnte; teils aus Neigung, aber auch aus Politik; er wollte dem König zeigen, wie weltabgewandt er sei, um unabhängig zu bleiben und sich besser den Forderungen und Notwendigkeiten entziehen zu können. Ich war sehr überrascht, als, zwei oder drei Wochen nachdem er dieses Amt angetreten, Pater Sanadon mir mitteilte, der neue Beichtvater des Königs wolle mir vorgestellt werden: das waren seine Worte und die des Paters Tellier, als er diesen anderntags zu mir führte. Ich hatte ihn niemals gesehen und auch niemanden zu ihm geschickt, um ihm meine Glückwünsche zu überbringen: Er überschüttete mich mit Komplimenten und bat am Ende, mich ab und an besuchen zu dürfen, kurzum, er war es, der sich mit mir verbinden wollte. Und ich, der ich ihm mißtraute, hatte alle Not, mich höflich fernzuhalten; ich wurde vergewaltigt, er wiederholte seine Besuche, erzählte mir von Staatsangelegenheiten, fragte mich um Rat und, um es geradeheraus zu sagen, brachte mich zur Verzweiflung durch die doppelte Gefahr, ihn schlicht und einfach abzuweisen oder in Beziehung zu ihm zu treten. Diese erzwungene Verbindung, bei der ich mich stets nur passiv verhielt, dauerte bis zum Tode des Königs. Sie ließ mich etliche Dinge erfahren, über die ich zu ihrer Zeit berichten werde. Er mußte sich wohl bei Pater Sanadon erkundigt haben, der ihm wahrscheinlich von meiner engen Freundschaft zu den Herzögen Chevreuse und Beauvillier und vielleicht auch von meinen wiewohl damals noch sehr verborgenen Beziehungen zum Duc de Bourgogne und zum Duc d'Orléans erzählt hatte.

Tod des Prince de Conti.

Am Donnerstag, dem 21. Februar, starb um neun Uhr früh nach einer langen Krankheit, die mit Wassersucht endete, der Prince de Conti. Die Gicht hatte ihn genötigt, als einzige Nahrung Milch zu sich zu nehmen, was ihm lange Zeit gut bekommen war; doch sein Magen wurde nun ihrer überdrüssig; sein Arzt bestand auf dieser Diät und bewirkte dadurch seinen Tod. Er war noch keine fünfundvierzig Jahre alt. Sein Gesicht war bezaubernd. Abgesehen von kleinen Mängeln, besaß er eine unendliche körperliche und geistige Anmut; die Schultern waren ein wenig zu hoch, der Kopf leicht zur Seite geneigt. Sein Lachen klang seltsam, bei einem anderen hätte man es mit dem Schrei eines Esels verglichen. Hinzu kam eine merkwürdige Zerstreutheit. Galant gegenüber allen Frauen, in etliche verliebt, von vielen gut behandelt, war er auch noch kokett mit allen Männern; er ließ es sich angelegen sein, dem Schuster, dem Lakaien, den Sänftenträgern ebenso wie dem Staatsminister, dem Grandseigneur und dem General zu gefallen, und zwar auf eine so unbefangene Weise, daß ihm der Erfolg gewiß war. Er war zudem das Entzücken der Gesellschaft, des Hofes und der Armee; die Gottheit des Volkes, das Idol der Soldaten, der Heros der Offiziere, die Hoffnung aller Leute von Rang, der Liebling des Parlaments, der besondere Freund der Philosophen; und oft genug erntete er die Bewunderung der Sorbonne, der Rechtsgelehrten, der Astronomen sowie der Mathematiker. Bei ihm waren das Nützliche und das Nutzlose, das Spiel und die Arbeit sauber getrennt und an ihrem Platz. Er hatte Freunde: Er verstand es, sie auszuwählen, mit ihnen umzugehen und zu leben, sich ohne Hochmut und ohne Erniedrigung auf die gleiche Stufe mit ihnen zu stellen; er hatte unabhängig von der Liebe auch Freundinnen, er wurde dessen auf mehr als eine Art verdächtigt, und das war eine seiner angeblichen Ähnlichkeiten mit Cäsar. Er besaß die Tapferkeit der Helden, deren Ausdauer im Kriege sowie deren vollendete Schlichtheit, hinter der sich dennoch viel Können verbarg. Aber wie alle Menschen hatte auch er seine Fehler. Dieser so liebenswürdige, so bezaubernde und so einzigartige Mann vermochte nicht zu lieben. Er wollte Freunde haben und über sie verfügen, wie man Möbel hat und über sie verfügt. Obwohl er etwas auf sich hielt, war er ein unterwürfiger Höfling. Er ging mit allem behutsam um und bewies damit, wie sehr er an allen Dingen und Menschen seine eigenen Bedürfnisse wahrnahm. Den König grämte es, daß er dem Prince de Conti die Achtung nicht versagen konnte. Niemals hatte er ihm seine Reise nach Ungarn verziehen; die an den Prince de Conti gerichteten Briefe waren abgefangen worden und hatten deren Verfasser, wiewohl sämtlich Söhne von Favoriten, zugrunde gerichtet, hatten überdies Mme. de Maintenon und den König in eine Empörung versetzt, die alle Zeit überdauerte. Die Tugenden, die Talente, die angenehmen Manieren, der große Ruf, den dieser Prinz sich erworben hatte, die allgemeine Zuneigung, deren er sich erfreute, wurden ihm als Verbrechen zur Last gelegt. Der Kontrast zwischen ihm und M. du Maine reizte dessen Erzieherin und dessen zärtlichen Vater täglich aufs neue. Sogar Contis Freunde waren verhaßt, und sie spürten es. Aber trotz der servilen Furcht scharten sich gerade die Höflinge besonders gern um diesen Prinzen; ja, man fühlte sich geehrt, wenn man vertrauten Umgang mit ihm pflegen durfte. Die wichtigsten und erlesensten Persönlichkeiten suchten ihn auf, selbst im Salon von Marly war er von der Elite umgeben, er plauderte dort sehr charmant über alles und jedes. Jung und alt fand Belehrung oder Vergnügen. Es ist keine Redensart, sondern eine tausendmal erlebte Wahrheit, daß man über diesen Gesprächen fast die Essenszeit vergaß. Der König wußte das und fühlte sich gekränkt; zuweilen war es ihm sogar gleichgültig, wenn man das bemerkte. Gleichviel änderte niemand sein Verhalten; der beflissene Diensteifer, der sonst bis in die kleinsten Dinge hinein spürbar wurde, kam hier zum Erlöschen. Man war sich durchaus darüber im klaren, daß dieser Prinz nichts und niemanden liebte, man kannte auch seine übrigen Fehler; aber man ließ ihm alles durchgehen, denn man liebte ihn wirklich, zuweilen so sehr, daß man es sich vorwarf, ohne jedoch davon lassen zu können.

Monseigneur, mit dem zusammen er erzogen worden war, bewahrte ihm so viel Neigung, wie er aufzubringen vermochte, aber er hegte ebensoviel Neigung zu M. de Vendôme, und sein intimer Hofstaat war zwischen den beiden geteilt. Der König stimmte stets und in allem für M. de Vendôme. Der Duc d'Orléans, der nicht vermochte, Gesellschaft an sich zu ziehen, konnte es schwer verwinden, den Prince de Conti von

Menschen umschwärmt zu sehen. Hinzu kam eine verborgene Leidenschaft; Conti bezauberte jene Frau, die, ohne grausam und abweisend zu sein, nur ihn wirklich geliebt hat. Das verleidete ihm auch den polnischen Plan; und diese Liebe endete nicht mit ihm, sie lebte fort in jener, die sie entzündet hatte, und vielleicht lebt sie nach so vielen Jahren noch immer in der Tiefe ihres Herzens, das sich dennoch anderweitig vergab. Monsieur le Prince war seinem Schwiegersohn, der ihm große Dienste erwies, von Herzen zugetan, auch war dieser Schwiegersohn die Freude und der Trost von Madame la Princesse. Für seine Ehefrau empfand Conti größte Hochachtung, ja sogar eine gewisse Freundschaft, wiewohl er recht häufig unter ihren Launen, Stimmungen und Eifersüchteleien zu leiden hatte. Er ging über all das hinweg und kam möglichst selten mit ihr zusammen. Seinen Sohn, so jung dieser noch war, konnte er nicht leiden und ließ ihn das deutlich spüren, seine Ahnung sagte ihm wohl, wie der Knabe sich eines Tages entwickeln würde; lieber hätte er gar keinen Sohn gehabt. Was sein Verhältnis zu Monsieur le Duc betraf, so war jeder stets die Geißel des anderen, und dies um so mehr, als beide im Alter und im Rang einander gleich waren und als nächste Verwandte einander in der Armee, bei Hofe und zuweilen sogar in Paris nicht ausweichen konnten. Beide Männer waren die größten Gegensätze. Die Eifersucht, die Monsieur le Duc sein Leben lang plagte, war ein stummes Wüten über all den Beifall, der seinem Schwager zuteil wurde. Als er starb, hatte der Prince de Conti Madame la Duchesse schon über zwanzig Jahre nicht mehr besucht; und sie ihrerseits wagte es niemals, sich nach ihm zu erkundigen noch auch während seiner langen Krankheit, wenn Gesellschaft zugegen war, nach seinem Befinden zu fragen: Sie erfuhr nur heimlich, meist durch ihre Schwester, die Princesse de Conti, von ihm. Ihre Schwangerschaft und ihre spätere Niederkunft kamen ihr gelegen, um zu verbergen, was zu überspielen ihr sonst recht schwergefallen wäre.

Trotz aller Anstrengungen, aller Demütigungen und aller List, aller Hartnäckigkeit, die er unablässig aufwandte, war es dem Prince de Conti nicht gelungen, den König versöhnlich zu stimmen. Und an diesem unbeugsamen Haß starb er am Ende; verzweifelt, daß er nichts hatte erreichen können, nicht einmal das Oberkommando einer Armee; er war der einzige Prinz ohne Amt, ohne Statthalterschaft, ja sogar ohne Regiment, während die anderen, vor allem die Bastarde, mit allem überhäuft wurden. Als keine Hoffnung mehr bestand, suchte er sein Unbehagen im Wein zu ertränken und durch Lustbarkeiten zu betäuben, die seinem Alter nicht mehr entsprachen und denen sein schon in der Jugend durch Ausschweifungen geschwächter Körper nicht gewachsen war. Die Gicht warf ihn vollends darnieder. Dergestalt aller Freuden beraubt, körperlichen und seelischen Schmerzen ausgeliefert, zehrte er sich langsam auf und, um das Maß seiner Bitternis vollzumachen, bot sich ihm die ersehnte Wendung zum Glück erst, als er darauf verzichten mußte. Der trostlose Feldzug von Lille hatte den König schließlich anderen Sinnes werden lassen, nachdem Chamillart durch die Darlegung der Situation die Abneigung von Mme. de Maintenon besiegt hatte. Der König war also nunmehr entschlossen, den Prince de Conti als letzte und unerläßliche Rettung an die Spitze der Flandern-Armee zu stellen. Conti bebte vor Freude, aber er wußte nur allzugut, wie wenig er auf seine Gesundheit bauen konnte. Dieses verspätete Interesse an ihm vermehrte also nur seinen Gram. Im Bewußtsein, daß er durch die Ungnade zu Tode erkrankt und daß weder die Entscheidung des Königs noch die Aussicht auf eine glänzende Laufbahn ihm seine Lebenskraft wieder zurückzugeben vermochten, siechte er langsam dahin.

Bei Hofe und in der Stadt erkundigte man sich unaufhörlich nach seinem Gesundheitszustand. Auf der Straße fragten die Leute einander danach; sie standen vor den Haustüren und Läden und sprachen jeden Vorübergehenden darauf an. Als es zu Ende ging, wollte der Prince de Conti niemanden mehr um sich sehen; er duldete nur noch die Nächststehenden um sich, den Pater de la Tour, M. Fleury, der sein Erzieher gewesen war. Bis zum letzten Augenblick bewahrte er volle Geistesgegenwart; mit tiefer Frömmigkeit empfing er mehrfach die Gnadenmittel der Kirche. Eines Abends, als Monseigneur auf dem einen Ufer der Seine zur Oper fuhr, brachte man am gegenüberliegenden Ufer dem Prince de Conti das Sterbesakrament. Die Duchesse de Bourgogne empfand diesen Kontrast als empörend und sagte es, als sie die Loge betrat, der Duchesse du Lude. Am Hofe und in Paris war man gleichermaßen entrüstet. Der Tod des Prinzen weckte allgemein tiefe Trauer. Der König indes fühlte sich sehr erleichtert, Mme. de Maintenon gleichfalls und insbesondere Monsieur le Duc. Für M. du Maine war dieser Tod eine Erlösung, und für Monsieur de Vendôme, der nun zu ahnen begann, daß sein Sturz doch möglich wäre, war der Ausfall des Rivalen eine Beruhigung. Monseigneur erhielt die Todesnachricht in Meudon, als er gerade zur Jagd aufbrach; er schien nicht im geringsten davon berührt.

D'Harcourts Aufnahme in den Staatsrat scheitert. – Rouillé zu Friedensverhandlungen in Flandern. – Die Unterhändler Chamillarts und Torcys behindern sich gegenseitig.

Unterdessen ging alles allmählich oder vielmehr ganz offensichtlich zugrunde: das Königreich war vollkommen erschöpft, die Truppen kaum bezahlt und mißmutig, weil sie ständig schlecht geführt und infolgedessen ständig erfolglos waren. Die Finanzen hoffnungslos zerrüttet; nirgends ein fähiger Kopf, weder unter den Generalen noch unter den Ministern; keine Wahl, die nicht nach Gutdünken oder mit Hilfe von Intrigen betrieben wurde; nichts wurde bestraft, nichts nachgeprüft, nichts erwogen; dieselbe Ohnmacht, den Krieg fortzuführen wie Frieden zu schließen; alles vollzog sich unter Schweigen und Leiden; wer hätte schon gewagt, Hand an die schwankende Arche zu legen! Ich pflegte mich in meinen Unterhaltungen mit dem Duc de Chevreuse und dem Duc de Beauvillier des öfteren über diese Wirrnisse und zumal über deren Ursachen zu äußern. Doch die Vorsicht und die Frömmigkeit der beiden Herzöge schoben meine Klagen beiseite, ohne sie indes widerlegen zu können. Da beide an diese Regierungsart gewöhnt waren, die sie immer vor Augen gehabt und an der sie teilhatten, beschränkte ich meine Vertrauensseligkeit und sagte ihnen nichts über die Heilmittel, die ich seit langem im Sinn hatte. Ich sah deutlich, daß eine weise und glückliche Regierung unmöglich wäre, solange dieses gegenwärtige Regime fortbestünde. Ich spürte die Unmöglichkeit eines Wandels, da der König sich seit langem daran gewöhnt hatte, zu glauben, daß die Macht der Staatssekretäre sowie die des Generalkontrolleurs die seinige wäre: folglich die Unmöglichkeit, diese Macht zu begrenzen oder zu teilen, und die Unmöglichkeit, ihn zu überzeugen, daß er in seinem Staatsrat auch jemanden zulassen könne, der nicht nachweislich der Verwaltungsbürokratie entstammte. Was ich damals zu meiner eigenen Befriedigung darüber schrieb, hatte ich in die tiefsten Schubladen vergraben und für nichts anderes gehalten als eine Art platonischer Staatsutopie.

Während wir also diese Themen miteinander besprachen, lief der Duc de Beauvillier eine große und unmittelbar drohende Gefahr, von der er nichts ahnte. Es war ein reines Wunder, daß ich davon erfuhr und daß das Unheil rechtzeitig abgewendet werden konnte. Mme. de Maintenon hatte sich endlich dafür gerächt, daß ihr Ansehen durch den Duc de Vendôme geschmälert worden war. Allmählich hatte sie wieder Oberwasser bekommen, sie hatte Vendôme in die Schranken gewiesen, hatte bewirkt, daß er nicht mehr Dienst tun durfte. Seitdem hatten alle ihre Privatgespräche mit dem Duc de Beauvillier aufgehört: es gab nichts mehr zu beraten, es waren keine gemeinsamen Maßnahmen mehr zu treffen. Ich habe bereits erwähnt, daß diese Annäherung lediglich diesen einen Punkt und diese eine Notwendigkeit betraf; das Herz der »Fee« war nach wie vor von Rachsucht erfüllt, sie konnte dem Duc de Beauvillier nicht verzeihen, daß er sich wider ihren Willen in seiner Stellung gehalten hatte, und seitdem war sie ihm feindlich gesinnt, immer nach Mitteln Ausschau haltend, ihn zu vernichten. Ich habe auch gesagt, daß der zu eben jener Zeit aus der Normandie nach Fontainebleau zurückgekehrte d'Harcourt Mittel und Wege gefunden hatte, sich enger als je an sie anzuschließen. Mme. de Maintenon griff ihre früheren Pläne wieder auf. Sie bemühte sich aufs neue, d'Harcourt, und das hieß ihre Kreatur, in den Staatsrat zu bringen, denn sie hatte dort niemanden mehr, da sie sich von Chamillart im Stich gelassen glaubte; aufgrund der Verheiratung seines Sohnes, der Rückkehr Desmaretz', seiner Parteinahme für Vendôme und schließlich aufgrund des so vorschnell über ihren Kopf hinweg betriebenen Plans der Wiedereroberung Lilles unter Führung des Königs, doch ohne ihre Anwesenheit. Sie gedachte Chamillart zu stürzen; d'Harcourt im Staatsrat wäre weit geeigneter gewesen, ihr zu dienen. Sie wollte sich von dem Duc de Beauvillier befreien; d'Harcourt im Staatsrat brauchte nur dessen Stelle einzunehmen. Mme. de Maintenon bemühte sich also, Beauvillier davonzujagen und gleichzeitig d'Harcourt zu plazieren. Ihre Anstrengung schien von Erfolg gekrönt zu sein: Ich bin nicht sicher, ob ihr Beauvilliers Sturz zugesagt wurde, aber was d'Harcourts Eintritt in den Staatsrat anlangte, gab ihr der König sein Wort. Doch kaum hatte er sich dieses Versprechen entreißen lassen, beunruhigte er sich wegen der Form. Da er d'Harcourt aus Konkurrenzgründen nicht offiziell zum Minister machen wollte, zog er den Umweg und den maskierten Zufall vor.

Es wurde also vereinbart, d'Harcourt solle sich, von Mme. de Maintenon benachrichtigt, während der ersten Staatsratssitzung wie zufällig im Vorzimmer des Königs einfinden; sobald dann die Rede auf Spanien käme, würde der König vorschlagen, d'Harcourt zu befragen, und sogleich nachsehen lassen, ob dieser sich nicht vielleicht in einem Nebengelaß aufhielte; darauf würde er ihn rufen lassen, ihm dann laut und vernehmlich mitteilen, weshalb er ihn hatte rufen lassen, und ihn sofort auffordern, Platz zu nehmen, womit er ihn also zum Staatsminister machte.

Ich erwähnte anläßlich der Ungnade des Marschalls de Villeroy bereits, daß ich mit seinem Sohn und seiner Schwiegertochter sehr befreundet war. Ich sprach auch bereits von dem intimen Verhältnis des Duc de Villeroy zu Mme. de Caylus, von ihrem dadurch verursachten Exil, von ihrer Rückkehr, von Mme. de Maintenons zärtlicher Neigung zu ihr und von der engen Beziehung zwischen d'Harcourt und Mme. de Caylus, seiner Kusine, die bei Mme. de Maintenon manches für ihn erreichte. Der Plan, d'Harcourt in den Staatsrat aufzunehmen, sollte auf ausdrücklichen Wunsch des Königs streng geheim bleiben: doch sei es aus Unvorsichtigkeit, aus Vertrauensseligkeit oder aus Eifersucht auf seinen wiewohl in Ungnade gefallenen Vater, aus welchen Gründen auch immer, kurz vor der Ausführung erfuhr ich davon und erfuhr auch, auf welche Weise die Sache bewerkstelligt werden sollte. Ich verlor keinen Augenblick, denn jede Sekunde war kostbar. Ohne mir etwas anmerken zu lassen, verließ ich den Duc und die Duchesse de Villeroy so bald als möglich. Ich begab mich in mein Zimmer und beauftragte einen alten Diener, M. de Beauvillier zu suchen, bis er ihn fände, und ihn zu bitten, unverzüglich zu mir zu kommen. Binnen einer halben Stunde erschien M. de Beauvillier, recht beunruhigt über meine Botschaft. Ich teilte ihm mit, was ich vernommen hatte, er war sprachlos. Es fiel mir nicht schwer, ihm verständlich zu machen, daß, selbst wenn seine Absetzung nicht beschlossen wäre, die Einsetzung d'Harcourts – der bedingungslos von Mme. de Maintenon unterstützt wurde, in einem schlechten Verhältnis zu Torcy und in einem guten zum Kanzler stand – sich bestimmend auf alle Fragen des Krieges, auf die spanischen Angelegenheiten und mithin auch auf die gesamte Außenpolitik sowie auf die Finanzen auswirken müsse. Es war höchste Zeit, nachzudenken und Abhilfe zu schaffen, es standen kaum noch vierundzwanzig Stunden zur Verfügung. Also schlug ich dem Duc de Beauvillier vor, sich der Annehmlichkeiten seines freien Zutritts beim König zu bedienen, ihn am anderen Morgen in der Frühe allein in seinem Kabinett anzusprechen und ihm zu sagen, er habe gehört, daß M. d'Harcourt in den Staatsrat eintreten solle, und auch, auf welche Art man ihn zu berufen gedächte. Er, Beauvillier, könne die Ansicht des Königs in diesem

Punkt nicht teilen; er fürchte, daß die öffentliche Mißachtung, die, wie Seine Majestät wohl wisse, d'Harcourt seinen Ministern bezeuge, der Zugriff, mit dem er jeden bedrohe und dem sich niemand aussetzen wolle, sowie die Schwierigkeiten, die durch sein gespanntes Verhältnis zu Torcy in den Fragen der auswärtigen Politik auftreten würden, d'Harcourt für den Staatsrat ungeeignet machten; das glaube er Seiner Majestät ohne alles persönliche Interesse sagen zu müssen. Er solle, riet ich, ein wenig pathetisch und erhaben sprechen, mit dem Ausdruck von Zuneigung, und vor allem betonen, es sei ihm nur an der Achtung und an dem Wohlwollen des Königs gelegen und nicht an einem Posten. M. de Beauvillier hörte mir mit sichtlichem Vergnügen zu; er umarmte mich innig, versprach, meine Weisungen zu befolgen und mir mitzuteilen, was sich daraus ergeben habe. Ich suchte ihn anderntags am Spätnachmittag auf und vernahm, daß er wieder vollkommen festen Boden unter den Füßen habe. Er hatte Punkt für Punkt das gesagt, was ich ihm vorgeschlagen. Der König schien erstaunt und, ohne daß er es aussprach, verärgert, weil das Geheimnis von d'Harcourts Eintritt in den Staatsrat offenkundig geworden war: eben das hatte ich beabsichtigt. Er schien sehr hellhörig bei der kurzen Betrachtung über die Wirkung dieses Eintritts auf die Minister und die Schwierigkeit, die sich daraus ergeben könne, er schien betreten über Beauvilliers persönliches Bekenntnis, dann unterbrach er ihn spontan, um ihn seiner Wertschätzung, seines Vertrauens und seiner Freundschaft zu versichern. Er sprach noch ein paar verbindliche Worte und schien M. de Beauvillier näher zu stehen als je zuvor. Kurzum, es war ein meisterlicher Schachzug.

Seiner Sache sicher, voller Freude über den unmittelbar bevorstehenden Erfolg langte d'Harcourt im Vorzimmer an. Die Zeit verstrich. Während des Staatsrats hielten sich in diesen Gemächern des Königs nur Subalterne auf und einige Höflinge, die von einem Flügel in den anderen gingen. Jeder dieser Subalternen beeilte sich, d'Harcourt zu fragen, was er wolle, ob er irgend etwas wünsche, womit sie ihm ungemein lästig fielen. Er mußte jedoch bleiben, obwohl er keinen Vorwand hatte; seinen Stock schwingend, ging er auf und ab und suchte den Fragen auszuweichen. Nach endlosem Warten ging er schließlich sehr mißmutig fort, höchst beunruhigt, nicht gerufen worden zu sein. Er teilte dies Mme. de Maintenon mit, die um so besorgter war, als der König am Abend sich mit keinem Wort über die Sache äußerte und sie auch nicht wagte, ihn darauf anzusprechen. Sie tröstete d'Harcourt, gab sich noch immer der Hoffnung hin, daß sich in diesem Staatsrat keine Gelegenheit geboten habe, die Rede auf Spanien zu bringen, und meinte, er möge sich beim nächsten Staatsrat noch einmal an der gleichen Stelle einfinden. D'Harcourt wiederholte sein Manöver, doch mit ebensowenig Erfolg; tief betrübt ging er davon, und es dämmerte ihm, daß sich seine Hoffnung zerschlagen habe. Aber Mme. de Maintenon wollte sich Klarheit verschaffen. Sie hatte lange genug gewartet und war nun ungeduldig geworden; in der Annahme, daß die Dinge immer noch lägen wie zuvor, sprach sie mit dem König. Zögernd antwortete er ihr, er habe es sich anders überlegt; d'Harcourt stünde mit fast all seinen Ministern zu schlecht, er behandle sie mit einer Mißachtung, aus der sich unweigerlich Zwistigkeiten ergeben würden, und solche Dispute seien ihm lästig, genau besehen wäre es ihm also lieber, wenn alles beim alten bliebe; er wisse d'Harcourts Fähigkeiten wohl zu schätzen und wolle ihn von Fall zu Fall um seine Meinung befragen. Das war so gesagt, daß sich jeder Widerspruch erübrigte: sie gab sich geschlagen; d'Harcourt war der Verzweiflung nahe.

Auf seiner Reise nach Flandern wurde der Marschall de Boufflers, der sich von der Überanstrengung in Lille kaum erholt hatte, schwer krank. Er genas einigermaßen, war aber nicht so weit wiederhergestellt, als daß er einen Feldzug hätte leiten können. Am 1. März kam er nach Paris zurück, hatte am anderen Morgen zwei Audienzen beim König, während deren er ihm Rechenschaft ablegte und ihm erklärte, daß er außerstande sei, dieses Jahr Dienst zu tun. Der König, der das schon geahnt hatte, ließ alsbald den Marschall de Villars rufen: Es wurde bekannt, daß jener unter Monseigneur die Armee in Flandern befehligen würde in der der König von England inkognito sowie der Duc de Berry als Freiwillige dienen sollten; Marschall d'Harcourt sollte unter dem Duc de Bourgogne an den Rhein gehen, der Duc d'Orléans nach Spanien; der Marschall de Berwick in die Dauphiné und der Duc de Noailles ins Roussillon. Man wird bald sehen, daß zwar die Generale zu ihren Bestimmungsorten aufbrachen, daß jedoch keiner der Prinzen den Hof verließ.

In den ersten Märztagen machte sich Rouillé auf den Weg, um heimlich in Holland den Frieden auszuhandeln, den man unbedingt brauchte. Ich will mich nicht weiter dazu äußern, sowenig wie über die spätere Reise des Marschall d'Huxelles und des Abbé de Polignac nach Gertruydenburg und über alles weitere, was zum Frieden von Utrecht führte. Torcy hat über diese Verhandlungen drei Bände im besten Stil geschrieben. Ich will also nur von Rouillé sprechen. Er war Präsident des Obersteueramts und Bruder jenes Rouillé, der vom Generalprokurator der Rechnungskammer zum Direktor der Finanzen und dann zum Staatsrat aufrückte und dessen Brutalität und Ausschweifungen bei all seiner Gelehrsamkeit viel von sich reden machten, zumal während der Regentschaft des Duc d'Orléans. Dieser hier, der der Jüngere war, hatte ein angenehmes und höfliches Wesen. Er war ebenso sauber und maßvoll, wie der Ältere es nicht war. Er hatte einen großen Teil seines Lebens mit Verhandlungen im Ausland, zuletzt als Gesandter in Portugal zugebracht. Man war stets sehr zufrieden mit ihm gewesen, und man wird sehen, daß man es trotz des traurigen Erfolgs seiner Reisen nach Holland auch weiterhin war.

Obwohl die Friedensverhandlungen Torcys eigenstes Gebiet waren, hatte Chamillart es sich in den Kopf gesetzt, sie ihm zu entreißen. Mit Wissen des Königs unterhielt Chamillart eine Schar von Leuten in Holland und anderswo, die Angebote und Vorschläge machten und die zumal jene Leute, die Torcy dort zu demselben Zweck eingesetzt hatte, in Mißkredit brachten. Sie nannten ihn einen Hampelmann, dem nichts gelingen würde. Torcys Leute und er selbst trieben es mit Chamillart und dessen Agenten ebenso, so daß man hätte meinen können, diese Agenten im Ausland dienten Ministern verschiedener Herren, deren Interessen ganz entgegengesetzt wären. Die Art und Weise, wie sie einander in die Quere kamen, rief in den betreffenden Ländern einen überaus lächerlichen und den Staatsgeschäften abträglichen Eindruck hervor, erweckte eine üble Meinung über den Hof und unsere Regierung und war schließlich für die Personen, an die diese Agenten sich wandten, ein großes Hindernis, im Namen jener zu verhandeln, die es ernsthaft gewollt hätten. Den anderen wiederum diente das als willkommene Ausrede, sich mit Leuten, die untereinander so einig waren, auf nichts einzulassen. Chamillart machte sich besonders lächerlich, da er Helvétius zwei Reisen unternehmen ließ unter dem Vorwand, dieser wolle in Holland seinen Vater besuchen, in Wirklichkeit aber sollte er verhandeln, worüber sich weder hier wie dort jemand im unklaren war. Helvétius, ein gebürtiger Holländer, war ein für bestimmte Krankheiten ausgezeichneter Arzt, der indes, weil er weder Fachgelehrter noch zur Medizinischen Fakultät gehörte, als Außenseiter behandelt wurde. Ihm verdankt man die Verwendung des zur Heilung der Ruhr so wichtigen Hepiquécuana, womit er sich großen Ruhm erwarb und sich den bösesten Neid der Ärzte zuzog, die nicht mehr mit ihm berieten. Er war schon von jeher Chamillarts Arzt gewesen, niemand bezichtigte ihn, sich zu diesen Reisen gedrängt zu haben, sie wurden alle dem Minister zur Last gelegt. Man kann sich vorstellen, welch bittere Spöttereien und pikante Bosheiten innerhalb und außerhalb des Königreiches über die Friedensverhandlungen eines Arztes und Laien umgingen: dennoch ließ der König, dem Torcy und Chamillart getrennt Rechenschaft ablegten, beide gewähren. So werkelte jeder für sich und brachte seinen Amtskollegen mit Gewißheit zum Scheitern. Torcy, der wußte, welchen Schaden dieses Vorgehen den Staatsgeschäften zufügte, und der auch keineswegs unempfindlich war gegen den Schaden, den er selber dadurch erlitt, fühlte sich gegenüber dieser so offensichtlichen Begünstigung Chamillarts ohnmächtig und beschränkte sich auf Klagen und Einwände, die er jenem durch den Duc de Beauvillier übermitteln ließ. Überzeugt, daß er in Sanftmut nichts erreichen könne, erklärte er schließlich dem Duc de Beauvillier, daß er es nunmehr müde sei, die fortwährenden Quertreibereien Chamillarts hinzunehmen, und also beschlossen habe, den König entscheiden zu lassen, wer von beiden fortan die Außenpolitik betreiben solle. Beauvillier sprach ernsthaft mit Chamillart, und dieser begriff endlich, daß eine solche dem König vorgelegte Entscheidung für ihn nicht günstig verlaufen könne; er versicherte dem Duc de Beauvillier, daß er sich in keine auswärtigen Angelegenheiten mehr einmischen wolle. Torcy war von solchen Versicherungen schon zu oft genarrt worden, um ihnen noch zu trauen. Er strebte nach einem Preliminarvertrag, der seiner Ansicht nach unerläßlich für einen Friedensvertrag war. Er ließ Chamillart sich schriftlich verpflichten, keine Agenten mehr im Ausland zu unterhalten, und versprechen, sie ihm alle zuzuschicken. Chamillart unterzeichnete dieses Schriftstück in Gegenwart Beauvilliers. Torcy, der nun endlich zufrieden und frei war, versöhnte sich wieder mit Chamillart.

Chamillart, der, wie man weiß, die Finanzen abgegeben hatte, vergaß, dieser Bürde ledig, deren Gewicht; er dachte nur noch an die Last des Amtes, mit dem er beladen blieb, und bat seinen Amtsnachfolger unaufhörlich um Geld, wie jemand, der sich nicht darum kümmert, wie man zu diesem kommt. Der ständig bedrängte Desmaretz tat, was er konnte; doch gereizt, nie genug tun zu können, gab er schließlich heftige Antworten, gleichsam überrascht, so wenig Verständnis zu finden bei einem Mann, der schwerlich vergessen haben konnte, in welch jammervollem Zustand er die Finanzen hinterlassen hatte. Allgemach begann ich zu fürchten, daß die beiden nicht mehr allzu lange einig bleiben würden; Chamillart, der stets unter dem Druck der Kriegsbedürfnisse stand, übertrieb, sicher geworden durch sein Vertrauen in die Freundschaft des Königs, seine Autorität gegenüber Desmaretz und konnte es nicht unterlassen, harte Forderungen zu stellen. Desmaretz, der seinesgleichen geworden, kehrte, des Joches überdrüssig, den Spieß um und beschuldigte den anderen, die Finanzen zugrunde gerichtet zu haben, dergestalt daß Chamillart, als beide äußerst erbittert und am Ende ihrer Weisheit waren, zum König ging und sich beklagte, daß er keine Mittel mehr habe. Der König, der weder seine Minister noch sich selbst an diese Ausdrucksweise gewöhnen wollte – obwohl sie immer häufiger wurde –, machte Desmaretz Vorhaltungen; gezwungen, sich zu rechtfertigen, ergriff dieser aus offensichtlich ehrbaren Gründen die Gelegenheit, mit der Wahrheit herauszurücken. Er berichtete dem König von den Summen, die er Chamillart ausgehändigt hatte, legte dar, wieviel in Bargeld, wieviel in Papieren, und bewies an Hand der Akten genau die Bestimmung, wodurch sich zeigte, daß Chamillart mehr als reichlich bedacht worden war. Der König sagte das Chamillart, der höchst erstaunt weiterhin bei seinen Behauptungen blieb und sich anbot, Desmaretz davon zu überzeugen. Er ging zu ihm, doch auch nach Feststellung des Sachverhalts blieb er uneinsichtig. Die Angelegenheit wurde auf seine Unterbeamten abgewälzt; aber Desmaretz, der sich nicht Lügen strafen lassen wollte, verlangte, daß die Unterbeamten hinzugezogen würden, und obwohl Chamillart klein beigab, konnte er den Generalkontrolleur nicht eher verlassen, als bis der für die Lohnzahlung zuständige Beamte mit seinen Listen eintraf. Die zur Debatte stehende Summe war, wie sich herausstellte, genau zu der Zeit und in der Art ausgezahlt worden, wie Desmaretz es behauptet hatte. Daraufhin trennten sich Chamillart, der sich seiner Vergeßlichkeit und seines Irrtums schämte, und Desmaretz, der über den Ausgang dieses Streites beruhigt war, in Frieden und Eintracht. Sie versuchten, diesen Zwischenfall zu vertuschen, so gut sie konnten; aber er blieb nicht geheim, da die Klärung des Falles dem König notwendigerweise zu Ohren kommen mußte. Der König bewies erstaunliche Nachsicht gegen Chamillart, den er wegen seiner Überbeanspruchung und Krankheit entschuldigte. Die Öffentlichkeit urteilte weniger mild über den Minister.

Strenger Winter. – Teuerung, vor allem für Getreide. – Unterschleife. – Die Parlamente machtlos. – Allgemeine Zahlungsunfähigkeit. – Bankier Bernard bankrott.

Der Winter war, wie ich bereits gesagt habe, furchtbar gewesen. Seit Menschengedenken hatte man keinen ähnlichen mehr erlebt. Die Kälte war so grimmig, daß, wie ich es selbst im Schloß von Versailles gesehen, die stärksten, in Schränken stehenden Essenzen und die alkoholhaltigsten Liköre die Flaschen sprengten; als ich einmal mit dem Duc de Villeroy in seinem kleinen Schlafzimmer zu Abend aß, fielen von den Weinflaschen, die auf dem Kaminsims standen und vorher aus einer gutgeheizten Küche gekommen waren, Eisstücke in unsere Gläser. Bei der zweiten Frostwelle gingen die Obstbäume ein; es blieb nichts verschont, weder Nußbäume noch Olivenbäume, weder Apfelbäume noch Weinstöcke. Auch die übrigen Bäume starben zumeist ab; die Gärten veröden, und das bereits ausgesäte Korn verkam. Die Verzweiflung über den allgemeinen Ruin war unvorstellbar. Jeder geizte mit seinem alten Getreide, das Brot wurde um so teurer, je weniger man sich von der nächsten Ernte versprach. Die Umsichtigsten säten Gerste, wo vorher Weizen gestanden hatte. Sie waren am glücklichsten dran, denn das war die Rettung. Aber die Polizei ließ es sich einfallen, dies zu verbieten, was sie, als es zu spät war, bereute. Es wurden verschiedene Getreideerlasse veröffentlicht. Man untersuchte die Vorräte. Man schickte drei Monate, nachdem man sie angekündigt, Kommissare in die Provinzen. Dieses Vorgehen steigerte die Entrüstung und die Teuerung aufs äußerste, und das zu einer Zeit, da sich nach genauen Berechnungen herausstellte, daß der Getreidevorrat Frankreichs ganz unabhängig von einer Mißernte für volle zwei Jahre ausreichen würde. Viele Leute glaubten also, die Finanzbeamten hätten die Gelegenheit benutzt, um durch die Agenten, die auf allen Märkten des Königreichs ihr Unwesen trieben, das Korn an sich zu raffen und es alsdann zu Preisen zu verkaufen, die sie zum Vorteil des Königs und zu ihrem eigenen Nutzen selbst festsetzten. Gewiß ist, daß die Kommissare in Paris den Preis hochtrieben und häufig die Verkäufer zwangen, ihn wider Willen ebenfalls hochzutreiben; gewiß ist, daß auf das verzweifelte Jammergeschrei des Volkes, wie lange diese Teuerung wohl noch dauern solle, einigen dieser Kommissare auf einem Markt bei Saint-Germain-des-Prés die unmißverständliche Antwort entschlüpfte: »So lange ihr es euch gefallen laßt«, gleichsam um zu verstehen zu geben, sie würde so lange dauern, wie das Volk es sich gefallen ließe, daß nur auf d'Argensons Anweisungen Korn nach Paris käme; denn auf andere Weise kam keines hinein. D'Argenson, der während der Regentschaft Siegelbewahrer wurde, war zu jener Zeit Polizeileutnant. Den härtesten Zwang hatten die Bäcker zu erdulden, und was ich berichte, gilt für ganz Frankreich, da die Intendanten in ihren Bereichen alle das gleiche taten, was d'Argenson in Paris tat. Auf sämtlichen Märkten wurde das Korn, das nicht zum festgesetzten Preis und zur festgesetzten Stunde verkauft worden war, gewaltsam weggeschleppt, und diejenigen, die das Mitleid bewog, es zu niedrigem Preis abzugeben, wurden schwer bestraft.

Mareschal, der Erste Chirurg des Königs, von dem ich schon des öfteren gesprochen habe, war mutig und redlich genug, dem König davon zu erzählen und auch noch hinzuzufügen, ich welch böse Stimmung das Volk über diese Mißstände geraten sei, der König schien gerührt, nahm Mareschal seinen Freimut in keiner Weise übel; aber gleichviel änderte sich nichts. An einigen Stellen häuften sich insgeheim riesige Vorräte an. Das war strengstens verboten, und die Anzeige solcher Vorkommnisse war Pflicht. Das Parlament trat zusammen, um über diese Mißstände zu beraten. Man faßte den Beschluß, dem König anzubieten, daß Ratsherren auf eigene Kosten die Aufsicht über die Getreidevorräte übernehmen und Zuwiderhandlungen gegen die Verordnungen bestrafen sollten. Der König, den der Erste Präsident über den Plan informiert hatte, geriet außer sich vor Zorn, wollte dem Parlament eine harte Rüge erteilen und ihm befehlen, sich nur noch um die Durchführung der Prozesse zu kümmern. Der Kanzler wagte es nicht, dem König vor Augen zu führen, wie recht und billig das Vorhaben des Parlaments sei und wie sehr dieser Fall zu dessen Kompetenz gehöre; er betonte vielmehr, welche Achtung das Parlament für den König hege, und gab ihm zu verstehen, es stünde ganz in seiner Macht, dieses Angebot anzunehmen oder abzulehnen. Sosehr das Parlament, wie die anderen Körperschaften auch, an Demütigungen gewöhnt war, diesmal fühlte es sich empfindlich getroffen: aber seufzend gehorchte es. Die Öffentlichkeit war über diese Verfahrensweise nicht minder betroffen: es war jedem klar, daß, sofern die Finanzen von allen grausamen Durchsteckereien gesäubert gewesen wären, das Vorhaben des Parlaments dem König nur angenehm hätte sein können und nützlich, weil der König diese Körperschaft zwischen sich und sein Volk eingeschaltet und somit bewiesen hätte, daß da kein falsches Spiel getrieben wurde; das hätte seiner absoluten und schrankenlosen Autorität, über die er so eifersüchtig wachte, nicht den geringsten Abbruch getan. Das Parlament von Burgund schrieb, als es die Provinz in äußerster Not sah, an den Intendanten, den das in keiner Weise anfocht. Angesichts der in Aussicht stehenden bedrohlichen Hungersnot versammelte sich der Gerichtshof, um vorbeugende Maßnahmen zu beraten. Der Erste Präsident wagte nicht, der Beschlußfassung beizuwohnen, er ahnte offenbar Böses. Bouchu, der älteste *Président à mortier,* führte den Vorsitz: Es wurde nur über das Notwendigste verhandelt, und das auch nur mit größter Behutsamkeit. Doch kaum war der König davon in Kenntnis gesetzt, geriet er in großen Zorn. Er ließ dem Parlament einen strengen Verweis erteilen, verbot ihm, sich in Dinge zu mischen, die dennoch sehr wohl zu seinem Ressort gehörten; er gab Bouchu, der die Sitzung geleitet, Befehl, unverzüglich an den Hof zu kommen und Rechenschaft abzulegen. Der machte sich alsbald auf den Weg, denn es handelte sich um nichts Geringeres, als daß man ihn seines Amtes entkleiden wollte. Gleichviel einigte sich Monsieur le Duc – der für den schwerkranken Monsieur le Prince die Statthalterschaft der Provinz übernommen hatte – mit dem Kanzler dahin, diesen Beamten, der sich untadelig verhalten hatte, zu schützen. Die beiden retteten ihn, wofür sie eine heftige Strafpredigt über sich ergehen lassen mußten. So konnte Bouchu nach einigen Wochen nach Dijon zurückkehren, wo man beschlossen hatte, ihm einen triumphalen Empfang zu bereiten. Als vorsichtiger und erfahrener Mann fürchtete er die Folgen eines solchen Empfanges, doch fürchtete er andererseits auch, sich dieser Ehre nicht entziehen zu können. Er richtete es also so ein, daß er bereits um fünf Uhr morgens in Dijon eintraf, worauf er ins Parlament ging, um Rechenschaft über seine Reise zu erstatten und für all das zu danken, was man für ihn hatte tun wollen.

Die übrigen Parlamente unterstellten sich zitternd dem Schutz ihrer Intendanten und lieferten sich deren Emissären aus. Seither wählte man jene Kommissare, von denen ich gesprochen habe, die alle aus niederen Stellungen kamen. Sie hatten zusammen mit den ortsansässigen Richtern unter den Augen des Intendanten, aber unabhängig von irgendeinem Parlament, die Vergehen abzuurteilen. Um jedoch dem Pariser Parlament ein kleines Vergnügen oder vielmehr einen müßigen Trost zu bieten, wurde aus seinen verschiedenen Kammern ein Tribunal zusammengestellt, an dessen Spitze Maisons stand, das die Berufungen, die gegen die Urteilssprüche der Kommissare in den Provinzen erhoben wurden, zu bearbeiten hatte. Dieses Tribunal begann mit der Arbeit erst drei Monate nach seiner Einsetzung. Alles, was da getan wurde, war vergeblich, und keines seiner Mitglieder bekam je Wind von der Sache. So fand man nichts, weil es so eingerichtet war, daß man nichts finden konnte: Dieses trübe Geschäft blieb d'Argenson und jenen Intendanten überlassen, denen man es sich nicht zu entziehen getraute, und es wurde weiterhin mit äußerster Strenge, ja mit Härte durchgeführt. Ich spare mir jedes Urteil über den, der es erfunden und daraus Nutzen gezogen hat, aber ich muß betonen, daß kein Jahrhundert je ein derart düsteres, kühnes und engmaschiges Werk andauernder, unausweichlicher und grausamer Unterdrückung geschaffen hat. Die Summen, die dabei heraussprangen, waren ungeheuerlich und ungeheuerlich die Zahl der Leute, die dadurch buchstädlich Hungers starben; es ist unsagbar, welche Krankheiten durch das äußerste Elend verursacht wurden, wie viele Familien zugrunde gingen, welche unübersehbare Flut von Leiden aller Art daraus erwuchs. Bei alledem begannen die unantastbaren Geldquellen auch noch zu versiegen. Die Zolleinkünfte, die der verschiedenen Spar- und Anleihekassen, die zu allen Zeiten geheiligten Renten des Rathauses von Paris liefen zwar weiter, jedoch mit Verspätungen und Abzügen, was fast alle Familien in Paris zur Verzweiflung brachte. Gleichzeitig taten die erhöhten, vermehrten, mit härtesten Zwangsmaßnahmen eingezogenen Steuern ein übriges, um Frankreich zu verwüsten. Alles verteuerte sich über die Maßen, und es gab nichts mehr zum normalen Preis zu kaufen, und obwohl das meiste Vieh aus Futtermangel eingegangen war, belegte man den Rest mit neuen Abgaben. Zahllose Leute, die Jahre zuvor die Armen unterstützten, konnten jetzt nur noch notdürftig ihr eigenes Dasein fristen und sahen sich gezwungen, Almosen anzunehmen. Es ist unfaßbar, wie viele Menschen in die Hospitäler aufgenommen werden wollten, was für die Armen ehemals äußerste Schande und Schmach bedeutete, und wie viele heruntergekommene Spitäler ihre Armen der öffentlichen Wohlfahrt anheimgaben, das heißt, sie tatsächlich dem Hungertod auslieferten, und wie viele ehrbare Familien in den Speichern dahinsiechten. Aber es ist ebenfalls unbeschreiblich, wie sehr all das Elend den Eifer und die Barmherzigkeit anstachelte und wieviel Almosen trotz allem noch gespendet wurden: Da die Notlage immer beängstigender wurde, verfiel eine indiskrete und tyrannische Unbarmherzigkeit darauf, Steuern und Taxen zugunsten der Armen zu erheben. Diese zusätzlichen Abgaben nahmen solche Ausmaße an, daß sie eine Menge Leute noch mehr aufs Trockene setzten und sie derart erbosten, daß sie die freiwillig gespendeten Almosen einstellten: so daß, abgesehen davon, daß diese Taxen und Abgaben vielleicht schlecht verwaltet wurden, den Armen nicht einmal Hilfe zuteil wurde. Das erstaunliche aber, um sich vorsichtig auszudrücken, war, daß diese etwas ermäßigten, aber zugunsten der Armen stets weiterhin erhobenen Steuern dem König selber zugingen, dergestalt daß die Finanzleute diese wie eine dem König zukommende Einnahme bis zum heutigen Tage öffentlich einziehen, und zwar mit einem Freimut, der sie nicht einmal veranlaßte, sie umzubenennen.

Verwundert fragte man sich immer wieder, wohin all das Geld des Königsreiches floß: Niemand konnte mehr zahlen, weil niemand mehr bezahlt wurde; die Landbevölkerung war durch die Erhebungen und Geldentwertungen zahlungsunfähig geworden; der darniederliegende Handel warf nichts mehr ab, nachdem Treu und Glauben erloschen waren. So blieben dem König nur noch der Terror und die Aufbietung seiner unumschränkten Macht, die, so schrankenlos sie auch war, dennoch keine Wirkung hatte, da es nichts gab, auf das sie sich richten und dessen sie sich hätte bemächtigen können. Kein Geld- und Warenumlauf mehr und keine Möglichkeit, ihn wiederherzustellen. Der König bezahlte nicht einmal seine Truppen, obwohl man sich nicht vorstellen konnte, was aus all den Millionen wurde, die in seine Kassen flossen. Soweit war man heruntergekommen, als Rouillé und bald nach ihm Torcy nach Holland entsandt wurden. Diese meine Darstellung entspricht vollkommen der Wahrheit und ist durchaus nicht übertrieben. Es ist nötig, den Zustand genau zu schildern, um die Zwangslage begreiflich zu machen, die ungeheuerlichen Zugeständnisse, zu denen der König sich gedrängt sah, um den Frieden zu erlangen, sowie das sichtbare Wunder dessen, der dem Meer ein Ziel setzt, das Wunder, durch welches er Frankreich, das scheinbar nichts mehr zu erhoffen hatte, dem mörderischen Zugriff des vereinten Europa entzog.

Die Einschmelzung des Geldes und seine Aufwertung um ein Drittel brachten zwar dem König einigen Nutzen, nicht aber den Untertanen. Samuel Bernard erklärte in Lyon den Bankrott, was eine fürchterliche Wirkung auslöste: Desmaretz unterstützte ihn, so gut er konnte, das Papiergeld und seine Wertlosigkeit waren die Ursache. Dieser berühmte Bankier legte Scheine im Wert von zwanzig Millionen vor. Er schuldete der Stadt Lyon fast ebensoviel. Man hat nachher behauptet, er hätte Mittel und Wege gefunden, Gewinn aus diesem Bankrott zu ziehen. In Wahrheit aber hat noch kein solcher Privatmann soviel ausgegeben, soviel verliehen, und fast in ganz Europa, mit Ausnahme von Lyon und dem benachbarten Italien, wo er sich niemals recht etablieren konnte, einen so großen Kredit genossen.

Tod von Monsieur le Prince. – Porträt.

Monsieur le Prince, der seit mehr als zwei Jahren nicht mehr bei Hofe zu erscheinen pflegte, starb zwischen dem letzten März- und dem ersten Apriltag, kurz nach Mitternacht in seinem sechsundsechzigsten Lebensjahr. Er war ein sehr magerer winziger Mann, dessen im Grunde unscheinbares Gesicht durch das Feuer und die Kühnheit seines Augenausdrucks und die Mischung sehr merkwürdiger Charakterzüge dennoch höchst eindrucksvoll war. Er war ungewöhnlich geistreich, geistreich in jeder Hinsicht; man konnte nicht mehr Kenntnisse – zumeist sogar sehr gründliche – besitzen, und zwar auf fast allen Gebieten, selbst in den Künsten und der Technik. Zudem verfügte er über einen erlesenen und alles einbeziehenden Geschmack, ein großes Maß angeborener Tapferkeit und erstaunliche Tatkraft. Aber all diese Begabungen blieben ungenutzt, dieses ganze Genie ohne Verwendung, all dieser unerschöpfliche Einfallsreichtum diente nur dazu, sich zu seinem eigenen Henker und zur Geißel seiner Mitmenschen zu machen; niemand konnte im Umgang bösartiger und gefährlicher sein, niemand bezeugte seinen Mitmenschen soviel schmutzigen Geiz, niemand betrieb soviel schamlose Ränke, soviel Ungerechtigkeiten, Übergriffe und Gewaltsamkeiten. Ein entarteter Sohn, ein grausamer Vater, ein schrecklicher Ehemann, ein abscheulicher Hausherr, ein gefährlicher Nachbar: ohne Freundschaften, außerstande, Freunde zu haben, eifersüchtig, argwöhnisch, verschlagen und unablässig beunruhigt, lag er ständig auf der Lauer, etwas aufzudecken, auszukundschaften, zu erforschen, wobei ihm seine ungewöhnliche Geistesgegenwart und sein überraschender Scharfsinn sehr zustatten kamen. Ein Wüterich, der vor nichts zurückschreckte, der selbst bei Kleinigkeiten aufbrauste. Heikel in allem bis zum Exzeß, stets mit sich selbst in Streit, hielt er sein ganzes Haus ständig in Furcht und Schrecken. Kurzum, der Jähzorn und der Geiz waren seine Gebieter, die ihn förmlich verschlangen. Bei alledem ein Mann, dem man, wenn er sich darauf verlegte, Freundlichkeit, Schmeichelei und Beredsamkeit anzuwenden, nur schwer zu widerstehen vermochte.

Die eine seiner Töchter, die Duchesse du Maine, hielt ihn im Schach: er machte M. du Maine, der ihm nur wenig entgegenkam und der ihn verachtete, den Hof. Seine Schwiegertochter, Madame La Duchesse, brachte ihn zur Verzweiflung. In seinem Verhalten schwankte er zwischen Hofmann und Vater, doch meist behielt der Hofmann die Oberhand. Seine älteste Tochter, die Princesse de Conti, hatte es gleichfalls verstanden, das Joch abzuschütteln. Die noch unverheirateten Töchter mußten dessen ganze Last erdulden und verfluchten ihr Sklavendasein. Mlle. de Condé ging daran zugrunde. Mlle. d'Enghien, die abstoßend häßlich war, lechzte, da sich nichts Besseres ergab, trotz der Gefährdung ihrer Gesundheit und etlicher anderer Nachteile, nach der Heirat mit Vendôme. Aus Mitleid und im Interesse der Bastarde hatten M. und Mme. du Maine sich in den Kopf gesetzt, diese Heirat zustande zu bringen. Monsieur le Prince war empört. Ihm war die Schmach der Heirat seiner Kinder mit den Bastarden des Königs durchaus bewußt. Aber daraus hatte er immerhin Vorteile gezogen, wohingegen diese Heirat ihn dem König um nichts näherbrachte und ihm keinerlei Annehmlichkeit zu verschaffen vermochte. Dennoch wagte er nicht, sie mit dem Hinweis auf das Bastardtum zurückzuweisen, noch viel weniger fand er den Mut, dem König, der von M. du Maine so sehr beeinflußt wurde, zu widerstehen; so entschloß er sich also, die Flucht zu ergreifen und den Kranken zu spielen. Fast fünfzehn Monate, bevor ihn die Krankheit befiel, an der er dann starb. Seitdem hat er niemals wieder den Hof betreten, obwohl er immer so tat, als sei er im Begriff hinzugehen, damit man ihn dort erwarte und um seinerseits Zeit zu gewinnen. Er und Monsieur le Duc fürchteten einander: der Sohn sah in ihm einen sehr schwierigen, düster gestimmten, übellaunigen Vater; der Vater betrachtete ihn als Schwiegersohn des Königs, aber häufig überwog die väterliche Autorität, und die Szenen, die er seinem Sohn machte, waren fürchterlich.

Sein ständiges Opfer war Madame la Princesse. Sie war gleichermaßen häßlich wie tugendhaft und beschränkt, was Monsieur le Prince nicht hinderte, eifersüchtig bis zur Raserei zu sein, und zwar sein ganzes Leben lang; weder ihre Frömmigkeit noch ihre unablässige Sorgfalt, ihre Sanftmut, ihre novizenhafte Ergebenheit vermochten Madame la Princesse davor zu bewahren, ständig beschimpft und des öfteren mit Füßen getreten und mit Fäusten geschlagen zu werden. Sie konnte nicht über das geringste verfügen: sie wagte nicht das mindeste zu erbitten, nicht den kleinsten Vorschlag zu machen. Sobald ihn die Laune überkam, schickte er sie auf Reisen. Kaum hatte sie sich in den Wagen gesetzt, befahl er ihr, wieder auszusteigen, oder ließ sie, wenn sie bereits unterwegs war, wieder zurückholen. Am Nachmittag oder am nächsten Morgen fing dasselbe wieder von vorne an. Häufig ließ er sie aus der Kirche holen, zwang sie, das Hochamt zu verlassen, zuweilen, wenn sie gerade zur Kommunion gehen wollte; sie mußte unverzüglich nach Hause kommen und ihre Kommunion auf ein anderes Mal verschieben. Nicht etwa, daß er ihrer bedurfte oder daß sie auch nur den kleinsten Schritt, ja, nicht einmal den Kirchgang ohne seine Erlaubnis zu tun gewagt hätte: aber Launen und Anfälle plagten ihn unablässig.

Er selbst legte sich nie fest. Jeden Tag standen für ihn vier Mittagsmahlzeiten bereit: eine in Paris, eine in Ecouen, eine in Chantilly und eine dort, wo der Hof sich gerade aufhielt. Aber die Unkosten dafür waren unerheblich; die Mahlzeit bestand aus einer Gemüsesuppe, einem Stück Brot, einem halben gebratenen Huhn, dessen andere Hälfte noch für den nächsten Tag reichte. Tagtäglich ging er seinen Geschäften nach und eilte selbst wegen der geringfügigsten Angelegenheit nach Paris. Seine Maxime war: den Parlamentsmitgliedern soviel zu leihen, als er konnte, und von ihnen zu entleihen, um sie an seinen Unternehmen zu interessieren und Gelegenheit zu bekommen, sie sich zu verpflichten: so geschah es auch nur selten, daß er mit seinen Prozessen, auf die er die größte Sorgfalt verwandte, nicht durchkam. Er lebte sehr zurückgezogen, erschien bei Hofe nur noch, um dem König seine Aufwartung zu machen oder wenn er etwas mit den Ministern zu besprechen hatte, die er dann durch seine ausgedehnten und wiederholten Besuche zur Verzweiflung brachte. Niemals mehr lud er Leute zum Essen ein und empfing in Chantilly auch niemanden mehr. Wenn er sich aber dennoch entschloß, eine Gesellschaft zu geben, war er charmant. Niemand vermochte die Gäste glänzender zu empfangen; doch die Selbstüberwindung, die ihn das kostete, was allerdings nicht spürbar wurde – denn seine Höflichkeit und Zuvorkommenheit wirkten völlig ungezwungen und frei –, hatte zur Folge, daß er keine Gäste mehr einladen wollte. Chantilly war sein ganzes Entzücken. Dort pflegte er im Park umherzuwandeln, stets von mehreren Sekretären gefolgt, die, mit Tintenfaß und Papier versehen, alles aufschrieben, was ihm durch den Kopf ging. Er beschäftigte sich hauptsächlich mit Geistes- und Naturwissenschaften, er las ungemein viel, wußte mit viel Geschmack, Kenntnissen und Unterscheidungsvermögen über die Lektüre zu urteilen.

Früher war er in etliche Damen des Hofes verliebt gewesen und schreckte dann vor keiner Ausgabe zurück: er war die verkörperte Großartigkeit, die Galanterie in Person, ein in Goldregen verwandelter Jupiter. Zuweilen pflegte er sich zu verkleiden, zum Beispiel als Lakai oder auch als Kleiderverkäuferin, dann wieder anders. Er war unendlich erfindungsreich. Einmal gab er dem König ein Fest einzig und allein, um zu verhindern, daß eine große Dame, die er liebte und deren Ehemann er zum Verseschmieden verleitete, nach Italien reiste. Um seine Rendezvous geheimzuhalten, mietete und möblierte er bei Saint-Sulpice etliche Häuser, deren Wände er durchbrechen ließ. Auch auf seine Mätressen war er fürchterlich eifersüchtig, zu ihnen gehörte unter anderen die Marquise de Richelieu; ich nenne ihren Namen, weil es sich nicht lohnt, ihn zu verschweigen. Er war sinnlos in sie verliebt, vergeudete Millionen für sie und dafür, über ihr Tun und Lassen unterrichtet zu werden; so erfuhr er, daß auch der Comte de Roucy ihre Gunst genoß (sie war es übrigens, der dieser geistreiche Graf allen Ernstes vorschlug, einen Misthaufen vor ihre Tür zu legen, um sich gegen das Dröhnen des Glockenläutens zu schützen, über das sie sich beklagte). Monsieur le Prince machte der Marquise de Richelieu Vorhaltungen wegen ihres Verhältnisses mit dem Comte de Roucy, doch sie leugnete alles ab. Das ging so eine Weile, bis Monsieur le Prince, außer sich vor Liebe und Zorn, seine Vorwürfe verdoppelte; er brachte so handfeste Beweise, daß sie sich überführt sah. In der Furcht, einen so reichen und so großzügigen Liebhaber zu verlieren, kam ihr jählings ein glänzender Einfall: sie schlug ihm vor, sie wolle mit seinem Einverständnis dem Comte de Roucy ein Rendezvous geben, und zwar in ihrem Hause, wo Monsieur le Prince Leute aufstellen sollte, um Roucy wegzuschleppen. Statt des Erfolges, den sie sich von diesem so menschlichen und bemerkenswerten Vorschlag versprach, zeigte sich Monsieur le Prince derart angeekelt, daß er den Comte de Roucy warnte und die Marquise niemals wieder besuchte.

Ganz unbegreiflich ist es, daß ein genialer Kriegsmann, wie sein Vater es gewesen, es trotz alledem nicht vermocht hat, seinem Sohn auch nur die einfachsten Elemente dieses erhabenen Handwerks beizubringen. Er ließ sich das lange Zeit als seine wesentliche Aufgabe angelegen sein; der Sohn gab sich die größte Mühe, ohne daß er jedoch auf irgendeinem kriegerischen Gebiet nur die mindeste Eignung erwerben konnte.

Die letzten zehn oder zwanzig Jahre seines Lebens waren nicht nur von Jähzornsanfällen und Gereiztheit belastet, man glaubte eine Art

Geistesverwirrung bei ihm festzustellen. Eines Morgens besuchte er die Marschallin de Noailles in ihrer Wohnung im Schloß. Als er ins Zimmer trat, machte man gerade ihr Bett; es war nur noch die Spitzendecke auszulegen. Er blieb einen Augenblick an der Schwelle stehen: »Ah, was für eine prächtiges Bett!« rief er aus. »Was für eine prächtiges Bett!« Nahm einen Anlauf, sprang hinauf, wälzte sich ein paarmal wie wild hin und her, stieg dann wieder hinunter und entschuldigte sich bei der Marschallin. Ihr Bett, sagte er, sei so schön gemacht, daß er nicht habe widerstehen können; und dies, ohne daß jemals etwas zwischen ihnen gewesen wäre; auch bot das Alter der Marschallin, die niemals unter solchem Verdacht gestanden, keinerlei Anlaß zu dergleichen Argwohn. Ihre Dienstboten waren verblüfft; sie selber nicht minder; aber sie zog sich geschickt aus der Affäre, brach in schallendes Gelächter aus und machte einige Scherze. Es ging das Gerücht, daß er zeitweise meine, ein Hund oder auch irgendein anderes Tier zu sein, dessen Gebaren er dann nachahmte. Und ich habe durchaus glaubwürdige Leute gesprochen, die mir versicherten, sie hätten beobachtet, wie er beim Coucher des Königs während der Abendgebete mit weitgeöffnetem Mund mehrfach jählings den Kopf emporgereckt hätte wie ein bellender Hund, ohne jedoch einen Laut von sich zu geben. Tatsächlich ließ er sich lange Zeit hindurch vor niemandem, nicht einmal vor seinen vertrautesten Dienern, sehen.

Gegen Ende seines Lebens, vor allem im letzten Jahr, nahm er nichts zu sich, gab nichts von sich, was nicht vor seinen Augen gemessen und abgewogen wurde. Das brachte seine Ärzte zur Verzweiflung. Immer wieder befielen ihn Fieber und Gicht, er verschärfte seine Leiden durch allzu strenge Diät und durch sein Einsiedlerleben, denn er wollte niemand empfangen, meistens nicht einmal seine nächsten Familienangehörigen; durch Unrast und durch geradezu spitzfindige Beschäftigung mit seiner Krankheit, die ihn dann in Wutanfälle versetzte. Finot, sein Arzt und damals auch der unsrige, wußte nicht mehr, wie er mit ihm fertig werden sollte. Was ihn, wie er mir mehr als einmal erzählte, am meisten verwirrte, war, daß Monsieur le Prince behauptete, er sei tot, und deshalb keine Nahrung mehr zu sich nehmen wollte und auf jeden Einwand nur erwiderte, die Toten äßen nichts. Dennoch mußte er, wenn er nicht tatsächlich sterben sollte, etwas zu sich nehmen, aber es war unmöglich, ihn zu überzeugen, daß er lebte und daß er folglich etwas essen müsse. Endlich vereinbarten Finot und ein anderer Arzt, ihm zu bestätigen, daß er tot sei, aber ihm einzureden, daß es Tote gäbe, die äßen. Sie machten sich anheischig, ihm das zu beweisen, und wirklich brachten sie ihm einige zuverlässige und eingeweihte Leute, die er nicht kannte, die ganz wie er als Tote auftraten, die jedoch aßen. Dieses Manöver überzeugte ihn, aber er wollte nur in ihrer Gesellschaft und im Beisein Finots etwas zu sich nehmen. So aß er mit gutem Appetit, aber diese Narrheit währte ziemlich lange, und ihre Anforderungen brachten Finot zur Verzweiflung. Gleichviel mußte er immer schallend lachen, wenn er uns von diesen Mahlzeiten und den Unterhaltungen aus dem Jenseits erzählte.

Monsieur le Prince lebte hernach noch geraume Zeit. Als sich seine Krankheit dann verschlimmerte, erkühnte sich Madame la Princesse, ihn zu fragen, ob er nicht an sein Gewissen denken und jemanden kommen lassen wolle. Er gefiel sich eine Weile darin, ihr zu widersprechen, denn er hatte seit einiger Zeit insgeheim den Pater de la Tour zugezogen. Der Pater wurde nun offiziell gebeten und kam während der letzten Wochen regelmäßig zu Monsieur le Prince. Die Jesuiten fühlten sich grausam betrogen; sie glaubten sich eines bei ihnen erzogenen Prinzen, der seinen einzigen Sohn in ihr Kolleg zur Erziehung gegeben, der stets nur mit ihnen umging und nur sie in Chantilly zu Gast hatte, vollkommen sicher. Der Affront schien ihnen bitter. Monsieur le Prince setzte also das in die Praxis um, was, wie ich bereits berichtete, der Präsident Harlay eines Tages zu den Jesuiten und Oratorianerpatres gesagt hatte, als sie wegen eines Prozesses zu ihm kamen: »Wie angenehm ist es mit Ihnen zu leben, hochwürdige Patres«, und dann zu den Oratorianern: ». . . und mit Ihrer Hilfe zu sterben.«

Unterdessen ging es ihm zunehmend schlechter. Man schickte zu den Oratorianern und nach Saint-Sulpice, und er empfing in aller Eile die Sterbesakramente. Kurz darauf ließ er Monsieur le Duc kommen, regelte alles mit ihm und mit Madame la Princesse, von der er unter Beteuerungen seiner Hochachtung und Freundschaft Abschied nahm und ihr mitteilte, wo sich sein Testament befände. Er hielt Monsieur le Duc zurück, mit dem er sich nur noch über die Ausstattung seiner Begräbnisfeierlichkeiten unterhielt. Mehrfach erklärte er, daß er den Tod nicht fürchte, weil er sich nach der Maxime seines Vaters gerichtet habe, daß man sich an die Gefahren von langer Hand gewöhnen müsse, um sich von ihnen nicht überraschen zu lassen. Er tröstete seinen Sohn, sprach dann mit ihm über die Schönheiten von Chantilly, von den Erweiterungen, die er dort geplant, den Gebäuden, die er begonnen hatte in der Absicht, die Nachfolger zu verpflichten, sie zu vollenden, von einer großen Summe Geldes, die eigens für diese Ausgaben bestimmt sei. Und mit solcher Art Thema beschäftigte er sich, bis sich sein

Denken verwirrte. Der Pater de la Tour und Finot, die mir von dieser Szene erzählten, hatten sich derweil in eine Ecke des Zimmers zurückgezogen. Die Standhaftigkeit dieses Fürsten hinterließ einen starken, die Verwendung seiner letzten Stunden indes einen recht traurigen Eindruck.

Der Tod von Monsieur le Prince entzweite seinen Sohn und seine Töchter und hatte, wie man später noch sehen wird, große Folgen. Der Großvater von Monsieur le Prince besaß an Vermögen alles in allem nur einhundertzwanzigtausend Livres Rente, als er die Tochter des letzten Connétable Montmorency heiratete. Er verstand es, seinen Besitz zu vermehren und von der ungeheuerlichen Konfiskation der Güter des letzten Duc de Montmorency, der 1632 in Toulouse hingerichtet wurde, gemächlich zu profitieren. Monsieur le Prince, sein Sohn, der Vater jenes soeben Verstorbenen, brachte trotz der Unkosten, die ihm die Fronde versursachte, und trotz seiner langen Zurückgezogenheit in Flandern seine Geschäfte nicht zu Schaden, und er erhielt durch den Tod seines Schwagers, des unverheirateten Duc de Brézé, Admiral von Frankreich, der vor Orbetello 1646 im Alter von siebenundzwanzig Jahren fiel, die ganze reiche Erbschaft des Hauses du Maillé. Monsieur le Prince, sein Sohn, hatte eine der reichsten Erbinnen Europas geheiratet und sein ganzes Leben darauf verwendet, seinen Besitz zu mehren. Abgesehen von den Juwelen und dem Mobiliar, deren Wert sich auf mehrere Millionen schätzen ließ, und den unerhörten Erweiterungen des Hôtel de Condé und Chantillys erfreuten er und Madame la Princesse sich einer Rente von 180 000 Livres, inbegriffen einer Pension von 150 000 Livres, die er als Erster Prinz von Geblüt erhielt; hinzu kamen noch die Einkünfte aus seiner Charge als Ordensgroßmeister und aus seiner Statthalterschaft.

Seinem Sohn blieb, da er ein Jahr darauf starb, nicht die Zeit, das alles zu verschwenden oder zu vermehren. Der Enkel, den wir als Premierminister gesehen haben und der, als er abdankte, zurückgezogen in Chantilly lebte, hat von seinen beiden Frauen nichts erhalten, hat aber zwei Millionen vierhunderttausend Livres Rente hinterlassen, ohne das Portefeuille, dessen Höhe unbekannt blieb, dazu eine beträchtliche Menge von Raritäten aller Art und eine üppig vermehrte Juwelensammlung.

Seine Ausgaben waren immer mehr als königlich gewesen. Im Hause, für die Jagd, bei Tisch, für Gesellschaften in Chantilly, für kostbare Möbel, für Gebäude und deren aufwendige Ausstattung. Er hatte vom König nicht mehr bezogen als sein Großvater. Er war beim Tode seines

Vaters achtzehn Jahre alt, einunddreißig, als er Premierminister wurde, ein Amt, das er nur zweieinhalb Jahre innehatte.

Er starb in Chantilly, das seither sein ständiger Aufenthaltsort gewesen, am 27. Januar 1740 im Alter von achtundvierzig Jahren.

Vendôme in Ungnade. – Der Duc de La Rochefoucauld zieht sich erblindet in die Einsamkeit zurück.

Ich sprach bereits über Vendômes Ausschluß aus der Armee. Der Sturz dieses Fürsten aller Hoffärtigen vollzog sich in drei Etappen von der höchsten Höhe in die tiefste Tiefe. Welcher Art Gründe den König auch veranlaßten, Vendôme das Kommando seiner Armeen zu entziehen, ich bin nicht sicher, ob alle Schlauheit und alles Ansehen der Mme. de Maintenon ausgereicht hätten und ob nicht doch die Machenschaften des Duc du Maine, die dieser ihr mit soviel Sorgfalt verbarg, letzten Endes gesiegt hätten, wäre nicht ein Zufall eingetreten. Wie ich bereits sagte, hatte Vendôme nach der Rückkehr aus Flandern nur eine einzige, recht kurze Audienz beim König gehabt. Er verabsäumte bei dieser Gelegenheit nicht, Puységur zu erwähnen, über den er sich bitter beklagte und dem er mit seiner üblichen Dreistigkeit alles Schlechte nachsagte. Puységur war dem König wohlbekannt; er genoß eine Art Sonderzutritt durch die ständige Berichterstattung über Einzelvorkommnisse in jenem Infanterieregiment des Königs, für dessen eigentlichen Oberst der König sich selbst ansah und bei dem Puységur bisher als Major und Oberstleutnant gedient hatte. Im Flandernfeldzug war er Berichterstatter des Duc de Beauvillier gewesen. Von Beginn des Feldzugs an hatte ihn die Führung Vendômes außerordentlich empört. Nichts von dem, was der General plante und ausführte, vermochte er zu billigen, und er nahm oft Gelegenheit, ihm das zu sagen und in jeder Weise zu bezeugen. Bei der Vereinigung mit der Armee des Duc de Berwick – dem engsten Freund des Duc de Beauvillier – hatte er sich mit jenem verbündet und blieb es während des ganzen Feldzuges. Das reichte aus, sich Vendômes unversöhnlichen Haß zuzuziehen.

Seit langem daran gewöhnt, dem König Sonderberichte vorzulegen, wußte Puységur genau, daß er, wäre er unmittelbar nach diesem so dornenreichen Feldzug erschienen, alles hätte brühwarm berichten müssen. Deshalb blieb er sechs Wochen oder gar zwei Monate zu Hause im Soissonnais, ehe er sich nach Versailles begab. Nachdem sich nun doch die erste Neugier gelegt hatte und nachdem er von den Anwürfen des Duc de Vendôme gegen ihn ins Bild gesetzt worden war, wollte er nicht mehr durch längeres Zögern den Eindruck erwecken, daß es ihm peinlich sei, sich zu zeigen. Also erschien er. Einige Tage später ließ der König, ihm stets sehr gewogen und der über das, was Vendôme ihm berichtet hatt, sehr bekümmert war, Puységur rufen und fragte ihn unter vier Augen nach dem Grund für all die Absurditäten, die ihm widerfahren seien. Puységur klärte diese Unterstellungen mit aller Deutlichkeit auf, so daß der König überrascht gestand, Vendôme habe ihm den Sachverhalt so dargestellt. Bei der Nennung dieses Namens ergriff Puységur, der äußerst gereizt war, die Gelegenheit: er gestand dem König zunächst, welche Motive ihn so lange zu Hause zurückgehalten hätten. Dann schilderte er ganz unbefangen und furchtlos M. de Vendômes Irrtümer und Torheiten, seine Hartnäckigkeiten, seine Übergriffe und Unverschämtheiten, und dies mit unmißverständlicher Eindringlichkeit, die den König aufhorchen ließ und die zu weiteren Erhellungen führte. Nachdem Puységur Vendômes Feldzüge in Italien, dann die in Flandern durchgesprochen hatte, entlarvte er den Marschall vollkommen, ließ den König den wahren Zusammenhang erkennen und legte dar, daß es nur einem reinen Wunder zu verdanken sei, daß dieser General Frankreich nicht schon hundertmal ins Verderben gestürzt hätte. Das Gespräch währte mehr als zwei Stunden. Dem König, der von allem überzeugt war und der aus langer Erfahrung nicht nur Puységurs Fähigkeiten kannte, sondern auch seiner Treue, seiner Aufrichtigkeit und Wahrheitsliebe gewiß war, fielen nun die Schuppen von den Augen. Er sah jenen Mann, dessen Charakter man ihm bisher so listig verborgen und den man ihm als Heros und Retter Frankreichs aufgezäumt hatte, plötzlich in ganz anderem Licht. Er schämte und ärgerte sich über seine Leichtgläubigkeit, und von diesem Gespräch an hatte Vendôme bei ihm ausgespielt.

Puységur, der zwar bescheiden und mild, aber ebenso wahrheitsliebend und empfindlich war und der nach dem Streit, den Vendôme in aller Öffentlichkeit gegen ihn geführt, und nach alledem, was dieser dem König kolportiert hatte, keine Rücksicht mehr zu nehmen brauchte, war mit dem Erfolg des Gesprächs zufrieden; gab den Inhalt alsobald in der Galerie zum besten und bot Vendôme und seiner ganzen Kabale die Stirn. Er schnaubte vor Zorn. Vendôme gleichfalls. Die Kabale reagierte nur mit jämmerlichen Sophistereien, die auf niemand Eindruck machten, und die Hellsichtigsten hielten sie nun für erledigt. Die bislang so sehr unterdrückte Gegenpartei nahm Puységur freudig auf, und Mme. de Maintenon, die Duchesse de Bourgogne sowie der Duc de Beauvillier bestätigten dem König, was er aus Puységurs Munde gehört hatte. Von den Ereignissen, die sich unmittelbar darauf begaben, habe ich bereits erzählt.

Vendôme, der vom Dienst ausgeschlossen wurde, verkaufte seine Equipage, zog sich nach Anet zurück, wo das Gras zu wachsen begann. Er bat den König, daß er ihm wenigstens noch in Marly, und Monseigneur, daß er ihm noch in Meudon seine Aufwartung machen dürfe. Dieses unverbindliche Fortbestehen von Auszeichnungen hielt ihn in der Einsamkeit, die er sich selbst zuzuschreiben hatte, noch ein wenig aufrecht und diente ihm als Beweis dafür, daß der König und Monseigneur nach wie vor mit seinen Diensten und mit seiner Einstellung zufrieden seien, eine Genugtuung, die ihm seine mächtigen Feinde nicht hatten rauben können; also ließen sich die Kabale und er mit aufgesetzter Philosophenmiene und geheuchelter Weltverachtung vernehmen, worauf niemand etwas gab. Doch so niedergeschlagen er auch war, trug er weiterhin in Marly und in Meudon jenes hochfahrende Wesen zu Schau, das er sich in den Zeiten seines Glanzes angemaßt hatte. Nachdem er die ersten Hemmungen überwunden hatte, fiel er wieder in seinen Dünkel und seine dröhnenden Reden zurück. Stets gab er den Ton an; wenn man ihn, wiewohl nur von wenigen Leuten umgeben, erblickte, hätte man ihn für den Mittelpunkt des Salons halten können. Und angesichts seiner Ungezwungenheit gegenüber Monseigneur und sogar gegenüber dem König, hätte man meinen können, er sei noch immer die Hauptperson. In seiner Frömmigkeit ertrug der Duc de Bourgogne die Anwesenheit und das Gehaben Vendômes ganz so, als hätte sich nichts zwischen ihnen ereignet; aber die Menschen, die ihn umgaben, litten darunter. Und die Duchesse de Bourgogne lauerte, ohne sich etwas merken zu lassen, ungeduldig auf eine Gelegenheit. Diese bot sich nach Ostern bei einer der ersten Reisen des Königs nach Marly. Damals war Brelan in Mode; Monseigneur spielte es dort von früh bis spät mit der Duchesse de Bourgogne. Als nun gerade ein fünfter Mitspieler fehlte, erblickte er am anderen Ende des Salons M. de Vendôme. Er ließ ihn rufen. Alsbald erklärte die Duchesse de Bourgogne in bescheidenem, aber festem Ton, Vendômes Gegenwart in Marly sei ihr schon ohnehin peinlich genug, auch wenn er nicht neben ihr am Spieltisch säße; sie bäte, man möge ihr seine Teilnahme ersparen. Monseigneur, der sich darüber weiter keine Gedanken gemacht hatte, mußte ihr das zubilligen. Er schaute sich im Salon um und ließ einen anderen bitten. Indessen war Vendôme an den Tisch getreten und mußte nun in Gegenwart der ganzen Gesellschaft die Ablehnung hinnehmen. Es läßt sich denken, in welchen Zorn dieser Affront den dünkelhaften Mann versetzte! Er tat keinen Dienst mehr, er hatte kein Kommando mehr, er war nicht mehr das angebetete Idol; er befand sich im Vaterhaus des Prinzen, den er so grausam beleidigt, und bekam es jetzt mit dessen geliebter und erzürnter Gemahlin zu tun: er machte auf dem Absatz kehrt, entfernte sich, so rasch er konnte, und begab sich auf sein Zimmer, wo er seine Wut austobte.

Die junge Prinzessin bedachte indes das Geschehene. Beruhigt darüber, daß ihr das Reden so leichtgefallen, besorgt aber auch, wie der König auf den Vorfall reagieren würde, entschloß sie sich, die Sache ganz spielerisch noch weiter zu treiben, um entweder einen vollen Erfolg zu erlangen oder aber sich aus der Verlegenheit zu ziehen. Denn bei all ihrer Zutraulichkeit wurde sie, weil sie sanft und schüchtern war, leicht verlegen. Sobald also die Partie Brelan beendet war, eilte sie, bevor noch der König kommen konnte, zu Mme. de Maintenon und erzählte ihr, was sich soeben ereignet hatte. Sie erklärte ihr, nach allem, was sich in Flandern zugetragen habe, sei es ihr höchst zuwider, M. de Vendôme zu begegnen. Sein stetes Erscheinen in Marly, wo sie ihm nicht aus dem Wege gehen könne, sei eine unablässige Beleidigung, an die sie sich nicht gewöhnen werde. Da die Versäumnisse dieses Generals so offenkundig seien, daß sie ihn das Kommando über die Armee gekostet hätten, könne kein anderer Grund vorliegen, ihn in Marly zu dulden als die Zuneigung des Königs zu ihm, und es bereite ihr großen Kummer, daß Vendôme vom König scheinbar ebenso hoch eingeschätzt werde wie sein Enkel und sie. Mme. de Maintenon sprach noch am gleichen Abend mit dem König über diese Angelegenheit. Der König, der des Duc de Vendôme völlig überdrüssig und dem es stets lästig war, jene vor Augen zu haben, die er mit gutem Grund als Unzufriedene betrachten mußte, ergriff nur allzugern eine Gelegenheit, sich zur Genugtuung seiner Enkelin und Mme. de Maintenons von dessen Gegenwart zu befreien. Ehe er sich schlafen legte, beauftragte er Blouin, M. de Vendôme am nächsten Morgen in seinem Namen zu sagen, er möge sich von nun an enthalten, um Einladung nach Marly zu bitten wo er sich ständig und notwendigerweise an denselben Orten aufhielte, wie die Duchesse de Bourgogne, der es schwerfalle, seine Gegenwart zu ertragen. Unvorstellbar, in welch finstere Verzweiflung Vendôme bei dieser so unerwarteten Nachricht geriet. Doch aus Furcht vor Schlimmerem schwieg er, wagte nicht mit dem König zu sprechen und entfloh, um seinen Zorn und seine Schande bei Crozat in Clichy zu verbergen. Das Abenteuer beim Brelan hatte großes Aufsehen erregt und sich bis nach Paris herumgesprochen.

Als sich Vendôme wieder etwas beruhigt hatte, überlegte er, welche Wege ihm noch offen blieben: Blouin hatte ihm nichts von Meudon gesagt. Er wußte, daß er an allen Reisen dorthin teilnehmen könne, und wie ein kleiner Provinzler begann er bei jeder Gelegenheit, sich der Freundschaft Monseigneurs zu rühmen. Zwei Monate später geschah es, daß der König und Mme. de Maintenon mit der Duchesse de Bourgogne zu Monseigneur nach Meudon kamen. Dieser Besuch war ein Rätsel. Mme. de Maintenon, die mit Mlle. Choin einig geworden war, wollte sich unbefangen mit ihr unterhalten, ohne sie nach Versailles bitten zu lassen, und der König war, wie sich denken läßt, eingeweiht. Man wird bald sehen, was es mit jener Verbindung auf sich hatte. M. de Vendôme, der wie gewöhnlich in Meudon weilte, besaß die Taktlosigkeit, sich als einer der ersten am Wagenschlag zu präsentieren: worauf die Duchesse de Bourgogne nach einem angedeuteten Nicken voller Entrüstung den Kopf zur Seite wandte, Vendôme, der das nicht übersehen konnte, trieb es dennoch weiter und beging die Torheit, sie am Nachmittag bei ihrem Spiel zu verfolgen; er wurde abermals abgewiesen, nur noch deutlicher. Aufs äußerste gereizt und aus der Fassung gebracht, ging er in sein Zimmer und kam erst später wieder herunter. Währenddessen gab die Duchesse de Bourgogne Monseigneur zu verstehen, wie rücksichtslos sich Vendôme ihr gegenüber verhielte. Als sie am Abend nach Versailles zurückgekehrt war, erzählte sie Mme. de Maintenon von dem Vorfall und beklagte sich unverhohlen beim König. Sie stellte ihm vor, wie hart es sei, von Monseigneur weniger gut behandelt zu werden als von ihm selbst. Und daß sich Vendôme im offenen Widerstand gegen sie zum Trost für Marly nun Meudon als Asyl aussuche. Die Princesse de Conti und einige andere Damen, unter anderem auch Mme. de Montbazon, hatten Monseigneur nach Meudon begleitet. Einen Tag, nachdem der König dort zu Mittag gegessen hatte, beklagte sich Vendôme bitter bei Monseigneur über die seltsame Behandlung, die ihm die Duchesse de Bourgogne angedeihen lasse; doch Monseigneur, mit dem die Duchesse am Abend zuvor gesprochen, gab ihm eine derart frostige Antwort, daß er sich tränenden Auges zurückzog. Am nächsten Tag legte sich die Princesse de Conti bei Monseigneur für Vendôme ins Mittel; sie erreichte auch nicht mehr. Alles, was sie daraus folgerte, war, Vendôme müßte der Duchesse de Bourgogne unbedingt aus dem Weg gehen, wenn sie nach Meudon käme; dies sei, bis sie sich wieder beruhigt habe, das mindeste an Ehrerbietung, was er ihr schulde. Eine so trokkene und knappe Anweisung schmerzte Vendôme, doch war er noch nicht am Ende seiner selbst heraufbeschworenen Demütigungen. Der darauffolgende Tag sollte allen Vermittlungen und Fürsprachen ein Ende bereiten; Vendôme saß am Nachmittag in einem Nebengemach beim Spiel, als d'Antin aus Versailles kam; er näherte sich dem Spieltisch und erkundigte sich, wie es stünde, und zwar mit einem Nachdruck, der Vendôme zu einer Gegenfrage veranlaßte; d'Antin antwortete ihm, er wolle ihm Bericht erstatten über das, was er, Vendôme, ihm aufgetragen habe. »Ich?« meinte Vendôme ganz überrascht. »Ich habe Sie um nichts gebeten.« – »Verzeihen Sie«, entgegnete d'Antin, »Sie erinnern sich doch, daß ich Ihnen eine Antwort zu überbringen habe.« Bei dieser Replik begriff Vendôme, daß es sich um etwas Besonderes handle. Er verließ den Spieltisch, folgte d'Antin, der ihn in eine kleine Garderobe führte und ihm dort mitteilte, der König habe ihm befohlen, Monseigneur in seinem Namen zu bitten, Vendôme nicht mehr nach Meudon einzuladen, so wie er selbst ihn nicht mehr nach Marly einlade, da seine Anwesenheit die Duchesse de Bourgogne beleidige. Auch wünsche der König ausdrücklich, Vendôme möge nicht weiter darauf insistieren. Da packte Vendôme sinnlose Wut; er schnaubte und spie wie ein Rasender alles an Bosheiten aus, was ihm gerade einfiel. Noch am selben Abend wandte er sich an Monseigneur, der ihn jedoch, ohne sich im mindesten zu erregen, mit der gleichen Kaltblütigkeit, die er ihm unlängst bezeigt hatte, nun völlig ausschloß. Die wenigen Tage, die Vendôme noch verblieben, verbrachte er in Unschlüssigkeit und finsterster Laune, und als Monseigneur nach Versailles zurückkehrte, entfloh er geradenwegs nach Anet. Aber da er nirgends zur Ruhe kam, begab er sich unter dem Vorwand, zur Jagd zu gehen, ohne jegliche Begleitung mit seinen Hunden für einen Monat auf sein Gut La Ferté-Aletz. Dann kam er nach Anet zurück, um sich in seiner Ödnis einzurichten, vollkommen aufs trockne gesetzt und außerstande, diese so eindeutige und unübersehbare Kaltstellung zu ertragen. Nachdem er so lange daran gewöhnt war, alles zu erreichen und alles zu vermögen, das Idol der Gesellschaft, des Hofes und der Armee zu sein, sich dort samt seiner Laster anbeten, seine ärgsten Versäumnisse bewundern, alle seine Fehler kanonisieren zu lassen, nachdem er sich erdreisten konnte, den unglaublichen Plan zu fassen, den Thronerben, der ihm nie etwas anderes als Güte erwiesen, zugrunde zu richten, und nachdem er tatsächlich acht Monate mit größtem Getöse und skandalösem Erfolg über ihn triumphiert hatte, sah man diesen gewaltigen Koloß nun durch den

Atem einer jungen, klugen und mutigen Prinzessin zu Boden geworden, die dafür den wohlverdienten Beifall erntete. Alle, die auf ihrer Steite standen, waren entzückt zu sehen, wessen sie fähig war, und wer ihr und ihrem Gemahl feindlich gesinnt war, erbebte darob. Diese so hochgespielte, so angesehene und so engverbundene Kabale, die dieses junge Paar hatte vernichten wollen, um nach dem König unter Monseigneur an ihrer beider Stelle zu herrschen, jene so unternehmenden, so dreisten männlichen und weiblichen Anführer, die sich ob ihres Erfolges so große Dinge versprochen, die mit ihren tönenden Reden alle anderen unterjocht hatten, verfielen nun in tiefe Niedergeschlagenheit und tödlichen Schrecken. Es war eine Wonne zu sehen, wie sie nun um jene Vertreter der gegnerischen Partei, denen sie einige Geltung zusprachen und die sie in ihrer Arroganz bisher verachtet und gehaßt hatten, herumschwänzelten, mit welcher Verlegenheit, mit welcher Furcht, mit welchem Entsetzen sie vor der jungen Prinzessin zu kriechen begannen, und in welch jämmerlicher Weise sie den Duc de Bourgogne hofierten und jedem, der diesem nahestand, geschmeidige Unterwürfigkeit erwiesen. Duc de Vendôme, der keinen anderen Rückhalt hatte als den, den er in seinen Lastern und bei seinen Dienern fand, ließ nicht davon ab, sich diesen gegenüber immer wieder der Freundschaft Monseigneurs zu rühmen, auf die er, wie er sagte, mit Gewißheit bauen konnte, und er sprach von der Gewalt, die man diesem Prinzen seinetwegen angetan habe. Er war soweit herabgesunken, daß er hoffte, seine Reden würden nach und nach in die Gesellschaft getragen, wo ihm, wenn man sie zur Kenntnis nähme, der Gedanke an die Zukunft wieder Gewicht geben müßte. Die Gegenwart aber war ihm unerträglich. Um sich ihr zu entziehen, gedachte er, in Spanien Dienst zu tun. Er schrieb der Princesse des Ursins, um sich anfordern zu lassen, denn man braucht dort jeden: er wurde gebeten. Aber die Ungnade, in die er gefallen, war noch zu frisch, als daß er hoffen konnte, sie abzuschwächen. Der König vermerkte es übel, daß der Duc de Vendôme sich an Spanien klammern wollte. Er verweigerte es ihm schlicht und machte diese Intrige zunichte, obwohl sie sich, wie wir sehen werden, bald aufs neue anspinnen sollte. Niemand gewann bei diesem Sturz mehr als Mme. de Maintenon; nicht nur, daß sie es freudig genoß, einen Mann gezüchtigt zu haben, der es gewagt hatte, so lange und so erfolgreich gegen sie aufzutreten, sie spürte überdies daß sie dem Hof nach diesem Machtbeweis ständig mehr Schrecken einflößte, denn niemand bezweifelte, daß ihre Hand diesen Schlag geführt hatte. Bald werden wir sie einen weiteren Schlag führen sehen, der nicht weniger Schrecken erregte. Zur gleichen Zeit war es ihr beschieden, sich von einem Favoriten befreit zu sehen, der sie, weil er niemals das Knie vor ihr gebeugt, ihr Leben lang gereizt hatte und der ihr um so abscheulicher war, weil ihr die Gefühle des Königs für ihn zu bekannt waren, als daß sie sich erkühnt hätte, etwas gegen ihn zu unternehmen. Ich sage, es war ihr beschieden, weil die Gunst aufgebraucht war und weil das Alter und die schwache Sehkraft jenen zu einer Zurückgezogenheit zwangen, die ihn aus ihrem Umkreis entfernte.

Ich spreche von dem Duc de La Rochefoucauld.

Nichts an ihm erinnerte irgendwie an seinen Vater, jenen Mann, der durch seinen Geist, seinen Feinsinn, seine Galanterie, seine Intrigen und durch die Rolle, die er bei der Fronde gespielt hatte, soviel Aufsehen in der Gesellschaft erregte. Als die Wirren beendet waren, der Kardinal Mazarin wieder Herr der Lage und der nunmehr vermählte König samt der Elite des Hofes, des Geistes, der feinen Lebensart und des guten Geschmacks beständig bei der Comtesse de Soissons weilte, erschien plötzlich der Prince de Marcillac, mit einem Gesicht, das nichts sagte und nichts zu sagen hatte; ohne Charge, ohne Dienstgrad. Als Sohn eines Vaters, dem der König niemals verziehen hatte, und der, ohne sich dem Hof zu nähern, in Paris das Entzücken der geistigsten und gewähltesten Kreise war, vermochte dieser Sohn niemandem in der Umgebung des Königs Furcht einzuflößen. Ich weiß nicht, wie es zuging, und kein Mensch hat es je begreifen können, aber binnen weniger Tage gefiel er dem König, dessen Geschmack sich inmitten eines so glänzenden, so raffinierten, so geistreichen Hofes durchaus nicht verfeinert hatte, so sehr, daß er ihn mit Gunstbeweisen überhäufte. Er ernannte ihn zum Oberkämmerer und später, weil er, wie man behauptete, einen Eber ins Netz getrieben, zum Großjägermeister. Er wurde zum Vertrauten der flüchtigen Abenteuer des Königs, und man beschuldigte ihn seinerzeit, dem König Mlle. de Fontanges zugeführt zu haben. Ihr jäher, unter Giftverdacht stehender Tod änderte nichts an der Gunst ihres Freundes, der sich dann eng mit Mme. de Montespan, Mme. de Thiange und deren ganzer Familie verband. Diese Beziehung, die seine Entfremdung von Mme. de Maintenon bewirkte, währte sein Leben lang ganz so wie die Gunst, die ihm zu Recht den Namen *der Freund des Königs* eintrug, weil sie hoch über jeder anderen stand, unabhängig von allen Stützen oder Unterstützungen, gleichsam unerschütterlich gegen jeden Stoß. Er zog immense Summen aus dem König heraus, der ihm dreimal seine Schulden bezahlte und ihn unterderhand stets mit üppigen Geschenken bedachte. Er war sehr stolz, ebenso tapfer wie ehrenhaft, sein Denken war ganz auf den Hof bezogen; überdies war er nobel, großartig und stets bereit, für jene, die er beschützte, und häufig auch für Unbekannte, die entweder Meriten hatten oder denen ein Unglück widerfahren war, eine Lanze beim König zu brechen. Er war einerseits beschränkt, andererseits erstaunlich unwissend, ruhmsüchtig, hart, rauh und wild und, da er sein ganzes Leben bei Hofe verbracht hatte, verlegen gegenüber jedem, der nicht subaltern war oder nicht zu seinem gewohnten Umgang gehörte. Als ältester der La Rochefoucaulds höchst arrogant, hochfahrend, wie sie es alle sind, und folglich sehr abweisend.

Wiewohl der Duc de La Rochefoucauld sich sein Leben lang der höchsten Gunst erfreute, mußte ihn diese, sofern er nur das geringste Freiheitsbedürfnis verspürte, teuer zu stehen kommen. Niemand hätte beflissener, mit mehr Unterwürfigkeit und, man kann es nicht anders bezeichnen, mit mehr sklavischer Demut den Diener zu spielen vermocht. Es hätte sich kaum ein zweiter gefunden, der über vierzig Jahre ein solches Leben ertragen hätte: er fehlte bei keinem Lever und bei keinem Coucher, die Jagd und die Spaziergänge des Königs versäumte er nie; zehn Jahre hintereinander nächtigte er nirgend anders als dort, wo der König nächtigte, vierzig Jahre hindurch hatte er keine zwanzig Nächte in Paris verbracht; nie war er krank, nur am Ende seines Lebens plagten ihn kurze Gichtanfälle. Die letzten zwölf oder fünfzehn Jahre unterzog er sich in Liancourt einer Milchkur und nahm ein einziges Mal fünf oder sechs Wochen Urlaub; ebenso viele, um einmal auf sein Gut in Verteuil im Poitou zu gehen, wo es ihm sehr gut gefiel und wo er sich beim letzten Urlaub noch keine acht Tage aufhielt, als der König ihm durch einen Kurier mitteilen ließ, daß er einen Furunkel habe und ihn aus Freundschaft und Vertrauen in seiner Nähe zu haben wünsche. Drei- oder viermal im Jahre begab er sich zum Mittagessen nach Paris, etwas öfter in ein kleines Haus bei Versailles, wohin auch der König kam, aber er blieb dort nie über Nacht. In Versailles waren seine Gemächer von morgens bis abends geöffnet; das Gewimmel der Diener eines zu nachgiebigen Herrn, die Rücksichten, die man auf sie zu nehmen hatte, das Gebaren und der Ton, den jene sich dort anmaßten, verscheuchten die gute Gesellschaft, die ihn nur selten und nur für kurze Augenblicke aufsuchte. Die Gesellschaft wußte nicht recht, was sie mit ihm anfangen sollte, und er war ihr gegenüber gehemmt, so hatten die Müßiggänger und Lungerer des Hofes und alle jene Leute, die nirgendwo anders Zutritt gefunden hätten, dort einen Tummelplatz; sie schlugen daselbst ihr Domizil auf, erfreuten sich ihrer Futterkrippen und erduldeten die Launen eines Herrn, der ein hartes Regiment führte und der sich unter besseren Leuten fehl am Platz fühlte. Aus diesem Grunde und weil sein Dienst beim König ihm viel Zeit raubte, hatte er es fast gänzlich aufgegeben, jemanden zu besuchen, nur aus Freundschaft begab er sich ab und an zum Kardinal Coislin, zu M. de Bouillon und dem Marschall de Lorge.

Man sollte annehmen, daß er glücklich gewesen, aber niemals war ein Mensch es weniger. Alles ging ihm gegen den Strich, die belanglosesten und gleichgültigsten Dinge reizten ihn, und er war so daran gewöhnt, Erfolg zu haben, daß ihm alles, was er für sich oder für andere erhielt, null und nichtig erschien; dennoch gab es niemanden, der so mißgünstig auf andere war. Die kleinste Vergünstigung, die weder für ihn noch für seine Freunde in Frage gekommen wäre, betrübte ihn tief; wenn einem anderen eine Gunst zufiel, wie zum Beispiel M. de Chevreuse, M. de Beauvillier, M. le Grand oder dem Marschall de Villeroy, geriet er außer sich und konnte das nicht verhehlen. Er haßte die drei ersteren aus Eifersucht, den letzteren etwas weniger, weil er Respekt vor ihm hatte.

Schließlich mißbrauchten ihn seine aussaugerischen Freunde und seine Diener gänzlich für sich und die Ihren; sie veranlaßten ihn, den König mit ungebührlichen und unerfüllbaren Bitten so oft zu belästigen, daß dieser, dessen überdrüssig, sich angewöhnte, ihn abzuweisen, so daß zwischen den beiden eine Spannung entstand, die La Rochefoucauld daran denken ließ, sich zurückzuziehen; ein Gedanke, der ihn lange Zeit beschäftigte und in Illusionen wiegte. Seine Sehkraft war schon sehr geschwächt, so daß er nicht mehr ausreiten konnte. Er fuhr im Wagen zur Jagd, wenn man den Hirsch nicht erlegte, bekam er einen Wutanfall, der anhielt, bis man ihn auf der nächsten Jagd erlegte. War der Hirsch verendet, ließ er sich aus dem Wagen helfen und zum König führen, um ihm den Vorderlauf zu präsentieren, mit dem er ihm dann direkt vor den Augen herumfuchtelte, was dem König und sogar der Gesellschaft ebenso peinlich war wie der Anblick, den er bot, wenn er, wie schlafend, halbtot in seinem Wagen lag. Zuweilen versuchte der König, ihm vorsichtig zu empfehlen, sich zur Ruhe zu setzen; das traf den Favoriten, der, da fast erblindet, dem König nicht mehr folgen noch dienen konnte, mitten ins Herz; er fühlte, wie sehr er zur Last fiel. Kaum mehr angehört, fast immer ausgeschlossen, mit Kühle abgewiesen, stärkte der Zorn schließlich den Mut; er zog sich zurück, aber auf recht klägliche Weise. Rastlos irrte er zwischen seinem Haus in Paris und Sainte-Geneviève hin und her; hier wie dort hätte es ihm weder an Gesellschaft noch an Hilfe gemangelt; aber seine Diener, die ihn beherrschten, erlaubten ihm weder das eine noch das andere. Sie wollten, daß er für sie erreichbar sei, um ihn nach Belieben zum König zu schicken, damit er bei jenem die eine oder die andere Gunst erwirke und aus einem Rest von Ansehen noch herauszöge, was herauszuziehen war. Sie sperrten ihn in Chénil bei Versailles ein, einem weit abgelegenen Ort, der Langeweile und dem Schmerz eines Blinden ausgeliefert, jeder Beschäftigung, jeder Gunst und jedes Umgangs beraubt, wo er bald völlig vereinsamte.

Tod Saumerys. – Porträt.

Im Alter von sechsundachtzig Jahren starb der alte Saumery in seinem Hause nahe bei Chambord. Er war ein schöner Greis von altem Schrot und Korn, ehrbewußt und tapfer; der König war ihm wohlgesonnen und schätzte ihn sehr.

Heinrich IV. hatte unter anderem zwei Diener aus dem Béarn mitgebracht; der eine hieß Joanne – das war vielleicht sein Taufname, denn viele Basken nennen sich so –, der andere Béziade; sie waren beide lange Zeit nur Diener. Als Heinrich IV. auf den Thron kam, wurde Joanne Gärtner, dann Hausmeister, aber einer, der putzen und fegen mußte wie ein Hausmeister bei Privatpersonen, und nicht wie ein Hausmeister heute in königlichen Häusern. Zu solch einer Stellung gelangte schließlich sein Sohn, obwohl er immer noch etwas nach Diener roch. Aber er bereicherte sich sehr, so kam es, daß er eine Schwester von Mme. Colbert heiratete; sie war bei Saumerys Heirat noch eine schlichte Bürgerin von Blois und der berühmte Colbert noch ein kleiner Bub. Als letzterer dann eine Vertrauensstellung beim Kardinal Mazarin innehatte, dessen Intendant er wurde, gab er seinem Schwager Saumery eine Aufstiegschance; er verschaffte ihm kleine Posten beim Heer, wo jener einige Tapferkeit bewies. Nachdem Colbert zu Rang und Ansehen gelangt war, protegierte er ihn, so gut er konnte und soweit es in seiner noch jungen Macht stand, und veranlaßte schließlich, daß sein Schwager Gouverneur und Jagdaufseher von Chambord und Blois wurde. Dieser Saumery hinterließ zwei Söhne, deren älterer, ein gutaussehender Mann mit imponierendem Auftreten, in einer der Schlachten unter Turenne am Knie verwundet worden war; er heiratete eine Tochter von Besmaus, dem Gouverneur der Bastille, und erhielt durch dessen Vermittlung sowie durch das Wohlwollen, das der König seinem Vater erwies, ebenfalls das Gouvernement von Chambord und Blois. Damit glaubte er ein gemachter Mann zu sein, er lebte friedlich in seinen vier Wänden und erfreute sich seines Glücks, bis M. de Beauvillier, der zum Erzieher der königlichen Enkel ernannt worden war und dem der König die Wahl ließ, wen er noch zur Erziehung der Kinder heranziehen wollte, Saumery veranlaßte, den Ufern der Loire den Rücken zu kehren, da er ihn zum zweiten Erzieher machte. Zunächst suchte Saumery sich in diesem für ihn neuen Bereich zurechtzufinden, hernach sich dort zu verankern: geschmeidig, ergeben, emsig in seinem Amt schmeichelte er den Ministern und machte allen Leuten von Rang den Hof. Was er an Geist besaß, verwandte er auf Intrigen, die weder Rechtschaffenheit noch Dankbarkeit einzudämmen vermochten. Er befleißigte sich, einflußreiche Frauen für sich zu gewinnen, und er setzte, wie man zu sagen pflegt, seinen Fuß in jeden Schuh. Kein Mensch hat so viele Wege durch das Schloß von Versailles gemacht, niemand ist so viele Treppen hinauf- und hinabgestiegen, und niemand verstand es, aus einer alten Verwundung so viel Nutzen zu ziehen. Schließlich bildete er sich ein, jemand zu sein: er blähte sich auf, spielte den Wichtigen, und niemals kam es ihm in den Sinn, daß er nichts weiter als unverschämt sei. Er flüsterte den Leuten nunmehr ins Ohr oder sprach mit vorgehaltener Hand, meist in spöttischem Ton; ständig flüchtete er sich in Nichtigkeiten, die er auf geheimnisvolle Weise zusammenzutragen pflegte. Dank der nötigen Geschicklichkeit und Machenschaften sowie der Verblendung Beauvilliers gelang es ihm, aus dem König nahezu achtzigtausend Livres Rente für sich und seine Kinder herauszuziehen, die für fast nichts die größten Regimenter erhielten. Gleichviel pflegte er vor den Leuten stets zu jammern, im Untergrund aber war er ein Aufwiegler. Er hatte es sich zur Gewohnheit gemacht, von niemandem als »Monsieur« oder »Madame« zu sprechen, nicht einmal von denen, bei denen Brauch oder Achtung die Bezeichnung vom Namen untrennbar gemacht hatte. »Mons'« war sein äußerstes, und er zitierte auf diese Weise die hochgestelltesten Personen, die ihn, wie er behauptete, ins Vertrauen gezogen und ihm angeblich dies oder jenes mitgeteilt haben sollten. Als er einmal durch Rom kam, ohne dort zu übernachten, machte er Papst Clemens XI. eine kurze Aufwartung, begab sich nach Sankt Peter, blieb am Portal stehen, sagte: »Wenn das alles ist ...«, und ging wieder davon. Der gute Papst hat dieses Verhalten niemals vergessen können und es hundertmal wiedererzählt. Und wirklich, es ist einzig in seiner Art. Dieser Scharlatan glich jenen Ratten, die das sinkende Schiff verlassen. Er hatte aber keine gute Nase. Er stöberte überall herum, so daß es ihm nicht schwerfiel zu bemerken, welchen Aufstieg der Duc d'Harcourt vor sich zu haben schien und wie es mit Beauvillier, dem er sein ganzes Dasein und Glück verdankte, scheinbar bergab ging: der Bursche zauderte nicht, sich d'Harcourt anzuschließen, der Saumery mit Begeisterung aufnahm, da er hoffte, von ihm etliches über Leute in Erfahrung zu bringen, die er zu stürzen gedachte, um sich auf ihren Ruinen zu erheben. Vor allem hatte Saumery sich an den Duc de Bourgogne angeschlossen; doch unter dem Vorwand seines verwundeten Knies blieb er der Jagd fern, und wenn er vom Krieg hörte, wurde er entweder krank oder mußte zur Kur in ein Bad. Während der Schlacht um Lille kam er von dort nach Versailles zurück, und als er sah, daß die Neunmalklugen für Vendôme Partei ergriffen, stellte er sich auf ihre Seite, schloß sich, um mit der Mode zu gehen, der triumphierenden Kabale an und schandmaulte schlimmer als jeder andere. M. de Chevreuse und M. de Beauvillier, die in ihrem blinden Vertrauen nichts von Saumerys Abfall hatten sehen und hören wollen und ihn sehr wohlwollend behandelten, sofern er geruhte, sie zu besuchen, konnten kaum glauben, wie er sich über den Duc de Bourgogne zu äußern pflegte. Aufgrund dieses Verhaltens gewann Saumery M. du Maine für sich, der sich in der Folge von dem sterbenden König zu einem der zweiten Erzieher des heutigen Königs ernennen ließ.

*Sold der Leibgarden und anderer Regimenter nicht ausgezahlt. –
Unruhen auf den Märkten von Paris. – Schmähschriften gegen den
König. – Der Hofadel stiftet sein Silbergeschirr.*

Wenige Tage, nachdem die Armeegenerale ernannt worden waren, arbeiteten der Marschall de Villars, der unter Monseigneur in Flandern befehligen sollte, mit jenem allein und dann zusammen mit dem König in Meudon, von wo aus er sich Mitte März nach Flandern begab, um die nötigen Vorbereitungen zu treffen. Er kam in den ersten Maitagen zurück, legte Rechenschaft von seiner Reise ab, um bald darauf wieder aufzubrechen. Die Truppen waren nicht bezahlt, und Magazine hatte man nirgends anlegen können. Villars jedoch machte sich wichtig und erging sich wie üblich in großen Sprüchen; er lechze nach Schlachten, verkündete er, nur eine Schlacht könne den Staat noch retten, und er gedenke eine solche in der Ebene von Lens zu liefern; durch solch prahlerische Reden erweckte er Mißtrauen, so daß die wenigen vernünftigen Leute, die es noch gab, vor Entsetzen erstarrten bei dem Gedanken, die letzten Reserven des Staates in Villars' Händen zu sehen. Gleichviel spürte er das Gewicht der Bürde durchaus, aber er wähnte, er könne die Gesellschaft, ja sogar die Feinde durch seine Großsprecherei verblüffen, auch wollte er den König und Mme. de Maintenon beruhigen und ihnen eine erhabene Vorstellung von sich und seinen Fähigkeiten vermitteln. Er arbeitete mit dem König und etliche Male mit Monseigneur, gab sich den Anschein, letzterem genaue Rechenschaft abzulegen; dieser Prinz fühlte sich stets geschmeichelt, wenn er sich an wichtigen Entscheidungen beteiligen durfte. So sprachen auch Chamillart und Desmaretz mit ihm über Staatsgeschäfte, der eine über Strategie und die Aufstellung der Truppen, der andere über die Geldquellen.

D'Harcourt, der vorsichtiger und maßvoller war, hatte das Kommando über die Flandernarmee abgelehnt. Er zog es vor, sich die Möglichkeit zu bewahren, den Gang der Handlung von ferne zu kritisieren; zwar wollte auch er eine Armee befehligen, aber weit hinter der Front, um, da er mit Monseigneur sehr gut stand, dem Duc de Beauvillier seinen Zögling abspenstig zu machen oder zumindest einen Altar gegen den anderen aufzurichten. Er arbeitete also mit dem Duc de Bourgogne, aber durchtrieben, wie er war, tat er noch ein übriges; er schlug dem jungen Prinzen vor, die Duchesse de Bourgogne bei ihrer Arbeit anwesend sein zu lassen, und umgarnte sie auf diese Weise alle beide.

Mehr als zehn Wochen vor der Ernennung der Generale waren schlimme Gerüchte über Chamillart in Umlauf gekommen, auf dessen Posten man, wie es in der Öffentlichkeit hieß, d'Antin setzen wollte. Ich hatte Chamillarts Tochter, Mme. Dreux, die einzige in der Familie, mit der man ein vernünftiges Wort reden konnte, einen Hinweis gegeben und sie dringend ermahnt, ihrem Vater nahezulegen, mit dem König über diese Gerüchte zu sprechen: obwohl er sich ganz sicher fühlte, tat er es dann schließlich, aber er machte nur halbe Sache. Er sprach zwar von den Gerüchten, aber er beging einen entscheidenden Fehler, weil er keine Namen nannte. Das klügste war, daß er den König dann bat, dieser möge ihm, wenn jemand Kritik an ihm übe, das unumwunden mitteilen. Der König schien gerührt, versicherte ihn seiner Achtung und Freundschaft, lobte ihn sogar und entließ ihn in einer Weise, daß Chamillart höchst befriedigt und dem Anschein nach in bestem Einvernehmen mit dem König davonging.

Aber dieser Anschein vermochte mich nicht zu überzeugen. Ich wußte zu gut, wie feindselig Mme. de Maintenon und die Duchesse de Bourgogne ihm gesinnt waren: gleich zwei scharfen Jagdhunden zerrten sie ihn beständig an den Ohren. Der Marschall de Boufflers hatte ihn niemals gemocht, er beklagte sich wiederum und mit Bitternis über das, was Chamillart in Lille alles verabsäumt habe. Von Mme. de Maintenon ermutigt und von d'Harcourt unterstützt, behandelte er den Minister ohne jede Rücksicht. Als guter Staatsbürger rechnete er sich das gleichsam zur Ehre an. D'Harcourt pflegte Chamillart in allen Unterhaltungen, die er führte, fachkundig zu sezieren. Eines Tages, als er sich bei Mme. de Maintenon mit harten Worten geäußert hatte, fragte diese ihn, wen er denn an seine Stelle setzen würde. »Monsieur Fagon, Madame«, erwiderte d'Harcourt trocken. Sie lachte, meinte indes, es sei jetzt kein Anlaß zum Scherzen. »Ich scherze durchaus nicht, Madame«, entgegnete er, »Monsieur Fagon ist ein guter Arzt, aber kein guter Kriegsmann; Chamillart ist ein Verwaltungsbeamter und auch kein Kriegsmann. Fagon verfügt über Geist und Einsicht, Chamillart weder über das eine noch über das andere. Fagon würde aufgrund mangelnder Erfahrung anfangs Fehler machen, aber er würde sie bald mittels Verstand und Nachdenken korrigieren; auch Chamillart begeht Fehler, aber am laufenden Band und derart, daß sie den Staat an den Rand des Abgrunds bringen, denn er hat keinerlei Selbstkritik. Ich behaupte also allen Ernstes, daß Fagon weit tauglicher wäre.« Es ist kaum vorstellbar, welchen Schaden dieser Sarkasmus Chamillart zufügte und wie lächerlich er ihn machte.

Einige Zeit darauf tat der König etwas, was für ihn ganz ungewöhnlich war und der Gesellschaft viel Anlaß zu Gerede gab. Er empfing in seinem Arbeitszimmer die beiden Marschälle de Boufflers und de Villars in Gegenwart von Chamillart. Das war am Freitag, dem 7. Mai, nachmittags. Darauf begab sich Villars nach Paris mit dem Befehl, am Sonntag morgen wieder in Marly zu sein. War man schon überrascht über diese Art kleinen Kriegsrats, war man es am Sonntag nachmittag noch mehr; zum ersten Mal in seiner Regierungszeit hielt der König einen wirklichen Kriegsrat ab. Er ließ auch den Duc de Bourgogne dazu bitten, wobei er ein wenig boshaft meinte: »Sofern Sie es nicht vorziehen, zur Vesper zu gehen.« An dieser Sitzung nahmen Monseigneur und der Duc de Bourgogne teil sowie die Marschälle Boufflers und Villars, überdies d'Harcourt, Chamillart und Desmaretz. Die Sitzung dauerte fast drei Stunden und verlief stürmisch. Man besprach die Operationen des Feldzuges und den Zustand der Grenzen und der Truppen. Die der Vormundschaft der Minister ein wenig entwachsenen Marschälle setzten diesen, von denen einer bereits geschwächt, der andere neu und noch nicht recht verankert war, hart zu. Alle drei, Villars mit etwas mehr Zurückhaltung als die beiden anderen, fielen über Chamillart her. Der König ergriff nicht für ihn Partei und ließ es zu, daß Boufflers und d'Harcourt, die sich den Ball zuwarfen, ihn unbarmherzig zerzausten, bis sich Chamillart, der mild und maßvoll, aber noch nicht an solche Verletzung der Eigenliebe gewöhnt war, ereiferte und so laut wurde, daß man seine Stimme sogar im kleinen Salon, dem Arbeitszimmer des Königs, hören konnte. Es ging um die Räumung der befestigten Plätze und um den schlechten Zustand der Truppen, wozu Desmaretz auch etwas sagen wollte. Aber der König schnitt ihm alsbald das Wort ab. Die Leibgarden waren seit langer Zeit nicht ausgezahlt worden. Boufflers, Gardehauptmann im Dienst, hatte dem König davon berichtet; er war schlecht angekommen. Er blieb beharrlich: der König erwiderte ihm, er sei unzureichend informiert, denn sie seien ausbezahlt worden. Nun hatte sich aber der empörte Boufflers mit einem genauen und detaillierten Auszug aus den Soldlisten versehen und diese Liste zu sich gesteckt. Als die Sitzung aufgehoben war, hielt er die Teilnehmer zurück, zog die Liste aus der Tasche und bat den König, überzeugt zu sein, daß er stets wohlinformiert sei, wenn er ihm etwas vortrage. Ein kurzer Blick auf die Liste bewies mit aller Deutlichkeit das Elend der Leibgarden, die tatsächlich so gut wie nichts bekommen hatten. Der König, der darauf am allerwenigsten gefaßt war, richtete sich auf und fragte Desmaretz, dem er einen strengen Blick zuwarf, was das bedeuten solle, er habe ihm doch fest versichert, daß die Garden ausgezahlt worden seien. Desmaretz wurde kleinlaut, sprach ganz verwirrt, nahm die Liste, brummelte etwas zwischen den Zähnen, worauf Boufflers ihn in barschem Ton anherrschte. Desmaretz ließ den Sturm abklingen und gestand dann dem König, er habe wirklich geglaubt, die Garden seien ausbezahlt, aber er habe sich getäuscht, worauf Boufflers abermals aufbrauste und ihm zu verstehen gab, daß man seiner Sache sicher sein müsse, ehe man solche Behauptungen aufstelle. Die beiden anderen Marschälle bewahrten indessen tiefes Schweigen, und Chamillart, der sich bislang damit begnügt hatte, vor sich hin zu schmunzeln, konnte sich nicht enthalten, seinerseits dem Generalkontrolleur einen Verweis zu erteilen. Als Bouffler seine Strafpredigt beendet hatte, ergriff Chamillart mit sichtbarer innerer Erregung das Wort und erklärte, er bitte den König flehentlich, überzeugt zu sein, daß es sich mit vielen Dingen ganz ebenso verhielte, daß kein einziges Regiment ausbezahlt sei und daß die Beweise bald beigebracht werden könnten. Eines derart unerfreulichen und unerwarteten Ausgangs des Kriegsrats müde, unterbrach der König Chamillart durch eine Ermahnung an Desmaretz, er möge sich fortan genauer über das, was er vortrüge, unterrichten, und hob dann die Sitzung auf. Villars beurlaubte sich und kehrte nach Flandern zurück.

Auf den Pariser Märkten war es verschiedentlich zu Meutereien gekommen, was Anlaß gab, mehr Kompanien von französischen und Schweizergarden zurückzuhalten als sonst. Der Polizeileutnant d'Argenson wäre in Saint-Roch, wo er auf einen großen wütenden Volksauflauf stieß, beinahe ins Wasser geworfen worden; ein armer Mann, der zu Boden gefallen war, wurde von der Menge totgetreten. In Chénil erhielt der Duc de La Rochefoucauld eine anonyme Schmähschrift gegen den König, die mit unmißverständlichen Worten verkündete, es gebe noch Ravaillacs, eine Tollheit, die sie mit einem Loblied auf Brutus krönte. Tief betroffen eilte der Herzog alsbald nach Marly und ließ dem König während der Ratssitzung mitteilen, er müsse ihn dringend sprechen. Das unverhoffte Auftauchen dieses Blinden aus seiner Zurückgezogenheit, das Ungestüm, mit dem er den König zu sprechen wünschte, gab dem Höfling zu denken. Nach beendeter Ratssitzung ließ der König den Duc de La Rochefoucauld eintreten, der ihm mit Emphase und wortreichen Erklärungen das Pamphlet überreichte. Er wurde sehr schlecht empfangen. Da man bei Hofe schließlich alles erfährt, erfuhr man natürlich auch, weshalb La Rochefoucauld den König aufgesucht hatte und daß die Herzöge de Bouillon und de Beauvillier, die ähnliche Schreiben erhalten und sie dem König gebracht hatten, besser empfangen worden waren, weil sie weniger Theater gemacht hatten. Dennoch beunruhigte dieser Fall den König einige Tage lang, bis ihm klar wurde, daß Leute, die drohen und warnen, zumeist mehr geneigt sind, Unruhe zu stiften, als Verbrechen tatsächlich zu begehen. Insbesondere aber kränkten ihn all die bitterbösen Schmähschriften gegen seine Person, seine Lebensweise und seine Regierung, Plakate, wie man sie seit langem an den Toren von Paris, an den Kirchen auf öffentlichen Plätzen und vor allem an seinen Standbildern angeschlagen sah; diese wurden des Nachts auf mancherlei Art besudelt; Spuren fanden sich noch am nächsten Morgen, wenn man die Inschriften beseitigte. Es gab auch eine reichliche Menge von Spottversen und Gassenhauern gegen ihn, die nichts zu wünschen übrigließen. In dieser Situation beging man am 16. Mai die Prozession der Heiligen Genoveva, die nur in Fällen äußerster Bedrängnis veranstaltet wird, und zwar auf Befehl des Königs, durch Erlaß des Parlaments, des Erzbischofs von Paris und des Abtes von Sainte-Geneviève. Die einen erhofften sich davon Hilfe, die anderen gedachten ein hungerndes Volk zu beschwichtigen.

Ich sagte bereits, daß ich mich hier weder über die Verhandlungen noch über die Reisen Rouillés, Torcys, des Marschalls d'Huxelles und des Abbé Polignac äußern werde. Alles das findet sich lang und breit in den Akten. Ich begnüge mich also mit der Bemerkung, daß Torcy am Samstag, dem 1. Juni, nach genau einem Monat Abwesenheit aus Den Haag wieder nach Versailles kam. Er brachte nichts Angenehmes und wurde recht kühl von Mme. de Maintenon und vom König empfangen. Diese Rückkehr führte am nächsten Tage zu einem beschleunigten Aufbruch aller Offiziere im Generalsrang. Gleichzeitig wurde bekanntgegeben, daß keiner der zu Befehlshabern ernannten Prinzen den Hof verlassen dürfe. Der Duc d'Orléans bestürmte den König seit langem, daß er ihn wieder nach Spanien gehen ließe; aber wir werden bald sehen, wie wenig Ansehen er damals genoß. Der König gab ihm zu verstehen, daß, wenn Monseigneur und der Duc de Bourgogne am Hofe blieben, er schicklicherweise auch bleiben müsse, und dies um so mehr, als er, der König, sich vielleicht bald in die traurige Notwendigkeit versetzt sehen würde, seine Truppen aus Spanien zurückzuziehen.

Wenn Mme. de Maintenon in der großen Politik viel Unheil anrichtete, so tat es jene Schlampe, die der Duc de Gramont geheiratet hatte, im kleinen: das ist der Fluch solcher Kreaturen. Nachdem diese auf Befehl des Königs aus Bayonne zurückgekehrt war, mußte sie zu ihrer Verzweiflung feststellen, daß sie in Paris wiederum nicht so behandelt wurde, wie es dem Rang ihrer Heirat entsprochen hätte. Während man auf Rouillé wartete, der beim Eintreffen Torcys sofort zurückkehren sollte, hielt man es für geraten, den Eifer aller Stände des Königreichs anzustacheln, indem man ihnen in einem Rundschreiben des Königs an die Gouverneure der Provinzen die erpresserischen Forderungen der Feinde kundtat und darlegte, zu wie vielen Zugeständnissen sich der König bereit erklärt hatte, um den Frieden zu erlangen, wie unmöglich es aber sei, ihn wirklich zu schließen. Der Erfolg, den man sich von diesem Rundschreiben versprochen hatte, wurde weit überboten; als Antwort ertönte ein einziger Aufschrei der Entrüstung und Rache. Um die Weiterführung des Krieges zu ermöglichen, wollte jeder sein Hab und Gut hergeben und, um seinen Eifer unter Beweis zu stellen, war man zu den überschwenglichsten Opfern bereit. In einem so allgemeinen Taumel glaubte nun diese Gramont ein Mittel gefunden zu haben, das zu erreichen, was ihr bisher verwehrt war und was sie mit solcher Inbrunst begehrte; sie schlug ihrem Gemahl vor, zum König zu gehen, ihm sein Silbergeschirr anzubieten in der Hoffnung, daß man diesem Beispiel folgen, sie als Urheberin der Aktion feiern und dafür belohnen würde, weil sie eine so rasche, so einfache und wirksame Hilfe ersonnen hatte. Zu ihrem Unheil erzählte der Duc de Gramont seinem Schwiegersohn, dem Marschall de Boufflers, davon und fragte ihn, wie er diesen Rat verwirklichen könne. Der Marschall fand den Plan vorzüglich, war Feuer und Flamme und erklärte sich bereit, sein Silberzeug, wovon er viele erlesene Stücke besaß, gleichfalls anzubieten. Was er, um alle Welt zur Nachahmung zu ermuntern, mit solchem Getöse ins Werk setzte, daß nun er als der Urheber der Aktion galt. Von der alten Gramont war keinerlei Rede mehr, auch nicht vom Duc de Gramont. Die beiden waren die Betrogenen, und sie schnaubte vor Wut. Er hatte auch mit Chamillart, seinem alten Billardfreund, darüber gesprochen, damit dieser es dem König berichte. Das Angebot leuchtete dem Minister und durch dessen Vermittlung auch dem König ein, den Boufflers unverzüglich aufsuchte; er und sein Schwiegersohn ernteten großen Dank.

Das umlaufende Gerücht von der Silberabgabe stiftete viel Unruhe bei Hofe: niemand wagte, das seinige nicht anzubieten, doch jeder tat es mit großem Bedauern. Die einen betrachteten ihr Silber als letzten Rückhalt, dessen sich zu berauben ihnen sehr schwerfiel: andere fürchteten die Unansehlichkeit des Zinn- und Steingutgeschirrs; den eigentlichen Sklavengeistern mißfiel eine nutzlose Nachahmung, deren Verdienst doch nur den Urhebern zukäme. Am nächsten Morgen sprach der König im Finanzrat darüber und zeigte sich sehr geneigt, jedermanns Silber in Empfang zu nehmen. Dieser Ausweg war übrigens schon einmal vorgeschlagen und von Pontchartrain, als er noch Generalkontrolleur war, abgelehnt worden. Jetzt, als Kanzler, vertrat er die gleiche Ansicht. Man wandte ein, daß die Ausbeutung seit jener Zeit beträchtlich zugenommen, während die Mittel sich im selben Maße vermindert hätten. Dieses Argument kümmerte Pontchartrain nicht; er stimmte hartnäckig gegen den Plan, wies darauf hin, wie gering der Ertrag sein werde im Verhältnis zu dem für jeden einzelnen so beträchtlichen Verlust; überdies sei es nur ein kurzfristiger und unwesentlicher Ertrag, der bald aufgebraucht sein werde und keine entscheidende Erleichterung bringen könne; er sprach von der Betrübnis eines jeden, von der Überwindung, die diese Abgabe sogar jene kosten würde, die es guten Willens täten, von der Schmach und der Schande selbst; auch sei es, meinte er, widersinnig, daß der Hof nun nur aus Tongeschirr äße, während die Einwohner von Paris und die Leute in der Provinz weiterhin ihr Silbergeschirr benutzten, sofern man nicht Zwang anwende. Zwang aber führe zu Verzweiflung und Betrug; zu bedenken sei ferner das Aufsehen, das man mit solchen Maßnahmen im Ausland erregen würde; die Feinde würden aufgrund dieser Tatsache kühner, verächtlicher und hoffnungsfreudiger werden: er erinnerte an den bösen Spott und das Staunen des Auslands, als während des Krieges 1688 so viele kostbare Möbel aus massivem Silber, die die Zierde und den Schmuck der Galerie sowie der großen und kleinen Appartements von Versailles ausgemacht hatten, samt dem silbernen Thron in die Münze geschickt worden waren; er erinnerte auch an den geringen Erlös, der sich daraus ergeben, und an den unwiederbringlichen Verlust all dieser wunderbaren Kunstformen, die weit wertvoller waren als das Material selbst. Desmaretz stimmte, obwohl er derjenige war, der die Last der Finanzen zu tragen hatte, und obwohl ihm jene Aktion einige Millionen einbringen sollte, Pontchartrains Ansicht zu, und zwar mit der gleichen Entschiedenheit. Doch trotz so handfester und überzeugender Gründe bestand der König auf der Durchführung; er wolle niemanden zwingen, aber wolle den guten Willen derjenigen anerkennen, die ihm ihr Silbergeschirr darbrachten, und so wurde es bekanntgegeben, und zwar wörtlich. Es standen zwei Wege offen, seiner Bürgerpflicht Genüge zu tun: Launay, der Goldschmied und Schatzmeister des Königs, und die Münze. Diejenigen, die ihr Silber abgaben, ohne etwas dafür haben zu wollen, schickten es zu Launay, der eine Liste anlegte mit dem Namen der Spender, der Anzahl und der Art der Gegenstände, die er in Empfang nahm. Der König prüfte, wenigstens in den ersten Tagen, diese Liste genau und versprach allen jenen Leuten, er würde ihnen, sobald der Gang der Ereignisse es ihm erlaube, das, was er von ihnen erhalten, wieder zurückerstatten, was freilich keiner glaubte noch zu erhoffen wagte. Diejenigen, die ihr Silber bezahlt haben wollten, schickten es in die Münze. Dort wog man es, schrieb den Namen auf, das Datum und den Silbergehalt. Nach diesem wurden sie ausbezahlt. Etliche Leute waren recht froh, ihr Geschirr verkaufen zu können, ohne sich dessen schämen zu müssen und dadurch der äußersten Geldknappheit abzuhelfen. Aber der Verlust aller dieser einzigartigen Modelle, all dieser köstlichen Formen, Zeichnungen, Ziselierungen und Reliefarbeiten, mit denen der Luxus das Silbergeschirr dieser reichen und geschmackvollen Leute verziert hatte, war gar nicht abzuschätzen. Schließlich fanden sich kaum hundert Personen auf Launays Liste, und der Erlös betrug keine drei Millionen. Der Hof und die führenden Leute in Paris, die nicht wagten, sich dem zu entziehen, sowie einige andere, die meinten, sich hervortun zu müssen, schwammen mit dem Strom; niemand sonst in Paris und fast niemand in der Provinz. Und sogar jene, die sich nun ihres Silbergeschirrs nicht mehr bedienten – es waren nicht allzu viele –, verschlossen es meistens in Koffer, um es notfalls zu Geld zu machen oder in besseren Zeiten wieder herauszuholen. Ich gestehe, daß auch ich zu dieser Nachhut gehörte; der steten Erhebungen überdrüssig, wollte ich mich nicht auch noch freiwillig einer weiteren unterwerfen. Indessen konnten sich die Silberspender nicht lange der Hoffnung hingeben, Gefallen erregt zu haben; schon nach drei Monaten wurde sich der König der Schmach und der Jämmerlichkeit der Aktion bewußt, und er gestand, daß er bereue, eingewilligt zu haben.

Der zurückgekehrte Torcy wurde beauftragt, dem Kardinal de Bouillon auszurichten, er dürfe sich dem Hofe und Paris bis auf dreißig Meilen nähern. Der König fragte Torcy alsdann, ob der Duc de Bouillon nicht oft für seinen Bruder bei ihm vorstellig geworden sei. Torcy erwiderte, es sei nie die Rede davon gewesen. »Das ist höchst sonderbar«, meinte der König mit beleidigter Miene, »daß ein Bruder nicht für seinen Bruder bittet; M. de Vendôme hat mich wegen des seinen sehr oft bedrängt.« Der König sah es nämlich nur allzugern, wenn sich eine ganze Familie von einer Ungnade betroffen fühlte, und selbst wenn er die Strafe keineswegs zu mildern gedachte, kränkte es ihn, wenn keine Fürbitte erfolgte und man ihm die Gelegenheit zur Ablehnung und Demütigung raubte.

Chamillarts Sturz bereitet sich vor.

Die Armeen waren zusammengezogen, aber die Anschlüsse waren noch unvollkommen. Doch ging es da immer noch friedlicher zu als bei Hofe, wo die Gärung ihren Höhepunkt erreichte. Seit der König nach dem Tode Mazarins die Alleinherrschaft übernommen hatte, das heißt seit achtundvierzig Jahren, hatte man nur zwei Minister stürzen sehen: Foucquet, den Oberintendanten der Finanzen, den man, wenn es nach Colbert und Le Tellier gegangen wäre, hingerichtet hätte, der jedoch statt dessen in das Schloß von Pignerol gesperrt wurde, wo er nach drei Jahren Bastille den Rest seines Daseins verbrachte, bis er nach sechzehn Jahren im März 1680 im Alter von fünfundsechzig Jahren starb. M. de Pomponne ist der andere, den Louvois und Colbert – sonst so feindselig gegeneinander, hier aber einig, ihn zu vernichten – im Jahre 1679 seines Postens als Staatssekretär des Äußeren entheben ließen; und dies fast wider den Willen des Königs, der ihn zwölf Jahre später, nach dem Tode Louvois', wieder in das Ministerium berief. Da Louvois am Vorabend des Tages, an dem er verhaftet werden sollte, ganz plötzlich starb, kann er als drittes Beispiel nicht angeführt werden: Chamillart dagegen sollte das dritte und letzte dieser Regierungszeit werden, und ihn davonzujagen war vielleicht am schwierigsten, wiewohl er keine andere Unterstützung hatte als die Zuneigung des Königs, der nur mit Bedauern allen jenen Kräften nachgab, die eingesetzt wurden, um ihm Chamillart zu entreißen. Ohne zu wiederholen, was ich bereits an Gründen anführte, die seinen Sturz verursachten und die ihn Mme. de Maintenon und der Duchesse de Bourgogne entfremdeten, muß ich noch von einem seiner früheren Versäumnisse sprechen, ein Versäumnis, das allerdings nur ihm verhängnisvoll werden konnte: niemals hatte er Monseigneur geschont; dieser Prinz, der unter dem Joch seines Vaters ächzte, der ihn, eifersüchtig bis zum äußersten, nicht das geringste Ansehen gewinnen ließ, war schüchtern und zurückhaltend und wagte nur ganz selten, Bitten an die Minister zu richten; auch waren es immer nur Kleinigkeiten, die er durch einen vertrauten Diener vortragen ließ, zumeist wurde du Mont damit beauftragt. Dieser, daran gewöhnt, Pontchartrain, als jener noch Generalkontrolleur der Finanzen war, stets bereit zu finden, Monseigneur einen Gefallen zu tun, war sehr überrascht, als er es nun mit dessen Nachfolger Chamillart zu tun bekam. Da Chamillart den König und Mme. de Maintenon auf seiner Seite hatte, gab er sich der Illusion hin, daß er keiner weiteren Unterstützung bedürfe. Auch meinte er, er würde sich bei dem Verhältnis, in dem Monseigneur zu den beiden stand, nur schaden, wenn er das Geringste für letzteren täte, was, falls es dem König und Mme. de Maintenon zu Ohren käme, ihnen den Argwohn einflößen könnte, er wolle sich mit Monseigneur verbünden. Chamillart nahm also auf die Kleinigkeiten, die Monseigneur von ihm erbat, keinerlei Rücksicht und empfing du Mont so schlecht, daß dieser, der auf die Gunst und das Vertrauen seines Herrn und die Beachtung, die er dadurch bei den Ministern genoß, sehr stolz war, sich oft bei Monseigneur beklagte, ihn bat, jemand anderen als ihn mit Aufträgen dieser Art zum Generalkontrolleur zu entsenden, und wütend gegen Chamillart zu hetzen begann. Ich hatte bei einer Reise nach Meudon sehr deutlich bemerkt, wie unzufrieden Monseigneur mit Chamillart war. Monseigneur machte Mme. de Maintenon, der er bisher ferngeblieben, zwei oder drei persönliche Besuche. Bei dieser Gelegenheit wurden die letzten Beschlüsse gegen Chamillart gefaßt, und als der Prinz genügend Mut und den nötigen Rückhalt gewonnen hatte, um seinen eigenen Groll mit dem Haß von Mlle. Choin zu verbinden, griff er den Minister offen beim König an und sagte, sein Sturz sei ein zur Aufrechterhaltung der Staatsgeschäfte unerläßliches Opfer. Auch d'Harcourt, der bis zu seiner Abreise etliche ausgedehnte Audienzen beim König hatte, verabsäumte es nicht, einige tiefe Kerben zu schlagen. Villars, der sehr schlecht mit Chamillart gestanden, sich jedoch wieder mit ihm ausgesöhnt hatte, verhielt sich etwas anständiger; aber er konnte sich nicht ganz draußenhalten, noch konnte er es wagen, Mme. de Maintenon im Interesse anderer zu hintergehen. Boufflers, der sich noch des Grüns seiner frischen Lorbeeren erfreute, wurde vom König stets gut empfangen; er war gewöhnt, Eis und Lanzen zu brechen, und gab beim König in solchen Fällen keine Ruhe. Monseigneur vertrat seine Meinung mit Nachdruck, und selbst der Duc du Maine, den der arme Chamillart für seinen Protektor hielt, getraute sich nicht, Mme. de Maintenons bösem Treiben entgegenzuwirken. Jeder marschierte in Reih und Glied, stets darauf bedacht, nirgends anzuecken, und stets mit dem gleichen unverdrossenen Eifer. Der König indes – beeinflußt von Mme. de Maintenon, von den Generalen, von der Duchesse de Bourgogne sowie einigen Äußerungen des Duc de Bourgogne, die seine Gemahlin aufgeschnappt hatte, und auch von d'Antin, den die Hoffnung beflügelte –, der König also, schon daran gewöhnt, viel Nachteiliges über seinen Minister zu hören – und es war sehr viel –, wurde in seinem Urteil schwankend, im Innersten jedoch blieb er standhaft. Er betrachtete Chamillart als seinen Auscrwählten, gleichsam als sein Werk, und sogar noch auf diesem höchsten Posten, auf den er ihn gebracht hatte, als seinen persönlichen Schüler. Keiner seiner Minister hatte ihm die Zügel so locker gelassen, und seitdem alle Macht in Händen Chamillarts lag, hatte der König niemals deren Last gespürt, dafür aber wurde ihm stets alle Anerkennung zuteil. Lange Gewöhnung, ein mehr als zehn Jahre währendes ungetrübtes Vertrauen, gegenseitige Achtung, ein sanfter Gehorsam hatten Chamillart nicht nur zum Minister, sondern auch zum Favoriten werden lassen. Seine aufrichtige und unablässige Bewunderung, seine natürliche Nachgiebigkeit hatten die Neigung des Königs zu ihm mehr und mehr gestärkt. Es bedurfte also vieler und wiederholter Schläge, um die Meinung des Königs ins Wanken zu bringen; und sie war ins Wanken geraten.

Mme. de Maintenon, die wußte, daß Monseigneur sich unmißverständlich und abfällig, geäußert hatte und vom König angehört worden war, bemühte sich nun um so mehr um ihn und die Choin. Der Prinz ließ sich von d'Antin überreden, sich dafür zu verwenden, daß man ihm das Kriegsministerium anvertraue. Achtung und Freundschaft gehen bei Fürsten selten zusammen; jener wünschte wirklich von ganzem Herzen, d'Antin auf diesen Posten zu bringen, und versprach sich viel davon. Mme. de Maintenon zeigte sich, um die beiden gegen Chamillart aufzustacheln, diesem Plan geneigt.

Eine so umfangreiche Maschinerie konnte nicht in Bewegung gesetzt werden, ohne daß etwas von der Sache ruchbar wurde. So erhob sich bei Hofe ein unbestimmt verworrenes Geflüster, in dem man keine einzelnen Stimmen zu unterscheiden vermochte; es hieß, daß entweder der Staat oder Chamillart zugrunde gehen müßten; denn die Unwissenheit dieses Ministers habe das Königreich bereits an den Rand des Abgrunds gebracht, es sei ein Wunder, daß dieses noch nicht untergegangen sei, und es sei vollendeter Wahnsinn, es auch nur noch einen Tag länger einer solchen Gefahr auszusetzen, die unvermeidlich sein würde, wenn dieser Minister im Amt bliebe. Die einen schreckten vor keiner Beleidigung zurück, die anderen anerkannten immerhin Chamillarts guten

Willen und sprachen mit Nachsicht von seinen Fehlern, die viele Leute ihm hart vorwarfen. Zwar war man sich im allgemeinen über seine Rechtschaffenheit einig, doch ein Nachfolger, wer auch immer, erschien jedermann unerläßlich. Es gab auch Leute, die glaubten oder den Anschein zu erwecken suchten, sie seien von wahrer Freundschaft beseelt; sie versicherten, diese Freundschaft immer hochhalten und niemals die Annehmlichkeiten und Dienste vergessen zu wollen, die Chamillart ihnen erwiesen hatte, wiewohl sie mit feinem Takt gleichzeitig zu verstehen gaben, daß ihnen der Staat mehr bedeute als ihr persönlicher Vorteil und dieser Rückhalt, so ungern sie ihn auch missen würden; aber selbst wenn Chamillart ihr Bruder wäre, würden sie dafür sein, ihn seines Amtes zu entheben, weil die Notwendigkeit es gebiete.

Am Ende schien es unbegreiflich, wie man ihn je hatte ernennen noch wie er sich in diesem Amt hatte halten können. Cavoye, dem man aufgrund seiner langen Erfahrung bei Hofe und in der Gesellschaft Geist und Bildung nachsagte und der tatsächlich zuweilen sehr treffende Bemerkungen machte, meinte, der König sei zwar allmächtig und absolut, aber doch nicht so absolut, um Chamillart gegen den Willen der Menge im Amt halten zu können. Die belanglosesten Dinge wurden dem Minister nun als Verbrechen angerechnet oder in Lächerlichkeit umgemünzt. Man gewann fast den Eindruck, als ob er unabhängig von allen anderen Gründen ein Opfer sei, das der König der allgemeinen Feindseligkeit nicht länger zu verweigern vermochte. Etliche Leute sprachen das auch ganz unumwunden aus, aber keiner von ihnen hätte eine einzige wirkliche Beschuldigung vorbringen können! Man hielt sich an Allgemeinheiten, die man auf jeden Beliebigen hätte anwenden können, ohne daß einer von allen denen, die ihr so sehr verpflichtet, oder einem von denen, die sich ehemals als Anbeter des Glücks in Lobhudelei und knechtischer Dienstbeflissenheit überschlugen, die Verteidigung dieses so hart bedrängten Mannes übernommen hätte. Und wenn das Übermaß an Vorwürfen jemanden zu einem Einwand veranlaßte, verlangte man von ihm Beweise oder, was ganz absurd war, Dinge, die eine höhere Achtung auszusprechen verbot. Die von allem entblößten Truppen, die geräumten Festungen, die geleerten Magazine, das alles war augenfällig; aber an die beiden unglaublichen Reorganisationen der Armeen – das eine Mal die nach Höchstädt binnen drei Wochen, das andere Mal die nach Ramilly innerhalb von vierzehn Tagen – wollte man sich nicht mehr erinnern, obwohl sie fast an ein Wunder grenzten und immerhin den Staat zweimal gerettet hatten.

Voysin, eine Kreatur Mme. de Maintenons, wird Chamillarts Nachfolger. – Porträt.

Am Sonntag, dem 9. Juni, in der Frühe rief der König, als er den Staatsrat betrat, den Duc de Beauvillier zu sich und bat ihn, am Nachmittag zu Chamillart zu gehen; er, der König, sei verpflichtet, Chamillart zu bitten, um das Wohl des Staates seinen Abschied einzureichen. Er möge jedoch seiner Freundschaft und seiner Hochachtung und des Königs Zufriedenheit mit seinen Diensten versichert sein. Um ihm das zu bezeugen, wolle er ihm seine Ministerpension, die zwanzigtausend Livres betrug, weiterbezahlen, und zusätzlich gebe er ihm noch zwanzigtausend Livres, und für seinen Sohn ebenfalls zwanzigtausend Livres. Er würde sich freuen, ihn wiederzusehen, aber in der ersten Zeit sei das wohl schwierig, er möge sich gedulden, bis er ihm Nachricht zukommen lasse. Betrofffen über die Wendung der Dinge sowie über den peinlichen Auftrag, versuchte der Duc de Beauvillier vergebens, sich dem zu entziehen. Der König erklärte ihm, er habe eigens ihn ausgesucht, da er mit Chamillart befreundet sei, um letzteren in jeder Hinsicht zu schonen. Dann ging er, vom Herzog gefolgt, ins Arbeitszimmer zurück, wo der Kanzler, Torcy, Chamillart und Desmaretz ihn bereits erwarteten. Nichts im Verlauf des Staatsrates noch im Gebaren oder im Blick des Königs hätte das geringste von den Ereignissen ahnen lassen. Man besprach sogar eine Angelegenheit, über die der König von Chamillart ein Memorandum gefordert hatte. Nach der Sitzung bat er Chamillart, er möge es ihm am Abend, wenn er zu Mme. de Maintenon käme, um mit ihm zu arbeiten, übergeben. Beauvillier blieb in großer Bersorgnis bis zuletzt im Arbeitszimmer, wo er dem König, als er mit ihm allein war, freimütig sein Unbehagen gestand und ihn schließlich ersuchte, wenigstens den Duc de Chevreuse, der ja auch mit Chamillart befreundet sei, auf seinen traurigen Gang mitnehmen zu dürfen, damit sie sich die Bürde teilen könnten; was der König billigte und den Duc de Chevreuse sehr betrübte.

Um vier Uhr nachmittags machten sich die beiden auf den Weg. Sie wurden Chamillart gemeldet, der sich allein in seinem Arbeitszimmer befand. Sie traten, wie sich leicht vorstellen läßt, mit völlig verstörter Miene ein. Bei ihrem Anblick spürte der unglückliche Minister sofort, daß etwas Besonderes vorliegen müsse, und ohne sie zum Reden kommen zu lassen, sagte er mit ruhiger und gelassener Miene: »Also, was gibt es, meine Herren? Wenn das, was Sie mir zu sagen haben, nur mich betrifft, können Sie unbesorgt sein: ich bin seit langem auf alles gefaßt.« Diese so sanfte Standhaftigkeit rührte die beiden besonders. Nur mit Mühe brachten sie es über sich zu erklären, weshalb sie gekommen seien. Chamillart hörte sie an, ohne auch nur eine Miene zu verziehen, und in demselben Ton, in dem er sie zuvor unterbrochen hatte, erwiderte er: »Der König ist der Herr. Ich war stets bestrebt, ihm nach besten Kräften zu dienen; ich hoffe, daß ein anderer es zu seiner größeren Zufriedenheit und mit mehr Erfolg tut als ich.« Dann fragte er die beiden, ob sie ihm den Freundschaftsdienst erweisen wollten, sich mit seinem Brief an den König zu belasten. Und als sie das bejahten, begann er mit unverändertem Gleichmut anderthalb Seiten Achtungs- und Dankbezeugungen zu schreiben; er hatte das Memorandum, das der König von ihm verlangt hatte, gerade beendet, sagte den beiden Herzögen, wie froh er darüber sei, gab es ihnen, damit sie es dem König überreichten; samt dem inzwischen versiegelten Brief. Nach ein paar persönlichen Bemerkungen gingen die beiden, und er begann, sich zum Aufbruch zu rüsten.

Ich hatte, wie ich das oft zu tun pflegte, am Abend den Kanzler besucht. Heimgekehrt, begab ich mich ins Entresol und schrieb an meiner Denkschrift über die Milizen von Blaye. Währenddessen fragte die Marschallin de Villars drunten nach mir. Ich versiegelte die Denkschrift und sandte sie an Pontchartrain. Unten traf ich die Marschallin allein und stehend, da Mme. de Saint-Simon ausgegangen war. Sie fragte mich, ob ich es schon wüßte: »Der Chamillart ist nicht mehr!« Da entfuhr mir wie beim Tode eines Kranken, der schon lange dahinsiecht und dessen Ende man jeden Augenblick erwartet, ein Schrei. Nach einigen Klagen ging sie fort und begab sich zum Souper des Königs, ich aber ging durch die Höfe und ohne Fackeln, um nicht gesehen zu werden, zu dem Duc de Beauvillier, der, wie ich von der Marschallin gehört hatte, bei Chamillart gewesen war.

Am Montag morgen erfuhr man, daß der Triumph Mme. de Maintenons vollkommen sei und daß anstelle des am Vortage entlassenen Chamillart Voysin, ihre Kreatur, diesen Posten durch ihre Vermittlung erhalten hatte. Er sollte von nun an bis zum Tode des Königs eine so große und so wichtige Rolle spielen, daß man ihn und seine Frau, die ihm wesentlich zu seinem Aufstieg verhalf, näher beschreiben muß.

Voysin war durchaus im Besitz jener wesentlichsten Eigenschaft, ohne die niemand in den Staatsrat Ludwigs XIV. eintreten konnte, nämlich die, ganz und gar der Verwaltungsbürokratie zu entstammen. Er war der Enkel des Ersten Gerichtsschreibers bei der Strafkammer. Sein ältester Onkel war Vorsteher der Kaufmannschaft und wurde ein hervorragender Staatsrat; sein Vater war Untersuchungsrichter und wurde mehrmals Intendant. Dieser Sohn war der einzige von drei Brüdern, der in der Gesellschaft auftauchte, und die einzige Tochter war mit Vaubourg, dem ältesten Bruder von Desmaretz, verheiratet. Voysin heiratete 1683 die Tochter Trudaines, der damals Chef der Rechnungskammer war und fünf Jahre später Untersuchungsrichter wurde. Mme. Voysin hatte ein sehr angenehmes Gesicht, ohne etwas Aufgesetzes oder Geziertes; ihr Benehmen war schlicht, bescheiden, zurückhaltend und maßvoll. Sie widmete sich ganz ihrem Hauswesen und Werken der Wohltätigkeit. Niemand verstand sich besser darauf, ein, wenn es gar sein mußte, großartiges Haus zu führen, ohne durch Üppigkeit Anstoß zu erregen, mit Anmut großzügig zu sein und ihre Aufmerksamkeit auf jeden zu richten, der sie mit der Gesellschaft vertraut machen konnte. Der Reichtum ihres Hauses, mehr noch ihre höflichen und anziehenden Manieren hatten sie ungewöhnlich beliebt werden lassen, zumal bei den Offizieren, für deren geistiges und leibliches Wohlbefinden während der Belagerung und nach den Gefechten, die in Flandern stattfanden, sie alles ins Werk gesetzt hatte. Sie stand sehr gut mit M. de Luxembourg, der dort jedes Jahr die Armee befehligte. Er hatte ihr beizeiten Hinweise gegeben, was zu tun sei, um Mme. de Maintenon, wenn diese nach Flandern käme, zu gefallen. Sie wußte sich seine Ratschläge trefflich zunutze zu machen. Sie empfing Mme. de Maintenon in ihrem Haus in Dinant, wo diese Quartier nahm, während der König Namur belagerte, begrüßte sie bei ihrer Ankunft, war mit äußerster Sorgfalt auf die Bequemlichkeit und die Ausstattung ihrer Unterkunft bedacht und auch zu ihren geringsten Dienstboten überaus höflich, dann aber schloß sie sich alsbald wieder in ihr Zimmer ein, ohne sich Mme. de Maintenon oder den anderen Damen des Hofes zu zeigen, und aus dieser Zurückgezogenheit gab sie ihre Anordnungen, so daß jeder zufriedengestellt war, aber ganz so, als bewohne sie gar nicht ihr Haus. Eine solche Aufnahme, die so sehr dem Geschmack der Mme. de Maintenon entsprach, nahm sie vorteilhaft für ihre Gastgeberin ein. Ihre Leute beeilten sich,

Mme. de Maintenon zu berichten, was Mme. Voysin nach Neerwinden alles für die Offiziere und die verwundeten Soldaten getan hatte! Sie rühmten die Freigebigkeit und die Ordnung ihres Hauses, priesen ihr Mitleid und ihre Wohltätigkeit. Ein glücklicher und glücklicherweise einzuberechnender Zwischenfall rührte Mme. de Maintenon besonders: ganz unversehens war das Wetter von außerordentlicher Hitze in feuchte Kälte umgeschlagen; alsbald sah sie in einer Ecke ihres Zimmers einen schönen, aber schlichten, gut wattierten Morgenrock hängen. Dieses Geschenk, das um so angenehmer war, als Mme. de Maintenon nichts Warmes mitgenommen hatte, erfreute sie auch deshalb, weil es so überraschend und so unauffällig angeboten wurde. Die Zurückhaltung Mme. Voysins tat ein übriges, Mme. de Maintenon zu bezaubern: oft vergingen zwei Tage, ohne daß diese ihrer ansichtig wurde; sie kam nur zu ihr, wenn sie nach ihr fragte, und war kaum dazu zu bewegen, sich zu setzen, immer voller Furcht, lästig zu sein, und bestrebt, im rechten Augenblick wieder zu verschwinden. Eine solche Rücksichtnahme, an die Mme. de Maintenon nicht gewöhnt war, wurde der geschickten Gastgeberin hoch angerechnet; ihr seltenes Erscheinen rief Wünsche wach und zog ihr den freundlichen Vorwurf zu, die einzige Person zu sein, die sie nicht zu zähmen vermöchte. Selbst nachdem sie eingeweiht war, mischte Mme. Voysin sich in nichts ein und gefiel Mme. de Maintenon während ihres langen Aufenthaltes in Dinant so gut, daß sie sich ihr sozusagen anbot und ihr empfahl, sie jedesmal zu besuchen, wenn sie nach Paris käme. Und Mme. Voysin, die dieser Aufforderung stets mehr aus Gehorsam als aus eigenem Antrieb nachzukommen schien, hatte durch ihr so ehrerbietiges und bescheidenes Betragen zusehends mehr Erfolg. Als Mme. de Maintenon im Jahre 1693 abermals nach Flandern reiste, festigte sich diese Freundschaft, die Voysin im folgenden Jahre dann den Posten eines Staatsrats eintragen sollte. Nunmehr in Paris etabliert, behielt seine Gattin weiterhin dieselbe Distanz bei, sie besuchte Mme. de Maintenon nur selten und fast immer nur, wenn sie gebeten wurde; schließlich vertrauter geworden, kam sie aus Dankbarkeit und Anhänglichkeit zuweilen von selbst, aber stets in großen Abständen und stets im verborgenen, so daß diese Beziehung lange Zeit unbekannt blieb, geschützt vor neidischem Klatsch und bösen Zuträgereien. Der Gemahl seinerseits schien, eifrig seinen Pflichten nachgehend, an nichts weiter zu denken, bis Chamillart, da er allzusehr überlastet war, die Verwaltung von Saint-Cyr abgab, die Mme. de Maintenon nun Voysin übertrug. Darauf ergab sich eine ständige Verbindung zwischen ihnen, und das Ehepaar wurde um so mehr geschätzt, als sich beide klugerweise auch fernerhin in den Grenzen der Zurückhaltung hielten, die ihnen so gut weitergeholfen hatte. Gleichviel wurde man ihrer gewahr, und Voysin wurde der gegebene Anwärter für alle höheren Verwaltungsämter.

Voysin wäre ohne die Ehefrau, die ihm die Vorsehung gesandt hatte, schwerlich weitergekommen. Nachdem er Untersuchungsrichter geworden war, um dann unmittelbar zur Intendanz überzugehen, blieb er, da er in den Gerichtssälen keine Zeit gefunden hatte, etwas zu lernen, ein vollkommener Ignorant. Im übrigen war er kurz angebunden und barsch, bar jeder Höflichkeit, ohne alle Lebensart und wie fast alle Intendanten eigenwillig. Er besaß nicht die mindesten Umgangsformen, dafür um so mehr Dünkel, Hochmut und Unverfrorenheit. Er war der geborene Intendant und blieb es vom Scheitel bis zur Sohle zeit seines Lebens, mit dem brutalen Machtanspruch, alles selbst zu überwachen und für alles geradezustehen. Das waren für ihn »das Gesetz und die Propheten«, seine Gewohnheit und sein Recht, mit einem Wort, sein Prinzip und sein ein und alles. So zeichnete er sich denn auch in allen Funktionen eines Intendanten besonders aus, ein unermüdlicher und zuverlässiger, auf Einzelheiten bedachter Arbeiter, der überall selber Hand anlegte. Im übrigen war er abweisend, ganz und gar ungesellig und, selbst als er Staatsrat und später Minister geworden, außerstande, in seinem Haus die Honneurs zu machen. Die Höflinge, Standesherren, Offiziere und Privatleute, die an Chamillarts Zuvorkommenheit und Liebenswürdigkeit gewöhnt waren, an seine sanfte und maßvolle Art, selbst dem Lästigen zuzuhören und zu antworten, waren baß erstaunt, in Voysin das krasse Gegenteil zu finden: einen Mann, der sich kaum blicken ließ, immer mürrisch und zurückweisend war, einen Mann, der einem das Wort abschnitt, barsche, kurzangebundene Antworten gab, wobei er einem den Rücken kehrte oder den Leuten durch seine herrische Grobheit den Mund schloß. Seine Briefe, die jeder Höflichkeit entbehrten, waren von Autorität geschwellt, lakonische Entgegnungen oder knappe Anweisungen dessen, was er als Herr befahl; und stets und ständig hieß es: »So will es der König.« Dennoch war er weder bewußt ungerecht noch von Natur aus böse. Aber es gab für ihn nichts anderes als die Autorität, den König und Mme. de Maintenon, deren beider Wille sein oberstes Gesetz und der Sinn seines Lebens war.

So offensichtlich es in den letzten Tagen von Chamillarts Amtstätigkeit auch war, daß Voysin sein Nachfolger würde, dauerte die Ungewißheit immerhin bis zu dessen Ernennung. Erst am Abend von Chamillarts Rücktritt wurde die Entscheidung vom König und Mme. de

Maintenon getroffen. Nach dem Souper bekam Blouin Order, nach Paris zu fahren und Voysin zu bestellen, er möge sich am nächsten Morgen zeitig bei ihm, dem Ersten Kammerdiener, einfinden, der ihn alsdann durch die Hintertür in die Gemächer des Königs führte, wo dieser, der ihn ziemlich frostig empfing, nach seinem Lever einen Augenblick allein mit ihm sprach. Dann ernannte er ihn. Worauf Voysin sich bemüßigt fühlte, unverzüglich zu seiner Wohltäterin zu eilen, ihr zu danken, ihre Befehle und Instruktionen entgegenzunehmen. Danach betrat er das Arbeitszimmer seines Vorgängers, bemächtigte sich der Papiere sowie der Schlüssel, die man ihm aushändigte. Und von diesem Tage an bewohnte er die Gemächer mit den Möbeln Chamillarts, so daß es schien, als habe sich nichts weiter verändert als das Gesicht, bis sich dann am folgenden Mittwoch, während man nach Marly reiste, auch die Möbel änderten. Am Abend erschien Mme. Voysin. Auf leisen Sohlen ging sie geradenwegs zu Mme. de Caylus, mit der sie schon befreundet war, ehe jene wieder an den Hof zurückgerufen wurde, und die sie sofort zu ihrer Tante brachte, wo der Freudentaumel der Beschützerin und das Nichts, in dem sich die Beschützte gefiel, einander die Waage hielten.

Am Montag nach dem Mittagessen begab ich mich mit Mme. de Saint-Simon und der Duchesse de Lauzun nach Etang. Was für ein Schauspiel! Eine Menge von Müßiggängern und Neugierigen, fassungslose Diener, eine verzweifelte Familie. Laut weinende Frauen, deren Schluchzen eine deutliche Sprache sprach. Man überließ sich ohne jede Hemmung dem Schmerz. Wer hätte angesichts einer solchen Szene nicht das Paradezimmer gesucht, um dem Toten die letzte Ehre zu erweisen? Man mußte sich gewaltsam ins Gedächtnis rufen, daß niemand gestorben war, und man erschrak, diesen Toten, den man beklagte, umhergehen und reden zu sehen, mit sanfter und gelassener Miene, ohne jeden Zwang, ohne jede Affektiertheit, ganz so oder vielmehr fast so, wie er sich sonst zu benehmen pflegte. Wir umarmten uns liebevoll, er dankte mir für den Brief, den ich ihm am Vorabend gesandt hatte. Ich versicherte ihm, daß ich ihm die Gefälligkeiten und Dienste, die er mir erwiesen, niemals vergessen würde. Sein Sohn machte einen recht zufriedenen Eindruck, er fühlte sich offenbar von diesem Sturz, der ihn zu einem Nichts werden ließ, nicht betroffen, sondern vielmehr erleichtert, sich nunmehr von einer Arbeit befreit zu sehen, zu der er weder Neigung noch Eignung besaß. Ringsumher standen Chamillarts stupide Brüder, die es nicht fassen konnten, wie sich der König von ihrem Bruder hatte trennen können. La Feuillade tänzelte umher und philosophierte mit einer Kaltschnäuzigkeit, die Ärgernis erregte, über die

Unbeständigkeit des Glücks. Indes, Mode und Neugier beherrschen den Hof. Es gab niemanden, der nicht nach Etang kam, um Chamillart zu besuchen. Und wenn man sah, wie er dort mit jedermann sprach, aller Welt eine Antwort erteilte, hätte man meinen können, er sei noch in Amt und Würden und gebe hier dem ganzen Hof Audienz, so gleichmäßig und gelassen wirkte er. Eine für einen Verwaltungsbeamten typische Unkenntnis vieler Zusammenhänge am Hof und in der Gesellschaft, die durch keinen seiner Angehörigen ausgeglichen wurde, ein außerordentlich naives Betragen und die ständige Unentschiedenheit hatten ihm Abbruch getan und hatten ihn überdies den Geist gänzlich verleugnen lassen. Am Dienstag erlebte man wieder denselben Andrang, es kamen fast noch mehr Leute. Wir blieben diesen und auch den nächsten Tag, aber bereits am Dienstag hatte man Chamillart berichtet, mit welcher Bitternis Mme. de Maintenon sich über all das äußerte, was sie als ungebührlichen Akt ansah, wie hart sie Chamillart tadelte, daß er es hatte soweit kommen lassen, worauf Chamillart es aus Furcht vor Schlimmerem für geraten hielt, das Angebot seines Schwiegersohnes anzunehmen und sich auf dessen Besitz Les Bruyères bei Ménilmontant zurückzuziehen, wohin er sich dann am Mittwoch begab.

Saint-Simon spürt die veränderte Haltung des Königs gegen ihn und beschließt, sich demnächst mehrere Jahre aufs Land zurückzuziehen. – Die Parteiungen am Hofe.

Voysin war am Dienstag früh, einen Tag nach seiner Ernennung, nach Meudon gegangen. Dort beriet er lange Zeit allein mit Monseigneur, der es nicht für unter seiner Würde gehalten hatte, Komplimente entgegenzunehmen, die man ihm für seine Beteiligung an Chamillarts Sturz zu machen gewagt hatte. Am Mittwoch bestellte der König Voysin in den Staatsrat und machte ihn somit zum Minister. Diese Raschheit war ohne Beispiel. Sein Vorgänger hatte bereits mehr als ein Jahr die Finanzen innegehabt, ehe er zum Minister ernannt wurde, doch der König meinte, es erübrige sich, ihn länger darauf warten zu lassen, auch stünde Mme. de Maintenon für ihn ein – was niemand bezweifelte –; was sie jedoch, sosehr sie auch ans Regieren gewöhnt war, dennoch nicht ungern vernahm.

Schon seit geraumer Zeit war mir klargeworden, daß der Bischof von Chartres nur allzu recht gehabt hatte, als er mich auf die schlechten Dienste aufmerksam machte, die man mir beim König geleistet hatte. Die Veränderung im Verhalten des Königs mir gegenüber war offensichtlich; und obwohl ich noch in Marly zugelassen war, wußte ich recht wohl, daß diese Einladungen nicht mir, sondern Mme. de Saint-Simon galten. Verärgert über all die Widerwärtigkeiten, die mich, während ich gemächlich meines Weges ging, überrollt hatten, ohne daß ich deren wahren Grund ermitteln und ohne daß ich ein Heilmittel finden konnte, wollte ich, des Ganzen überdrüssig, den Hof verlassen und an nichts weiter mehr denken. Mme. de Saint-Simon, die weit klüger war als ich, meinte, daß sich bei Hofe ständig die unerwartetsten Veränderungen ergäben, und so kamen wir überein, zwei Jahre in Blaye zu verbringen, unter dem Vorwand, unser stattliches Anwesen in der Guyenne, das wir selber noch gar nicht kannten, näher in Augenschein nehmen zu wollen. So konnten wir geraume Weile abwesend sein, ohne den König vor den Kopf zu stoßen, konnten die Zeit verrinnen lassen und überlegen, welche Entschlüsse wir dann je nach den Umständen fassen würden. M. de Beauvillier, M. de Chevreuse und ebenso der Kanzler, mit dem wir später darüber sprachen, pflichteten mir bei, da sie sich außerstande sahen, mich zu überzeugen, bei Hofe zu bleiben. Aber sie empfahlen mir, jetzt schon von diesem Plan zu sprechen, um nicht den Eindruck des Beleidigten zu erwecken und damit niemand behaupten könne, man habe mir insgeheim nahegelegt, mich zu entfernen. Wer so weit und so lange Zeit verreisen wollte, bedurfte der Erlaubnis des Königs. In der Lage, in der ich mich befand, wollte ich nicht mit ihm sprechen. La Vrillière, einer meiner Freunde, in dessen Verwaltungsbezirk Guyenne lag, tat es für mich, und der König war einverstanden. Der militärische Befehlshaber in der Guyenne war der Marschall de Montrevel. Ich habe mich anläßlich seiner Beförderung bereits über ihn geäußert und seinen Charakter gekennzeichnet. Seine Stellung in der Guyenne hatte ihm vollends den Kopf verdreht. Er meinte, dort König zu sein, und nahm mit Komplimenten und schönen Redensarten alle Autorität in meinem Gouvernement für sich in Anspruch. Es ist hier nicht der Ort, zu erklären, worum es sich zwischen uns handelte, es genügt festzustellen, daß es mir im Augenblick doch nicht möglich war, nach Blaye zu gehen. Zwei Jahre zuvor hatten Montrevel und ich vereinbart, uns an Chamillart zu wenden. Doch hatte der Minister nicht die Zeit gefunden, die Affäre zu bereinigen. Als es dann schließlich zu seinem Sturz kam, war es ihm nicht mehr möglich, zwischen mir und Montrevel zu entscheiden. Wenn ich mich nicht schon fünf oder sechs Monate zuvor entschlossen hätte, mich zurückzuziehen, hätte mich dieses Ereignis nun in meinem Entschluß bekräftigt. Ein erprobter Freund auf solch einem Posten und in so hoher Gunst bedeutet sowohl in der Praxis als auch für die Erhöhung des Ansehens eine beträchtliche und dauernde Hilfe, und wenn er in Ungnade fällt, entsteht eine große Leere. Diese Ungnade beraubte mich auch der Wohnung des verstorbenen Marschalls de Lorge im Schloß, über die der König verfügte, ich mußte sie nun dem Duc de Lorge, der bisher bei Chamillart, seinem Schwiegervater, gewohnt hatte, wieder zurückgeben; aber ständig bei Hofe zu leben, ohne dort eine Wohnung zu haben, die seinerzeit zu bekommen ich keinerlei Aussicht hatte, ist unmöglich und unerträglich. In die Guyenne zu reisen war, wie ich sagte, solange zwischen Montrevel und mir alles ungeklärt blieb, ebenfalls undenkbar. Ich entschloß mich also, nach La Ferté zu gehen.

Vergebens suche ich den rechten Ausdruck für das, was ich dem Leser begreiflich mache möchte. Durch die grundlegenden Veränderungen, die sich in der Stellung und der Geltung Vendômes sowie Chamillarts vollzogen hatten, herrschte bei Hof größere Uneinigkeit denn je. Von Kabale zu sprechen wäre vielleicht zuviel, aber die passende Bezeichnung will mir nicht einfallen. Ich sage also Kabale, indes muß ich betonen, daß der Ausdruck für das, was ich meine, zu stark ist, doch läßt sich die Sache ohne fortgesetzte Umschreibung mit einem einzigen Wort nicht anders beschreiben. Die Hauptpersonen des Hofes teilten sich in drei Parteien, wobei die wichtigsten Akteure nur selten offen hervortraten; die meisten blieben in ihren Schlupfwinkeln und machten ihre Vorbehalte. Einige wenige dachten tatsächlich nur an das Wohl des Staates, dessen bedrohliche Lage für alle angeblich das einzig Entscheidende war, während die meisten nichts anderes als ihre eigenen Interessen im Sinne hatten; jeder strebte entsprechend seinen vagen Vorstellungen entweder Ansehen oder Autorität oder Reichtümer zu erwerben; wieder andere, die weniger in Erscheinung traten oder weniger bedeutend waren, schlossen sich einer dieser drei Gruppen an, bildeten somit eine Unterabteilung, die in dem Schwebezustand der Staatsgeschäfte zuweilen den Ausschlag gab und den Bürgerkrieg der Meinungen weiterschürte. Unter den Fittichen Mme. de Maintenons vereinigte sich die erste Gruppe, deren Hauptpersonen, durch den Sturz Chamillarts angestachelt und gekräftigt durch den Vendômes, an dem sie weitgehend mitgearbeitet hatten, von der Duchesse de Bourgogne geschont wurden und die sie ihrerseits schonten und sehr gut mit Monseigneur standen. Auch genossen sie allgemein Achtung und hatten teil an dem Glanz, der ihnen durch Boufflers zukam. D'Harcourt war sogar von den Ufern des Rheines her ihr Pilot, Voysin und seine Ehefrau waren ihre Werkzeuge, die sich ihrerseits wiederum auf die Gruppe stützten. An zweiter Stelle stand der Kanzler, der von der Kühle, die Mme. de Maintenon gegen ihn an den Tag legte, und folglich auch von der Distanzierung vom König bis zum äußersten angewidert war. Etwas mehr im Hintergrund, Pontchartrains Sohn; der Erste Stallmeister, der in den Kriegen alt geworden und der die Verbindung zwischen d'Harcourt und dem Kanzler hergestellt hatte und die ganze Meute zusammenhielt; sein Vetter d'Huxelles, dem Schein nach Philosoph, Zyniker, Epikureer, in jeder Weise hinterhältig, von finsterem Ehrgeiz zerfressen und unter dem Einfluß der Choin von Monseigneur hochgeschätzt; der Marschall de Villeroy, der trotz tiefster Ungnade nie die Beziehung zu Mme. de Maintenon verloren hatte und den die übrigen aus diesem Grunde und wegen der früheren Zuneigung des Königs, die durch Mme. de Maintenon jederzeit zu neuem Leben erweckt werden konnte, stets behutsam behandelt. Auf der Gegenseite, die ihre Hoffnungen auf die Thronfolge, die Tugenden und Talente des Duc de Bourgogne setzte, sah man vor allem Beauvillier; die Seele dieser Partei war der Duc de Chevreuse; ihr geistiges Oberhaupt, trotz seines Exils und seiner Ungnade, der Erzbischof von Cambrai. Weiter kamen hinzu Torcy und Desmaretz, der Pater Tellier, die Jesuiten und das sonst so weit von den Jesuiten entfernte Saint-Sulpice; so wie ja auch Desmaretz einerseits mit dem Marschall de Villeroy und andererseits mit dem Marschall d'Huxelles befreundet war und wie Torcy, der gut mit dem Kanzler stand, mit diesem einer Meinung über die römischen Fragen und folglich gegen die Jesuiten war und, was diese anlangte, mit seinen Vettern Chevreuse und besonders mit Beauvillier öfters in Streit geriet.

Diese beiden Kabalen hielten sich gegenseitig in Schach. Letztere arbeitete in der Stille, die erstere hingegen machte großes Getöse, ergriff jede Gelegenheit, der anderen zu schaden; alles, was bei Hofe und in der Armee auf Eleganz hielt, drängte sich zu dieser Partei, die sich durch die allgemeine Unzufriedenheit mit der Regierung ständig vergrößerte und die aufgrund der Rechtschaffenheit Boufflers' und der Talente d'Harcourts etliche kluge Leute auf ihre Seite zog.

D'Antin, Madame la Duchesse, Mlle. de Lillebonne und ihre Schwester, deren von ihnen unzertrennlicher Onkel bildeten die dritte Partei. Keine der beiden anderen wollte etwas mit ihr zu tun haben. Beide fürchteten sie und mißtrauten ihr; aber alle, selbst die Duchesse de Bourgogne, behandelten diese Partei mit Schonung im Gedanken an Monseigneur, an d'Antin und Madame la Duchesse, die, ein Herz und eine Seele, beide gleichermaßen unbeliebt waren; dennoch stand d'Antin an der Spitze dieser Partei aufgrund seiner Privataudienzen beim König, die er täglich zu verlängern und zu seinem Vorteil auszubeuten verstand; Madame la Duchesse aufgrund ihrer engen Beziehung zu Monseigneur. Nicht etwa, daß die beiden Lothringerinnen Mlle. Choins Vertrauen verloren hätten, sie hatten vielmehr einen weiteren Rückhalt gewonnen, nämlich jene so schmachvolle und deshalb so geheimgehaltene, aber fest begründete Bindung an Mme. de Maintenon; allerdings waren sie einstweilen noch wie betäubt von den Schlägen, die auf Vendôme und Chamillart niedergefahren waren.

Geben wir, um uns besser verständlich zu machen, den Dingen einen Namen und nennen die drei Parteien: die Kabale der Grandseigneurs – wie sie damals tatsächlich genannt wurde –, die Kabale der Minister und die Kabale von Meudon.

Diese letztere war weit mehr über ihre eigene fatale Niederlage als über den Sturz Vendômes erbost; ihnen allen war aus Gründen, die bereits erklärt worden sind, nur daran gelegen, den Duc de Bourgogne zugrunde zu richten.

Der Duc du Maine kümmerte sich, da er im Herzen des Königs und Mme. de Maintenons herrschte, um nichts, er dachte nur an sich selbst, spottete über alle, schadete jedem, so gut er konnte, und wurde, da man das wußte, von allen gefürchtet. Monsieur le Duc verhielt sich gleichgültig; stets düsterer Stimmung, erschreckte er alle Welt, gleich einer Bombe, die jeden Augenblick detonieren kann. Der Comte de Toulouse nahm an nichts Anteil, ebensowenig der Duc de Berry; der Duc d'Orléans war weder willens noch, wie man bald sehen wird, in der Lage, sich in irgend etwas einzumischen; und der Duc de Bourgogne, der ganz im Gebet und in seinen Papieren versunken war, wußte nicht, was auf Erden vor sich ging, hielt sich an die sanften und maßvollen Schilderungen der Herzöge de Beauvillier und de Chevreuse. Er hatte weder mit der Ungnade Vendômes noch mit der Chamillarts das geringste zu tun gehabt, er begnügte sich vielmehr damit, sie beide Gott zu empfehlen, so wie er es mit den Drangsalen getan, die diese Männer ihm zugefügt hatten. Was die Duchesse de Bourgogne angeht, so hatte sie, wie wir gesehen haben, Vendôme zu Fall gebracht und sich gegenüber Chamillart auch nicht passiv verhalten. Diese Tatsache sowie ihre enge Beziehung zu Mme. de Maintenon rückten sie in die Nähe der »Grandseigneurs«. Hinzu kam ihre Neigung für d'Harcourt und die Achtung, die sie Boufflers nicht versagen konnte; doch vor Beauvillier und Chevreuse schreckte sie zurück und fürchtete, sie in der Nähe des Duc de Bourgogne zu sehen. So schwebte sie zwischen den beiden Kabalen. Was die von Meudon betrifft, hielt sie mit ihr nur soweit Fühlung, als die Rücksicht auf Monseigneur und Madame la Duchesse es ihr klugerweise gebot. Eine Ausnahme bildete d'Antin. Tallard, den es wurmte, gar nichts zu sein, weil man ihm in keiner Weise traute, hielt sich ganz an Torcy und den Marschall de Villeroy, Villars zweifelte weder an sich noch am König noch an Mme. de Maintenon: das Glück, das ihm unermüdlich hold war, und auch die Erfahrung gaben ihm recht. Er war selbstzufrieden, außerstande, etwas anderes als rein persönliche Pläne ins Auge zu fassen, galt nirgends etwas, wollte aber auch nichts gelten, und keine Partei zeigte Interesse an ihm. Berwick schonte beide Parteien und wurde von beiden geschont. Tessé, ein Freund Pontchartrains, war sowohl den großen Herren als auch den Ministern verdächtig. Noailles schwamm mit den nötigen Rettungsgürteln versehen in allen Gewässern umher, wegen seiner Tante und wegen seiner überzeugenden Reden wohlgelitten, doch als junger Mann, den man noch nicht genug kannte, vorerst nirgends ganz ernst genommen. Diese Kabalen, das war die Innenansicht des Hofes in dieser stürmichen Zeit, für die jene beiden so jähen Stürze bezeichnend waren und die weitere derartige Ereignisse anzukündigen schienen.

Der Duc d'Orléans der Verschwörung gegen Philipp V. von Spanien verdächtigt.

Unserer Armee in Flandern mangelte es an allem. Man hatte deshalb bei Hofe und in Paris das Vierzigstundengebet angeordnet. Schon seit geraumer Zeit wurde Spanien mit scheelen Blicken angesehen. Nur zu bereitwillig lauschte man den Argumenten, die die Alliierten auszustreuen nicht versäumten, daß nämlich die spanische Monarchie der Stein des Anstoßes sei. Niemand wagte es, zu den ungeheuerlichen Vorschlägen, die Torcy im Haag gemacht worden waren, Stellung zu nehmen. Aber es schien, als nähre man die Hoffnung, Spanien möge von selbst erlöschen, damit sich endlich eine Friedensaussicht böte.

Amelot wurde also zurückberufen, Mme. des Ursins bekam Order, sich darauf einzurichten, Spanien gleichfalls zu verlassen, und Bezons den Befehl, sich von Katalonien nach Spanien zu begeben, um dort alle unsere Truppen zusammenzuziehen. Große Entscheidungen standen im Hinblick auf den Rückruf aller unserer Truppen aus Spanien bevor. Der Hauptbefürworter dieser Entscheidung war der Duc de Beauvillier; der Duc de Bourgogne pflichtete ihm bei, die Mehrzahl der Minister gleichfalls; sogar der Kanzler schloß sich dieser Meinung an; unerwarteterweise vertrat Desmaretz die gegenteilige Ansicht; auch Voysin, wiewohl nur zaghaft. Monseigneur, der, wenn es um den Vorteil seines Sohnes ging, aber freilich nur in diesem Punkt, stets unbeirrbar war, stimmte leidenschaftlich für das Bleiben der Truppen in Spanien, obwohl die gegenteilige Meinung überwog und der Rückruf beschlossen war. Diese Debatte ging nicht ohne Erregung vor sich, und man erfuhr noch am gleichen Tag, was beschlossen worden war. Ganz Marly sprach über nichts anderes. Der Höfling, entzückt, über eine Staatsaffäre laut debattieren zu dürfen, ergriff je nach Gutdünken Partei, und zwar mit solchem Eifer, daß man hätte meinen können, die Entscheidung sei für jeden eine Lebensfrage. Die überwiegende Mehrzahl war gegen den

Rückruf der Truppen, was den Marschall de Boufflers ermutigte, sofort zu Mme. de Maintenon zu eilen, um nach besten Kräften auf sie einzuwirken. Soviel Anteilnahme überraschte den König, er machte die Befehle rückgängig, berief abermals den Staatsrat ein, um noch einmal über die Sache zu beraten. Die Diskussion über das Für und Wider war sehr heftig, und Monseigneur wurde sehr laut, schließlich kam es zu einem Kompromiß, was schon im allgemeinen mißlich ist: es wurde beschlossen, dem König von Spanien siebzig Bataillone zu belassen, damit er bei Beginn einer Schlacht nicht gänzlich entblößt sei.

Ich muß jetzt ein wenig zurückgreifen, um von dem zu berichten, was dem Duc d'Orléans in Spanien widerfuhr und was zur Ursache all der Bitternisse und Einengungen wurde, die ihn dann zeit seines Lebens, selbst noch während seiner Regentschaft, begleiteten. Ich will mich hier nicht weiter über seinen Charakter äußern, ich will nur feststellen, daß sein Müßiggang, seine ständigen Reisen nach Paris, die unangebrachte Neugier auf chemische Experimente und die noch unangebrachtere auf Weissagungen, seine Hörigkeit gegenüber Mme. d'Argenton, das ausschweifende Leben, dem er sich ergab, sowie die mangelnde Achtung, die er dem Hof, und die noch geringere, die er seiner Gemahlin erwies, ihn in den Augen der Gesellschaft, und vor allem in denen des Königs, sehr herabgesetzt hatten. Dennoch zwangen die Umstände den König, ihn nach Italien zu entsenden, um Vendôme abzulösen; nach dem von ihm wohl vorausgesehenen Mißgeschick von Turin und nach seiner Verwundung gab ihm dann der König, um ihn zu trösten, 1707 das Oberkommando über die Armee in Spanien. Der König hatte ihm ausdrücklich zu verstehen gegeben, er möge in gutem Einvernehmen mit Mme. des Ursins verbleiben, sich nur um Dinge kümmern, die den Krieg beträfen, und sich aus allen innerpolitischen Angelegenheiten heraushalten. Der Duc d'Orléans hatte diesen Befehl genau befolgt, und Mme. des Ursins war bestrebt, ihn bei Laune zu halten. So verlief zwischen beiden alles reibungslos, bis er 1708 wieder nach Spanien zurückkehrte; höchst unzufrieden über die geringen Vorbereitungen für den Feldzug, erzürnt, weil ihn ebendiese Verfehlungen wieder einer glorreichen Gelegenheit beraubten, entschlüpfte ihm, wie ich bereits erzählt habe, mitten beim Abendessen, jenes grausame Bonmot, das ihm die unversöhnliche Feindschaft von Mme. de Maintenon und Mme. des Ursins einbrachte. Gleichviel lebte er scheinbar weiter in gutem Einvernehmen mit Mme. des Ursins, trotz der Auseinandersetzungen, zu denen die Fragen der Lebensmittelversorgung und des sonstigen militärischen Nachschubs des öfteren Anlaß boten. Immerhin zeigten ihm einige Kleinigkeiten, daß sie danach trachtete, ihm zu schaden, und daß er auf der Hut sein müsse.

Schon gegen Ende des ersten spanischen Feldzugs, und zumal bei seinem Aufenthalt in Madrid, war ihm aufgefallen, welche Fehler der Geiz und der Ehrgeiz die Princesse des Ursins begehen ließen, und es dauerte nicht lange, bis er erfuhr, wie ungemein verhaßt und gefürchtet sie war. Vielleicht war es bloße Neugier, die ihn dazu trieb, einigen Rädelsführern dieser Mißvergnügten Gehör zu schenken. Fürsten wollen mehr als andere Menschen beliebt sein. Überall in Spanien ertönte sein Lob; man rühmte seinen Eifer, seine Zuverlässigkeit, seine Talente, seinen Mut, seine Umgänglichkeit, seine angenehme Lebensart; und ich weiß nicht, wie weit er diese dem Rang und der Macht geltenden Huldigungen als Zeichen persönlicher Zuneigung nahm und wie weit er sich davon schmeicheln und verführen ließ. Nachdem ihm durch unmerkliche Auswirkungen die Torheit jenes fatalen Bonmots zum Bewußtsein gekommen war, war er während seines zweiten Feldzuges und seines späteren Aufenthalts in Madrid nur um so neugieriger auf das Tun und Lassen von Mme. des Ursins. Auch lieh er den Klagen der Mißvergnügten ein offenes Ohr, ohne indessen davon irgendeinen Gebrauch zu machen. Die mit der Regierung und mit Mme. des Ursins Unzufriedenen sammelten sich um den Duc d'Orléans. Er suchte das so wenig zu verhehlen, daß er bei seiner Rückkehr nach Madrid für viele ein gutes Wort einlegte und für viele Gnade erwirkte. Und als Mme. des Ursins ihn in Gegenwart des Königs und der Königin deswegen tadelte, erwiderte er, er habe gedacht, ihnen einen guten Dienst zu erweisen, indem er sich diesen Leuten als neutraler Vermittler zwischen Madrid und Barcelona anbot, wohin jene unweigerlich geeilt wären, wenn sie nicht an ihm einen Rückhalt gehabt hätten. Keiner der drei wußte etwas darauf zu erwidern, und als er sich bereit erklärte, diese Leute nicht mehr anzuhören, baten sie ihn, es auch weiterhin zu tun, ja, sie drängten ihn, seine Rückkehr nach Spanien zu beschleunigen, und man trennte sich, wie es schien, in bestem Einvernehmen.

Gegen Ende des Winters fragte der König seinen Neffen, wie er mit der Princesse des Ursins stünde. Und als dieser entgegnete, er sei überzeugt, gut mit ihr zu stehen, da er nichts getan habe, um ihren Unmut er erregen, erklärte ihm der König, daß sie ihn dennoch fürchte und ihn, den König, inständig bitte, ihn nicht wieder nach Spanien zu entsenden; auch habe sie sich beklagt, daß er sich mit ihren Feinden verbündet habe. Der Duc d'Orléans sagte, er sei äußerst überrascht über diese Klagen von Mme. des Ursins und erzählte dann dem König alles, was ich soeben berichtet habe. Er fügte hinzu, daß er tatsächlich über die Machenschaften und gefährlichen Unternehmungen der Princesse des Ursins, die unweigerlich zum Ruin der Katholischen Majestäten führen müßten, hinlänglich Bescheid wisse; es könne also sein, daß Mme. des Ursins sich darüber im klaren sei und daß sie deshalb seine Rückkehr fürchte; er habe sich jedoch vollkommen zurückgehalten, ganz wie Seine Majestät ihm das vorgeschrieben habe. Der König dachte einen Augenblick nach, dann sagte er, daß er es angesichts der Gesamtlage für besser hielte, ihn nicht wieder nach Spanien zu entsenden; der Ausgang der jetzigen Krise sei zweifelhaft; wenn sein Enkel den Thron verlöre, sei es nicht der Mühe wert, sich in die Verwaltungsgeschäfte der Madame des Ursins einzumischen; wenn er ihn jedoch behielte, wäre immer noch Gelegenheit, die Dinge gründlich zu bereden, und dann wäre er froh, von seinem Neffen Auskünfte erhalten zu können.

Die Kabale von Meudon hatte ihren Schlag gegen den Duc de Bourgogne halb verfehlt; und doch hatte sie ihn bei Monseigneur schachmatt gesetzt. Die Gelegenheit, gegen das einzige Mitglied der königlichen Familie, das noch zählte, etwas unternehmen zu können, war zu günstig, um sie nicht voll und ganz auszunutzen und sich freie Bahn zu schaffen. Es hieß, der Duc d'Orléans habe versucht, Leute um sich zu sammeln, die ihn, nachdem sie Philipp V. unter dem Vorwand seiner Unfähigkeit und seiner Abhängigkeit von Mme. des Ursins verjagt hätten, auf den Thron brächten; er habe mit Stanhope, dem englischen General, verhandelt, um des Schutzes des Erzherzogs sicher zu sein, in der Vorstellung, daß es England und Holland wenig schere, wer in Spanien regiere, vorausgesetzt, daß der Erzherzog den überseeischen Besitz Spaniens zugesprochen bekäme und daß derjenige, der auf dem Thron Spaniens säße, in ihrer Abhängigkeit bliebe und sich, ganz gleich welcher Herkunft, gegenüber Frankreich feindlich oder zumindest ablehnend verhielte. Die Verleumdungen gingen noch viel weiter; es gab Leute, die behaupteten, er wäre bereit, seine Ehe mit der Duchesse d'Orléans als seiner unwürdig in Rom zu annullieren und folglich seine Kinder auf Betreiben des Kaisers als Bastarde erklären zu lassen; die Schwester der Kaiserin, die Witwe Karls II., die damals noch über Schätze verfügte, zu heiraten, mit ihr den Thron zu besteigen und, gewiß, daß sie niemals Kinder bekäme, später dann die d'Argenton zu heiraten und schließlich, um es in wenigen Worten zu sagen, die Duchesse d'Orléans zu vergiften. Wenn man bedenkt, wie sehr er durch die Retorten, die Labors, die physikalischen und chemischen Spielereien und durch das ständige Geschwätz der Scharlatane um ihn herum bedroht war, mußte der Duc d'Orléans froh und dankbar sein, daß seine Gemahlin, die schwanger war und gerade während dieser Zeit an einer sehr heftigen Kolik litt, was die Verleumdungen verschärfte, glücklicherweise davon genas und bald darauf ihr Kind zur Welt brachte, was das Geschwätz ein wenig verstummen ließ. Gleichviel begann sich der noch unangekränkelte Teil des Hofes gegen ihn abzuschirmen. Der König und mehr noch Monseigneur behandelten ihn mit einer Kühle, die ihm sehr zu schaffen machte. Nach diesem Beispiel zog sich die Mehrzahl der Höflinge ganz betont von ihm zurück. Ich war, wie ich bereits gesagt habe, in eine Art Ungnade gefallen, ich war in Marly nicht mehr zugelassen; meine enge Bindung zu dem Duc d'Orléans beunruhigte meine Freunde, die mich drängten, mich ein wenig zu distanzieren. Die Erfahrung hatte mich gelehrt, zu welchen Bosheiten jene, die mich haßten und fürchteten, imstande waren, zumal die Kabale von Meudon, und insbesondere Monsieur le Duc und Madame la Duchesse. Ich sagte mir also, daß meine Freundschaft mit dem Duc d'Orléans angesichts meiner peinlichen Situation ihnen jetzt leichtes Spiel verschaffte, aber nach reiflicher Überlegung kam ich zu dem Schluß, daß bei Hofe wie im Kriege Ehre und Mut unerläßlich seien und daß man deutlich unterschieden müsse, wie man den Gefahren begegne. Ich gedachte also nicht die geringste Furcht zu zeigen und mein Verhalten gegenüber dem Duc d'Orléans gerade jetzt, wo er meiner bedurfte, nicht im geringsten zu ändern. Später, als endlich Nachrichten aus Spanien eintrafen, gestand mir der Prinz von sich aus, angesehene Spanier, unter anderem einige Granden, hätten ihm dargelegt, daß der König von Spanien sich keinesfalls halten könne, und ihm also vorgeschlagen, dessen Sturz zu beschleunigen und sich an seine Stelle zu setzen. Er habe diesen Vorschlag mit Entrüstung zurückgewiesen, wohingegen er sich bereit erklärt habe, auf das Projekt der Thronfolge einzugehen, sofern Philipp V. von selbst und ohne Hoffnung auf Rückkehr den Thron verliere; weil er in diesem Falle seinem Neffen keinerlei Unrecht täte und dem König eine Wohltat erwiese, da er Spanien seinem Hause und Frankreich sichere. Nach diesem Geständnis hatte ich nicht den Eindruck, daß irgend etwas geplant oder ernstlich etwas verfolgt worden sei. Ich beschränkte mich darauf, dem Prinzen das Abwegige eines so absurden und sinnlosen Planes vor Augen zu führen; ich riet ihm, alles nur Mögliche zu tun, um herauszubekommen, wie weit der König davon wisse, um zu vermeiden, daß dieser einen Verdacht schöpfe; riet ihm ferner, zu ihm zu gehen, um ihm das, was er mir bereits erzählt hatte, zu berichten und ihn von der Harmlosigkeit seiner Absichten zu überzeugen. Er nahm meinen Rat an und gab halbwegs seine Fehler und seine Narrheit zu. Doch nun ergriffen diejenigen, die in Spanien den Duc d'Orléans zu der Extravaganz des unmöglichen Projekts verführt hatten, die Gelegenheit, ihre Partei zu vergrößern, und zwar mit einer solchen Unvorsichtigkeit, daß ihr Verhalten, das ebenso kurzsichtig war wie der Plan, der unschwer aufzudecken war, jenen fürchterlichen Skandal heraufbeschwor.

Ich habe niemals entwirren können, wie weit die Verschwörung wirklich gediehen war und wieviel der König davon wußte. Er erfuhr jedenfalls einiges davon, als Flotte, der Sekretär des Duc d'Orléans, festgenommen wurde, und zweifellos noch einiges mehr, als vierzehn Tage später der Marquis de Villaroel, Generalleutnant bei den spanischen Truppen in Saragossa, verhaftet wurde, und zur selben Zeit auch Dom Boniface Manriquez, gleichfalls Generalleutnant, in einer Kirche in Madrid, und dies obwohl Kirchen in Spanien Asylrecht bieten, das nur unter größten Schwierigkeiten verletzt werden kann. Es erregte einen ungeheuren Skandal im Lande, und das war es auch, was die Princesse des Ursins beabsichtigt hatte, um die Schreier von ganz Spanien aufzustacheln, ein Skandal, der nötig war, um ganz Frankreich unter der heimlichen Führung von Mme. de Maintenon in Aufruhr zu versetzen. Beide Frauen waren sich über die Gegenstandslosigkeit der Verschwörung im klaren und wußten daher auch, daß es um so größeren Getöses bedurfte, als es sich darum handelte, zu brüskieren und die stärksten Parteien gegen einen Enkel der Krone aufzuwiegeln, gegen den Neffen des Königs, den Onkel der Königin von Spanien und der Duchesse de Bourgogne, einen Prinzen, den erfolglos anzugreifen zu gefährlich gewesen wäre. Der Erfolg allerdings überbot die Hoffnungen beider. Niemals erklang ein so erbittertes, weithin hallendes Wutgeschrei, niemals geriet jemand in eine solche Vereinsamung, wie der Duc d'Orléans sie nun zu erdulden hatte. Und das alles wegen einer Narrheit! Denn hätten verbrecherische Absichten vorgelegen, so hätte man längst davon erfahren, da der Duc d'Orléans kein Geheimnis bei sich behalten konnte.

Ich mutmaße, daß weder der König noch Mme. de Maintenon noch Mme. des Ursins selber etwas Konkretes wußten, obwohl die Frauen unaufhörlich auf härtestes Durchgreifen drängten und folglich an handfesten Beweisen sehr interessiert sein mußten; aber es war nie und nirgends mehr zutage gekommen als das, was ich bereits erfahren hatte und erzählt habe.

Während diesem allgemeinen Durcheinander hatte der Duc d'Orléans eine lange Unterredung mit dem König, der seinen Neffen als

Schuldigen behandelte, obwohl dieser ihm das Projekt eingestand, wie er es mir dargestellt hatte. Das ganze Vorhaben war zwar eine ausgefallene Idee, konnte jedoch niemals als Verbrechen eingestuft werden. Man wandte alle möglichen Listen und Finten an, um den König zu überzeugen, daß das Geständnis des Duc d'Orléans nur die List eines Verbrechers sei, der sich dicht vor der Überführung sah und der, um zu entrinnen, Falschgeld ausgibt. Gegen so viele Machenschaften, Böswilligkeit, Hinterlist, Gehässigkeit und Ehrgeiz mußte der Duc d'Orléans sich allein verteidigen, ohne anderen Beistand als die kläglichen Tränen einer Mutter, die flaue Wohlanständigkeit einer Gemahlin und die ohnmächtigen Wünsche des Comte de Toulouse. Der König, der in seinem Arbeitszimmer jedem, der Zutritt hatte, zur Beute fiel, wurde von Mme. de Maintenon unaufhörlich belagert, aus Spanien hart bedrängt und von Monseigneur, der Gerechtigkeit für seinen Sohn verlangte, förmlich belästigt. Die behutsame Fürsprache des Duc de Bourgogne fiel nicht ins Gewicht, sowenig wie die der Duchesse de Bourgogne, die zwar ihrem Onkel von Herzen gern helfen wollte, die jedoch von Natur aus schüchtern war und vor Monseigneur, und zumal vor Mme. de Maintenon, deren Absichten ihr bekannt waren, zitterte und sich nur zaghaft und in halben Worten zu äußern wagte; der König also, der nicht wußte, welchen Entschluß er fassen sollte, trug die Sache dem Staatsrat vor, dessen Meinung jedoch gleichfalls geteilt war. Schließlich erlag er den so lauten und so gut organisierten Hetzkampagnen seiner nächsten Umgebung und gab dem Kanzler den Auftrag, die zur Einleitung eines solchen Verfahrens erforderlichen Formen zu prüfen.

Ich besuchte den Kanzler fast jeden Abend in seinem Arbeitszimmer, wo wir miteinander plauderten. Auch diese Geschichte wurde gelegentlich besprochen, aber wegen der Anwesenheit einiger Dritter nur ganz oberflächlich. Eines Abends kam ich später und fand ihn allein. Wie er es immer zu tun pflegte, wenn er von einem Gedanken stark in Anspruch genommen war, ging er, mit gesenktem Kopf und die Arme in den Falten seiner Robe vergraben, im Zimmer auf und ab. Er erzählte mir von den Gerüchten, die täglich bedrohlicher wurden, dann fügte er, da er allmählich auf die Sache zu sprechen kommen wollte, hinzu, man spreche sogar von einem Prozeß, und fragte mich, gleichsam aus reiner Neugier und als sei die Unterhaltung zufällig darauf gekommen, nach den Formen, die ich, wie er wußte, gut kannte, weil das eine Angelegenheit der Pairschaft war. Ich erzählte ihm, was ich wußte, und führte Beispiele an. Er konzentrierte sich noch stärker, ging im Zimmer auf und ab, ich immer an seiner Seite, er ständig zu Boden blickend, während ich ihn mit den Augen verfolgte; keiner von uns sprach ein Wort. Plötzlich blieb der Kanzler stehen und wandte sich, gleichsam aus einem Traum erwachend, mir zu: »Aber Sie«, fragte er, »was werden Sie tun, wenn es dazu kommt? Sie sind Pair von Frankreich, und alle Pairs sind verpflichtet zu erscheinen und zu urteilen. Auch Sie müßten ein Urteil fällen. Sie sind mit dem Duc d'Orléans befreundet: ich erkläre ihn für schuldig; was werden Sie tun, um sich aus der Sache herauszuziehen?« – »Monsieur, erwiderte ich ihm seelenruhig, wagen Sie sich nicht zu weit vor! Sie werden sich den Schädel einrennen.« – »Aber«, entgegnete er, »ich wiederhole Ihnen, daß ich ihn für schuldig halte und für straffällig. Was also werden Sie tun?« – »Was ich tun werde? Ich sehe da keine Schwierigkeiten. Ich werde selbstverständlich erscheinen, denn der Pairseid verpflichtet mich dazu. Ich werde in aller Ruhe alles anhören, was vorgebracht wird, bis ich an der Reihe bin. Dann werde ich sagen, daß man, bevor man in irgendeine Beweisaufnahme eintritt, notwendigerweise die Rechtmäßigkeit zu klären hat; es handle sich in diesem Fall um eine tatsächliche oder vermutete Konspiration, nämlich darum, den König von Spanien zu entthronen und sich seiner Krone zu bemächtigen. Ein solches Unterfangen sei in der Tat ein schweres Majestätsverbrechen, betreffe jedoch einzig den König von Spanien und dessen Krone, keineswegs die von Frankreich. Infolgedessen – werde ich sagen – hielte ich den hinreichend mit Pairs besetzten Gerichtshof, vor dem ich spreche, nicht für kompetent, über ein auswärtiges Majestätsverbrechen zu urteilen. Und, werde ich hinzufügen, ich hielte es auch für mit der Würde der Krone unvereinbar, einen Prinzen, den seine Herkunft zur Erbfolge berechtigt, irgendeinem spanischen Tribunal auszuliefern, das allein kompetent sein könne, über einen einzig die spanische Krone betreffenden Fall zu Gericht zu sitzen. Dies würde, denke ich, den Gerichtshof überraschen und verwirren, und wenn es zu einer Debatte käme, hätte ich keine Mühe, meine Ansicht zu vertreten.« Der Kanzler war äußerst verblüfft, und nach einem kurzen Schweigen sagte er, indem er mich ansah: »Sie sind wirklich ein Teufelskerl.« Wobei er mit dem Fuße aufstampfte und ganz erleichtert lachte. »Daran habe ich gar nicht gedacht, aber es ist in der Tat überzeugend.« Er sprach noch ein paar Augenblicke mit mir, dann entließ er mich. Mir schien, ich hätte einen starken Eindruck auf den Kanzler gemacht, so daß ich sofort den Duc d'Orléans aufsuchte, um ihm davon Mitteilung zu machen, worauf dieser mich freudig umarmte. Niemals habe ich in Erfahrung bringen können, wie der Kanzler dann vorging. Am anderen Tage arbeitete er noch einmal allein mit dem König. Es war das letzte Mal. Und schon vierundzwanzig Stunden später wehte der Wind aus einer anderen Richtung. Erst wurde es gemunkelt, dann laut ausgesprochen, daß kein Prozeß stattfände. Der König äußerte sich in gleichsam privaten Audienzen, damit es unter die Leute käme, er habe nie den geringsten Zweifel gehegt und er sei ganz überrascht, daß man soviel Aufhebens von der Geschichte gemacht habe, und finde es befremdlich, daß man solche Verleumdungen verbreitet habe. Das hatte zur Folge, daß man in der Öffentlichkeit nicht mehr über die Sache sprach, im kleinen Kreis jedoch wurde der Fall noch lange beredet... Jeder glaubte, was er wollte, je nach eigener Neigung oder Einstellung. Der König hielt sich dennoch von seinem Neffen weiterhin fern, und Monseigneur, der die Sache nicht vergessen konnte, ließ ihn das nicht nur bei jeder öffentlichen Gelegenheit, sondern auch im täglichen Leben auf eine sehr kränkende Weise fühlen. Da der Hof den meisten dieser Szenen beiwohnte und sah, wie einsilbig der König gegenüber seinem Neffen war, trug das nicht dazu bei, das Verhältnis der Gesellschaft zu diesem Prinzen zu bessern, so daß er sich, nachdem er sich eine Weile eines gemäßigteren Lebenswandels befleißigt hatte, immer häufiger nach Paris begab, denn nur dort konnte er sich einer gewissen Freiheit erfreuen und sich durch Ausschweifungen betäuben.

Die Witwe des Herzogs von Mantua von der Gesellschaft geschnitten. – Aufruhr in Paris wegen der Hungersnot. – Durch die persönliche Intervention des alten Marschall de Boufflers geschlichtet. – Waffenstillstandsverhandlungen in Flandern. – Tournai kapituliert kampflos. – Boufflers geht freiwillig zur Unterstützung von Villars nach Flandern.

Die Witwe des Herzogs von Mantua, die sich in ihrem Kloster in Pont-à-Mousson langweilte und die Ausflüge nach Lunéville auch nicht sehr unterhaltsam fand, meinte, es sei an der Zeit, sich nun in ihrem vollem Glanze in Paris und bei Hofe – von dem sie beträchtliche Pensionen bezog – zu präsentieren. Ihre Mutter, Mme. d'Elbeuf, wünschte das nicht minder; sie baute auf ihre Beziehungen zu Mme. de Maintenon, auf die Unterstützung Monsieur de Vaudémonts und seiner Nichten, und somit auch auf die Monseigneurs. Die Rückkehr war also beschlossene Sache. Unter dem Vorwand, ihre Tochter brauche frische Luft und Milch, erreichte Mme. d'Elbeuf, daß diese in Vincennes einquartiert wurde, wo man ihr das früher von Monsieur bewohnte Appartement einrichtete. Solch aufwendiges Debüt schwellte beider Hoffnungen. Herzogin von Mantua kam nach Vincennes, fest entschlossen, sich einen Rang zu erorbern, der ungefähr dem der Königlichen Enkelinnen entsprach, das heißt, niemandem, wer immer es sei, die Hand zu reichen noch einen Lehnsessel anzubieten oder gar einen Schritt entgegenzugehen. Inzwischen versuchte Mme. d'Elbeuf, den Empfang ihrer Tochter vorzubereiten, doch ohne jeden Erfolg. Mme. de Maintenon hatte, wie schon des öfteren vermerkt, ihre Stimmungen und zeigte sich auch ihren besten Freundinnen gegenüber recht launenhaft. Mme. d'Elbeuf war zur ungelegenen Zeit erschienen, und erstaunlicherweise stießen diesmal ihre Prätentionen auch beim König auf Widerstand. Der Herzog von Mantua war tot und hatte keinen Nachfolger. Sein Staat war und blieb vom Kaiser besetzt; um also den Belästigungen und Ansprüchen der Herzogin von Mantua von vornherein aus dem Wege zu gehen, wollte der König sie gar nicht erst bei Hofe zulassen und bestimmte, sie solle ihn bei Mme. de Maintenon aufsuchen, wo sie auch die Duchesse de Bourgogne antreffe, um nach der Visite unverzüglich wieder nach Vincennes zurückzukehren.

Somit also vom Hofe ausgeschlossen, wohin die Herzogin von Mantua Zeit ihres Lebens den Fuß nicht mehr setzte, gedachte sie wenigstens in Paris zu herrschen und sich dort einen ihr angemessen erscheinenden Rang zu sichern; sie erschien alsbald mit ihrer Mutter im Theater, wo die beiden dann eine von Kleinbürgerinnen besetzte Loge räumen ließen; ihre geringe Herkunft bewog diese Frauen, den Affront hinzunehmen, und hinderte die Gesellschaft, laut Protest zu erheben. Den ersten Zusammenstoß erlebten die beiden mit M. und Mme. de Montbazon vor dem zweiten Tor des Palais Royal. Das Ehepaar saß allein in seiner zweispännigen Karosse, die Herzogin von Mantua zum Zurückweichen zwingen wollte. Da man sich weigerte, schickte Mme. d'Elbeuf, die neben ihrer Tochter saß, einen Edelmann zu M. de Montbazon, um ihm sagen zu lassen, die Herzogin von Mantua bäte ihn, seine Karosse zurückzusetzen. M. de Montbazon erwiderte, er täte es gern, wenn er allein wäre, aber er sei in Gesellschaft von Mme. de Montbazon und wisse nicht, ob die Herzogin von Mantua ihr gegenüber irgendein Vorrecht genösse. Kurz darauf kam der gleiche Edelmann wieder, um mitzuteilen, daß die Herzogin von Mantua nur vor dem Kurfürsten von Bayern, der gerade in Paris weilte, weichen würde. Darauf M. de Montbazon sehr höflich, es läge ganz in der Hand seiner Herrin, ob sie es auf einen Streit ankommen lassen wolle, er jedenfalls sei nicht gewillt zurückzuweichen, er habe zwar die größte Hochachtung vor den beiden Damen, nicht aber die Absicht, ihnen einen Rang einzuräumen. Nun kam es unter den Kutschern zu Zänkereien und Beleidigungen. Mme. d'Elbeuf schrie zum Wagenfenster heraus, man würde die Vorfahrt gewaltsam erzwingen, darauf M. de Montbazon, dann stiege er aus, um jedem, der es wagte, näher zu kommen, hundert Stockschläge zu verabreichen. Dann schließlich fuhren die Karossen dank der breiten Durchfahrt, aber zum Nachteil der dort liegenden Läden, aneinander vorbei, wobei sie sich streiften, und beendeten diesen lächerlichen Auftritt. M. und Mme. de Montbazon begaben sich alsbald ins Hôtel de Bouillon, um sich Rat zu holen. Am anderen Morgen erzählte der Duc de Bouillon dem König, was seinem Schwiegersohn widerfahren war. Etliche Herzöge standen ihm bei, ganz Versailles und ganz Paris wandte sich gegen Mme. d'Elbeuf und die Herzogin von Mantua. Letztere entschloß sich nun, auf den Hof zu verzichten und auf die Prätentionen, die sie in der Einsamkeit und Langeweile gefangenhielten. Sie zog nach Paris, schickte an alle bessergestellten Damen Visitenkarten in der Hoffnung, diese oder jene zu einem Antrittsbesuch zu bewegen. Als sie sah, daß dieser Versuch nichts fruchtete, ließ sie allenthalben verbreiten, sie wisse gar nicht, welche Prätentionen man ihr unterstelle, sie hege keinen anderen Wunsch, als so zu leben wie vor ihrer Heirat. Sie machte nun ihrerseits Antrittsbesuche und kroch also nach so vielen nutzlosen Versuchen, sich mit Gewalt oder mit List durchzusetzen endlich zu Kreuze.

Die Teuerung aller Dinge und zumal des Brotes hatte in vielen Teilen des Königreiches wiederholt zum Aufruhr geführt. Auch in Paris war es häufig zu Tumulten gekommen; obwohl man fast eine doppelt so große Anzahl von Einheiten des Garderegiments als üblich dort stationiert hatte, um die Märkte und gefährdeten Orte zu überwachen, hatte diese Maßnahme nur einige der ärgsten Wirrnisse verhindert. Monseigneur war, als er zur Oper fuhr oder von da zurückkehrte, mehr als einmal vom Pöbel und von aufgebrachten Weibern, die nach Brot schrien, belagert worden, so daß er sogar inmitten seiner Garden, die aus Angst vor Schlimmerem nicht wagten, die Menge zu verscheuchen, Angst bekam. Bislang hatte er sich geholfen, indem er Geld unter die Menge werfen ließ und Wunder versprach; da diese Wunder jedoch nicht eintraten, traute er sich schließlich nicht mehr nach Paris zu fahren. Der König selbst vernahm vor seinem Fenster wüste Flüche und Beschimpfungen des Versailler Volkes, das in den Straßen tobte; was man so hörte waren dreiste, laute und nicht gerade maßvolle Beschwerden über die Regierung und sogar über seine Person. Auf Straßen und Plätzen ermunterte man sich gegenseitig, nicht mehr so duldsam zu sein, denn Ärgeres, als Hungers zu sterben, könne einem doch nicht mehr widerfahren. Um das aufgebrachte Volk zu beschwichtigen, ließ man einige Nichtstuer, Gaffer und Arme einen ziemlich großen Erdwall abtragen, der zwischen der Porte Saint-Denis und der Porte Saint-Martin liegengeblieben war. Alsdann verteilte man dann dort zum Lohn etwas muffiges Brot unter die Arbeiter, doch bekam jeder nur ganz wenig. Am 20. August in der Frühe reichte das Brot nicht mehr für alle; eine Frau begann laut zu schreien, wodurch sie die anderen aufreizte; die Wachen, die mit der Verteilung des Brotes beauftragt waren, drohten der Frau; sie schrie nur um so lauter: die Wachen ergriffen sie und stellten sie unverzüglich an den nächsten Pranger. Alsbald kamen sämtliche Handwerker des Viertels angerannt, rissen den Pranger heraus, stürmten durch die Straßen, plünderten Bäckereien und Konditoreien: die Läden schlossen einer nach dem anderen, der Aufruhr schwoll an, griff von einer Straße auf die andere über, jedoch ohne daß irgend jemand verletzt wurde. Man schrie nur nach Brot und nahm es, wo man es fand. Der Marschall de Boufflers, der auf nichts dergleichen gefaßt war, hatte an jenem Morgen seinen Notar aufgesucht, der in dieser Gegend wohnte. Überrascht über den Tumult, in den er geriet, wollte er, als er die Ursache erfahren, selbst versuchen, den Aufruhr zu beschwichtigen. Der Duc de Gramont, der auch bei diesem Anwalt gewesen war, bemühte sich, ihn davon abzuhalten. Doch als er sah, daß Boufflers fest dazu entschlossen war, begleitete er ihn. Hundert Schritt vom Hause des Notars entfernt begegneten sie dem Marschall d'Huxelles, dessen Karosse sie anhielten, um ihn nach Neuigkeiten zu fragen, da er aus der Richtung kam, wo der Aufruhr am stärksten tobte. Jener sagte ihnen, daß dort nichts zu machen sei, empfahl ihnen dringend, wieder umzukehren. Doch der Marschall und sein Schwiegersohn ließen sich nicht beirren. Je weiter sie vordrangen, desto bedrohlicher wurde die Situation. Man rief ihnen aus den Fenstern zu, sie täten besser daran, heimzufahren, wenn sie nicht erschlagen werden wollten. Als sie in der Höhe der Rue Saint-Denis angelangt waren, schien es dem Marschall de Boufflers angesichts der Menge und des Tumults ratsamer auszusteigen; er ging also mit dem Duc de Gramont zu Fuß weiter, mitten durch die wütende, dichtgedrängte Volksmenge. Der Marschall fragte die Leute, was es denn gebe, was sie zu diesem Lärm veranlasse. Er versprach Brot, redete ihnen mit Milde und Entschlossenheit zu, stellte ihnen vor, daß dies nicht der rechte Weg sei, etwas zu erbitten. Man hörte auf ihn, und immer wieder ertönte der Ruf: »Es lebe der Marschall de Boufflers!« So kam er mit dem Duc de Gramont durch die Rue-Auxours und durch die benachbarten Straßen bis dahin, wo der Aufruhr am wildesten tobte. Das Volk bat ihn, dieses Elend dem König zu schildern und ihnen Brot zu beschaffen. Er versprach es, und im Vertrauen auf sein Wort beruhigte sich alles und zerstreute sich unter Dankesbezeigungen und erneuten Hochrufen. Das war ein unschätzbarer Dienst. D'Argenson kam mit einigen Abteilungen der französischen und der Schweizer Garden heranmarschiert, und ohne den Marschall wäre es ohne Zweifel zu Blutvergießen gekommen, wodurch sich die Lage natürlich beträchtlich verschlimmert hätte.

Als der Marschall wieder in Versailles angelangt war, begab er sich geradenwegs zu Mme. de Maintenon, wo er auch den König antraf. Beide waren sehr beunruhigt. Boufflers erzählte von dem Vorfall und wurde mit Danksagungen überschüttet. Der König bot ihm das Oberkommando über die Pariser Truppen, die Bürgerschaft und die Polizei an. Aber der großmütige Marschall lehnte diese Ehrung ab. Er sagte dem König, Paris hätte ja bereits einen Gouverneur, den er seiner ihm zustehenden Funktionen nicht berauben wolle.

Flandern war seit Eröffnung des Feldzuges das hauptsächliche, wenn nicht gar das einzige Ziel aller Anstrengungen und Sorgen und blieb es bis zum Ende des Feldzugs. Der Prinz Eugen und der Duc de Marlborough verfolgten gemeinsam weiter ihre großangelegten Pläne, die sie nicht einmal zu verbergen trachteten. Ihre riesigen Truppenzusammenziehungen wiesen auf Belagerungen hin. Soll ich sagen, daß unsere Schwäche sie herausforderte und daß wir auf unsere Armee nur zählen konnten, wenn wir sie vor einer Schlacht bewahren würden?

Das Gewitter zog sich über Tournai zusammen. Dort hatte Surville das Kommando, und Mesgrigny, gleichfalls Generalleutnant, war Gouverneur der Festung. Die Laufgräben wurden am 7. und 8. Juli ausgehoben. Marschall de Villars ließ diese Belagerung widerstandslos zu, zufrieden damit, daß er sich halten konnte. Man muß zugeben, daß er nur von Zeit zu Zeit Brot geliefert bekam und daß der Wehrsold nur tropfenweise und in kleinen Mengen eintraf und daß eine Demoralisierung der Truppe und Desertionen zu befürchten standen. Surville leistete nur zwanzig Tage Widerstand und gab am 28. Juli spät am Abend auf. Er schickte den Chevalier de Retz zum König, der diesen in Marly antraf und ihm mitteilte, die Garnison sei von viertausendfünfhundert Mann reduziert auf dreitausend, die in die Festung zögen.

Der Chevalier de Retz war am Donnerstag, dem 1. August, in Marly eingetroffen. Am Dienstag, dem 6., erlebte man zur größten Überraschung, daß Ravignan, begleitet von Voysin, zu Mme. de Maintenon ging, wo der König weilte und wohin einige Augenblicke später der Marschall de Boufflers gerufen wurde. Eine so bizarre Gesandtschaft erregte lebhafte Neugier. Wunsch und Sehnsucht gaben der Hoffnung Raum, daß nur vom Frieden die Rede sein könne, um so mehr als bald darauf Gerüchte durchsickerten, Surville sei seit der Kapitulation der Stadt von den Siegern gefeiert worden und sie seien bereit, bis zu der auf den Abend des 8. festgesetzen Rückkehr Ravignans jede feindselige Handlung einzustellen. Schließlich lüftete sich das Geheimnis: der Feind schlug einen Waffenstillstand vor für die Zeit, die die Festung sich verteidigen konnte, diese würde sich nach Ablauf der vereinbarten Zeit, ohne angegriffen zu werden, ergeben. Der Vorschlag erschien ebenso befremdlich wie neuartig, und man war erstaunt, daß Ravignan, ein Mann mit gesundem Menschenverstand, der sich in Lille, wo er Oberst gewesen, Ehren erworben hatte, sich zum Überbringer dieser Botschaft hergegeben hatte. Ein Waffenstillstand ohne Aussicht auf Frieden, eine festgesetzte Frist, um eine Festung, die nicht angegriffen wurde, zur Übergabe zu bringen – das war ganz und gar ungewöhnlich. Die Feinde hofften sich Mühe und Geld zu sparen und ihren Nachschub zu schonen; auf diesen Vorschlag glaubte man nicht eingehen zu können, er entsprang der Mißachtung unserer Armee, die man für außerstande hielt, etwas zum Entsatz zu tun. Surville wurde heftig getadelt, dem Gehör geschenkt zu haben, und Ravignan auf der Stelle mit ablehnendem Bescheid wieder zurückgesandt. Man nahm an, daß der große Ruf dieser Festung das Motiv für einen so ungewöhnlichen Vorschlag gewesen war. Mesgrigny, der erste Festungsbauer nach Vauban, hatte diese Festung zu seinem Vergnügen, gleichsam für sich ausgebaut, weil er deren Gouverneur war. Von allen Festungen, die der König hatte bauen lassen, war sie eine der besten.

Sie kapitulierte am 2. September, ohne jegliche Kampfhandlung. Das schien ein unfaßbares Wunder zu sein. Nicht minder unfaßbar war es, daß Mesgrigny, der mit seinen achtzig Jahren während der ganzen Belagerung der Stadt und der Festung kaum aus seinem Zimmer herausgegangen war, sich nicht schämte, sein Alter so zu entehren, indem er sich dem Feind übergab.

Man war überrascht gewesen, daß die Feinde sich auf die große Belagerung festgelegt hatten und von der Meerseite her einzudringen suchten. Tatsächlich hatte Villars sich bei Eröffnung des Feldzugs vorteilhaft aufgestellt, um sie daran zu hindern. Aber er hätte es nicht verhindern können, daß sie ihn umgingen und ihm schlimmstenfalls den Kampf aufgezwungen hätten. Die einen meinten, die Feinde hätten die große Belagerung vorgezogen, um sich sicherer und wirkungsvoller vorwärts bewegen zu können, statt die Linien zu durchbrechen und die nichtbesiegten Bedroher im Rücken zu haben. Andere, die optimistischer urteilten und eher geneigt waren zu schmeicheln als ernstlich nachzudenken, behaupteten, die Holländer, von denen sie sich vorstellten, sie seien auf Frieden erpicht, hätten sich dem Angriff von der Meerseite widersetzt und auf die Belagerung Tournais gepocht, um die Zeit des Feldzugs mit etwas Nützlichem, aber für Frankreich weniger Gefährlichem hinzubringen, den Sommer verrinnen zu lassen, bis man die Verhandlungen wiederaufnehmen könne, wodurch sich die Ausgaben des Kaisers und Englands verringern würden. Solchen trügerischen Hoffnungen gab man sich bei Hofe hin, man war bestrebt, sie im ganzen Königreich allenthalben glaubhaft zu machen, nicht so sehr auf Politik bedacht, als vielmehr darauf, den Leuten durch Überredung und Terror die Mäuler zu stopfen. Der König ereiferte sich oft über jene, die er die Schwätzer nannte, und man machte sich eines Verbrechens schuldig, wenn man in noch so guter Absicht mit seiner Meinung auch nur im geringsten von dem nichtssagenden Geplätscher der »Gazette de France« und der niederen Höflinge abwich.

Gegen Ende der Belagerung der Festung von Tournai merkte Boufflers, wie ernst es mit Flandern stand, und es beunruhigte ihn, daß ein einziger Mensch die Verantworung dafür trug, ein Mann, der, falls er durch Krankheit oder irgendeinen Unfall außer Gefecht gesetzt würde, nicht so leicht zu ersetzen wäre, und dies unter so dringenden und kritischen Umständen. Ganz von dieser Sorge erfüllt, sprach er mit dem König darüber, sagte ihm, er sähe alles auf eine Schlacht zulaufen, stellte ihm vor Augen, in welcher Gefahr seine Armee schwebte, die, wenn Villars ein Unfall zustieße, im entscheidenden Moment in Anarchie verfiele; und er bot sich an, Villars zu unterstützen, alles zu vergessen, um ihm zu gehorchen und nur zu seiner Entlastung dazusein. Um die Größe dieser Haltung ermessen zu können, die jener berühmten Römer aus der Zeit der republikanischen Tugend würdig war, muß man bedenken, daß Boufflers, der auf dem Gipfel der Ehren, des Ruhmes und der Vertrauenswürdigkeit stand, aber dessen Gesundheit ihm nicht mehr erlaubte, eine Armee zu führen, sich nur in Ruhe dieses glanzvollen Zustandes hätte zu erfreuen brauchen. Er, der über alle Ehrungen und Dankesbezeigungen erhaben war, er bot sich an, mit einem ganz selbstsüchtigen, nur auf seinen eigenen Vorteil bedachten und gänzlich grundsatzlosen Mann zusammenzuarbeiten. Boufflers machte sich keine Illusionen; er war sich vollkommen im klaren über Villars' Unverfrorenheit, über das Blendwerk seiner Reden, sowie über die Schwäche, die Mme. de Maintenon und der König für ihn hatten. Doch all das war für ihn null und nichtig und versank angesichts der Bedrohung des Staates: er bedrängte den König, dem es an Einsicht mangelte, geschweige denn, daß er die Großmut eines solchen Angebotes hätte ermessen können, lobte den Marschall, dankte ihm, glaubte jedoch, seiner nicht zu bedürfen. Etwa zehn Tage später, als Boufflers schon gar nicht mehr daran dachte, begann der König zu überlegen, ließ ihn rufen und durch die rückwärtige Tür eintreten, um ihm zu sagen, er würde sich freuen, wenn der Marschall auf die Art, wie er es ihm angeboten hatte, zu seiner Armee nach Flandern ginge. Boufflers, der gerade von einem schweren Gichtanfall geplagt wurde und sich nur mit Mühe bis ins Arbeitszimmer des Königs geschleppt hatte, wiederholte diesem nun alles, was er bereits beim erstenmal hinsichtlich seines Verhaltens gegenüber Villars dargelegt hatte, empfing dann die letzten Orders, begab sich nach Paris und brach anderntags, am Montag, dem 2. September, eben an dem Tag, da sich die Festung Tournai ergab, auf.

Erst vierundzwanzig Stunden später erfuhr man von seiner Abreise, ohne allerdings den Grund zu ahnen: die Sehnsucht nach Frieden war so übermächtig geworden, daß man fest überzeugt war, es ginge nicht mehr um Verhandlungen, sondern um den Friedensschluß selbst. Auch bei der Armee, wo man Boufflers durch einen Kurier gemeldet hatte, träumte man bereits vom Frieden, war also freudig überrascht.

Villars empfing ihn mit strahlender und ehrerbietiger Miene, versorgte ihn mit Pferden und Dienern und teilte ihm sofort freimütig alle seine Pläne mit. Boufflers konnte nur mit Mühe aus seiner Kutsche gehoben werden, so sehr hatte die Gicht ihn gepackt. Dennoch hielt es ihn nicht lange in seinem Zimmer. Zwischen beiden schien vollkommene Eintracht zu herrschen; aus der gegenseitigen Rücksichtnahme konnte niemand schließen, was Villars dachte, als er sich einem solchen, von ihm nicht erbetenen Sekundanten gegenübersah, ob er betroffen war, ob er sich einem Zwang ausgesetzt oder ob er sich in der Bedrängnis der politischen Lage erleichtert fühlte, eine Unterstützung zu bekommen; und ob seine Eitelkeit nicht sogar zufriedengestellt war, daß er angesichts eines solchen Meisters seine Generalswürde nicht zu teilen brauchte; mit einem Wort, es ließ sich nichts darüber aussagen. Gleichviel, die beiden Generale bildeten ein Ganzes: Boufflers, der seinem Entschluß treu blieb, hütete sich, den Zensor zu spielen, und billigte ohne den geringsten Widerstand alles, was Villars anordnete, mit einer Hochherzigkeit, die den anderen zufrieden stimmen mußte.

Schlacht in Flandern verloren. – Mons ergibt sich. – Unterschiedliche Aufnahme von Villars und Boufflers bei Hofe.

Nachdem also Tournai genommen worden war, gingen die Feinde wieder über die Schelde zurück; am 3. und 4. September dann über die Haisne, am 5. dann kamen sie sehr schnell an die Trouille, die sie ebenfalls überquerten. Unsere Armee marschierte mit den beiden Marschällen am 4. September nach Quiévrain, wo sie am Morgen des 6. anlangte. Von dort wurde Ravignan zum König entsandt, um ihm Rechenschaft über den Stand der Dinge zu überbringen. In der Nacht vom 8. zum 9. September verließ die Armee das Lager von Quiévrain, der Marsch ging ohne jeden Zwischenfall vor sich, wiewohl das Gelände sehr zerrissen war. Um neun Uhr früh bezog man das Lager von Malplaquet und Tesnière; beide Flügel waren an zwei Wäldchen angelehnt; vor der Mitte standen Hecken und ziemlich ausgedehntes Buschwerk, so daß durch diese Einschnitte die Ebene in zwei Teile zerfiel. Villars besetzte die Höhen und stellte seine Artillerie dort auf; die Infanterie stellte sich entlang der Waldränder auf. Auch Marlborough und der Prinz Eugen hatten sich in Marsch gesetzt, aus Furcht, Villars könne ihnen zu nahe kommen und ihren Vormarsch auf Mons, das zu belagern sie beschlossen hatten, stören. Eine starke Abteilung mit dem Erbprinzen von Hessen, dem nachmaligen König von Schweden, an der Spitze wurde der Armee vorausgeschickt, um die unsere im Auge zu behalten. Sie kam im gleichen Augenblick wie unsere Armee in Reichweite des Lagers von Malplaquet und wurde durch drei Kanonenschüsse, die die Großspurigkeit Villars' gleichsam als Appell an den Prinzen Eugen und an Marlborough hatte abfeuern lassen, früher als nötig gewarnt. Der Herzog von Hessen schickte einige Vortrupps, um Villars in Schach zu halten und um ihn glauben zu machen, ihre ganze Armee sei bereits aufmarschiert. Von zwei bis vier Uhr schossen die Kanonen auf beiden Seiten, doch ohne nennenswerte Erfolge. Der Feind zog sich etwas zurück, blieb jedoch gegenwärtig.

Die Nacht verlief ruhig. Am 10. begannen die Scharmützel aufs neue. Die Artillerie schoß den ganzen Tag, doch ohne viel auszurichten. Hätte Villars den Erbprinzen von Hessen angegriffen, wozu man ihn drängte, wäre jener verloren gewesen. Die erste Sorge der Feinde war, die Stellung unserer Armee auszuspionieren, um herauszufinden, welche Stellung sie selbst einnehmen könnten, und so die Nachhut abzuwarten. Zu diesem Zweck bedienten sie sich einer kleinen List, die auch vollkommen gelang: Sie schickten einige Offiziere in die Nähe unserer Schanzen, Offiziere, die wie Soldaten gekleidet waren und Befehl hatten, mit unseren Wachen Gespräche anzuknüpfen und gegen Ehrenwort, wieder zurückzukommen, die Linien zu überschreiten. Die Geschicklichkeit, mit der sich diese Offiziere ihres Auftrags entledigten, ließ darauf schließen, daß sie nicht aufs Geratewohl ausgesucht worden waren. Sie kamen zu Fuß bis an den Rand unserer Schanzen, weckten die Neugier einiger unserer Mannschaften, plauderten mit ihnen und baten, mit einem der Hauptleute oder Majore sprechen zu dürfen, veranlaßten einen Bataillonskommandeur der Brigade Charost herauszukommen und sagten ihm, ein hoher Offizier, den man in einiger Entfernung erblickte, sei Cadogan; er sei bereit, mit einem General zu reden, wenn sich einer in der Nähe befände und ihm erlauben würde, gegen Ehrenwort sich ihm zu nähern. Diese Unterredungen zogen sich eine Weile hin. Unterdessen benutzten einige sehr erfahrene Offiziere die Zeit, alles genau zu besichtigen, sich mit ein paar Strichen eine Geländeskizze anzufertigen, sich alles genau einzuprägen, die Stellungen ihrer eigenen Artillerie festzulegen, alle Vor- und Nachteile abzuwägen, was ihnen später von großem Nutzten sein sollte. Durch die Gefangenen erfuhr man nachher Genaueres über diesen gelungenen Streich. Die Feinde verstanden es, den besten Gebrauch von der Kenntnis unseres Geländes zu machen, und schreckten bei dem Versuch, die Spitzen unserer Flügel einzudrücken und diese aus ihren Höhen herauszuwerfen, vor keiner Schwierigkeit zurück. Sie waren der Ansicht, daß der Angriff auf beiden Flügeln zugleich die ganze Aufmerksamkeit des Marschalls de Villars beanspruchen müßte und daß er notfalls die Mitte schwächen würde in der Annahme, diesen Mangel noch rechtzeitig ausgleichen zu können. Das war das Unglück des Tages. Die Feinde, die vom linken Flügel zurückgeschlagen worden waren, setzten dort große Infanteriekräfte ein und brachen durch. Da zog Villars, der die Truppen nachgeben und Gelände verlieren sah, die gesamte Infanterie von der Mitte ab und ließ nur die Brigaden der französischen und der Schweizer Garde und die Brigade von Charost zurück, ohne allerdings die Linke wieder herstellen zu können, auf der die Feinde weitere Geländegewinne zu verzeichnen hatten.

Trotz der Unordnung unseres linken Flügels wurde weitergekämpft und das Gelände nur unter hartem Widerstand freigegeben; da wurde Marschall Villars am Knie schwer verwundet, auch Albergotti wurde verwundet und außer Gefecht gesetzt, Chemerault fiel. Nun hielt der linke Flügel nicht mehr stand. Auf dem rechten Flügel tobte der Kampf heftig. Nachdem der Marschall de Boufflers die Infanterie, die ihn angegriffen, tapfer abgewehrt hatte, schlug er auch die diese unterstützende Kavallerie zurück und hatte große Geländegewinne zu verzeichnen. Während er gerade seinen Sieg nach vorn weiter sicherte, erfuhr er von der Niederlage der Mitte und dem Desaster auf der Linken, die vom rechten Flügel des Feindes bereits ganz zusammengedrückt war, erfuhr, daß Villars wegen seiner Verwundung außer Gefecht gesetzt war, daß also das ganze Gewicht nun auf ihm laste und daß er ganz allein die Armee aus dem Schlamassel herausziehen müsse, in das Villars sie gebracht hatte. Wütend, sich den Sieg, den er bereits in Händen zu haben glaubte, entrissen zu sehen, bestürzt ob der Gefahr, in die der Staat bei diesem Zustand der Armee geraten müsse, bot er alles auf, den Divisionen seines Flügels allenthalben Mut einzuflößen, und gab ihnen durch seine eigene Haltung ein Beispiel jener Kühnheit, die in verzweifelten Lagen zuweilen das Kriegsglück zu wenden vermag.

Der Kampf dauerte lange, bis man am Ende der zahlenmäßigen Überlegenheit der Feinde weichen und ihnen das Schlachtfeld überlassen mußte. Auf Befehl d'Artagnans war der linke Flügel bereits zurückgenommen worden. Boufflers, der mit einer aufgeriebenen Armee, einer zerschlagenen Infanterie und angesichts des verlorenen Geländes nichts mehr unternehmen konnte, war nur noch bestrebt, die völlige Auflösung zu vermeiden und einen möglichst geordneten Rückzug durchzuführen. Um vier Uhr nachmittags teilte der Marschall Boufflers die ganze Armee in vier Marschkolonnen ein: die Infanterie auf beiden Seiten längs der Wälder, die beiden aus der Kavallerie bestehenden auf der Ebene zwischen den ersteren. Die Feinde hatten ihre Angriffe eingestellt, der Rückmarsch währte bis in die Nacht hinein. Außer ein paar Einzelstücken und dem Troß konnten sämtliche Geschütze mitgenommen werden. So kam die Armee an die Ronelle und schlug das Lager zwischen Valenciennes und Quesnoy auf, wo sie eine Zeitlang blieb. Die Verwundeten schickte man in die Festungen Maubeuge und Cambrai.

Die Feinde verbrachten die Nacht zwischen Gefallenen auf dem

Schlachtfeld und marschierten am nächsten Tag gegen Abend in Richtung Mons ab. Freimütig gestanden sie ein, daß sie mehr Tote und Verwundete hätten als wir, an die fünfzehntausend Mann, darunter sieben Generalleutnants, fünf Generale und eintausendachthundert Offiziere. Sie gaben auch zu, wie überrascht sie von der Tapferkeit der meisten unserer Truppen gewesen seien, und die Armeeführer verhehlten nicht, daß sie geschlagen worden wären, wenn unsere Truppen eine bessere Führung gehabt hätten. Unmittelbar nach der Schlacht schickte Boufflers durch einen Kurier einen Brief an den König. Sein Bericht war genau, klar und bescheiden, jedoch voll des Lobes Villars', der, außerstande, sich um etwas zu kümmern, in Quesnoy weilte. Tags darauf sandte Boufflers einen zweiten Brief. Er war indes so sehr darauf bedacht, den König zu trösten und die Nation zu preisen, daß es den Anschein erweckte, er kündige einen Sieg an und sage Eroberungen voraus. Nangis, von dem ich schon des öfteren gesprochen habe, war in dieser Armee Oberst; Villars schützte ihn besonders und wollte ihn stets um sich haben. Er wählte also ihn als Kurier, damit er dem König den Hergang der Schlacht berichte. Der Marschall rechnete auf die Freundschaft Nangis', dessen Aufstieg er sehr gefördert hatte; er spürte die Notwendigkeit, einen Getreuen zu entsenden, der überdies bei Hofe Ansehen genoß. Nangis, der zwar kein besonderes Kirchenlicht, aber ein gewitzter Weltmann und Höfling war, war schlau genug, zu befürchten, daß er trotz deren Einverständnis zwischen beiden Marschällen aufgerieben werden könne. Villars drängte ihn. Also ging er zu Boufflers, um sich dieses Auftrages zu entledigen. Aber als Boufflers erfuhr, daß Villars ihn ausgesucht hatte, war er vollkommen einverstanden; er gab ihm noch einen Brief mit, in dem er darlegte, daß Nangis diese Mission nur widerwillig angenommen habe und nur aus Gehorsam ginge. Der erste Kurier hatte den ganzen Unmut erdulden müssen, den seine Nachricht hervorrief; inzwischen aber war man gegen Mißgeschicke bereits derart abgestumpft, daß eine auf solche Weise verlorene Schlacht fast schon als Sieg gewertet wurde. Die Verführungskunststücke Nangis' heiterten den Horizont des Hofes auf, wo trotz des bestimmenden Einflusses und all der Schwätzereien der zahlreichen Damen seine Gegenwart viel dazu beitrug, das Unglück erträglich zu machen. Nangis gab also einen leidlich positiven, aber genauen Bericht, wobei er es vermied, über irgend etwas zu sprechen, was er nicht mit eigenen Augen gesehen hatte, so daß er allen peinlichen Fragen aus dem Wege ging und sich, ohne mit irgend jemand aneinanderzugeraten, aus der Affäre zog. Er strich Villars nach Kräften heraus und machte, wie es verabredet war, viel Aufhebens von dessen Verwundung. Der enthusiastische Brief des Marschalls de Boufflers bestätigte seine Aussagen. Dieser Brief, der dann veröffentlicht wurde, wirkte derart verstiegen, daß er dem Ansehen des Marschalls großen Abbruch tat. D'Antin, ein intimer Freund Villars', erfaßte sofort die ganze Lächerlichkeit dieser Berichterstattung und setzte Boufflers beim König entsprechend herab; und die über eine so unglaubhafte Darstellung empörte Gesellschaft hatte jetzt Lille fast vergessen sowie die heroische Selbstentäußerung, die Boufflers zur Unterstützung Villars' veranlaßt hatte. Das war die Klippe, an der Schurken und Neider diesen Tugenddriesen scheitern ließen. Und bald zeigte sich noch ein tieferer Grund, diesen Alleinherrscher wieder auf den Stand seiner Mitbürger zurückzuführen.

Die Belagerung von Mons zog sich in die Länge; die äußerste Not zwang die Armee des Königs, der es an allem mangelte, das Elend gleichmütig zu ertragen. Boufflers konnte sich nur noch um die immer schwieriger werdende Versorgung kümmern, und es erfüllte ihn mit geheimem Ingrimm, daß ein Mann wie Villars, der, als es nur an ihm lag, die Feinde zu schlagen und sie außerstande zu setzen, an Mons oder irgendeine andere Belagerung zu denken, eine bedeutende Schlacht verlor, während er den Staat rettete, da er die Armee vor den Fehlern Villars' bewahrt hatte. Dieser, dem seine Verwundung kaum mehr zu schaffen machte, da der König ihm seinen Ersten Chirurgen Mareschal zu Hilfe geschickt hatte, war förmlich trunken von der hohen Ehre, die ihm so nahe am Abgrund zuteil geworden; er dachte nur noch daran, sich seine glänzende Lage zunutze zu machen, und fiel mittels seiner Späher aus dem Hinterhalt über Boufflers her, der, im ruhigen Bewußtsein, daß er Frankreich gerettet, und der offiziellen Anerkennung gewiß, mit der ihm eigenen Großherzigkeit über jene Bagatellen hinwegging, die Villars stets mit dem Gehaben eines Verwundeten, der vor allem auf seine Genesung bedacht ist, zu tadeln und zu verbessern bestrebt war. Aber die sich fortwährend häufenden Einwände machten Boufflers schließlich stutzig; er witterte einen Plan hinter diesem ganzen Verhalten. Das ärgerte ihn, jedoch nicht in dem Maße, daß er den anderen etwas davon merken ließ oder daß er ihm gegenüber, den er mit soviel Lob und Rücksichtnahme bedacht hatte, sein Benehmen verändert hätte.

Aber die Tatsache, daß Villars und sogar d'Harcourt ihm durch die Pairschaft gleichgestellt wurden, und die Art, wie sie dahin gelangten, hatten dem Marschall zweifellos den Kopf verdreht und einen Gedanken hineingebracht, auf den er zuvor nie gekommen wäre, ja, den er mit

Entrüstung zurückgewiesen hätte, wenn jemand ihm unterstellt hätte, dies wäre sein Motiv gewesen, nach Flandern zu gehen. Ihm schwebte das Schwert des Connétable vor Augen. Nach allem, was er geleistet, glaubte er dessen würdig zu sein, zumal als er sah, daß Villars und d'Harcourt Pairs von Frankreich geworden wie er. Das Amt, das er bis zu seinem Aufbruch nach Flandern innegehabt, die Beratung Voysins und des Kriegsministeriums, die er ausgeübt hatte, erschienen ihm als Teilfunktionen dieses obersten Kronamtes und als Vorstufen, dorthin zu gelangen. Seiner Ansicht nach gab es keinen Marschall von Frankreich, der ihm diese Ehre hätte streitig machen können. Unter den Prinzen von Geblüt gab es keinen, der sich hätte benachteiligt fühlen können, der Duc du Maine hatte sich längst selbst ausgeschaltet; der Duc d'Orléans durfte sich aufgrund seiner hohen Abkunft und aufgrund dessen, was er gerade hatte erdulden müssen, auf keinen Fall verletzt zeigen, dieses Amt in der Hand eines anderen zu sehen. Wie es so zu gehen pflegt, wiegte Boufflers sich in vollkommener Sicherheit. Daß er dies versuchte ist gewiß, doch weiß ich nicht, zu welchem Zeitpunkt er die erste Anspielung darauf machte, ob schon sofort, als er aus Flandern zurückkam, ob bei Mme. de Maintenon oder direkt beim König, oder später. Daß er, und, wie ich glaube, mehr als einmal, eine solche Anspielung machte, steht außer allem Zweifel, und das sollte ihm dann vollends den Hals brechen.

Als sich Mons ergeben hatte, zogen die Feinde ihre Armeen auseinander; Boufflers tat desgleichen und kam an den Hof zurück. Er wurde schlechter empfangen als ein gewöhnlicher General, unter dessen Kommando sich nichts ereignet hatte: keine Privataudienz beim König, nicht die leiseste Äußerung betreffs Flandern; Schweigen, Flucht, Distanzierung, hie und da einige belanglose Worte, nichts weiter sonst. Das Ausmaß seines letzten Dienstes und das der jüngsten Mißverständnisse bildeten gleichsam eine undurchdringliche Mauer zwischen dem König und ihm. Mme. de Maintenon, mit der er nach wie vor in besten Beziehungen stand, versuchte vergebens, ihn zu trösten; sogar Monseigneur und der Duc de Bourgogne geruhten ihr dabei zu helfen und verschmähten es nicht, weiterhin mit ihm zu arbeiten. Zu eigensinnig, um seine Meinung zu ändern, trat er mit derselben beherzten Entschlossenheit wie immer bei Hofe auf, dennoch zehrte der Gram an ihm. Er sprach ganz offen mit mir darüber, ohne Wehleidigkeit und ohne die engen Grenzen seiner Rechtschaffenheit zu überschreiten, aber den Dolch im Herzen, dessen Spitze weder die Zeit noch das Grübeln abzustumpfen vermochten. So siechte er, obwohl man ihn weder im Bett noch im Zimmer zurückhalten konnte, binnen zwei Jahren langsam dahin.

Inzwischen war Villars im Triumph zurückgekehrt. Der König schlug ihm vor, nach Versailles zu kommen, damit Mareschal seine Wunde weiter beobachten könne; und da nur ein kleines Absteigequartier ganz oben im Schloß vorhanden war, wohin ihn zu tragen zu schwierig gewesen wäre, stellte er ihm das schöne Appartement des Prince de Conti in der unteren Galerie des neuen Flügels zur Verfügung. Welch ein Gegensatz, welch ein Unterschied in der Leistung, in der Stellung, in der Einschätzung dieser beiden Männer! Welch unerschöpflicher Quell zum Nachdenken!

Tod des Kardinals Portocarrero. – Tod des Bischofs von Chartres, Godet. – Port-Royals Geschichte und nunmehriger Untergang.

Etwa um diese Zeit starb auch der berühmte Kardinal Portocarrero. Er hatte sich selbst bereits überlebt. Mme. des Ursins blieb allein zurück, mächtiger denn je, befreit von einem Phantom, von dem sie sich seit langem zwar nicht mehr gestört, aber innerlich ständig beunruhigt gefühlt hatte. Seitdem der Kardinal im politischen Leben keine Rolle mehr spielte, hatte er sich der strengsten Frömmigkeit ergeben und starb einen erhabenen und erbaulichen Tod in Madrid, das zur Diözese von Toledo gehört. Er wollte im Seitenschiff seiner Kirche in Toledo begraben werden, vor dem Eingang zur Kapelle der Neuen Könige. Er hatte sich ausgebeten, daß ihm kein Grabmal errichtet würde. Man sollte über seine Grabplatte hinweggehen können, und er ordnete an, man möge als Epitaph nichts weiter einmeißeln als die Worte: »Hic iacet sines, pulves et nihil.« Man gehorchte ihm aufs genaueste. Ich selbst habe das Grabmal in Toledo gesehen, wo der Kardinal große Verehrung genießt. Die Grabplatte liegt flach oben auf dem Boden, ohne Wappen noch irgendwelche Verzierung. Nur an der Mauer neben der Eingangstür zur Kapelle sieht man auf einer Tafel seine Wappen, seine Ämter und seinen Todestag verzeichnet, sowie einen Hinweis auf sein Grabmal als auch den Vermerk, daß man sich genau an seine Anordnung gehalten habe.

Auch Godet, der Bischof von Chartres, starb damals, obwohl er noch nicht sehr alt war, von Arbeit und Studium aufgezehrt. Er gehörte zu den ersten Schülern von Saint-Sulpice und war vielleicht derjenige, der diesem nochmals zur Kongregation gewordenen Seminar am meisten zur Ehre gereicht hat. Als Mme. de Maintenon ihre Erziehungsanstalt von Noisy nach Saint-Cyr, das zur Diözese von Chartres gehörte, verlegte, kam sie notwendigerweise mit Godet in Kontakt. Sie fand solchen Gefallen an ihm, daß sie ihn zum Superior und geistigen Oberhirten von Saint-Cyr ernannte. Auch berief sie ihn zu ihrem persönlichen Beichtvater und machte ihn zu ihrem Seelenführer, vor dem sie kein Geheimnis verbarg. Man hat seinerzeit gesehen, welche Rolle Godet bei der Affäre mit Mme. Guyon und dem Erzbischof von Cambrai spielte, wie geschickt er sich bei deren Entstehung verhielt, welche Ausdauer er in der Folge bewies und wie einig er mit dem Bischof von Meaux und dem Kardinal de Noailles war.

Doch bei allem Ansehen, das er zeit seines Lebens genoß, blieb er stets schlicht, bescheiden und vollkommen anspruchslos. Er weilte in Paris immer nur, wenn er dort zu tun hatte, kam oft nach Saint-Cyr, zuweilen nach Versailles, wo er jedoch niemals übernachtete.

Sein Tod gab zwei Männern, die er beide Mme. de Maintenon wärmstens empfohlen hatte, Gelegenheit, ihr Licht leuchten zu lassen: Bissy, Bischof von Meaux, vormals von Toul, bald danach Kardinal, den Mme. de Maintenon fortan in allen kirchlichen Angelegenheiten ihr volles Vertrauen schenkte, was ihm zum Aufstieg und zu noch Schlimmerem dienen sollte; und Chétardie, Pfarrer von Saint-Sulpice, ein heiligmäßiger Priester, aber ein ganz und gar törichter und unwissender Mensch; ihn machte Mme. de Maintenon zu ihrem persönlichen Vertrauten, er wurde ihr Beichtvater, ihr Seelenhirte und somit weitgehend auch der von Saint-Cyr. Das Verblüffende ist, daß Mme. de Maintenon trotz aller ihrer Gescheitheit keinerlei Geheimnisse vor ihm hatte, sowenig wie sie deren vor dem Bischof von Chartres gehabt hatte, daß sie ihm unaufhörlich schrieb, um ihn sogar in politischen Angelegenheiten um Rat zu fragen, und vollends unfaßbar ist die Tatsache, daß dieser Simpel, der sich nicht damit begnügte, seine stattliche Pfarrgemeinde zu versorgen, sondern auch noch Superior des Klosters der Visitation Sainte-Marie de Chaillot war, die Briefe der Mme. de Maintenon des öfteren dorthin schleppte, um sie den jungen Nonnen am Gitter der Klausur vorzulesen. Er mischte sich plump in alles ein, verdarb durch seine Taktlosigkeit vieles, protegierte die erbärmlichsten Angelegenheiten und hatte von nichts auch nur die elementarsten Begriffe, sonnte sich jedoch in voller Einfalt in seinem Ansehen und schaffte sich einen kleinen Hof.

Der Herbst 1709 war der letzte, der dem berühmten Kloster Port-Royal-des-Champs beschieden sein sollte; schon seit langem war es den Jesuiten ein Ärgernis und fiel ihnen am Ende zum Opfer. Doch will ich mich nicht weiter über den Ursprung, die Entwicklung, die Folgen und die Etappen dieses so berühmten Streites zwischen Molinisten und Jansenisten verbreiten; die dogmatischen und historischen Schriften hierüber würden allein schon eine stattliche Bibliothek füllen. Ich werde mich also mit einem kurzen Abriß begnügen, der zum Verständnis jener Machtpolitik ausreicht, die soviel in Bewegung gesetzt hat.

Das unauslöschliche und unbegreifliche Mysterium der Gnade, das unserem Verstand und unserer Einsicht so wenig zugänglich ist wie das der Heiligen Dreieinigkeit, wurde, kaum daß das Werk des Heiligen Augustinus erschienen war, innerhalb der Kirche zum Stein des Anstoßes; doch Thomas von Aquin sowie die bedeutendsten Kirchenlehrer haben die Lehrmeinung Augustins übernommen; die Kirche selbst hat sie in ihren Hauptkonzilien gebilligt, zumal die Kirche Roms und die Päpste: all die ehrwürdigen Entscheidungen, die einmütige Verurteilung des Pelagius und seiner Schüler haben dennoch einen Fortbestand dieser Doktrin nicht verhindern können, die sich nun, da sie nicht mehr wagte, offen hervorzutreten, der verschiedensten Verkleidungen bediente, wie etwa der der Semipelagianer.

In der letzten Zeit unternahmen die Jesuiten, die als Beichtväter fast aller katholischen Souveräne die Höfe beherrschten und die einen großen Einfluß auf den Unterricht der Jugend ausübten, verschiedene Versuche und erkühnten sich, aufgrund eines Werkes des 1601 verstorbenen Paters Molinov zu einer Auffassung der Gnade, die der Lehre des Heiligen Augustin, des Heiligen Thomas, aller Kirchenväter, Konzilien, Päpste, kurzum der ganzen Römischen Kirche völlig zuwiderläuft. Insbesondere die Kirche von Frankreich erhob sich gegen diese Neuerung, die, weil sie das Ewige Heil dem Verstande zugänglich machte und dem Dünkel des menschlichen Denkens entgegenkam, in erschreckender Weise um sich griff. Aber die nunmehr in die Verteidigung gedrängten Jesuiten fanden ein Mittel, unter den religiösen Parteiungen Frankreichs Zwietracht zu säen; durch tausend Ränke, durch Geschmeidigkeit, politische Wendigkeit, offene Gewalt und nicht zuletzt dank der Unterstützung des Hofes gelang es ihnen, der Sache ein anderes Gesicht zu geben, eine Häresie, die weder einen Stifter noch eine wirkliche Gemeinde hatte, zu erfinden und diese zurückzuführen auf ein Buch von Cornelius Jansenius, Bischof von Ypern, der 1638, von allen hochverehrt, im Schoße der Kirche verstarb.

Damit verwandelten sie ihre Verteidigung in eine Anklage und machten aus ihren Gegnern, den Anklägern, Verteidiger: so kamen die Namen Molinismus und Jansenismus zustande, um beide Parteien zu unterscheiden. Es folgten endlose Diskussionen in Rom über diese erdachte Häresie, die von den Jesuiten zur Welt gebracht oder vielmehr erfunden worden war, um den Gegnern Molinas Gelände abzuringen. Eine dieser Diskussionen fand vor einer eigens dazu gebildeten Kongregation unter dem Namen »De auxiliis« statt. Zahlreiche Sitzungen wurden in Gegenwart Clemens' VIII. Aldobrandini und Pauls V. Borghese abgehalten, welche beide, nachdem sie schließlich ein Anathema gegen die Doktrin Molinas verfaßt hatten, selbiges nicht zu veröffentlichen wagten und sich damit begnügten, diese Doktrin nicht eher zu verurteilen, ehe sie sie nicht praktisch erprobt hätten.

Nach und nach hatten sich etliche heiligmäßige und gelehrte Männer in die Abtei von Port-Royal zurückgezogen; sie schrieben dort ihre Gedanken nieder oder sammelten die Jugend um sich, um ihr wissenschaftliche und religiöse Unterweisung zu erteilen. Diese Herren hatten hochgestellte Freunde und mancherlei Beziehungen, sie beteiligten sich aktiv an dem Angriff auf den Molinismus: Grund genug, um die Eifersucht, die die Jesuiten ohnehin gegen diese sich bildende Schule hegten, in unversöhnlichen Haß umschlagen zu lassen; das führte dann zu den Verfolgungen der Jansenisten, der Sorbonne und M. Arnaulds, der als Lehrmeister aller angesehen wurde, sowie zur Vertreibung der Einsiedler von Port-Royal. Alsdann folgte die Einführung eines Formulars zur Verfolgung einer Häresie, die von niemandem erfunden und von niemandem unterstützt worden war; und diese sollte nicht nur geächtet, was man allenfalls akzeptiert hätte, sondern gebrandmarkt werden mit der Behauptung, daß sie bereits in dem Buch des Cornelius Jansenius, Bischofs von Ypern, über Augustin erhalten sei: die Ächtung der sogenannten fünf häretischen Lehren bereitete keine Schwierigkeiten; desto mehr Schwierigkeiten entstanden, als behauptet wurde, diese Lehren fänden sich bereits in dem Buch des Jansenius. Gleichviel konnte man sich auf keine berufen. So behauptete man schlankweg, sie seien in dem Werk verstreut, ohne jedoch auf eine einzige hinweisen oder gar zitieren zu können. So brach denn, als das Formular in Umlauf gesetzt wurde, ein wilder Aufruhr aus. Was aber noch unerträglicher zu werden drohte war, daß man dieses Schriftstück 1657 allen Nonnen des Königreichs zur Unterschrift vorlegte. Das Ansinnen, schwören zu lassen, daß ein Faktum in einem Buche enthalten sei, das man nicht gelesen hatte, ja, nicht einmal lesen konnte, weil es lateinisch geschrieben war, ist eine beispiellose Vergewaltigung, welche die Provinzen mit Verbannten und die Gefängnisse und Klöster mit Verfolgten füllte.

Diese Exzesse verstimmten einige Bischöfe, die sich nun an den Papst wandten, wobei sie sich der Gefahr aussetzten, daß ihre Ämter zur Disposition gestellt wurden; man bereitete schon ihre Ausschließung vor, als eine größere Anzahl ihrer Mitbrüder ihnen zu Hilfe kam und dieselbe Sache verfocht. Nun fürchteten der Vatikan sowie der Hof ein

Schisma; weitere Bischöfe schalteten sich ein, unter ihnen der Kardinal d'Estrées, damals noch Fürstbischof von Laon und vier oder fünf Jahre später Kardinal. Die Verhandlung lief mit dem sogenannten Kirchenfrieden Clemens' IX. 1668 erfolgreich aus. Dieser Papst erklärte, der Heilige Stuhl sei nicht der Ansicht, sei es auch nie gewesen, daß die Unterzeichnung des Formulars zu dem Glauben verpflichte, die fünf gebrandmarkten Lehren seien implizit oder explizit in dem Buch von Jansenius enthalten, sondern lediglich dazu, selbige als häretisch anzusehen und zu verwerfen; gleichviel in welchem Buch und an welcher Stelle sie auch immer sich fänden. Dieser Kirchenfrieden gab die Freiheit sowie die Sakramente allen Personen, die deren beraubt, wieder zurück, und die Doktoren und andere Personen, die ihrer Posten enthoben waren, wurden nun wieder eingesetzt.

Die Jesuiten und ihr Anhang waren außer sich über diesen Kirchenfrieden, den sie trotz aller Anstrengungen, die sie in Frankreich und in Rom unternommen, nicht hatten verhindern können. Aber sie verstanden es, wie gesagt, geschickt zu lavieren und wurden aus Verteidigern zu Angreifern. Die Jansenisten wiederum, die sich gegen jene fünf Lehren, die sie verurteilten und die von niemandem je vertreten worden waren, sowie gegen das Formular als solches verwahrten, kämpften weiterhin unablässig gegen Molinas Doktrin und gegen die Exzesse, die sich aus dieser Auffassung ergaben, Exzesse, die der berühmte Pascal in Theorie und Praxis der jesuitischen Kasuisten ganz handgreiflich nachgewiesen hatte und über die er sich in den genialen Briefen an den Provinzial, die hernach als »Lettres provinciales« veröffentlicht worden waren, weidlich lustig gemacht hat.

Erbitterung und Haß dauerten an, und die Zwietracht wurde durch Pamphlete und Bücher verewigt. Die Jesuiten bauten ihre Positionen an den Höfen weiter aus, um Gegner oder Verdächtige niederzuschlagen und aus allen Ämtern in Kirche und Schule zu vertreiben.

Die Wogen gingen sehr hoch, und es stand mit den Jesuiten nicht zum besten, als Pater Tellier auf der Bildfläche erschien. Er war, wie ich schon sagte, ein Mann von glühendem Eifer, dessen Idole der Molinismus und die Autorität seines Ordens waren. Er begriff im Nu, daß er leichtes Spiel hatte: ein auf religiösem Gebiet völlig unwissender König, der immer nur von Jesuiten und deren Anhang instruiert worden war, der sich in seiner Machttrunkenheit leicht einreden ließ, die Jansenisten seien seine persönlichen Feinde oder Gegner, und der, da er seine Seele retten wollte, aber von Religion nicht das geringste verstand, es sich zeit seines Lebens hatte angelegen sein lassen, auf anderer Leute Kosten

Buße zu tun, was er nun auf Kosten der Hugenotten und Jansenisten tat, zwischen denen er kaum einen Unterschied sah und die er gleichermaßen für Ketzer hielt; ein König, umgeben von Leuten, die ebenso unwissend waren wie er, zum Beispiel Mme. de Maintenon, M. de Beauvillier, M. de Chevreuse, der Klerus von Saint-Sulpice und der selige Bischof von Chartres, oder von Höflingen, die auch keine Ahnung hatten oder nur an ihr Fortkommen dachten; dazu ein schon seit langem bedeutungslos gewordener Klerus, dem der Bischof von Chartres den letzten Stoß versetzt hatte, da er das Episkopat mit Ignoranten, unbekannten Leuten von geringer Herkunft aufgefüllt hatte, Leuten, die den Papst für eine Gottheit hielten und denen vor den Maximen der Kirche von Frankreich graute, weil sie aufgrund ihrer Herkunft weder von der Tradition noch vom Staat etwas wußten; ein ohnmächtiges, zitterndes Parlament, das seit langem an Knechtschaft gewöhnt war.

Es blieben nur einige wenige Personen, u m den jesuitischen Ehrgeiz in Schach zu halten, so zum Beispiel die Kardinäle d'Estrées, Janson und Noailles, dazu der Kanzler. Aber letzterer hatte, wie der Pater Tellier sehr wohl wußte, kein Gewicht. D'Estrées war alt und ein Höfling; Janson gleichfalls, zudem war er krank. Mit Noailles verhielt es sich anders, er stand in engster Beziehung zu Mme. de Maintenon; die Neigung des Königs zu ihm, seine Familie, sein untadeliger Ruf und sein Verhalten machten ihn zu einem einflußreichen Mann bei Hofe. Als Erzbischof von Paris wurde er von seiner Diözese und dem Klerus, an dessen Spitze er stand, allgemein verehrt. Pater Tellier beschloß also, den Kardinal de Noailles sowohl mit dem König als auch mit den Jansenisten zu entzweien und gleichzeitig das große Werk, an dem die Jesuiten schon seit Jahren arbeiteten, mit der totalen Zerstörung der Abtei von Port-Royal-des-Champs abzuschließen.

Seitdem diese Nonnen durch den Erlaß Clemens' IX. wieder zugelassen waren, hatte sich der Pater de la Chaise damit begnügt zu verhindern, daß sie Novizinnen aufnähmen, um das Kloster auf diese Weise ohne Gewaltanwendung aussterben zu lassen. Der Pater Tellier jedoch schlug, kaum daß er Beichtvater geworden war, andere Saiten an. Er rief eine drei oder vier Jahre zuvor auf Drängen der Molinisten in Rom gegründete Konstitution wieder ins Leben. Aber der Vatikan wollte nicht direkt gegen die Autorität Clemens' IX. vorgehen und verfaßte also eine doppeldeutige Konstitution gegen den Jansenismus. Die Molinisten waren enttäuscht, kein wirksameres Werkzeug in die Hand zu bekommen, denn in der Tat wurden nur die fünf bereits geächteten Lehren verworfen. Mangels Besserem beschloß Pater Tellier dennoch

Gebrauch davon zu machen in der Hoffnung, die Konstitution wenigstens gegen Port-Royal einsetzen zu können und somit den Kardinal de Noailles in Schwierigkeiten zu bringen, dem der König den Auftrag gegeben hatte, diese Konstitution unterschreiben zu lassen. Da sie im Grunde nicht mehr enthielt als der Kirchenfrieden von Clemens IX., wagte de Noailles nicht zu widersprechen und ließ zunächst die Zugänglichsten unterschreiben, um nach und nach die Widerspenstigen zu gewinnen. Er hatte damit soviel Erfolg, daß die gesamte Abtei Notre-Dame-du-Val-de-Gif unterzeichnete; Gif war ein fünf oder sechs Meilen von Versailles entferntes Nonnenkloster, das immer als jüngere Schwester von Port-Royal angesehen wurde. Im Besitz dieser Unterschrift fühlte sich der Kardinal völlig sicher und war überzeugt, daß auch Port-Royal keine Einwände erheben würde. Darin täuschte er sich: diese so häufig und so grausam verfolgten Nonnen waren mißtrauisch gegen jedes neue Dokument, das man ihnen vorlegte; sie lebten in einer Einsamkeit, die ständig überwacht wurde, in die man nicht einbrechen konnte, ohne Gefahr zu laufen, ins Exil oder ins Gefängnis geschickt zu werden, so waren sie also bar aller vertrauenswürdigen Ratgeber und zu keiner erneuten Unterschrift zu bewegen. Keine von denen, die man ihnen vorlegte, vermochte sie zu beeindrucken, nicht einmal die von Gif. Vergebens drang der Kardinal in sie und erklärte ihnen, daß das, was man von ihnen verlangte, weder gegen den Kirchenfrieden Clemens' IX. verstieß noch gegen die Wahrheiten, denen sie sich verbunden fühlten. Nichts vermochte das Entsetzen dieser verängstigten und heiligmäßigen Seelen zu beruhigen: sie konnten nicht begreifen, daß eine neue Unterschrift nicht doch irgendein Gift oder irgendeine Überraschung in sich barg, und ihre Standhaftigkeit vermochte auch durch die Schilderung alles dessen, was ihnen im Falle einer Ablehnung drohte, nicht erschüttert zu werden. Eben das hatten die Jesuiten erhofft, nämlich den Kardinal de Noailles zu exponieren und sich selbst die Möglichkeit zu verschaffen, endlich eine Abtei zu zerstören, die ihnen seit Jahren ein Dorn im Auge war und der sie schon lange den Untergang geschworen hatten. Der Kardinal, der zwar einen Sturm voraussah, aber nicht die endgültige Zerstörung von Port-Royal, ermahnte die Nonnen immer wieder persönlich oder durch Mittelsmänner. Aber immer vergebens. Der König, der seinerseits unter dem Druck seines Beichtvaters stand, setzte ihm zu: derart daß der Kardinal schließlich nachgab und den Nonnen die Sakramente entzog. Nunmehr schwärzte Pater Tellier sie in düstersten Farben an und stellte sie dem Monarchen als Aufständische dar. Der wackere Pater reizte den König so sehr und stachelte ihn solange auf, bis er Vorbereitungen zur unmittelbaren Zerstörung traf. Port-Royal von Paris war nur eine Zweigniederlassung von Port-Royal-des-Champs, dieses wurde während der Zeit der Fronde nach Paris verlegt. Später teilte man die Nonnen auf zwei Klöster auf: die sich in alles fügten, was man verlangte, kamen nach Paris, die anderen nach des Champs. Als es mit der Zerstörung ernst wurde, erhielt Voysin, damals noch Staatsrat, ein Mann, der für sein Fortkommen zu allem bereit war, den Auftrag, die nötigen Vorbereitungen zu treffen; überraschend jedoch war die Tatsache, daß die Nonnen sich ordnungsgemäß verhielten und sich an Rom wandten, wo man ihnen Gehör schenkte. Da man dort mit der Bulle »*Vineam Domini*« niemals den Kirchenfrieden Clemens' IX. hatte gefährden wollen, verstand man im Vatikan die Bedenken der Nonnen sehr gut, auch daß sie eine zusätzliche Erklärung abgaben, ehe sie unterschrieben. Was man ihnen in Frankreich als Verbrechen auslegte, erregte in Rom keinerlei Anstoß. Sie unterwarfen sich der Bulle in dem Geiste, wie sie in Rom aufgefaßt wurde. Mehr verlangte man ja nicht. Das veranlaßte die Jesuiten, ihre Taktik zu ändern. Abgesehen davon, daß ihnen Rom verdächtig war, fürchteten sie auch die Langwierigkeit der Untersuchungen seitens der von Rom beauftragten Kommissare. Es schien ihnen ratsamer, diesen gordischen Knoten zu durchhauen, als aufzuknüpfen. Man handelte also nach dem Prinzip, daß es nur ein Port-Royal gebe, daß man die Abtei nur aus Toleranz in zwei Häuser verlegt habe, daß man besser täte, sie wieder in dem von Paris zu vereinigen, weil das andere hohe Unterhaltskosten verursachte, in einer ungesunden Gegend liege und nur von einigen starrköpfigen Alten bewohnt war, die keine Novizen mehr aufnehmen durften.

Es wurde nunmehr ein Erlaß des Staatsrates herausgegeben, aufgrund dessen die Abtei von Port-Royal-des-Champs in der Nacht vom 28. zum 29. Oktober von Abteilungen der französischen und Schweizer Garden heimlich besetzt werden sollte; am Vormittag des 29. Oktober erschien d'Argenson mit einigen Korporalschaften von Polizeisoldaten in der Abtei, ließ sich die Tore öffnen, ließ die ganze Gemeinschaft im Kapitelsaal zusammenkommen, zeigte ihnen die *lettre de cachet* und hob das Kloster aus, ohne den Nonnen mehr als eine Viertelstunde Zeit zu lassen. Sie wurden auf verschiedene Wagen verteilt, je nach ihren Bestimmungsorten, die zehn, zwanzig, ja sogar fünfzig Meilen von ihrer Abtei entfernt lagen. Und jeden Wagen ließ er von einigen berittenen Polizeisoldaten begleiten, ganz so, wie man Dirnen aus einem Freudenhaus abholt. Nachdem die Nonnen fort waren, besichtigte d'Argenson das Haus vom Keller bis zum Speicher, raffte alles, was ihn mitnehmenswert dünkte, an sich, tat das wenige beiseite, von dem er glaubte, daß es Port-Royal in Paris gehörte, und das bißchen, von dem er meinte, es den vertriebenen Nonnen nicht vorenthalten zu dürfen. Dann begab er sich zum König und zu Pater Tellier, um von seiner gelungenen Expedition zu berichten. Als man trotz aller aufgewandten Wachsamkeit seitens der Unterdrücker in der Öffentlichkeit erfuhr, welcher Behandlung diese Nonnen in den verschiedenen Gefängnissen ausgesetzt waren, wo man ihnen die Unterschrift ohne Einschränkung abzupressen suchte, wuchs die allgemeine Empörung so sehr, daß es dem Hof und den Jesuiten peinlich wurde. Aber Pater Tellier war nicht der Mann, auf halbem Wege stehenzubleiben. Die Familien, deren Angehörige in Port-Royal begraben waren, mußten die Leichen exhumieren lassen. Alsdann machte man Kloster, Kirche und sämtliche Gebäude dem Erdboden gleich, wie man es mit den Häusern von Königsmördern zu tun pflegt. Es blieb kein Stein auf dem anderen. Das erregte großes Ärgernis, selbst noch in Rom. Der Kardinal de Noailles, der sich außerstande sah, einen Schlag abzufangen, der seine Voraussicht überschritt und in der Tat unvorstellbar war, stand nun mit den Molinisten nicht viel besser, aber um vieles schlechter mit den Jansenisten, und seit dieser unheilvollen Zeit wurde er fortwährend angegriffen und bis zu seinem Lebensende erbarmungslos in die Verteidigung gedrängt.

Saint-Simons Entschluß, den Hof endgültig aufzugeben, gerät ins Wanken. – Er nimmt sich vor, den in Ungnade gefallenen Duc d'Orléans von der Notwendigkeit zu überzeugen, seine Mätresse aufzugeben, um wieder zu Ansehen zu gelangen.

Verschiedenste Ereignisse hatten meine Abreise nach La Ferté bis Anfang September hinausgezögert. Chamillarts Töchter besuchten uns dort, und auch er selbst kam. Wir fuhren dann zusammen mit meiner Schwägerin nach Courcelles. Nach einem Monat kehrte ich wieder nach La Ferté zurück. Endlich hatten wir, Mme. de Saint-Simon und ich, Zeit zu beraten, welchen Entschluß wir fassen sollten. Ich sah, wenn ich mir nichts vergeben wollte, nur eine einzige Lösung, nämlich, den Hof zu verlassen. Zwar machte man mir keine direkten Vorwürfe, wofür auch keine Ursache vorlag; ich hatte mithin weder Anlaß zu einer Rechtfertigung noch zu einer Entschuldigung, aber auch keine Hoffnung, jemals wieder Boden unter die Füße zu bekommen. Ich wußte kein Heilmittel, weil ich nicht wußte, worauf das Heilmittel hätte wirken sollen. Ich fühlte mich nicht geneigt, bei Hofe zu bleiben und ständig meinen Überdruß hinunterzuwürgen oder mich niederer Kriecherei zu befleißigen, zu der ich mich niemals bequemt und zu der ich mich nicht geschaffen glaubte. Mme. de Saint-Simon suchte mir sanft die gefährlichen Folgen meines Entschlusses vor Augen zu führen: das Abklingen des Zorns, die Langeweile eines müßiggängerischen Lebens, die Öde der Spaziergänge und der Lektüre für einen Mann meiner Art, dessen Geist Nahrung brauchte und der an Denken und Handeln gewöhnt war; die Trauer, die durch die Nutzlosigkeit noch lastender würde, die Schwierigkeit und der Kummer, die entstünden, wenn meine Kinder in das Alter kämen, da sie in die Gesellschaft eintreten und Kriegsdienst tun sollten; sie gab mir zu bedenken, wie sehr man den Hof benötige, um sein väterliches Erbe zu erhalten, und wie nachteilig es sei, wenn er einen darin übergehe, und schließlich könnten ja auch durch Verschiebung der Altersunterschiede Änderungen eintreten. Wir waren mit unseren Überlegungen soweit gediehen, daß ich vier Wintermonate in Paris und acht in La Ferté verbringen wollte, um bei Hofe immer nur im Vorübergehen oder aus geschäftlichen Notwendigkeiten zu erscheinen, als wir vom Tode jenes Mannes erfuhren, der seit mehr als dreißig Jahren alle unsere Geschäfte mit größter Sorgfalt, Hingabe und Fähigkeit geführt hatte. Dieses Unglück beschleunigte unseren Aufbruch. Mme. de Saint-Simon schlug mir vor, von La Ferté nach Pontchartrain zu fahren, wo wir dann auch am 19. Dezember anlangten.

Wir weilten drei Nächte in Pontchartrain. Ich fragte den Kanzler nach dem Ergehen des Duc d'Orléans. Er teilte mir mit, daß die Situation nicht trostloser sein könnte; die Entfremdung vom König sei unübersehbar, noch schlimmer die von Monseigneur, eine offensichtliche Spannung, ein spürbares Unbehagen und eine totale Vereinsamung bis in die Salons, Spielsäle, Gärten und Galerien, wo niemand sich ihm nähere und wo er, wenn er einmal jemanden ansprache, alsbald allein gelassen würde; ein vollkommenes Verfallensein an Mme. d'Argenton und an die schlechte Gesellschaft von Paris, in der er sich zumeist aufhielte. Vor wenigen Tagen habe Mme. d'Argenton bei einem Gastmahl in Saint-Cloud, das er zu Ehren des Kurfürsten von Bayern veranstaltet hatte, die Honneurs gemacht, was viele böse Reden verursacht und den König sehr verärgert habe, mit einem Wort, niemals sei ein Prinz dieses Ranges auf so befremdliche Weise zu einem Nichts geworden. Ich hatte mich zwar auf einiges gefaßt gemacht, doch nicht auf so grausame Wahrheiten: das veranlaßte mich, in Versailles haltzumachen. So aßen wir am Samstag, dem 21. Dezember – ein Tag, an dem der König aus Marly zurückkehrte – beim Kanzler zu Mittag. Am Abend sah ich mich von Freunden umringt, Männern und Frauen, von Chevreuse, Beauvillier, Lévis, Saint-Gérant, Nougaret, Boufflers, Villeroy und anderen, die mich alle wie auf Verabredung bedrängten und die sich gegen meinen Entschluß geradezu verschworen zu haben schienen. Erstaunt über einen so stürmischen Empfang und gerührt über die treue Freundschaft so vieler angesehener Leute, die mir trotz meiner Ungnade, und obwohl ich ihnen in keinerlei Weise nützlich sein konnte, zugetan blieben, fühlte ich mich zum Nachgeben geneigt. Ich beschloß auf eigene Faust, noch am gleichen Abend, ohne irgend jemanden zu Rate zu ziehen, etwas zu versuchen, was mich für immer festlegen sollte; um entweder wieder mit leidlichem Erfolg bei Hofe heimisch zu werden oder aber ihn endgültig zu verlassen.

Ich suchte Mareschal auf. Er war einer von denen, die mich am meisten zum Bleiben gedrängt und der mir auch oft nach La Ferté geschrieben hatte, um meine Rückkehr zu beschleunigen. Wir kamen sehr bald auf meine Situation zu sprechen, die seiner Ansicht nach erst durch Verleumdungen und böswilliges Geschwätz derart schwierig geworden sei. Nachdem wir uns eine Weile über das Thema unterhalten hatten, erklärte ich ihm unvermittelt, all mein Unheil bestünde darin, es mit einem unansprechbaren Monarchen zu tun zu haben; denn wenn ich mit dem König frei reden könnte, wäre es mir zweifellos möglich, all diese üblen Gerüchte, die man über mich verbreitet hatte, zunichte zu machen; es sei mir, fuhr ich fort, der Gedanke gekommen, ein Ansinnen an ihn zu stellen. Da ich seiner Freundschaft und seines guten Willens gewiß sei, wäre mir das möglich, doch stünde es ihm frei, mir meine Bitte abzuschlagen. Ich schlug ihm vor, er möge, wenn sich Gelegenheit ergebe, dem König von mir erzählen und ihm berichten, ich sei tief betrübt, daß ich, ohne den Grund zu wissen, so in Ungnade bei ihm stünde, nur deshalb, weil ich auf dem Lande geblieben, und sei auch jetzt nur zwangsläufig wegen des Todes meines Verwalters zurückgekommen; ich würde meine Ruhe und meinen Frieden erst wiederfinden, wenn ich mit ihm sprechen könne. Mareschal dachte einen Augenblick nach, dann erwiderte er, während er mich ansah, voller Lebhaftigkeit: »Ja, ich werde es tun! Es gibt in der Tat keine andere Lösung. Ich werde alles versuchen, aber gönnen Sie mir etwas Zeit.«

Wir vereinbarten, daß er mir durch einen Eilboten Nachricht nach Paris zukommen lassen wolle, sobald er mit dem König gesprochen haben würde. Alsdann teilte ich dem Kanzler und Mme. de Saint-Simon schriftlich mit, welchen Plan ich gefaßt und ins Werk gesetzt hätte; ich erklärte ihnen, daß es von dem Erfolg dieses Unternehmens abhinge, ob ich fernerhin bei Hofe bliebe oder ihn für immer verließe.

Während ich dergestalt meine eigene Angelegenheit verfolgte, vergaß ich keineswegs, über die traurige Lage des Duc d'Orléans nachzudenken. Da er von Marly direkt nach Paris gereist war, habe ich ihn nicht mehr sehen können, und in Paris pflegte ich ihn niemals aufzusuchen. Er war offenbar in einen so tiefen Abgrund gefallen, daß ich nur ein einziges Mittel sah, ihm wieder aufzuhelfen; ein schreckliches Mittel, und es wäre sogar gefährlich gewesen, es ihm vorzuschlagen, wenn gar keine Aussicht auf Erfolg bestanden hätte. Doch so wenig auch zu erhoffen war, daß er darauf eingehen würde, nichts vermochte mich zurückzuhalten. Ich gedachte, ihn dahin zu bringen, sich von seiner Mätresse zu trennen, um sie niemals wiederzusehen. Ich war mir über die Mühe und das Ungemach dieses Unterfangens völlig im klaren, aber ich war mir ebenfalls im klaren darüber, wie unerläßlich und notwendig es war. Indes wagte ich nicht, mich allein auf ein so schwieriges Abenteuer einzulassen, ich dachte an Bezons, er war, obwohl ich ihn selbst kaum kannte, der einzige Mann, der imstande und willens sein konnte, mir bei diesem Unternehmen zu helfen. Er war aufrichtig, geradezu, ein Ehrenmann, hatte eine große Familie, die er liebte und die er leidenschaftlich zu fördern suchte, wozu ihm die Freundschaft mit dem Duc d'Orléans sehr von Nutzen hätte sein können, so daß es ihm nicht ganz gleichgültig sein konnte, ober dieser Prinz ihm seine Protektion gewähren würde. Diese Gründe bestimmten mich, mich mit ihm zu vereinigen, überdies war er der einzige in der Umgebung des Prinzen, der zu einer solchen Mission zu gebrauchen war. So begab ich mich, ohne meine Absicht irgend jemand anzuvertrauen, andertags zu Bezons. Ich fragte ihn, ohne viel Umschweife zu machen, ob er bereit sei, mir beizustehen. Wir beide müßten klar und deutlich mit dem Duc d'Orléans sprechen und ihn gemeinsam dazu bringen, Mme. d'Argenton aufzugeben, die all sein Mißgeschick heraufbeschworen habe. Obwohl der Marschall nur allzugut wußte, welche Schwierigkeiten sich auftürmen würden, versprach er, mein Sekundant zu sein.

Theodor Fontane

Wanderungen durch die Mark Brandenburg

Vollständige Ausgabe
in 5 Bänden
zusammen 2468 Seiten

Herausgegeben von
Edgar Groß
unter Mitwirkung von
Kurt Schreinert

Bibliothek Ullstein

5 Bände in Kassette
Ullstein Buch 26206

Erster Teil
Die Grafschaft Ruppin
Band 1, Ullstein Buch 26201

Zweiter Teil
Das Oderland
Band 2, Ullstein Buch 26202

Dritter Teil
Havelland
Band 3, Ullstein Buch 26203

Vierter Teil
Spreeland
Band 4, Ullstein Buch 26204

Fünfter Teil
Fünf Schlösser
Band 5, Ullstein Buch 26205

Personen- und Ortsregister
für alle fünf Bände

Teuflische Bücher

Herausgegeben
und mit einem Nachwort
von Monika Handschuch

Bibliothek Ullstein

6 Bände in Kassette
Ullstein Buch 26213

Erster Band
Gustav Roskoff

Geschichte des Teufels 1
Satanologie
Ullstein Buch 26207

Zweiter Band
Gustav Roskopf

Geschichte des Teufels 2
Satanologie
Ullstein Buch 26208

Dritter Band
Wilhelm Hauff

Mitteilungen aus den Memoiren des Satan
Prosabuch
Ullstein Buch 26209

Vierter Band
Jean Paul

Auswahl aus des Teufels Papieren
Satire
Ullstein Buch 26210

Fünfter Band
Johann Kaspar Lavater

Predigten über die Existenz des Teufels
Belehrungen
Ullstein Buch 26211

Sechster Band
Friedrich Maximilian Klinger

Fausts Leben, Taten und Höllenfahrt
Roman
Ullstein Buch 26212